지식의 사회사 1

A SOCIAL HISTORY OF KNOWLEDGE I:
From Gutenberg to Diderot
by Peter Burke

지식의 사회사

구텐베르크에서 디드로까지

피터 버크 박광식 옮김

A SOCIAL HISTORY OF KNOWLEDGE

From Gutenberg to Diderot
Peter Burke

1450

1750

1)
2)
3)
4)
5)
6)
7)

민음사

차례

그림과 사진 차례

서문

이 책은 2차 자료들에도 분명히 기초했지만, 40여 년에 걸친 근대 초 문헌들에 대한 연구에도 못해도 그만큼은 기초하고 있다. 하지만 주석과 서지 목록은 현대 학자들의 연구에만 국한했고, 1차 자료들은 본문 자체에서 다루게 남겨 두었다. 이 책의 초점이 개인들보다는 구조들과 흐름들에 맞춰져 있는 것은 맞지만, 수백여 명의 이름을 소개하지 않고서 이런 주제를 논의하는 것은 불가능하다고 하겠거니와, 본문에서 언급한 각 개인의 생몰 연대와 함께 간단한 설명도 찾아보기에서 볼 수 있다는 것을 일러둔다.

여기 이렇게 책으로 출판된 연구는 장기적인 계획의 결과로서, 이 계획을 따라오면서 여러 편의 논문이, 또 케임브리지, 델파이, 루뱅, 룬드, 옥스퍼드, 베이징, 상파울루, 상트페테르부르크 같은 대학들에서 사용한 강의록들과 세미나 발제문들이 나오게 됐다. 오랫동안 불을 지피다가, 이 계획이 마침내 끓게 되는 것은 흐로닝언 대학에서 제1차 폰호프 강좌를 맡아 달라고 초청을 하면서였다.

특별한 감사 인사를 딕 더부르에게 전하는데, 흐로닝언에 머물 때 나를 챙겨 주기도 했고, 13세기와 14세기에 지식 체계에서 일어난 변화들이 품은 중요성에 대해 일깨워 주기도 했기 때문이다. 다니엘 알렉산드로프, 앨런 베이커, 모티 파인골드, 할릴 이나클리크, 앨런 맥팔레인, 딕 펠스, 바딤 볼크호프, 제이 윈터도 여러모로 도움을 주신 분들이다. 그리고 요안나 이네스는 영국 정부의 정보 이용 방식에 관한 연구 논문을 (아직 출판되지 않은 상태였는데도) 볼 수 있게 해 줬다.

이 책 원고의 여러 부분을 읽고 조언을 해 줘 내가 신세를 진 사람들이 있는데, 크리스 베일리, 프랜시스코 베던코트, 앤 블레어, 그레고리 블루, 폴 코너턴, 브렌던 둘리, 플로리케 에그몬드, 호세 마리아 곤살레스 가르시아, 존 헤들리, 마이클 헌터, 닐 케니, 크리스텔 레인, 피터 메이슨, 마크 필립스, 존 톰프슨, 장 질리안이다. 내 아내 마리아 루시아는 원고 전체를 읽고 쓸모 있되 까다로운 질문들을 해 줬고, 여기에 더해 고쳐야 할 대목들도 짚어 줬다. 이 책을 아내에게 바친다.

서언:
지식사회학과 지식사

무엇이든 이미 알려진 것은 그것을 알고
있는 사람에게는 항상 체계적인 것으로,
또 증명된, 실용적인, 자명한 것으로
보인다. 낯선 지식 체계는 반대로 하나같이
모순된 것으로, 증명되지 않은 것으로,
비실용적이며, 공상적이거나 불가사의한
것으로 보인다.

—플레츠크

1

우리는 적어도 일부 사회학자에 따르면 각 분야의 전문가들, 그리고 이들이 채용한 과학적 방법들이 압도적 지위를 차지하고 있는 '지식사회' 또는 '정보사회'에 살고 있다.[1] 일부 경제학자에 따르면, 우리는 '지식 경제' 또는 '정보 경제' 속에서 살고 있으며, 이 경제의 특징은 지식의 생산 또는 확산과 관련된 직종의 확대다.[2] 지식은 중요한 정치적 문제로도 떠올랐는데, 핵심 논점은 정보를 공공의 소유 아래 둘 것인지, 사적 소유에 맡겨 둘 것인지, 즉 일종의 상품으로 취급해야 하느냐, 아니면 사회적 재화로 취급해야 하느냐다.[3] 미래의 역사가들 역시 2000년 무렵을 '정보의 시대'로 부를 것이다.

그러나 얄궂게도 지식이 이런 식으로 관심권에 들어오던 것과 때를 같이해 철학자들을 중심으로 한 일각에서는 지식의 신뢰성에 그 이전보다 훨씬 더 근본적인 질문을, 아니면 최소한 더 큰 목소리로 질문을 던지기 시작했다. 이전에는 발견했다고 생각했던 것들인데 지금은 대체로 '발명' 또는 '구축'되었다고 묘사하게 된 것이다.[4] 그러나 철학자들도 최소한 우리 시대와 지식의 관계를 중심으로 우리 시대를 정의하는 대목에서는 경제학자들이나 사회학자들과 생각이 같다.

하지만 이런 문제들을 진지하게 고민하는 것이 우리 시대가 처음이라고 성급하게 재단을 해 버려서는 안 된다. 정보의 상품화는 자본 주의만큼이나 오래되었다.→제6장 체계적으로 수집한 인구 정보를 국가가 이용한 것은 말 그대로 고대 때 이야기다.(특히 고대 로마와 중국이 여기에 해당한다.) 식자라고 자처하는 사람들에 대한 회의의 경우, 최소한 고대 그리스 철학자 엘리스의 피론까지 거슬러 올라간다.

이런 지적들을 하는 취지는 이쪽에서 혁명적 변화가 일어났다는 설익은 가설을 엇비슷하게 설익은 연속성 가설로 대체하려는 것이 아니다. 이 책의 가장 큰 목적은 장기적인 경향들 속에 놓고 봄으로써 현재의 특이점들을 더욱 정확하게 정의해 보자는 것이다. 당대의 논쟁들이 역사가들을 자극해 과거에 관해 새로운 질문을 던지게 만드는 일이 많았다. 1920년대에는 인플레이션이 심해지면서 가격의 역사가 탄생하게 이끌었다. 1950년대와 1960년대에는 인구가 폭발하면서 인구사 연구로도 이어졌다. 1990년대에는 지식과 정보의 역사를 두고 관심이 늘어났다.

사회 속의 지식 요소에서 눈을 돌려 지식에 내재하는 사회적 요소라는 상보적 주제로 가 보자. 이 책의 한 가지 목적을 한 단어로 요약할 수 있으니, '낯설게 하기'다. 그러니까 바라건대 이 책에서 이루려는 것은 러시아 비평가 빅토르 시클롭스키가 오스트라네니예 ostranenie라 묘사한 것으로서, 일종의 거리 두기인데, 익숙했던 것을 이상하게 보이게, 또 자연스러웠던 것을 지어낸 것처럼 느끼게 하는 것이다.[5] 여기서 목적은 우리가(곧 저자와 독자 모두가) 우리가 사는 '지식 체계'를 더 의식하도록 만드는 것으로, 과거의 변화하는 체계들을 기술하고 분석하는 방법을 통해서다. 한 체계 안에 살면, 이 체계는 '상식'처럼 보이게 마련이다. 오직 비교를 통해서만 이 체계를 다른 여러 체계 가운데 하나로 볼 수 있게 된다.[6] 폴란드 과학자 루드비크 플레츠크가 말했듯이 "무엇이든 이미 알려진 것은 그것을 알고 있는 사람에게는 항상 체계적인 것으로, 또 증명된, 실용적인, 자명한 것으로 보인다. 낯선 지식 체계는 반대로 하나같이 모순된 것으로, 증명되지 않은 것으로, 비실용적이며, 공상적이거나 불가사의한 것으로 보인다."[7]

개인들이 진실 또는 지식이라 믿는 것은 사회 환경에 의해 결정까지는 아니더라도 영향을 받는다는 생각이 사실 새로운 것은 아니다. 근대 초기에 (이 시기의 유명한 사례 셋만 들어 보자면) 프랜시스 베이컨이 종족, 동굴, 시장, 극장의 '우상'이라는 개념을 내놓은 일이나, 잠바티스타 비코가 '민족들의 자만심'에(다시 말하면 자민족 중심주의에) 관해 언급한 것들이나, 샤를 드 몽테스키외가 여러 나라의 법과 그 기후, 정치 체제 사이의 관계를 연구한 것 모두 이 근본적 통찰을 다른 식으로 표현한 것이었거니와, 이들에 관해서는 뒤에서 더 자세히 다룰 것이다.[8] →327쪽 그래도 여전히, 이런 식의 통찰이 조직적이고 체계 잡힌 연구로 넘어가기란 보통은 어려운 일이어서, 이럴 수 있기까지 여러 세기가 지나갈 수도 있다. 여기에 딱 들어맞는 사례가 지금 '지식사회학'이라고 부르는 것의 경우였다.

지식사회학의 출현

하나의 조직적인 작업으로서 지식사회학은 20세기 초로 거슬러 올라간다.[9] 좀 더 정확하게 말하면 세 가지 비슷한 작업이 세 다른 나라에서 시작됐으니, 프랑스, 독일, 미국에서였다. 왜 지식과 사회의 관계에 대한 특별한 관심이 하필 이 세 나라에서 일게 되었는지는 그 자체로 사회학의 사회학에서 흥미로운 문제다.

프랑스에서는, 그러니까 일찍이 오귀스트 콩트가 일종의 지식사회사, 곧 '이름들이 나오지 않는 역사'를 주창하기도 했던 이곳에서는, 에밀 뒤르켐과 그 제자들이, 대표적으로 마르셀 모스가 근본적인 범주들, 곧 '집단적 표상들'의 사회적 근원을 연구했던 것으로서, 이를테면 시간과 공간, 신성과 불경, 사람이라는 범주 따위가 될 텐데, 다른 말로 하면 사고방식들로서 너무나 근본적이라 사람들이 미처 갖고 있다고 인식하지 못하는 것들이었다.[10] 여기서 새로웠던 것은 앞 시대에 여행객들이나 철학자들이 언급한 바 있는 '원시적' 범주들을 체계적으로 검토했다는 점이고, 이와 함께 사회적 범주들이 자연계에도 투사된다고, 그리하여 사물에 대한 분류에서는 사람들에 대한 분류가 재생산된다는 포괄적 결론을 내린 점이었다.[11]

집단적 표상들에 대한 뒤르켐 학파의 이런 관심을 출발점으로 삼아 중요한 연구가 제법 많이 나왔는데, 고대 그리스를 두고 여러 연구가 있었고, 중국식 사유의 근본적 범주들에 관해 프랑스 중국학 학자 마르셀 그라네가 책을 내놓기도 했다.[12] 이와 비슷한 방식으로 역사가 마르크 블로크와 뤼시앵 페브르가 '집단적 심성' 또는 집단이 공유한 통념들을 두고 분석들을 내놓은 것이 많이 알려져 있다. 블로크는 이 접근 방식을 프랑스와 잉글랜드의 왕들이 가졌다고 했던 질병 치유 능력에 대한 믿음을 연구하는 데 채택했고, 페브르는 16세기의 이른바 '불신앙 문제'를 검토하면서 채택해, 이 시기에는 무신론은 생각할 수도 없는 일이었다고 논증했다.[13]

미국에서는, 소스타인 베블런이 있었는데, 과시적 소비와 '유한계급' 이론으로 가장 많이 알려져 있지만, 지식의 사회사에도 역시 관심을 갖고 있었다. 찰스 퍼스의 옛 제자였고 존 듀이와는 동료였던 만큼, 곧 이 두 실용주의 철학자가 세계와 그것에 관한 우리의 언명 사이의 '일치'를 주장하는 가설들을 비판하고 있었던 만큼, 베블런은 진실의 사회학에 관심을 갖고 있었다. 베블런이 특히 파고들었던 것은 특정 사회집단 및 기관들과 지식의 관계였다. 이 분야에서 베블런은 중요한 논문 세 편을 남겼다.

이 가운데 첫 논문은 1906년에 출판된 것으로, 현대 문명에서 과학의 자리를 검토하고서 이렇게 논증하는데, 베블런이 부른 대로는 현대의 '과학 숭배'는 의인적 설명보다는 비인격적 설명을 추구하는 데서 두드러지게 드러나거니와, 산업과 기계 기술이 등장한 결과였다. 또 미국 기성 학문 체제에 관한 한 연구에서, 베블런은 대학 체제 안의 어두운 구석들에까지 사회학적 횃불을 비추었는데, 학자들을 다른 '비의적 지식'의 '관리자들'에, 그러니까 '사제나 주술사, 주의呪醫'에 견주고는, 이 집단 내부에서는 이 비의적 지식이 보편적 진리로 여겨지지만, "누구든 외부인에게는 이 지식의 성격이며 범위, 접근 방법은 이 집단의 삶 속에서 형성된 습관들로부터 나오리라는 점이 분명하게 보일 따름"이라고 지적했던 것이다.

마지막으로 '근대 유럽에서 유대인들이 보여 준 지적 탁월성'에 관한 논문(1919년)에서, 베블런은 이 탁월성 또는 창의성은 19세기에 정점에 있었으며, 이 무렵은 바로 상당수 유대인이 기독교 문화에 동화돼 가던 때였다고 해석했다. 베블런의 논점은 이 동화가 여전히 불완전했고, 그리하여 상당수 유대계 지식인이 자기네 문화적 유산은 거부하면서도 이방인들의 문화적 유산을 또 완전히 받아들이지는 않고 있었다는 것이다. 두 문화적 세계의 경계에 걸쳐 있던 자기네 자리 때문에, 이네들은 "상황에 밀려" →62쪽 회의주의자가 됐다는 것인데, 그러니까 자신들 종족의 우상들은 "무너져" 버렸지만, 그러면서도 이방인들의 우상들을 받아들일 특별한 유인 같은 것은 없었던 것이다. 자신들을 둘러싼 문화에서 당연하게 받아들이던 생각들과 유리돼 있어서, 이들 유대계 혈통 지식인들은 지적 혁신자들이 되도록 자극을 받았다고 하겠다.

이 마지막 사례를 놓고 보면, 베블런이 보여 준 통찰력은 의심의 여지 없이 그 자신의 주변적 위치에서 비롯한 것이었으니, 한편으로는 의도적으로 선택한 것이었으나, 또 다른 한편으로는 노르웨이 소농 출신 이민자들의 아들이었던 결과이기도 했던바, 민족적으로나 사회적으로나 그의 시대 미국 지식인들 사이에서는 흔하지 않은 배경이었다.[14] 전형적인 경우였다고 할 텐데, 국외자 베블런은 엄격한 의미의 학파 같은 것은 남기지 않았고, 다만 후학들에게 자극을 주기는 했으니, 우리도 뒤에서 보게 된다.[15] →23쪽

독일에서는 이 무렵에는, 사상의 사회학 쪽에 관심이 더 많이 가 있었는데, 어떤 경우들은 카를 마르크스의 사상을 따르기도 하고, 어떤 경우들은 거기서 벗어나 있기도 했다. 예를 들어, 막스 베버의 연구는 그 스스로는 '개신교 윤리'라 부른 것에 초점을 맞추고,(베버의 이 연구는 1904년에 처음 출판됐다.) 이 가치 체계가 낳은 경제적 결과들에 관한 이론을 제시했던 만큼이나 이 가치 체계를 사회적 맥락 안으로 가져다 놓았던 경우였다. 베버의 관료제 이론 →184쪽 역시 지식사회학으로 내놓지는 않았을지언정 지식의 사회학에 보탬을 주었다고 하겠다. 독일의 다른 사회학자들을 보면, 대표적으로는 막스 셸러와 카를 만하임을 꼽을 수 있거니와,(만하임은 학자 이력을 헝가리에서 시작해서 영국에서 끝냈다.) 사상들은 사회 속에 "자리를 잡고 있으며," 세계관들, 곧 '사고 유형들'에 의해 형성된다고 베버와 거의 같은 시기에 주장하고 있었다. 이런 사고 유형들은 시대와, (셸러는 아니더라도 만하임에게는) 민족과, 세대와, 사회 계급과 결부돼 있었다.

예를 들어, 만하임은 18세기와 19세기에 나타났던 유럽의 두 사고 유형을 대비했다. 한쪽에는 프랑스 유형이 있는데, 자유주의적이고 보편주의적이어서, 사회를 어떤 변하지 않는 이성의 관점에서 판단한다. 다른 쪽에는 독일 유형이 있으며, 보수적이고 '역사주의적'인데, 세계를 변화하는 것으로 경험하며, 이성이나 종교가 아니라 역사를 가지고 경험에 의미를 부여하기 때문이다. 만하임의 목적은 어떤 유형을 상찬하거나 비난하기보다는 그저 이렇게 지적하려는 것이었으니, 어떤 주어진 집단의 사회적 이해관계가 그 집단 구성원들을 사회생활의 특정 측면들에 민감해지도록 만든다는 것이다. 이 기초 위에서 집단 구성원들은 어떤 특정 '이념'을 발전시키는 것이다.[16]

그래도 여전히, 만하임에 따르면, 지식인들은 '상대적으로 계급에서 자유로운 계층'이다. 지식인들은 '자유롭게 떠다니는 인텔리겐치아freischwebende Intelligenz'였으니, 이 표현은 만하임이 알프레드 베버에게서 빌려 온 것으로, 알프레드 베버는 훨씬 더 많이 알려진 막스 베버의 동생으로서 그 역시 꽤 중요한 사회학자였다. 사회에서 상대적으로 ('상대적으로'라는 한정을 만하임을 비판하는 사람들은 종종 잊어버리기도 하거니와) 유리돼 있다는 사실 때문에, 지식인들은 다른 사람들이 할 수 있는 것보다 더 분명하게 사회적 흐름들을 볼 수 있다.[17]

자신들의 작업에 '지식의 사회학Soziologie des Erkennens, Wissenssoziologie'이라는 이름을 붙인 것은 독일 학자들이었던 바, 이 표현은 이상하게 들리는데, 분명히 대중에게 충격을 주려는 의도를 품고 있었다. 무지의 역사학이나 무지의 사회학이라는 개념만 해도 상대적으로 받아들이기가 쉬운데, 이 분야에서 나온 연구가 아직 상대적으로 적지만, 여전히 그렇다.[18] 우리가 진리를 발견하러 가는 길에 놓인 장애물들을 베이컨의 방식으로 사회적으로 분석하는 것 역시 받아들이기 어렵지는 않다. 이보다 더 받아들이기 어려운 것이 지식을 사회적으로 이해한다는 생각인데, 안다는 것은 철학자들이 말하는 '성취 동사'이기 때문인바, 우리가 아는 것은 우리가 믿는 것과는 달라서 정의상 참인 것이다. 진리를 사회적으로 설명한다는 생각은, 그러니까 마르크스와 프리드리히 니체가 제시한 종류의 생각은 지금도 사람들에게 충격을 줄 힘을 갖고 있는데, 1980년대에 미셸 푸코가 '진리의 체제들'에 관해 논의했을 때 이것이 잘 드러났다. 1990년대에도, 17세기의 과학을 다룬 한 책에 '진리의 사회사'라는 제목을 붙이는 것은 여전히 고의적 도발이었다.[19]

지식사회학의 부활

이런 주목할 만한 초기 연구들 이후, 지식에 관한 연구는 사실상 끊기게 됐고, 그렇게까지는 아니더라도 사회학의 다른 분야들보다 생산력은 어쨌든 뒤처지게 됐으니, 앞에서 다룬 저 세 나라 모두에서였다. 1930년대에서 1960년대 사이에 두드러지는 인물로는 미국의 로버트 킹 머턴이 있었는데, 청교도주의와 과학의 관계에 관한 그의 연구는 영국 왕립학회 같은 기관들에 더 많이 관심을 두기는 했어도, 본질적으로는 청교도주의와 자본주의에 관한 막스 베버의 생각을 더 밀고 나간 정도였다.[20] 폴란드 출신 사회학자 플로리안 즈나니에츠키는 미국으로 이민을 가서 베블런의 뒤를 좇아가며 『지식인의 사회적 역할』(1940년)에 관한 연구를 출판하기도 했으나, 곧 다른 분야로 옮겨 갔다. 파리에서는, 러시아 출신 망명객émigré 조르주 귀르비치가 1960년대 초에 지식에 관한 연구를 살려 내는 것처럼 보였으나, 연구

계획 개요를 제시하는 정도를 넘어서 무엇을 할 수 있기 전에 세상을 떠나고 말았다.[21] 『실체의 사회적 구축』(1966년)은 미국 학자와 오스트리아 학자가, 그러니까 피터 버거와 토마스 루크만이 공동 저술한 책으로서 반응이 좋았고 제법 영향력도 있었을 것이지만, 저자들은 자기네가 주창했던 대로 지식의 사회학에 폭넓게 접근하는 내실 있는 작업들로 이 책의 연구를 계속 밀고 나가지는 못했다. 부활에 필요한 자극은 대체로 사회학 바깥에서 왔는데, 대표적으로 인류학 쪽의 클로드 레비스트로스에게서, 과학사의 토머스 새뮤얼 쿤에게서, 또 철학 쪽의 푸코에게서 왔다.

레비스트로스는 분류에 관한 관심을 되살려 냈던 것으로, 토테미즘을, 조금 더 포괄적으로는 그가 '야생의 사고la pensée sauvage'라 부르며 추상적이기보다 구체적이라고 정의한 것을 연구하면서였다. 서구인들은 '자연'과 '문화'를 구별하는 반면, 예를 들어 아메리카 인디언들의 신화들은 레비스트로스에 따르면 '날것'과 '익힌 것' 사이의 대립을 중심으로 구축된다.[22] 푸코는 의학사와 함께 철학을 공부했다가 점차 관심 분야를 넓혀 나간 경우였다. 푸코는 꽤 많은 용어를(곧 '고고학', '계통학', '체제' 따위를) 새로 만들어 내서는, 다양한 수준에서, 그러니까 가족이라는 미시 수준에서부터 국가라는 거시 수준에서까지 되풀이되는 지식과 권력의 관계를 다뤘고, 이와 함께 지식의 여러 공간 또는 '자리들'을(곧 의료 기관, 학교 따위를) 분석했다.[23] 쿤의 경우는, 이렇게 주장을 해서 동료 학자들에게 충격 또는 자극을 줬는데, 역사에서는 과학혁명들이 되풀이되며, 이 혁명들은 비슷한 '구조' 또는 발달 주기를 갖고 있는바, 정통 이론 또는 '범주'에 대한 불만에서 시작해서 새로운 범주를 만들어 내는 것으로 끝이 나고, 새 범주는 이제 '정상 과학'으로 여겨지게 되며, 이 상황은 새로운 세대의 연구자

들이 이 기존 통념에 다시 불만을 가지게 되는 시점까지 이어진다는 것이다.[24]

지식이라는 주제는 바로 앞 세대의 대표적인 사회 이론가와 문화 이론가 일부가 관심을 가졌다. 학문 인생의 말년으로 가면서, 노르베르트 엘리아스는, 그러니까 만하임의 조교였던 이 학자는 지적 거리 두기라는 과정을 연구하는 한편, 그가 표현한 대로는 '주류 과학자 집단에 관한 이론'을 내놓았다.[25] 위르겐 하버마스의 경우는 지식과 관심, 공적 영역들 사이의 관계를 천착했다.[26] 피에르 부르디외는 지식을 사회학이라는 지평 안으로 다시 가져다 놓았다고 할 텐데, '이론적 실천'에 관해, '문화적 자본'에 관해, 또 대학 같은 기관들이 무엇이 정당한 지식에 들어가고 무엇이 들어가지 않는지를 결정하는 권력에 관해 일련의 연구들을 내놓으면서였다.[27]

부르디외는 인류학을 전공한 경우였는데, 다른 인류학자들도 이 분야에 중요하게 많이 보탰다. 예를 들어, 클리퍼드 기어츠는 여러 편의 논문을 써서, 특정 지역에 한정된 지식이며 정보, 상식의 문제들을 다뤘거니와, 이 문제들을 특히 세밀히 관찰했다고 하겠는데, 그가 연구했던 대면 공동체들이라는 맥락 속에서 이 문제들을 검토했던 것이다.[28] 잭 구디가 구술 문화와 문자 문화 안에서 지식에 이르는 서로 다른 경로들에 관해 조사했다면, 구디의 동료로서 지금은 세상을 떠난 에르네스트 겔너가 분석한 것은 경제적·정치적·지적 영역들 사이에서 변화하는 관계들이었는데, 겔너 자신은 이 영역들을 생산 체계, 강제 체계, 인식 체계라고 표현했다.[29] 이 목록에 다른 이름들을 추가하기가 어려운 일은 아닐 것이며, 지리학에서 경제학에 이르는 다른 학문 분과들을 덧붙이는 것도 마찬가지다.[30]

무언가가 부활했다고 했을 때 흔히 그러는 것처럼, 보통 이렇게 불렸던 이 '신지식사회학'에 참여한 학자들은 종종 자기네 선행자들과 자기네 사이의 거리를 과장한다.[31] 푸코나 부르디외, 레비스트로스 모두 뒤르켐에게, 또 뒤르켐이 범주며 분류에 관심을 가졌던 것에서도 상당한 빚을 졌다고 할 텐데, 독창적 사상가 대부분처럼 이네들이 하나 이상의 분야에서 연구를 하고, 스승들한테서 자기네들을 떼어 놓는다고 해도 변하지 않는 사실이다. 지식과 이해利害 사이의 관계에 관한 논쟁의 경우 지금도 시끄럽게 계속된다.[32] 이 문제에 대한 '미시적' 접근은 새로운 것처럼 보일지 몰라도, 제2차 세계대전 전에 이미 만하임이 주창했고, 플레츠크가 실천에 옮겼다.[33] 어떤 종류의 지식이 정당한지를 결정하는 권력을 놓고 보면, 부르디외의 연구에서 강조한 것이었으되, 그 중요성은 이미 빅토리아 여왕 시대 한 풍자 작가에게도 분명했으니, 이 작가가 벤저민 조윗을 화자로 삼아 던진 주장이 "내가 모르는 것은 지식이 아니다."였던 것이다. →35쪽

이렇게 한정들이 붙기는 해도, 지식사회학의 이 두 번째 물결은 여전히 그 강조점들에서 첫 번째 물결과는 달라 보이는데, 특히 네 가지가 그렇다. 첫 번째로는, 강조점이 지식의 획득과 전달에서 지식의 '구축', '생산', 또는 심지어 '제조'로 옮겨 간 것으로, 이 강조점의 이동은 사회학을 비롯한 다른 학문 분과들에서 전반적으로 일어난 후기구조주의적 전환 또는 포스트모더니즘적 전환의 일부분이기도 하다.[34] 이제 사회구조는 덜 강조하고, 개인들에 대해서, 언어에 대해서, 또 분류와 실험 같은 구체적 적용에 대해서 더 강조한다. 경제는 덜 강조하고, 지식의 정치, 또 '지식 보유자들'의 정치는 더 강조한다.[35]

두 번째, 이들 지식 보유자들을 전에 그랬던 것보다 더 범위가 넓고 더 다양한 집단으로 보게 됐다. 실용적·국소적 지식 또는 '일상적' 지식을 이제는 지식인들의 활동들만큼이나 사회학자들, 대표적

으로 이른바 '민속 방법론' 학파에서 진지하게 여기게 된 것이다.[36]

세 번째로 신지식사회학이 옛 지식사회학과 다른 점은 미시사회학에, 곧 작은 단체나 모임, 교류망 또는 '인식론적 공동체들'의 일상적인 지적 생활에 더 큰 관심을 두는 것인데, 이들을 지식을 구축해서 특정 경로들을 통해 확산이 일어나게 하는 기본 단위들로 보게 된 것이라 하겠다.[37] 푸코의 선례를 따라서, 이 인식론적 공동체들을 이 공동체들이 일하는 실험실에서 도서관에 이르는 미시 공간들을 통해서 많이들 연구한다.[38] 이런 측면들에서 이 새로운 접근 방법은 인류학에 가깝다고 할 텐데, 그리하여 '지식의 인류학'이라는 표현도 이제는 자주 쓴다.[39]

네 번째, 독일 쪽 사회학자들이 지식이 사회 속에 자리를 잡고 있다고 단언했을 당시, (최소한 만하임은 세대까지 염두에 두고 있었지만) 이네들은 무엇보다도 사회 계급을 생각하고 있었다.[40] 하지만 지금 단계에서는 성차性差에, 또 지리에 더 많이 주목하고 있다.

성차의 경우, 인문학자가 되려고 하든 자연과학자가 되려고 하든, 여성 학자들이 치러야 했던 '장애물 경주'를 놓고는 그나마 일련의 연구들이 있었으되, 여성들이 다른 장소며 시대, 학문 분과의 지적 생활에서 어느 정도나 배제됐는지에 관해서는 여전히 비교 연구가 필요하다고 하겠다.[41] 긍정적인 측면을 보면, 페미니스트들이 주장하는바, 성이 경험을 구축하는 데 도움을 주며, 그리하여 구체적인 '여성의 인식 방식들'이 있다는 것이다.[42]

지리학자들이 이제는 지식의 공간적 분포에, 또 이에 못지않게 중요하게는, 지식이 분포되지 않는 문제에도, 그러니까 지식이 특정 장소의 특정 집단들에 한정돼 있는 문제에도 관심을 갖게 됐다.[43] 충분히 흥미롭거니와, 지식의 지리학으로 나온 가장 유명한 연구를 한 것은 문학비평가였다. 상당한 논쟁을 불러일으킨 한 연구에서, 에드워드 사이드는 푸코의 선례를 따라 '오리엔탈리즘', 곧 중동에 대한 서구의 지식을 제국주의에 복무하는 한 기제라고 분석했다.[44]

저자가 비록 문화사학자이자 사회사학자이기는 하지만, 이 책은 이 접근 방법들에 두루 의존해서, 우리 자신들의 지식 세계에서 특징이라 할 전문화와 거기서 비롯한 파편화를 바로잡으려 할 것이다.

지식의 사회사

지금까지는, 상대적으로 아주 적은 역사가가 지식의 사회학을 진지하게 받아들였다. 이런 예외들 가운데 하나가 제임스 하비 로빈슨으로서, 20세기가 시작되던 무렵에 일어난 미국 '신역사' 운동의 선도자였다. 로빈슨은 베블런의 친구였다. 로빈슨이 마사 온스타인에게 박사 학위논문→72쪽을 17세기 과학 협회들의 역할에 관해 써 보라고 권한 것은 그 스스로 이렇게 물었던 결과였으니, "저 유서 깊고 명예로운 배움의 전당들이(곧 대학들이) 지식의 진보에서 어떤 부분을 맡았을까?" 이 질문에는 대학들을 향한 적의가 깔려 있었을 수도 있다. 친구 베블런이 오랫동안 출판하지 못하고 있던 『고등교육』에 관한 연구에서 보여 준 생각이기도 했던 것이다.[45](이 책은 1908년 무렵에 썼지만, 10년이나 지나서야 출판됐다.)

하지만 로빈슨에게는 이 분야로 가는 후학들이 더는 없었다. 1920년대에서 1950년대 사이에는, 몇몇 마르크스주의 학자가, 그러니까 러시아의 보리스 게센에서 영국의 조지프 니덤에 이르는 학자들이 과학 연구의 사회사들을 쓰려고 했으나, 이 주제를 주류 과학사가들은 대체로 다루기를 꺼렸다. 오직 1960년대 이후로나 사회적 관점에서 과학을 검토하는 것이 흔한 일이 됐다. 이런 관점에서 쓰인 것이 사회과학들을 놓고는 훨씬 더 적었고, 인문과학들을 놓고는 또 더 적었거니와, 그나마 쓰인 것들은 근대 초기보다는 19세기와 20세기에 집중돼 있다.[46]

학적 저술 내의 이 공백에 대한 인식이 내가 이 주제를 고른 한 가지 이유다. 이 책은 하나의 논문 또는 논문집으로서 한 주제를 다루는데, 이 주제는 너무 방대해 의식적으로 잠정적인 형태를 띠지 않는 경우, 이 주제를 놓고 어떤 개관이든 시도하는 것은 뻔뻔하다고 하겠고, 끝내는 것은 불가능하다 하겠다. 나는 큰 주제들을 짧은 연구들로 다루는 방식에 대한 애호를 고백할 수밖에 없는데, 이런 짧은 연구들로 다른 장소들이며 주제들, 시기들, 개인들 사이의 연결 관계들을 찾아내는, 그러니까 작은 조각들을 모아 큰 그림을 만드는 일을 해볼 수 있기 때문이다. 하지만 이런 책에 대한 필요가 특히 절실한 분야는 보통들 하나의 분야라고 아예 생각하지 않고 차라리 학문 분과들을, 아니면 서지학, 과학사, 독서사, 지성사, 지도 제작사, (내 원래 연구 주제인) 역사 기록사 같은 하위 학문 분과들을 모아 놓은 정도로 취급하는 영역이라고 하겠다.

누구든 지식이 사회 속에 자리를 잡고 있다고 주장하는 사람은 분명히 자신의 자리도 밝혀야 한다. 내가 가진 편향들 가운데 일부가 계급, 성, 국적, 세대의 결과로서 틀림없이 조만간 분명하게 드러날 것이다. 여기서는 그저 이 책의 제목은 비록 나 스스로 접근 방법에서는 점차 거리를 두게 되었지만, 만하임을 향한 경의의 표시로 골랐다는 것 정도만을 고백하는데, 만하임의 연구가 있어서 40여 년 전 내가 이 분야에 흥미를 가지게 되었기 때문이다. 이 책은 이론의 안내를 받는 사회사 서술을 시도하는데, 더 최근에 나온 푸코며 부르디외의 정식들만큼이나 뒤르켐과 막스 베버의 '고전' 이론들도 가져다 썼다. 그리하여 제2장과 제3장에서는 일종의 회고록처럼 지식의 사회학을, 제4장은 지식의 지리학을, 제5장은 지식의 인류학을 제시한다. 제6장은 지식의 정치학을, 제7장은 지식의 경제학을 다루며, 제8장은 조금 더 문헌학적인 접근 방식을 채용했고, 제9장에서는 몇 가지 철학적 문제를 제기한다.

이렇게 다른 학문 분과들의 경계 안으로도 들어갔지만, 이 책의 독자들에게는 충분히 분명할 텐데, 이 책은 역사가, 본질적으로는 근대 초기 유럽을 연구한 역사가의 작업이다. 이 책의 앞뒤쪽의 시간상 경계는 저 르네상스와 계몽주의 운동이다. 비교를 하거나 대조를 하느라 공간상의 경계와 시간상의 경계들을 때때로 넘기는 하겠지만, 이 책은 여전히 '근대 초' 유럽을 배경으로 한 지식의 역사다.

이 근대 초라는 기간은 여기서 정의하기로는 요하네스 구텐베르크에서 드니 디드로에 이르는 몇 세기, 다른 말로 하면 1450년 무렵 독일에서 가동 활자 인쇄술이 발명된 때부터 1750년대 이후 이어졌던 『백과전서』의 발행까지다. 『백과전서』는 당대에 모을 수 있었던 정보의 총화였고, 그러면서 또 지식의 정치학과 지식의 경제학 둘 다를 생생하게 보여 주는 삽화이기도 했다. 지식과 인쇄술 사이의 연결 고리들에 대해서는 이어지는 본문에서 한 번 이상은 다루게 될 것이다. 여기서는 이 정도만을 밝혀 두는 것으로 충분할 텐데, 이 새로운 매체가 갖는 중요성은 지식을 더 널리 퍼뜨리는 데서, 또 상대적으로 사적인, 심지어는 비밀이었던 지식들을(그러니까 기술적 비법들에서 국가 기밀에 이르는 지식들을) 공개 영역으로 가져다 놓는 데서 그치지 않았다는 것이다. 인쇄술은 서로 다른 지식들 사이의 상호작용도 촉진했거니와, 이 연구에서 계속 등장하는 주제이기도 하다. 인쇄술은 지식을 표준화했는데, 사람들이 다른 장소에 있어도 똑같은 글들을 읽고 또 똑같은 그림들을 검토할 수 있게 해 줘서였다. 인쇄술은 또한 회의주의도 자극했는데, 제9장에서 지적한 대로, 같은 사람이 같은 현상이나 사건에 관한 경쟁적이고 양립할 수 없는 기술記述들을 비교하고 대조할 수 있게 해 줬던 것이다.[47]

지식이란 무엇인가?

"지식이란 무엇인가?"라는 질문은 훨씬 더 유명한 질문 "진리란 무엇인가?"만큼이나 대답하기 어렵다. 만하임이 종종 비판을 받았던 것은 범주며 가치관, 관찰 결과가 사회적으로 결정된다고 하면서 이것들 사이를 구별 짓지 않은 대목 때문이다. 우리도 지식과 정보를, '어떻게를 아는 것'과 '어떤 것을 아는 것'을, 명백한 것과 당연하다고 여겨지는 것을 구별할 필요가 있다. 편의상 이 책에서는 '정보'라는 말로는 상대적으로 '날것'이고 구체적이며 실용적인 것을 가리킬 것이고, '지식'이라는 말은 '익힌 것'을, 사고 과정을 거쳐 가공되거나 체계화된 것을 뜻한다. 말할 필요도 없지만, 이 구별은 오로지 상대적인 것으로서, 우리의 두뇌는 우리가 지각하는 모든 것을 처리하기 때문이거니와, 지식을 정교화하고 분류하는 것의 중요성은 앞으로 (특히 제5장에서) 다시 나올 주제다.

이제부터 이어지는 부분에서 논의할 내용은 (현대의 저자나 독자들이 아니라) 근대 초기 사람들이 무엇을 지식으로 여겼느냐다. 주술이나 마법, 천사, 악마에 관한 지식도 따라서 포함된다. 근대 초기의 지식 개념들은 지식의 사회사에서 분명히 핵심적이고, 그러니만큼 뒤에서 더 자세히 다룰 것이다. 지금 단계에서는 다른 종류 지식들의 존재를 인지하고 있었다는 것을 지적하는 것으로 충분할 텐데, 이것이 잘 드러나는 경우가 예를 들면 ars와 scientia를 구별했던 것이나,(영어의 'art'와 'science'보다는 'practice'와 'theory'와 각각 더 가깝거니와) '학습learning', '철학philosophy', '호기심curiosity' 같은 말들을, 또 다른 유럽 언어들에서도 이런 표현들에 해당하는 말들을 썼던 것이라고 하겠다. 새로운 종류의 지식들을 추종하던 사람들은 이 지식은 '진정한 지식'이라고 종종 묘사했고, 전통적인 지식을 놓고는 내용 없는 '헛소리'나 쓸모없는 '탁상공론'으로 치부하고는 했다. 개념사는 독일어로는 'Begriffsgeschichte'라고 하거니와, 우리의 작업에서 빼놓을 수 없는 부분이다. 이 개념사에서 관심을 갖는 것은 새로운 관심이나 태도의 지표로서 새로운 단어의 출현 쪽만이 아니라, 오래된 용어들의 의미에서 일어난 변화 쪽도 있는데, 이 용어들을 해당 언어밭으로 다시 가져다 놓고 이 용어들이 쓰이는 사회적 환경들을 검토해 원래의 결합 관계들을 재구성하는 것이다.[48]

전통적인 전제 하나와는 앞으로 이어질 논의에서 거리를 두려고 하는데, 지적 진보라는, 아니면 때로 부르기로는 '인식의 성장'이라는 전제다. 이런 개념은 한 사회 전체를, 그러니까 서로 다른 사람들이(이를테면 백과사전 기고자들이) 자기네들 사이에서 알고 있는 것을 가리키는 한에서는 유용할 수도 있다. 근대 초기 유럽의 지식사 안에 있는 누적적 요소를 부정하기는 어려울 것이다. 참고 서적들이 늘어났고, 도서관들과 백과사전들은 커졌고, 특정한 주제에 관한 지식을 구하는 사람이 손에 넣을 수 있는 자원들은 한 세기, 한 세기가 지날 때마다 더 많아졌다. →제8장

지혜는 이와는 달라서 누적적이지 않으며, 각 개인이 얼마라도 노력을 해서 익혀야만 한다. 심지어 지식의 경우에도, 개인 수준에서는 진보가 있는 만큼이나 퇴보가 있었고, 또 지금도 있다. 전문화가 여러 교육기관과 대학들에서 특히 지난 한 세기 남짓한 기간 진행되면서 이전보다 훨씬 더 폭이 좁은 지식을 가진 학생들이 배출됐다.(줄어드는 폭을 늘어나는 깊이로 벌충했는지는 모를 일이다.) 오늘날, 택일적 지식들이 우리의 주의를 끌려고 경쟁하며, 어느 쪽을 선택하든 거기에는 대가가 따른다. 백과사전들이 개정될 때면 다른 정보들을 넣을 자리를 마련하느라 정보가 빠지는데, 그리하여 몇몇 용도에는 『브리태니커 백과사전』 최신판보다 제11판(1910~1911년)을 찾아보는 편이 더 나을 때가 있다. 근대 초 유럽에서는, 인쇄술의 발명이며 지리상의 대발견, 또 이른바 '과학혁명' 따위의 뒤를 이어 일종의 '지식 폭발'이 일어났다. 하지만 이런 지식 축적은 문제들을 해결했던 만큼이나 문제들을 만들어 내기도 했으니, 앞으로 다시 다룰 또 다른 주제다.

말할 필요도 없지만, 나 스스로 가진 지식에 관한 지식이 불완전하다 보니, 이 작업은 시간적으로나 지리적으로뿐만 아니라 사회적으로도 한정해야만 할 것이다. 이 책은 일련의 강의들에서 시작했고 광대한 지적 지형을 정찰하는 것이 목적이어서, 백과사전이라기보다는 논문이라고 하겠다. 이 책이 사실상 지배적 형태의 지식들만을 다루게 된 데 대해서는 조금 더 설명이 필요할 듯하다.

다원적 지식

이 책은 16, 17, 18세기에 출판된 본문들에 거의 기초하고 있다.

이 책에서는 문자 중심주의를 피하려고 하는데, 그러느라 구전 지식들을 다루는 것이고, 심지어는 언어 중심주의도 피하려고, (지도들을 포함해) 이미지들도 지식 전달의 수단으로 취급하고 또 삽화들도 집어넣었다. 구체적인 물건들도 조개껍데기에서 동전들, 박제한 악어에서 조상造像들까지 종종 언급하게 될 텐데, 이런 물건들을 이 기간에는 아주 열심히 수집해서 분류하고 진열장이나 박물관에 전시했기 때문이다.[49] 비언어적 행위들도(건축이나 요리, 천 짜기, 치료, 수렵, 토양 경작 따위도) 지식의 정의 안에 포함할 것이다. 하지만 커다란 질문 하나가 남아 있다. 어떤 사람들의 지식이 이 연구의 주제인가?

근대 초기에, 상층 집단은 지식을 자기네가 가진 지식과 동일시할 때가 많았으며, 리슐리외 추기경이 『정치 계약』에서 그랬던 것처럼, 이런 주장들을 펴기도 했으니, 지식이 사람들에게 알려져서는 안 되며, 그래야 현세에서 자신들이 가진 지위에 불만을 갖는 일이 생기지 않는다는 것이었다. 에스파냐의 인문학자 후안 루이스 비베스는 상대적으로 예외적이었으니, "소농들이나 수공인들이 저 많은 철학자보다 자연을 더 잘 안다.melius agricolae et fabri norunt quam ipsi tanti philosophi"고 인정했던 점에서 그렇다.[50]

오늘날, 국소적 지식과 일상적 지식의 '복권復權'이라 부를 만한 현상을 따라서, 분명한 것이 있으니, 문화마다 복수형으로 '지식들'이 있다는 것이고, 또 사회사도 사회학에서처럼 "사회에서 지식으로 인정받는 모든 것에"[51] 관심을 가져야 한다는 것이다. 지식들을 구별하는 한 가지 방법은 기능 또는 용도를 기준으로 삼는 것이다. 사회학자 귀르비치는 예를 들어 일곱 가지 유형의 지식을 구별했는데, 지각적·사회적·일상적·기술적·정치적·과학적·철학적 지식이다.[52]

또 다른 접근 방법에서는 사회사와 더 비슷하게 서로 다른 사회집단들이 생산해 전수하는 지식들을 구별할 수도 있다. 지식인들이 몇몇 종류의 지식에서는 정통하지만, 다른 분야의 전문 기술 또는 '비결knowhow'을 발전시키는 것은 관료나 수공인, 농부, 산파, 민간 치료사 같은 집단들이다. 이렇게 정식화되지 않은 지식 분야들이 최근 어느 정도 역사가들의 관심을 끌었는데, 특히 제국주의 시대에 유럽의 통치자들이나 지도 제작자들, 의사들이 자기네 소유라고 주장하고 있던 지식들에 토착 거주민들이 보탠 것과 관련해서였다.[53]

지식 연구라면 대부분은 상층 소수의 지식을 다루고, 서민 문화 연구들도 (1978년부터 시작된 나 자신의 연구를 포함해) 서민 문화의 인지적 요소, 곧 서민적 또는 일상적 지식을 두고는 상대적으로 말할 수 있는 것이 적다.[54] 이 책에서도 사료들을 따라가다 보니 역시 강조하게 되는 것은 지배적 형태의 지식, 아니면 심지어 '학문적' 형태의 지식, 곧 근대 초기에 흔히 부르던 대로는 '학식'이 될 것이다. 그래도 여전히, 학문적 지식을 더 넓은 틀 안에 놓으려고 진지하게 시도할 것이다. 학문적 상층 소수의 지적 체계들과 그 '대안적 지식들'이라 부를 만한 것들 사이의 경쟁, 충돌, 교류는 이 연구에서 계속 등장하는 주제가 될 것이다.[55] 갈등들이 특히 두드러지는 경우는 의료인데, '신통한 사람들', 떠돌이 치료자들, 무어인들, 여자들이 활동하던 분야였다.[56] 구체적인 예를 찾으려면 『다양한 경험』을 보면 될 텐데, 1609년 파리의 산파 루이즈 부르주아가 펴냈거니와, 저자는 스스로를 일러 "하느님께서 내게 주신 지식을 설명하려고 펜을 든 이 분야 최초의 여성"이라고 했다.

만약 파문을 일으키고 싶었다면, 이 시점에서 나는 이렇게 주장했을 텐데, 근대 초 유럽의 이른바 지적 혁명들은(곧 르네상스, 과학혁명, 계몽주의 운동은) 특정 종류의 서민적 지식 또는 실용적 지식들이 시야 속으로(더 구체적으로는 인쇄물의 형태로) 뚫고 올라왔고, 일부 주류 학자가 이 지식들에 정통성을 부여해 준 것 이상이 아니었다고 말이다. 이런 주장이 아무리 과장됐다고 하더라도, 지식을 학자들의 학식과 동일시하는 저 사회적으로 더 인정받는 가정보다 일방적이지는 않을 것이다. 유럽인들이 다른 대륙들에서 모은 지식을 예로 들면, 언제나 자연과 사회를 직접 관찰해서 얻은 결과는 아니었으며, 현지 정보 제공자들에게 의존해 얻은 것이기도 했다. →제4장

학자들과 장인들 사이 상호작용의 예를 찾으려면 르네상스 시대 이탈리아를 보면 될 것이다. 15세기 초 피렌체에서는, 예를 들어, 인문주의자 레온 바티스타 알베르티가 조각가 도나텔로나 토목 전문가 필리포 브루넬레스키와 자주 대화를 나눴다. 이런 전문가들의 도움이 없었다면 알베르티가 회화나 건축에 관한 논문들을 써내기는 어려웠을 것이다. 르네상스 건축 쪽의 전문가들은 숙련된 석공들의 석공 기법들과 그 후원자들의 인문학적 지식 간의 상호작용에 관해 이야기들을 하는데, 이 후원자들은 자기네 저택을 의뢰하면서 비트루비우스의 책을 손에 들고 있기도 했던 것이다. 사실 고전 라틴어 전문가들과 건축 전문가들 사이에 일종의 협력이 없었다면, 어떻게 이 고대 로마 때 건축 논문의 본문을 르네상스 이탈리아에서 했던 것처럼 편집하고 도해를 넣고 할 수 있었을지 상상하기 힘들다. 이 책을 베네치아의 귀족 다니엘레 바르바로가 1556년에 편집하고 번역할 때는, 이 작업을 도운 것이 건축가 안드레아 팔라디오로서, 석공 수련을 쌓은 사람이었다.[57]

꽤 많은 분야에서, 학자들뿐만 아니라 현장에 있는 남자들 또는 여자들도 인쇄된 지식에 보탤 무언가를 갖고들 있었다.[58] 인문주의자 게오르기우스 아그리콜라가 쓴 채광採鑛에 관한 책(1556년)은 꽤 많

은 부분을 요아힘슈탈 지역 광부들의 구전 지식에서 분명히 가져다 썼는데, 아그리콜라가 이 지역에서 의사로 일했던 것이다. 미셸 드 몽테뉴는 식인종들에 관한 유명한 논문에서 이런 주장까지 내놓을 정도였는데, 신세계에서 겪은 일들에 관해서는 단순한 사람homme simple et grossier이 편향과 선입견을 가진 영리한 사람들les fines gens보다 더 믿을 만한 증언을 해 줄 수 있으리라는 것이었다.

인문학 쪽으로 가 보면, 경제학이라는 학문 분과의 출현→160쪽은 무에서 발명해 낸 것은 아니었다. 이 과정에서는 새 이론들을 정교화하는 것뿐만 아니라 상인들의 현장 지식에 학문적 품위도 걸쳐 줘야 했으니, 원래는 구전 지식이던 것이 16세기와 17세기에 점점 더 많이 인쇄물의 형태로, 곧 논문들로 돌아다니게 됐던 것으로, 조사이어 차일드 경의 「상업 강화」(1665년) 같은 것을 꼽을 수 있는데, 이 논문을 쓸 때는 런던의 상인이었던 저자는 이제 동인도회사의 회장이 될 것이었다.

비슷한 교류들이 정치 이론과 실제 정치 사이에서도 있었는데, 경계를 넘느라 대가를 치르는 일도 무릅쓰는 경우가 있었다. 니콜로 마키아벨리가 큰 소란을 일으켰던 것은 정치가들이 회합에서 때로 논의하고 통치자들이 실제 통치에서 자주 따랐던 책략들을 분명하고 이론적인 형태로 기술했기 때문이다. 『군주론』은 마키아벨리가 출세 기회가 되리라는 바람을 안고 메디치가의 한 인물에게 바친 비밀 문서였다가 1532년에 출판됐는데, 저자가 죽은 뒤 몇 년이 지나서였다.[59] 베이컨이 『학문의 진보』(1605년)에서 "협상이나 거래에 관한 지식이 지금까지는 저술로 집대성되지 않았다."고 주장했을 때는 통찰력이 담긴 포괄적 지적을 하는 것이기는 했으되, 선배 마키아벨리에게 공정하지는 않았다고 하겠다.

다시 회화와 그 기법들에 관한 지식은 '감정鑑定'이라고 알려지게 되는데, 말로 전수되던 지식이었다가 16세기에 인쇄물의 형태로도 나타나기 시작했으며, 조르조 바사리가 펴낸 예술가들의 『인생 열전』이 대표적으로, 첫 출판은 1550년이다. 이 시기 이론과 실제 사이 상호작용들의 한 흔적이 철학 용어에 보존돼 있다. '경험주의empricism'는 'empiric'에서 왔는데, 이 전통적 영어 표현이 가리켰던 것은 대체 의료 쪽 종사자들로서, 이론에 관해서는 아는 것이 없는 사람들이었다. 저서 『학문의 진보』에서, 베이컨은 질병의 진정한 원인도, 질병을 치료할 제대로 된 방법도 모르는 '경험 만능 의사'들을 맹렬히 비난했는데, 그러나 일상 세계에는 주의를 기울이지 않고 결론들을 연역해내는 현학적 철학자들도 똑같이 엄중히 비판했다. '정확한, 하지만 아직 가 보지 않은 길'은 베이컨의 『신기관』(1620년)에 따르면 경험주의적 개미를 따르지 않을 텐데, 생각 없이 자료만 모으기 때문이고, 현학적 거미도 아닌데, 자신의 안에서부터 거미줄을 짜 나오기 때문이고, 벌을 따를 것인데, 모으기도 하고 소화도 하기 때문이다. 중요한 것은 "감각들과 구체적인 것들에서" 시작해서는 단계들을 밟아 일반적 결론들로 올라가는 것이었다.(히포크라테스, 『아포리즘』, xix, xcv) 이 가운데 길을, 제9장에서 다루거니와, 우리가 지금 '경험주의empiricism'로, 프랑스어로는 empirisme으로 부르는데, 이 용어는 1736년에 만들어졌고 저 베이컨적 기획인 『백과전서』에서도 이 주제에 관한 항목을 두어서 다루게 된다.

베이컨의 경험주의적 인식론은 그의 신념과 연결돼 있었으니,(이 신념은 또한 한 세기 앞서 지식 체계를 개혁하려 했던 비베스도 공유했다.) 학자들조차도 보통 사람들한테서 배울 것이 있을 수 있다는 것이었다. 런던의 왕립학회도 이 베이컨적 전통을 이어 가면서 전문 지식들이나 서로 다른 직종과 공예 쪽의 비법을 담은 출판물들을 발행했다. 중요한 것은 저 박학가 고트프리트 빌헬름 라이프니츠가 독일어와 라틴어를 독특하게 섞어 말한 것처럼 "이론가들과 경험주의자들을 행복하게 결혼시키는 것Theoricos Empiricis felici connubio zu conjungiren"이었다.

디드로는 이런 측면에서는 또 다른 베이컨 추종자였다. 디드로가 철학자들philosophes 쪽만큼이나 수공인들 쪽의 지식에도 신경을 썼던 것은 『백과전서』에서 분명히 드러나는데, 예를 들어 '기술Art' 항목을 보면, 학예와 공예의 분리 →제5장를 부적절한 것으로 묘사하는데, 이렇게 분리할 경우 존경할 만하고 유용한 사람들의 지위가 낮아지기 때문이다. 왕립학회처럼, 디드로와 공저자들은 『백과전서』에서 공예 쪽 지식들을 공개했으며, 다시 『백과전서』는 분명히 몇몇 실제 현장에서 사용됐다. 예를 들어, 대포 건조를 다룬 항목('Alésoir')은 오스만 제국 술탄의 한 군사 고문이 이용했는데, 1770년대에 대포를 제조하면서였다.[60]

이런 종류의 교류들이 일어나는 상황을 배경으로 해서, 이 연구는 지배적 형태의 지식들에, 특히 유럽 지식인들이 소유했던 지식에 집중할 것이다. 그러나 근대 초 유럽에서 지식인들은 어떤 사람들이었을까? 이 문제를 바로 이어지는 장에서 다룰 것이다.

2

유럽의 지식인들

배움은 …… 소명이며 ……
남들보다 더 멀리 볼 수 있도록 등불을 손에
쥐는 일이다.

—배로

내 이름 조윗, 지식의 일인자라네.
내가 모르는 지식 따위는 없다네.
나는 이 학료의 학감.
내가 모르는 것은 지식이 아니라네.

—H. C. 비칭

이 장에서는 근대 초 유럽에서 지식의 주요 발견자, 생산자, 전파자였던 사람들을 다룬다. 이들 발견자, 생산자, 전파자는 보통 '지식인들'로 알려져 있다. 카를 만하임이 묘사하기를 이들은 어느 사회에나 있는 사회적 집단으로서 "이 집단의 특별한 임무는 사회를 대신해 세계에 대한 해석을 내놓는 것"이다. 이미 인용한 유명한 정의 → 17쪽에서, 만하임은 이들을 일러 '자유롭게 떠다니는 인텔리겐치아'로서, '어디에도 뿌리를 박지 않고 상대적으로 계급에서 자유로운 계층'이라고 했다.[1]

연속과 단절

흔히들 주장하기를 지식인은 19세기 중반 러시아에서만 나타났는데, 이 무렵 '인텔리겐치아'라는 단어가 만들어져서 학식을 갖췄으면서도 관료제 안에서 자리를 찾을 생각이 없거나 능력이 없는 사람들을 가리켰기 때문이다. 그렇지 않으면, 이 집단의 등장을 19세기 말로 잡기도 하는데, 알프레드 드레퓌스 대위가 유죄냐 무죄냐를 놓고 프랑스에서 논쟁이 벌어지는 가운데, 대위를 옹호하며 저 지식인들의 선언Manifeste des intellectuels이 나온 것과 같은 시기다.[2] 다른 역사가들은, 자크 르 고프가 대표적이거니와, 중세 때, 최소한 대학들을 배경으로 해서는 존재했던 지식인들에 관해 말한다.[3] 이런 불일치는 부분적으로는 정의를 놓고 생긴 것이기도 하지만, 유럽 문화사에서 나타난 변화와 연속의 상대적 중요성을 둘러싼 큰 의견 차이를 드러내는 것이기도 하다.

현대의 지식인들에 관한 일반적 견해에 따르면, 지식인들은 19세기 저 급진적 인텔리겐치아의 후예들이고, 이 급진적 인텔리겐치아는 계몽주의 철학자들philosophes의 후배들이며, 계몽주의 철학자들은 개신교 성직자의 세속판이거나 르네상스 인문주의자들의 후배들이다. 이런 견해는 지나치게 '현재 중심적'인데, 과거를 훑되 우리 자신과 어느 정도라도 같은 사람들만 찾는다는 점에서 그렇다. 미셸 푸코는 현재 중심성이나 연속성을 문제 삼은 첫 번째 사람은 아니었지만, 이 일반적인 가정들을 가장 급진적으로 비판한 사람으로는 남아 있다.

푸코식으로 지식인들의 역사를 쓴다면 아마 19세기 인텔리겐치아처럼 자기네 구체제를 뒤집어엎기 원했던 경우와 18세기 계몽사상가들philosophes처럼 체제를 개혁하기 원했던 경우 사이의 불연속성을 다룰 것이다. 다시 이런 역사는 반교권적이었던 이 계몽사상가들과 17세기의 잉글랜드 청교도 성직자들 사이의 거리도 강조할 텐데, 한 책에서 묘사하기를 이 성직자들은 전통 사회에서 나타났던 '급진적 지식인들'의 역사에서 첫 사례로서, "봉건적 연결 관계들에서 해방돼 있었"던 것이다.[4] 하지만 이 청교도 성직자들의 눈에는, 자기네의 진정한 천직 또는 보편적 천직, 곧 '소명'은 학문도 아니고, 그렇다고 정치적 활동도 아니었으니, 이것들은 그저 다른 수단들로서 더 숭고한 목적에 봉사했던바, 곧 종교였다. 이 성직자들의 이상은 '성인'이었고, 이 목적은 이들 가운데 일부가 반지성적 태도를 갖도록도 이끌었다.[5] 또 다른 불연속성 때문에 갈라지는 것이 이 개신교 성직자들과 이네들의 선배 르네상스 인문주의자들이었고, 또 다른 불연속성은 이 인문주의자들을 이네들이 그토록 자주 비난하던 스콜라 철학자들과 또 나누는데, 르 고프가 말하는 저 중세 지식인들이다.

혼란을 피하려고, 새뮤얼 콜리지와 에르네스트 겔너의 선례를 따라서 지식 전문가들을 '학자clerisy'라 부르는 것도 좋은 생각일 수 있다.[6] 이 용어를 이제부터 때때로 채용해서 여러 사회집단을, 그러니까 그 구성원들이 서로 다른 방식으로 자기네를 '지식을 쌓은 사람'이라고,(곧 라틴어로 docti, 이탈리아어로 eruditi, 프랑스어로 savants, 독일어로 Gelehrten이라고) 또는 '학식을 쌓은 사람'이라고(곧 라틴어로 literati, 프랑스어로 hommes de lettres라고) 생각했던 사회집단들을 가리킬 것이다. 이 맥락에서 프랑스어 lettres는 문학이 아니라 학식을 의미했다.(프랑스어로 문학을 가리킬 때 belles-lettres라고 형용사를 붙여야 할 필요도 여기서 생겼다.)

15세기부터 18세기까지, 학자들은 스스로를 가리켜 '학식의 공화국Respublica litteraria' 시민들이라 했는데, 이 표현은 국경을 초월하는 어떤 한 공동체에 대한 이 사람들의 소속감을 드러내고 있었다. 이것은 본질적으로는 가상의 공동체였으되, 고유한 관습까지 있는 가상의 공동체였으니, 이를테면 편지며 책을 주고받고 서로 방문했으며, 여기에다 학자로서 길을 열어 줄 수도 있는 선배 학자들에게 젊은 학자들이 존경을 표시하는 의례화된 방식들도 있었다.[7]

이 장의 목표는 1940년에 발표된 한 유명한 사회학 논문에서 '지식인의 사회적 역할the social role of the man of knowledge'이라 표현한 것을 다루는 것이다.[8] 오늘날 이 표현은 불가피하게 이 시기 여성 지식인들the women of knowledge에 관한 질문을 촉발한다. 여성들은 학문의 추구에서 다소간 '배제돼' 있었으며, 17세기 프랑스 철학자 프랑수아 풀랭 드 라 바르가 논문 「양성의 평등」(1673년)에 지적했던 대로였다.

학식을 쌓은 여자들, 곧 '여학자'들이 계속 존재했던 것은 사실이거니와, 다만 이들을 가리키는 영어 '블루스타킹'이 18세기 말까지 만들어지지 않았을 따름이다. 이들 가운데서 가장 많이 알려진 몇몇을 들면, 크리스틴 드 피상이 있는데, 『여성들의 도시』를 15세기에 썼고, 마리 르 자 드 구르네가 있는데, 미셸 드 몽테뉴의 『수상록』을 편집했고, 연금술을 배우고, 남녀평등에 관한 논문을 썼으며, 여러 분야를 연구한 학자 아나 마리아 판스휘르만은 네덜란드 공화국에 살았고, 위트레흐트 대학에서 강의를 들었고 여성의 학문적 소질에 관한 논문을 썼으며, 스웨덴의 크리스티나 여왕이 있는데, 르네 데카르트며 휘호 그로티우스를 비롯한 다른 학자들을 스톡홀름의 자기 궁정으로 불러 모았으며, 퇴위하고 나서는 로마에 저 아카데미아 피시코-마테마티카를 세웠다.

그래도 여전히, 여성들은 저 학식의 공화국에 남성들과 같은 조건으로 참여할 수는 없었다. 여성들이 대학에서 공부하는 것은 극히 드문 일이었다. 여성들이 친척에게서, 아니면 개인 교사한테서 라틴어를 배울 수는 있었지만, 이들이 인문주의자들의 울타리 안으로 들어가려 할라치면, 퉁명스럽게 거절당했을 텐데, 15세기 이탈리아의 여학자 이소타 노가롤라와 카산드라 페델레가 이런 경우였다. 노가롤라는 남자들에게 지적 자만에 차 있다고 공개적으로 조롱을 당하고 나서 수녀원에 들어가 버렸다.[9]

여성들은 과학혁명과 계몽주의 운동에도 관여하고 있었다. 마거

릿 캐번디시 뉴캐슬 공작 부인은 왕립학회 회합들에도 참여했으며 자기의 철학적 견해를 출판하기도 했다. 볼테르가 에밀리 샤틀레 후작 부인을 위해 『풍속론』을 썼던 것은 후작 부인이 파묻혀 있던 자연철학만큼이나 역사도 연구할 가치가 있다고 설득할 목적에서였다. 이런 영역들에서도 역시 여성들의 자리는 주변부였다. 베르나르 드 퐁트넬이 천체들의 수다성數多性에 관한 대화록을 쓴 것은 여성 독자들을 위해서였고, 프란체스코 알가로티가 「여성들을 위한 뉴턴주의」라는 논문을 출판하면서는, 어느 정도는 깔보는 가정 위에 서 있었으니, 총명한 여성들은 쉬운 말로 설명해 주면 저 새로운 과학을 이해할 수 있으리라는 것이었다.[10]

중세

엘로이즈의 예는, 엘로이즈는 피에르 아벨라르의 애인이 되기 전까지는 그의 제자였거니와, 여성 지식인들을 이미 12세기에도 찾아볼 수 있었다는 것을 일깨워 준다. 이 무렵은 유럽 학자들이라 할 집단을 고대 말 이래 처음으로 수도원 밖 세상에서 볼 수 있게 되는 때였다. 이 집단의 등장은, 대학의 등장도 마찬가지였거니와, 도시들의 출현과 맞물려 노동 분업이 확대되어 간 결과였다.

이 학자 집단에는 일단의 비성직자 지식인들이 포함돼 있었는데, 보통은 의사들이거나 법률가들이었다. 법률과 의학은 세속적이면서 학문적인 두 직업이었으니, 중세 대학 안에서 자리를 갖고 있었고, 대학 바깥에서 지위를 차지하고 있었다는 점에서 그랬다.[11] 의사들과 법률가들은 영속 집단이었던바, (1518년에 설립된 런던 왕립 의사회처럼)

더러 단체들로 조직되어 있기도 했으며, 이런 단체들은 공인받지 않은 경쟁자들에 대해 지식과 영업상의 독점을 유지하는 데 목적이 있었다.

하지만 중세 시대에는 대학 선생들과 학생 대다수가 성직자 집단의 구성원들이었고, 보통은 수도회 구성원들이었으며, 그중에서도 특히 도미니코회 수사들이었고, 대표적인 경우가 중세 교수로는 가장 유명했던 토마스 아퀴나스였다. 심지어는 자연을 학문적으로 연구하던 사람들도, 이를테면 알베르투스 마그누스나 로저 베이컨도 수사들이었다. 학생들은 보통 대학에서 대학으로 돌아다녔고, 그리하여 어떤 국제적인 집단이 됐는데, 이들은 (이들이 부르던 라틴어 노래들이 보여 주듯이) 자기네들은 자기들이 그때그때 살던 도시의 일반적인 거주자들과 다르다는 것을 인식하고 있었다. 선생들 쪽으로 가 보면, 이 사람들은 대체로 우리가 '스콜라' 철학자들이나 신학자들이라 표현하는 사람들이었지만, 어쨌든 이 사람들은 이런 표현을 쓰지 않고 스스로를 일러 '학식 있는 사람viri litterati', '학자clerici', '스승magistri', '예지를 사랑하는 사람philosophi'이라 불렀다. 이 학식 있는 사람들 가운데 일부는 12세기 영국의 솔즈베리의 존처럼 궁정에서도 찾아볼 수 있었다.[12]

'선생schoolmen(scholastici)'이라는 단어를 보면, 일종의 경멸어였는데, 이 말을 만든 사람들은 새로운 형식의 대학 교과과정, 곧 '인문학humanities' →제5장을 옹호하는 사람들이었다. 이 새 교과과정의 선생들에게 '인문주의자humanists(humanistae)'라는 별명이 붙었고, 이제 이 말이 퍼지는데, 처음에는 이탈리아 안에서였고, 그러고는 유럽 다른 지역들을 가로질러서였다. 이 인문주의자들은 새로운 형태의 학자들이었다. 일부는 수도회들에 소속돼 있었지만, 상당수는 비성직자로서, 학교나 대학에서 가르치든지, 개인 교사로 가르치든지, 후원자들의 부조에 의존해 살면서 가르쳤다. 이들 가운데 최소한 일부에게는, 가르치는 일은 숙명이었지 소명 쪽은 아니었는데, 이를테면 이탈리아의 한 인문주의자는 15세기 말에 다른 인문주의자에게 한탄조로 편지를 썼으니, "내가, 얼마 전까지도 군주들과 어울리던 내가 지금은 불운한 운명 탓에 학교를 연 신세가 되었다네." 사실 학교 선생이나 대학 선생들의 보수는 전반적으로, 그러니까 주로 법학부에 있던 일부 유명한 경우를 빼면, 낮았던바, 이 인문주의자의 반응을 십분 이해할 수 있게 한다. 가르치는 일은 지식을 이용해 생활을 해결하는 한 방편을 제공했으되, 매우 유복한 생활은 아니었던 것이다.[13]

'인문주의자'라는 단어의 출현에서 읽을 수 있는 것은 최소한 대학들에서는 인문학을 가르치는 일이 선생들 사이에 어떤 공동의 정체성이 생겨나도록 자극했다는 것이다. 이러한 인문주의자들이 세운 (제3장에서 다룰 기관들인) 협회나 학회 역시 어떤 집단적 정체성의 출현을 암시한다.[14]

인쇄술,
일자리를 만들다

인쇄술의 발명이 가져온 한 가지 중요한 결과는 학자들에게 열려 있는 직업상의 기회들이 넓어지는 것이었다. 학자들 중 일부는 학자-인쇄업자가 됐는데, 베네치아의 알두스 마누티우스 같은 경우였다.[15] 다른 사람들은 인쇄소에서 일했는데, 예를 들어 교정쇄를 교정하거나 색인을 달았고, 번역을 하거나, 아니면 인쇄-출판업자한테서 의뢰를 받아 아예 새로 책을 쓰기도 했다. '지식인'의 길을 가기가 여전히 어렵기는 했으되 전보다는 쉬워졌다. 최소한 데시데리우스 에라스무스 같은 경우는 책들이 성공을 거둬서 후원자들에게 의존하는 처지에서는 벗어날 수 있을 정도가 됐다. 실제로 노르베르트 엘리아스는 인문주의자들 일반을, 그중에서도 에라스무스를 특히 만하임이 말한 의미에서 자유롭게 떠다니는 지식인의 표본으로 그려 냈는데, 이 사람들의 이런 거리 두기는 자기네가 사는 세계의 모든 사회집단으로부터 "스스로를 떼어 놓"을 기회를 가지고 있던 것과 연결돼 있다고 보았다.[16]

특히 베네치아에서는 16세기 중반에는 인문학 교육을 받은 일단의 문필가들이 펜으로 생계를 이어 가고 있었는데, 얼마나 많이 얼마나 다양한 주제에 관해 써 댔는지 인쇄소poligrafi로 불렸을 정도였다.→제7장 비슷한 사람들을 16세기 말이 되면 파리나 런던, 또 다른 도시들에서도 볼 수 있었는데, 여러 출판물 가운데서도 연대기나 우주지宇宙誌, 사전류를 비롯해 다양한 분야의 지식을 소개하는 입문서들을 펴내고 있었다.

교회와 국가가 제공했던 일자리들

지금까지 말한 집단들이 배운 사람들에게 16세기에 열려 있던 기회 전부는 아니었다. 종교개혁이 또 하나를 추가했던 것이다. 마르틴 루터가 모든 신자가 사제라는 주장을 내놓으면서 처음에는 성직자 계층이 반드시 필요하지는 않은 존재가 될 것 같았다. 루터보다 더 급진적이었던, 비텐베르크 대학 동료 안드레아스 보덴슈타인 폰 카를슈타트는 학위들을 폐지하자고 주장하는 데까지 나아갔다. 하지만 루터도 결국 학식을 갖춘 성직자 계층이 있어서 사람들에게 복음을 전해야 한다는 생각을 지지하게 됐고, 장 칼뱅을 비롯한 다른 개신교 개혁가들도 이 점에서는 루터를 따랐다. 가톨릭 쪽으로 가 보면, 16세기 중반 이후로 계속 신학교들을 세우는데, 교구 사제들의 교육에 개신교와 비슷하게 신경을 썼다는 것을 보여 준다고 하겠다.[17] 이런 기관들에서 교육받은 성직자들 가운데 일부는 학문을 소명으로 삼았던 것 같기도 한데, 그러면서도 자기네 교구를 계속 섬기기는 했거니와, 저 루터교 목사 파울 볼두안 같은 경우는 주제별 서지 목록 편찬자로는 선구자였다. 이런 식으로 교회들은 의도하지 않고 학문에 투자를 했다고 말할 수 있을 것이다.

16세기와 17세기 초에 학생의 수가 늘어나는 것은 부분적으로는 대학이 교구 성직자 양성 기관으로서 새 기능을 갖게 된 결과이기도 하고, 또 법학 학위를 가진 관리들에 대한 정부들의 수요가 늘어난 결과이기도 하다. 17세기 중반이 되면, 학생들의 공급이 학생들의 용역에 대한 수요를 웃돌게 되고, 그리하여 졸업생 가운데 상당수가 포부를 이루지 못하고 좌절하게 된다. 나폴리에서는, 학생들이 저 유명한 1647~1648년의 에스파냐 상대 반란에 참여했다. 한 번은 학생 300여 명이 무장하고 거리 행진을 벌이며 박사 학위를 따는 데 드는 비용이 오른 것에 항의하기도 했다. 잉글랜드의 경우에는, 심지어 이 '소외된 지식인들'이 명예혁명이 일어나는 부분적인 원인이 됐다는 해석까지도 나왔다.[18]

대학 교육을 받은 지식인 가운데 일부는 통치자나 귀족, 학자들의 비서로 고용됐다. 뛰어난 이탈리아 인문주의자들이, 대표적으로는 레오나르도 부르니, 포조 브라촐리니, 로렌초 발라가 계속해서 여러 교황의 비서가 됐다. 이 직업은 새로운 것은 아니었으나, 논문의 수를, 특히 이 일을 어떻게 할지 설명하는 이탈리아어 논문의 수를 보면, 이 시기에 이 직업의 중요도가 커진 것을 알 수 있는데, 통치자들에게나 귀족들에게나 처리해야 할 문서 업무가 늘어났던 것이다.[19] →제6장 스웨덴에서는, 16세기 말은 역사에 기록되기로는 '비서 통치'의 시대였는데, 이 비서들은 신분이 낮았던바, 성직자의 아들이었던 예란 페르손 같은 사람들이었다. 페르손은 서기보다는 자문관에 가까웠으니, 국왕 에리크 14세의 오른팔이었거니와, 그러다가 정적인 귀족들에게 내몰려 죽음을 맞았다. 에스파냐에서는, 그러니까 비서들의 통치가 이 시기, 곧 펠리페 2세 때 훨씬 더 두드러졌던 이 나라에서는, 레트라도letrado라는 말로 왕을 섬기는 법률가들을 가리키게 되는데,(레트라도는 "학식이 있다."는 뜻의 라틴어 litteratus에서 온 말이다.) 전통적으로 왕을 둘러싸고 있던 군인들과 대비됐던바, 지식인들이었던 것이다. 이 사람들의 역할은 적절한 조언을 해 주는 것으로, 많은 문화에서 학자의 주요한 정치적 기능이었다.[20]

학자들 역시 비서나 서기를 고용해 일을 시키는 경우가 있었다. 예를 들어, 에라스무스는 질베르 쿠쟁을 고용했는데, 쿠쟁 자신도 학자였고, 프랜시스 베이컨의 비서들 가운데는 젊은 토머스 홉스도 끼어 있었다. 외교사절들 역시 보조관들을 두었는데, 니콜라 아믈로 드 라 우세 같은 학자들일 때도 있었거니와, 아믈로 드 라 우세는 베네치아 주재 프랑스 대사의 비서였던 자기 자리를 이용해 베네치아 국정의 내밀한 작동 방식에 관한 지식을 얻었고, 이 지식을 나중에 책으로 펴냈다. →225쪽 17세기가 되면 학술 협회에도 간사라는 자리가 생긴 상태였다. 퐁트넬은 프랑스 과학 아카데미의 간사였고, 헨리 올덴버그는 영국 왕립학회, 요한 하인리히 자무엘 포르마이는 베를린 아카데미, 페르 빌헬름 바리엔틴은 스웨덴 아카데미의 간사였다. 이 자리에는 봉급이 있을 때도 있었는데, 올덴버그의 경우가 그랬다.

17세기 중반이 되면, 문필가들이나 학자들이 후원에다 출판을 더해서 자신을 먹여 살리는 것이 여전히 위태롭기는 했으되 점점 더 가능한 일이 돼 가고 있었다. 1643년에서 1665년 사이에 활동한 프랑스 문필가 559명을 분석해 놓은 것을 보면 알 수 있는바, 제대로 된 전략이 있었을 경우 문학을 직업으로 삼는 것이 가능한 상태였다. 이때의 문학은 넓은 의미로 쓰였으니, 장 라신의 희곡들이나 니콜라 부알로의 시들은 물론이고 사전들이나 역사책들도 포함된다.[21]

전통에서 이렇게 벗어난 측면을 과장해서는 안 될 일이다. 왕실 장려금은 여전히 중요한 수입원으로 남아 있었다. 예를 들자면, 루이 14세는 후한 장려금을 부알로나 라신을 비롯한 다른 시인들에게뿐만 아니라 천문학자 조반니 도메니코 카시니나 문헌학자 샤를 뒤 캉주에게도 지급했다. 니콜라클로드 파브리 드 페이레스크나 존 셀던 같은 법률가들이나, 테오도어 츠빙거나 올레 보름 같은 의사들은 일을 하지 않을 때는 학문 쪽에 계속 중요한 공헌을 했다. 문필가이면서 성직자이던, 아니면 최소한 성직 주변부에라도 머물던 사람의 수는 여전히 상당했다. 사실 이런 사람들이 루이 14세 시대에도 여전히 다수 쪽이었을 것이다.[22] 우리가 다루는 시대가 끝날 때까지도, 심지어는 그 뒤에도, 출판되는 학술물에서 꽤 큰 부분을 성직 구성원들이 쓰고 있었다.

지식인들의 분화

1600년, 또는 이때를 전후한 무렵이면 일종의 사회적 분화 과정이 유럽 학자들 안에서는 분명해져 있었다. 문필가들은 하나의 반半독립적 집단이었으며, 이 사람들의 자의식은 점점 강해졌으니, 이 자의식은 17세기 프랑스에서처럼 저술가auteur나 작가écrivain 같은 말들을 점점 많이 쓰던 것에서 드러났다.[23] 작지만 영향력 있는 한 집단이 있었으니, 우리 시대 말로는 '정보 중개인'으로 부를 수 있을 텐데, 이 집단이 다른 곳에 있는 학자들이 서로 교제할 수 있게 했기 때문이고, 아니면 '지식 관리자'로 부를 수도 있을 텐데, 이 집단은 자료를 수집하는 것뿐만 아니라 조직하려고도 했기 때문이다. 이 사람들 가운데 몇몇의 이름은 다시 등장할 텐데, 그중에는 프랜시스 베이컨, 장 바티스트 콜베르, 드니 디드로, 새뮤얼 하틀리브, 고트프리트 빌헬름 라이프니츠, 마랭 메르센, 가브리엘 노데, 올덴버그, 테오프라스트 르노도가 있다.[24]

대학교수들 또한 구별되는 집단이 돼 가고 있었는데, 특히 독일어 사용권에서였다. 이 권역에는 18세기 말이면 마흔 곳이 넘는 대학이 있었거니와, 다른 고등교육기관들은 계산에 넣지 않은 수치였다. 대학교수들은 보통 비성직자였으며, 다른 교수의 아들이나 사위인 경우가 드물지 않았다. 교수들이 갖고 있던 별도의 정체성을 보여 주는 것이라면 학위 예복이나 학위 칭호에 점점 더 많이 신경을 쓰던 것이나, 웁살라 대학을 비롯한 다른 대학들에서 교수들의 초상화를 걸어 놓은 복도가 등장한 일을 들 수 있다. 19세기 옥스퍼드 대학의 벤저민 조윗처럼, 그러니까 1870년부터 1893년까지 베일리얼 학료의 학감이었던(그러면서 이 장의 제사題詞로 쓴 시구에서 풍자 대상이 됐던) 인물처럼, 저 근대 초의 교수 직위는 지적 권위의 구현이었다.

근대 초 학자들은 자기네 일을 소명으로 받아들이기 시작했다. 17세기 말 잉글랜드에서는, 그러니까 막스 베버가 이 주제를 놓고 저 유명한 생각들을 발표하기 두 세기 전에는, 케임브리지 대학 트리니티 학료 학감 아이작 배로가 논문 「근면함에 관해」에서 학문을 소명 또는 '천직'으로 다루는데, 곧 학자들의 '일'이란 "진리를 발견하"고 "지식을 획득하"는 것이라 설파했던 것이다. '지식'이라는 말로 배로가 의미했던 것은 "명백하고 통속적인 일들"에 관한 정보가 아니라 "숭고하고 심원하며 난해하고 복잡하며, 일상적 관찰과 상식으로는 파악하기 어려울 주제들"이었다. 구체적 분야의 학문적 직업에 속한 사람들도 더러 자기 일을 천직으로 여겼는데, 대표적으로는 독일 역사가 요한 슬라이단이나 프랑스 역사가 앙리 드 라 포플리니에르가 있다.[25]

학문 세계 안에서 일어난 이 사회적 분화와 함께 서로 다른 집단 간의 갈등도 찾아왔다. 예를 들어, 영국인들이 '사제술priestcraft'이라 부르던 것에 대한 공격이 17세기 중반 이후로 계속 거세져 갔는데, 다른 말로 하면 한 지식인 집단의 권위를 놓고 이 집단이 보통 사람들을 속이고 있다는 이유로 공격했던 것이다.[26] 이런 공격들은 성직자들이 학문 세계에서 강력한 세력으로 남아 있지 않았더라면 필요하지 않았을 것이었고, 하지만 또 이런 공격들은 상당한 몸집의 비성직자 학자 집단이 존재하지 않았다면 불가능했을 것이었으니, 이 비성직자 학자들은 새로운 이상을 따르고 있었던 바, 거리 두기라는, 아니면 당시에 이네들이 부르기로는 '불편부당'이라는 이상으로서, 교회 안과 국가 안의 파벌들과 비판적 거리를 둔다는 의미에서였다.(18세기 말에나 가서야 사람들은 '객관적' 지식에 관해 이야기하기 시작했다.) 법률가들과 의사들 또한 성직자들의 속세판으로서 공격을 받게 됐는데, 의뢰인이나 환자들이 알아들을 수 없는 말들을 방패로 자기네들의 독점을 지키고 있다는 것이었다.[27]

다시 프랑스인들 쪽의 교양lettres과 자국어에 대한 강조는 16세기 중반 이후로 계속됐거니와, 독일인들 쪽의 라틴 문화와 박학Gelehrtheit에 대한 관심과 대비됐다. 독일인들은 프랑스인들이 피상적이라 생각했고, 프랑스인들은 독일인들이 현학적이라고 생각했다. 고상한 비직업적 애호가들의 경우는, 이들을 이탈리아에서는 (영국에서도 17세기 말에는 인문학이나 고대 예술, 자연 어느 분야를 연구하든 상관없이) 비르투오시virtuosi라 불렀거니와, 종종 직업적 선생들이나 직업적 문필가들을 내려다봤다. 만하임의 말을 생각나게 하는 표현을(그렇지만 거의 300년 먼저 쓴 표현을) 동원해 가면서, 새로 설립된 영국 왕립학회 학회사를 쓴 역사가 토머스 스프랫은 자연철학 연구 쪽에서 신사들의 역할이 중요하다고 주장했는데, 바로 신사들은 "자유롭고 묶여 있지 않"기 때문이었다. 몇몇 프랑스 학자를 두고 호기심 많은 사람curieux이라 했던 표현들은 이 학자들을 이끄는 것이 사심 없는 지적 호기심이라는 인상을 주었고, 또 분명히 이런 인상을 줄 의도로 썼던 것이다.[28]

1700년부터, 아니면 이때를 전후한 무렵부터는 선생이나 문필가로서만이 아니라 지식 축적이 목적인 단체들의 유급 회원이 되는 식으로도 지적 직업에 종사하는 것이 가능해졌으니, 대표적인 것이 파리나 베를린, 스톡홀름, 상트페테르부르크에 설립돼 자금 지원을 받았던 과학원들이었다고 할 텐데, 다만 구할 수 있는 자금이 제한돼 있어서 수령자들이 자기네 급료를 다른 형태의 고용들로 보충해야만 하는 형편이기는 했다. 이런 사람들을 우리가 '과학자'라고 부르든 아니든(과학자라는 말은 19세기에나 만들어진 말이었다.) 이 집단의 출현은 확실히 유럽 학자들의 역사에서 중요한 사건이었다. 이 집단의 일부 구성원은 전통적인 대학 쪽 직업을 의식적으로 밀어 놓고 자기네 직업을 선택했던 것이다.[29]

라이프니츠나 아이작 뉴턴 같은 지위의 사람들은 학술 협회들의 회장 자리를 맡았고, 이 자리들을 다른 직업들과 겸했다. 라이프니츠는 예를 들어 사서 일을 했는데, 근대 초기에 중요도가 커지던 또 다른 직업이었다. 학자-사서들로는 바르톨로메오 플라티나가 있었는데, 15세기 바티칸에서였고, 휘호 블로티우스는 16세기 빈이었고, 노데는 17세기 로마와 파리, 다니엘 게오르크 모르호프는 17세기 킬, 부르카르트 고트헬프 스트루페는 18세기 예나, 역사가 루도비코 안토니오 무라토리는 18세기 모데나였다. 이 시기의 사서들은 지식의 공화국에서 결정적인 '중개자들'로 묘사된다. 보통은 스스로도 학자들로서, 사서들은 먼저 정보를 가져다가 동료 학자들이 보게 했고, 또 이 동료 학자 대부분보다 늦게 저 총람적 지식이라는 이상을 내려놓았다.[30]

대학들에서 일하지 않는 또 다른 대안은 자문관이나 공인 연대기 편자로 통치자를 섬기는 것이었다. 이런 식으로 학자들을 임명하는 사례들은 이미 중세 때도 있었지만, 그 수는 근대 초에 더 집권화된 국가들이 등장하는 것에 맞춰 늘어났고, 상당히 이름이 알려진 학자들이나 문필가들도 들어 있었으니, 이를테면 (루이 14세의 연대기 편자로) 라신이 있었고, 존 드라이든(찰스 2세), 자무엘 폰 푸펜도르프(프로이센과 스웨덴의 왕들)도 있었고, 심지어는 볼테르(루이 15세)도 있었다. 이 집단에 수로는 더 적은 일단의 지식인들을 추가할 수 있는데, 우리가 '문화 사업' 또는 '선전'이라 부를 만한 쪽에서 정부들에 조언을 해 주면서 이력을 쌓았던 사람들이다. 예를 들어, 루이 14세 시대 프랑스에서는, 시인이자 비평가였던 장 샤플랭이나 (지금은 동화 작가로 더 많이 알려진) 샤를 페로를 비롯한 다른 지식인들이 일종의 '작은 학술원'을 구성해서 이 군주를 어떻게 대중적으로 가장 잘 보이게 연출할지를 궁리했다.[31] 몇몇 독일 학자는, 이를테면 헤르만 콘링 →147쪽 이나 스트루페는 대학교수로서, 또 지방 제후의 자문관으로서 두 직업을 겸했다. 중국의 관리들처럼, 이 사람들에게도 등급을 매긴 지적 우수성에 기초해 권력이 부여됐다. 독일 관인官人들의 발흥이 이미 시작됐던 것이다.[32]

지식인,
집단적 정체성의 형성

학자들의 집단 정체성이 분화와 갈등 속에서도 강해지고 있었다는 것을 지식인들이 내던 책들을 보면 알 수 있는데, 이탈리아 예수회 수사 다니엘로 바르톨리의 『지식인』(1645년)이나,(『지식인』은 재판을 거듭했으며 여러 말로 번역도 됐다.) 장 르 롱 달랑베르가 같은 주제로 쓴 '논문'(1752년) 같은 것들이 있다. 『백과전서』에는 '지식인'에 관한 항목이 있었는데, 여기서 강조한 것은 지식인들이 시야가 좁은 전문가들이 아니라 "이 다른 분야들을 설사 모두 연마할 수는 없다고 해도 두루 섭렵할 능력이 있는" 사람들이라는 것이다. 18세기 스위스 의사 자무엘 티소트는 심지어 저술업에서만 나타나는 건강상의 문제를 다룬 책(1766년)을 쓰기도 했다.

저 독일 관인들을 놓고 보면, 이 사람들은 '학자Gelehrte' 또는 '박식가Polyhistor'라는 칭호를 더 좋아했다. 17세기 독일에서는, 이런 사람들을 때로는 하나의 사회적 계급 또는 신분der Gelehrten Stand으로 묘사했다. 이 사람들의 집단적 자의식을 보여 주는 한 징표로 모르호프의 『박식가』(1688년) 출판을 들 수 있는데, 당시 학계에 대한 소개서로서 여러 판을 거듭했으며, 역시 여러 판을 찍은 스트루페의 『학문 이해 서설』(1704년)도 있었다. 또 다른 징표는 학자들의 일대기를 모은 책들이 나오기 시작한 것으로서, 이를테면 '학자 인명사전Gelehrten-Lexicon'(1715년)이 있었는데, 교수 요한 부르크하르트 멩케가 편집했고, '독일 학문 명예의 전당Ehrentempel der Deutsche Gelehrsamkeit'(1747년)이 있었는데, 철학자 요한 야코프 브루커가 편집한 것이었다. 자의식의 또 다른 징표는 비평가 요한 크리스토프 고트셰트가 한 주장으로서, 연구하는 학자들은 통치자들만큼 자유로웠으니, "이성과 더 강력한 펜 이외에는 누구도 자기 위에 인정하지 않"는다는 것이다.[33] 우리가 다루는 시대가 끝나 가는 즈음, 젊은 요한 볼프강 폰 괴테는 라이프치히 대학 학생이었거니와 그곳 교수들의 높은 지위에 깊은 인상을 받았다.

유럽 학자들 역시 스스로를 학식의 공화국 시민이라 규정했는데, 학식의 공화국이라는 말은 15세기로까지 거슬러 올라가지만, 사용하는 빈도가 늘어나는 것은 17세기 중반 이후부터였다. 《학계 소식》은 1684년 창간된 한 학술지의 제목으로서, 그 수가 점점 늘어나던 학술 평론지나 문화 평론지들 가운데 하나였으니, 이런 평론지들은 1660년대부터 출판되면서 독자들이 새로운 정체성을 세우는 데 도움을 줬는데, 《주르날 데 사방》(1665년), 영국 왕립학회의 《철학 기요》(1665년), 로마의 《조르날레 데 레타라티》(1668년), 라이프치히의 《학술 기요》(1682년) 이외에도 많은 평론지가 또 있었다.[34]

《학계 소식》을 편집한 사람은 피에르 벨인데, 그 시대의 전형적 지식인으로 묘사되는 인물이다. 벨은 프랑스 사람으로 칼뱅주의를 따르던 교수였는데, 루이 14세 체제의 개신교 박해를 피해 네덜란드 공화국으로 건너간 경우였다. 벨은 로테르담에서 한동안 가르쳤으나 이윽고 글쓰기를 업으로 삼게 된다. 사전의 역사에서 차지하는 자리 때문에, 또 각주의 역사에서, 거기에다 회의주의의 역사에서 차지하는 자리 때문에도, 벨의 이름은 이 책을 읽는 동안 여러 번 등장한다.[35]

벨과 비슷하게, 많은 칼뱅주의 목사가 이 무렵 프랑스를 떠나 이민을 가는데, 개신교도들에게 예배의 자유를 허용했던 칙령이 1685년 폐지된 데 따른 것이었다. 칼뱅주의 성직자 공급이 목사와 전도자 수요를 웃돈다는 것을 깨닫게 되면서, 이들 가운데 일부는 저술업으로, 특히 정기간행물 쪽으로 돌아섰다. →제7장 이 전직 목사들은 첫 세대 '기고자journalist'들에 속했는데, 이 용어는 1700년 무렵 프랑스어, 영어, 이탈리아어에서 막 사용되기 시작해, 학술지나 문학지에 글을 쓰는 사람들을 가리켰으며, 이들과 대비되며 지위가 낮았던 경우로 기자gazetiers들이 있었는데, 하루 단위 또는 주 단위로 기사를 쓰던 사람들이었다. 인쇄술은 이렇게 해서 계속 새 직업들을 만들어 내고 있었다.[36]

18세기에는, 기고자들이 점점 큰 영향력을 갖게 되는데, 정기간행물들이 늘어나면서였다. 유명한 지식인들에게, 역사가들도 포함되거니와, 주어지는 보상도 높아지고 있었다. →제8장 잉글랜드에서는, 알렉산더 포프가 경제적으로 자립한 최초의 지식인으로 불리게 됐으며, 곧 새뮤얼 존슨이 뒤를 따랐다.[37] 프랑스에서는, 철학자들philosophes, 이를테면 디드로를 비롯한 다른 『백과전서』 기고자들이 벨과 존슨의 선례를 따랐으니, 참고서를 제작하며 글을 써서 생계를 해결하려 했던 것이거니와, 다만 백과사전을 어떤 정치적 기획을 지원하는 데 썼던 것은 두드러지게 새로운 대목이었다고 하겠다.

글을 써서 성공한 잘 알려진 사례들 때문에 '문학의 밑바닥', 곧 18세기 잉글랜드에서 이런 곳을 가리키던 '그럽가Grub Street'를 잊어서는 안 될 일인데, 그러니까 성공하지 못해 가난한 문필가들의 세계가, 볼테르가 표현한 대로는 문학 천민들la canaille de la littérature의 세계가 또 있었던 것이다.[38] 그래도 여전히, 비교적 관점에서 봤을 때, 두드러지는 것은 유럽 거의 대부분의 지역에서 18세기 중반이면 어느 정도는 경제적으로 자립적인 지식인 집단이 출현했다는 것이며, 이 사람들은 나름의 정치적 견해들을 갖고 있었고, 몇몇 대도시에, 대표적으로는 파리, 런던, 암스테르담, 베를린에 집중돼 있었으며, 자기네끼리 수시로 접촉했다. 유럽 '거의 대부분의 지역'이라고 언급하는 것은 이런 사실을 기억하게 하려는 의도가 있거니와, 곧 정교회 또는 동방 기독교 세계에서는 학자들이 여전히 거의 전적으로 성직자들이었다는 것으로, '서구화된' 아주 소수의 지식인이 예외였으니, 이를테면 디미트리에 칸테미르나 러시아의 위대한 박학가 미하일 로모노소프를 들 수 있으며,(칸테미르는 몰다비아의 제후로 베를린 아카데미 회원이었다.) 로모노소프는 신학교에서 교육을 받기 시작했지만 1736년에 상트페테르부르크의 과학 아카데미로 옮겨 간 경우였다.

이슬람 세계와 중국의 사례

유럽의 학자들만 있었던 것은 당연히 아니다. 이슬람 세계에서는, 예를 들어, 울라마'ulama들이(다른 말로 하면, 일름'ilm, 곧 '지식'에 정통한 사람들이) 오랫동안 사회에서 존경받는 자리에 있었으니, 사원에 딸린 종교학교(마드라사madrasa)의 교수나 판관, 통치자들의 자문관으로서였다. 중세 유럽에서처럼, 이 학자 집단은 (성법聖法을 포함하는) 종교와 맞물려 있었다. 이 학자들은 기독교적 의미의 성직자는 아니었는데, 무슬림들은 개인과 신 사이의 중재 가능성을 인정하지 않기 때문이다.[39] 몇몇 학자는 국제적인 명성도 얻었는데, 이븐 시나('아비센나')나 이븐 루시드('아베로에스') 같은 경우로서, 두 사람 다 중세 유럽에 알려져 있었다.

근대 초 오스만 제국에서는, 서유럽에서처럼, 학생들은 공부를 마치고 나면 울라마, 곧 '식자 계층'으로서 직업을 갖게 되리라 기대들을 하게 됐으며, 이 기대들이 17세기 중반 이루어지지 못하게 되면서 이스탄불에서 소요로 이어졌는데, 옥스퍼드나 나폴리에서 그랬던 것과 같았다.[40] 무슬림 학자들과 근대 초 유럽 학자들이 크게 달랐던 것이라면 의사소통 매체들이 달랐던 것이었다. 우리가 보았듯이, 인쇄기는 유럽 지식인들에게 다양한 기회를 내놓았다. 이슬람 세계는 이와는 달리 인쇄기를 받아들이지 않았고, 그리하여 1800년까지, 아니면 이때를 전후한 무렵까지 구두 의사소통 또는 수기 의사소통의 세계로 남아 있었다.[41]

중국에서 스언스shen-shih, 곧 '신사 계층'이라는 신분에는 또 더 많은 명예가 따라다녔는데, 이 신사 계층이 (환관들을 비롯한 다른 세력들과 어느 정도 경쟁하면서) 약 2000년 동안 황제를 섬기며 국가를 관리한 집단이기 때문이다. 이 기간에서 상당 부분 동안 정치적 지배 집단, 곧 사법관이나 관인들은 (현에서 시작해 주, 성, 마지막으로 전국 단위까지) 수준이 다른 경쟁적 시험들을 치르고 그 결과에 기초해 선발되었다. 응시자들은 시험장에서는 개인별 칸막이에 넣어 서로 분리시켰다. 응시자들의 답은 보통은 유교 고전들에 대한 해석을 적어 내는 것이었고, 시험관들이 채점을 했으며, 시험관들은 응시자들이 누군지 알지 못했다. 이 체제는 근대 초 세계의 다른 어떤 방식보다 '실력주의'에 가까웠다.[42]

유럽에서 중국을 놓고 관심이 커져 갈 때, →297쪽 거기에는 중국의 학자들에 관한 강한 호기심도 들어 있었거니와,(중국 학자들을 유럽에서는 리테라티literati라는 말로 불렀다.) 얼마간의 선망까지 섞여 있던 것은 말할 것도 없다. 유명한 저서 『우울증의 분석』(1621년)에서, 옥스퍼드 대학 학장이던 로버트 버턴은 그가 말하는 '나만의 유토피아'를 제시했다. 이 이상적 공화국에서는 사법관들이 시험을 통해 선발될 것이었는데, "중국의 리테라티들처럼"이었다. 영국 왕립학회《철학 기요》(1666년 7월)의 한 필자는 중국을 다룬 신간 서적의 서평을 쓰면서 똑같은 근본적인 문제들을 제기했는데, 이렇게 썼던 것으로, "중국의 귀족은 학문과 지식으로 그 자리에 오르며, 혈통이나 부모의 신분은 아무 상관이 없다." 18세기 프랑스 개혁가 프랑수아 케네가 중국의 시험 제도를 따라 하고 싶어 했던 것도 바로 이 때문이었거니와, 볼테르 또한 중국의 관인들을 높이 평가했는데, 그들을 일러 학식을 갖춘 관리들fonctionnaires letterés이라고 했다. 이 중국 제도에서 또 자극을 받아 19세기에 프랑스와 프로이센, 영국에서는 공무원 지원자들에 대한 시험들을 도입했을 것이다.[43]

근대 초 유럽 학자들에 대한 이 짧은 논의로도 (사실 이 주제는 책 한 권 분량의 연구가 필요하지만) 이 학자들이 일하고 연구하는 자리가 됐던 다양한 종류의 기관들을 같이 보지 않으면 이 학자들의 정체성을 정의하기가 어렵다는 것을 보여 주기에는 최소한 충분했을 것이다. 이 제도들을, 또 이 제도들이 지식에 보탠 것을 살펴보는 것이 이어지는 제3장의 목적이다.

지식의 제도화: 옛 제도와 새 제도

학자들이 거하며 학식을 쌓게 하는 것이
소임인 학교며 과학원, 대학, 또 비슷한
단체들의 관습과 제도를 보면, 하나같이
지식의 진보를 가로막는 것들뿐이다.
— 베이컨

구텐베르크는 대학 강사가 아니었고,
콜럼버스도 교수는 아니었다.
— 쇠플러

3

카를 만하임에 따르면, 우리도 보았듯이, →17쪽 '자유롭게 떠다니는 인텔리겐치아'의 생각은 다른 집단들의 생각보다는 사회적 압력들에 덜 노출돼 있다. 이 언명에 맞서 경제학자 조지프 슘페터는 이렇게 대꾸하는데, 만하임이 말하는 지식인은 그저 "편견들을 뭉쳐 놓은 것"이었다.[1] 이것이 옳든 그르든, 우리가 분명히 놓치지 말아야 할 사실이 있으니, 근대 초 학자 대부분은, 현대의 지식인들도 마찬가지거니와, 완전히 자유롭게 떠다니지는 않았고, 대학들 같은 기관들에 붙어 있었다는 것이다. 지식을 둘러싼 제도적 배경은 지식의 역사에서는 핵심적 부분이다.[2] 기관들은 외부의 압력들에 노출돼 있는 만큼이나 자기들만의 사회적 욕구도 갖게 된다. 혁신하려는 욕구와 혁신에 저항하려는 반대 욕구가 이 지식의 사회사 연구와 특히 관련이 있다고 하겠다.

근대 초 유럽으로 눈을 돌리기 전에, 두 일반 이론을 논의에 도입하면 우리 이해에 도움이 될 텐데, 하나는 지적 혁신의 사회학에, 다른 하나는 문화적 재생산에 각각 관심을 갖고 있다. 첫 번째 이론은 소스타인 베블런 →14쪽과 연결돼 있으며, 국외자들에게, 곧 사회의 주변부에 있는 개인들과 집단들에 초점을 맞춘다. '근대 유럽에서 유대인들이 보여 준 지적 탁월성'을 다룬 논문에서, 베블런은 우리도 보았듯이 이 탁월성을 두 문화 세계의 경계에 있는 유대인 지식인들의 자리를 가지고 설명했는데, 이 자리가 회의적 태도를, 또 거리 두기를 자극했고, 그리하여 이 유대인 지식인들이 또 다른 사회학자인 이탈리아의 빌프레도 파레토가 부르기로는 지적 '투기자'가 되기에 적합하게 만들었다는 것이다.[3]

파레토는 이 투기자들을 반대되는 사회적 유형과 대비했는데, 곧 지적 '금리 생활자'들로서 전통이라는 틀 안에서 연구하는 경우들이다. 두 번째 이론은 피에르 부르디외와 연결돼 있으며, 학술 기관들이 이런 종류의 금리 생활자들을 만들어 내는 과정에, 또 이 기관들이 부르디외가 부르기로는 '문화 자본'을 축적하고 전수해서 스스로를 재생산하는 경향에 관심을 갖는다. 다른 말로 하면, 이 학술 기관들은 '기득권'을 만들어 내는 것이다. 비슷한 주장을 노르베르트 엘리아스도 '주류 집단'이라는 표현을 써 가며 내놓았다. 짧지만 통찰력 있는 한 논문에서, 엘리아스는 학과들이 '주권국가들의 몇몇 특징'을 갖고 있다고 묘사하면서, 학과들이 자원을 놓고 경쟁을 벌이며 독점을 확립해서는 외부인들을 배제하려 하는 양상을 계속해서 분석했다.[4] 비슷한 독점과 배제의 전략은 전문직의 역사에서도 볼 수 있다. 이런 전문직들에는 성직자, 법률가, 의사들이 있었고, 다시 19세기에 공학 기술자, 건축가, 회계사 따위가 여기에 가세한다.

이 두 이론이 서로 잘 맞는 것 같다고 해서 유보 없이 보편적으로 적용할 수 있다고 전제하면 당연히 분별없다고 해야 할 것이다. 그래도 여전히, 1450년부터 1750년 사이의 학문 조직을 이제 짧게 살펴보는 동안 이 두 이론을 염두에 두고 있으면 도움이 될 것이다.

중세 후반을 놓고 보면, 부르디외와 엘리아스의 이론이 꽤 잘 작동하는 것 같다. 우리도 보았듯이, 도시들의 출현과 대학들의 출현은 유럽에서는 12세기 이후로 계속 같이 나타나는 현상이었다. 볼로냐와 파리에 원형적 대학들이 생기고 난 다음에, 옥스퍼드, 살라망카(1219년), 나폴리(1224년), 프라하(1347년), 파비아(1361년), 크라쿠프(1364년), 루뱅(1425년)을 비롯한 많은 대학이 뒤를 따랐다. 1451년이면, 그러니까 글래스고 대학이 설립되는 무렵이면, 대략 쉰 개의 대학이 세워져 있었다. 이 대학들은 법인들이었다. 이 대학들은 법적 특권을 갖고 있었으니, 대표적으로는 독립된 지위와 함께 자기네 지역의 고등교육에 대한 독점권이었으며, 또 이 대학들끼리는 서로 학위를 인정해 줬다.[5]

이 시기에는 주장하기보다 그냥 전제했던 것이 있으니, 대학들은 지식의 발견에 반대되는 것으로서 지식의 전수에 전념해야 한다는 것이었다. 이와 비슷하게, 또 전제했던 것이 있으니, 과거의 위대한 학자들이나 철학자들이 내놓은 견해나 해석들은 후대들이 필적하거나 논박할 수 없으며, 그리하여 선생의 임무는 대가들의(아리스토텔레스, 히포크라테스, 토마스 아퀴나스 등등의) 생각을 상세히 설명해 주는 것이었다. 연구할 수 있는 학문 분과들도 최소한 공식적으로는 정해져 있었는데, 일곱 개 학예 과목에다 대학을 마친 뒤 배우는 세 개 과목인 신학, 법학, 의학이 있었다.

이런 전제들이 있기는 했어도, 논쟁을 권장했는데, 특히 형식이 정해져 있던 '연습 논쟁disputation'으로서, 법정 같은 대심 방식을 적용해 서로 다른 개인들이 특정 '명제'를 옹호하거나 반박하게 했다. 아퀴나스의 예가 상기시키거니와, '현대인들'도 기회가 되면 대가가 될 수 있었는데, 더구나 아퀴나스는 완전히 새로운 것을 내놓기보다 다른 전통들에서 가져온 요소들을 조합해서도 대가가 됐던 것이다. 아퀴나스가 신학을 논하면서 이교도 사상가 아리스토텔레스를 활용한 것에 이어 나온 반대의 강도를 보면 이런 기관들을 순전히 지적 합의라는 말로만 묘사하는 것이 얼마나 잘못된 것인지를 알게 된다. 또 중세 후기 대학들에서 다른 철학 학파들 사이에 벌어졌던 토론들, 대표적으로는 '실재론자들'과 '유명론자들' 사이의 토론을 보더라도 마찬가지다. 실제로 근대 초기에 중세 대학들은 지나치게 합의 지향적이라서가 아니라 지나치게 논쟁 지향적이라고 비판을 받았다. 그래도 여전히, 이런 논쟁들의 주인공들은 너무 많은 전제를 공유하고 있어서 이네들의 논쟁은 몇 안 되는 정밀한 주제로만 대체로 제한되었는데, 이를테면 보편적 언명들, 곧 '보편 개념'들의 논리적 지위 같은 주제였다.[6]

우리가 제2장에서 보았듯이, 중세 유럽에서 대학 선생들은 거의 전부 성직자였다. 상대적으로 새로웠던 저 대학이라는 기관은 12세기에 발달했으되 훨씬 오래된 기관 안에 박혀 있었으니, 교회였다. 보통 중세 교회가 지식을 놓고 독점권을 행사했다고 말하는 것도 이상한 일이 아닌 것이다.[7] 그래도 여전히, 제1장에서 지적했듯이, 지식의 수다성을 잊어서는 안 될 일인데, 이 경우에는 저 다른 지식들이, 곧 (자기네만의 훈련 제도들이며 작업장, 수공인 조합이 따로 있었던) 중세 수공인들이나 기사들, 농부들, 산파들, 주부들 따위의 지식들도 존재했던 것이다. 이 모든 지식은 주로 입으로 전해졌다. 하지만 인쇄술이 발명될 무렵이면, 서유럽에서는 비성직자들의 식자識字 능력은 이미 긴 역사를 갖고 있었다.(이와는 달리, 동유럽에서는, 그러니까 종교는 동방정교이고 문자는 키릴 문자였던 이곳에서는 비성직자들이 식자 능력을 갖춘 경우가 상대적으로 드물었다.) 이단 교파들이 대학들과 거의 같은 시기에 많이 늘어나는데, '문서 공동체'들이라 불렸으니, 책으로 쓰인 교설들에 대

한 토론을 통해 결합을 유지했기 때문이다.[8]

지식들의 이런 다양성은 어떨 때는 경쟁과 갈등으로 나타났으며, 지적인 변화를 설명하는 데 도움을 준다. 그래도 중요한 질문들이 여전히 남아 있다. 이단 교파들은, 그리고 다른 국외자들은 과연 지적 주류 집단에 진입한 적이 있었는가? 그렇다면 어떻게 이런 일이 일어났는가? 체제 안에서 일어난 변화들은 공식적이었는가, 아니면 비공식적이었는가? 이런 변화들은 지적 설득의 결과였는가, 아니면 정치적 결탁의 결과였는가? 지적 혁신은 기관들의 개혁으로 이어졌는가, 아니면 새로운 기관들이 설립돼서 이런 혁신들이 꽃을 피울 수 있는 생태적 환경을 제공해야만 했는가?[9] 이런 질문들을 어떨 때는 당대에 다루기도 했는데, 대표적으로 프랜시스 베이컨이 있다. 루이 14세의 대신으로 한 세대 뒤 사람인 장바티스트 콜베르처럼, → 199쪽 베이컨은 학문의 역사에서 건물이나 재단, 기금 같은 물질적 요소들이 갖는 중요성을 극도로 의식하고 있었다. 베이컨의 17세기 중반 잉글랜드 후예들도 마찬가지여서, 자기들이 부르기로는 '학문의 개혁'을 위한 구상들을 쏟아 냈다.[10]

이어지는 절들에서는 지적 변화가 이어졌던 세 세기를 살펴볼 텐데, 이 기간의 주요한 세 문화적 운동에(곧 문예부흥, 과학혁명, 계몽주의 운동에) 초점을 맞출 것이며, 도움으로 보게 되든 방해물로 보게 되든, 이 지적 혁신의 과정에서 기관들이 놓여 있던 자리에 특히 주의를 기울일 것이다. 새로운 학문 분과들이 생겨나 자리 잡는 과정은 제5장에서 → 157쪽 더 나중에 일어나는 지식의 재분류를 다루면서 더 자세히 논의할 것이다.

문예부흥

문예부흥과 맞물려 있던 인문주의 운동은 적어도 의도에서는 혁신 운동이 아니라 부활 운동이었으니, 곧 저 고전 전통의 부활이었다. 그래도 여전히 이 운동은 혁신적이었거니와, 그것도 자의식을 갖고서 혁신적이었으니, '스콜라 학자들', 다시 말하면 '중세' 대학들을 지배했던 철학자들과 신학자들의 기성 관점 대부분에 반대했다는 의미에서였다. 바로 이 '스콜라 학자들scholastics'과 '중세Midle Ages'라는 말도 이 시기 인문주의자들이 만들어 낸 것으로, 자신들을 과거와 대비해서 더욱 확실하게 규정하려는 목적이 있었던 것이다.

인문주의자 대다수는 자기네가 비판하던 대학들에서 공부한 경우들이었다. 그렇기는 해도, 가장 독창적이었던 개인들 가운데 몇몇이 생애 대부분을 대학 체제 바깥에서 보냈던 것은 주목할 만하다. 예를 들어, 프란체스코 페트라르카는 떠돌아다니는 지식인이었다. 로렌초 발라는 지적 '권위자들'을 비판한 일로 곤경에 처해 파비아 대학을 떠났다가, 나폴리 왕을, 그러다 더 나중에는 교황을 섬기게 된다. 레오나르도 브루니는 피렌체의 상서관이었으며, 공화국의 이름으로 나가는 서한들을 썼다. 마르실리오 피치노는 의사로서 메디치가를 위해 일했다. 훨씬 더 독창적이었고 훨씬 더 주변적이었던 경우가 레오나르도 다 빈치로서, 화가로 교육을 받았고 다시 독학으로 박식가가 됐다. 이탈리아 밖을 보면, 모두를 통틀어 가장 유명했던 인문주의자 데시데리우스 에라스무스가 어느 대학에서도 아주 오래 머물기를 마다했는데, 파리에서 폴란드에 이르는 여러 곳에서 종신 고용을 제안했지만 아랑곳하지 않았던 것이다.

인문주의자들은 토론을 하면서 자기네 생각을 발전시켰으나, 이 토론들은 대학이라는 환경에서 벌어졌다고 하기는 어려운데, 여기서는 이네들보다 오래전에 자리 잡은 집단들이 새로운 주제에 적대적일 때가 많았던 것으로, 그리하여 인문주의자들이 스스로 만들어 낸 새로운 종류의 기관이 토론의 자리가 됐으니, '학술원academy'이었다. 플라톤에서 착상을 얻었던바, 학술원은 현대의 토론 수업seminar보다는 고대의 토론회symposium와 (음주까지 포함해서) 더 가까웠다. 교우 집단보다는(예를 들어, 페트라르카의 제자들 같은 경우보다는) 격식을 더 차리고 더 오래 지속됐지만, 대학교수단보다는 격식을 덜 차려서, 학술원은 혁신이라는 문제를 파고들기에는 이상적인 사회적 형태였다. 조금씩 조금씩 이런 집단들은 기관이 돼 가서, 고정 회원에다 규칙, 정기 회합 따위를 갖게 된다. 1600년이면 거의 400개가 되는 학술원이 이탈리아 한 곳에서만 세워져 있었고, 포르투갈에서 폴란드에 이르기까지 유럽 다른 지역들에서도 찾아볼 수 있게 됐다.[11]

생각을 둘러싼 토론이 학자들의 무슨 전유물 같은 것은 아니었다. 15세기 초 피렌체에서는, 우리도 보았듯이 →31쪽 인문주의자 레온 바티스타 알베르티가 조각가 도나텔로, 또 토목 전문가 필리포 브루넬레스키와 자주 대화를 가졌다. 알베르티의 교우 집단에 들어와 있던 또 다른 구성원은 수학자 파올로 달 포초 토스카넬리였는데, 토스카넬리의 관심 분야 가운데는 지리가 있었는데, 특히 인도로 가는 항로였다. 토스카넬리는 이 주제에 관한 정보를 유럽으로 돌아온 뒤 피렌체를 거쳐 가던 여행자들한테 물어서 얻었으며, 또 토스카넬리는 크리스토퍼 콜럼버스와 연락을 하며 지냈을 수도 있다.[12]

토스카넬리가 비공식적으로 하고 있던 일이 포르투갈과 에스파냐에서는 더 공식적으로 이루어졌다. 15세기 포르투갈에서는, 아시아에서 온 교역품들과 함께 정보들도 리스본의 '인도청Casa da India'으로 모여들었다. 에스파냐의 세비야에서는, '상무청Casa de Contratación'이 1503년에 세워져서는 인도청과 비슷하게 신세계에 관한 지식의 저장고가 됐다. 상무청은 또한 도선사 양성 학교이기도 했는데, 대도선사piloto mayor가 감독했다.(한때는 아메리고 베스푸치가 이곳 대도선사였고, 나중에는 서배스천 캐벗도 이 자리를 맡았다.) 교육은 도선사의 집에서 할 때도, 상무청의 예배당에서 할 때도 있었다. 유럽 최초의 항해 학교로서, 이곳은 곧 국제적 명성을 얻었다.[13](1558년에 한 잉글랜드인이, 그러니까 도선사 스티븐 버러가 방문했던 일이 증거라 하겠다.)

왕의 지원은 인도청과 상무청의 설립에 결정적이었는데, 다른 기관들의 경우에도 마찬가지였다. 파리에서는 16세기 초에 인문주의자들이 파리 신학부가 반대하자 프랑수아 1세에게 호소했고, 이에 왕이 왕립 대학Collège des Lecteurs Royaux을 세워 그리스어와 히브리어의 연구를 지원했다. 같은 세기 후반에는 앙리 3세가 궁정 학술원을 후원했는데, 이 학술원에서는 플라톤의 사상에 대한 강의들이 열렸다.[14](피렌체의 이른바 '플라톤 학술원'과 고리가 있었던 것이다.)

왕의 지원은 인문주의자들에게도 또한 중요했는데, 인문주의자들이 일부 지식 계통에서 반대에 부딪혔기 때문이다. 반대의 강도는 대학마다 달랐다. 예를 들어, 16세기 초 라이프치히 대학에서 반대가 강했고, 옥스퍼드 대학에서도 마찬가지였는데, 여기서는 그리스 고전 연구에 반대하던 한 집단을 '트로이인들'이라 부르게 됐을 정도였다. 인문주의에 대한 반대가 세운 지 얼마 안 된 기관들에서는 덜 강력했는데, 이 기관들은 적어도 한동안은 과거에 '항상' 하던 것을 해야 한다는 압력에서 자유로웠던 것으로, 이런 사실은 비텐베르크 대학, 알칼라 대학, 레이던 대학 같은 새로운 대학들의 사례에서 알 수 있다.[15]

비텐베르크 대학은 1502년에 세워졌으며, 원래는 상당히 전통적인 노선 위에서, 자신들은 라이프치히 대학과 튀빙겐 대학에서 수학한 학자들이 조직했다. 하지만 5~6년이 지나기 전에 인문주의자들이 이 대학에서는 유별나게 중요한 역할을 하게 됐다. 미래의 혁신가들이 오래된 기관들보다는 새로운 기관들을 접수하기가 더 쉬웠을 텐데, 따라서 마르틴 루터 교수가 종교개혁을 시작하는 시점에 비텐베르크 대학이 설립 15년밖에 안 됐던 것은 우연이 아닐 수도 있다. 종교개혁 1년 뒤에, 필리프 멜란히톤이 그리스어 교수로 임명되는데, 루터와 교수단 다른 구성원들의 승인을 받아서, 개혁 계획의 한 부분으로서였다. 멜란히톤의 인문학 교과과정 개혁은 16세기 후반의 다른 개신교 대학 선생들에게 일종의 전범으로 받아들여졌는데, 이를테면 마르부르크 대학(1527년 설립), 쾨니히스베르크 대학(1544년), 예나 대학(1558년), 헬름슈테트 대학(1576년)에서 그러했거니와, 새로운 기관들로서 다른 곳들보다 전통들이 적었고, 그리하여 인문주의에 대한 적대감도 약했던 곳들이다.[16]

알칼라 대학은 비텐베르크 대학보다 6년 늦게 문을 열었으니, 1508년이었다. 알칼라 대학의 설립은 인문주의의 승리 같은 것으로 해석할 수는 없는데, 이 대학은 의식적으로 파리 대학을 본으로 삼았으며, 파리 대학이나 살라망카 대학의 나이 든 교수들로 교수진을 짰기 때문이다.[17] 하지만 비텐베르크 대학에서처럼, 인문주의와 스콜라주의 사이의 균형은 전자 쪽에 유리하게 기울었다. '3개어' 학부라는 것이 알칼라 대학에서는 설립돼 성서를 기록한 세 언어인 라틴어, 그리스어, 히브리어 연구를 자극했는데, 더 오래된 루뱅 대학에서 비슷한 학부가 1517년에 설립되는 것보다 몇 년 앞선 일이었다. 저 유명한 다국어 대역 성서가 1514년에서 1517년 사이에 편집돼 인쇄되는 것이 바로 알칼라 대학이었거니와, 일단의 학자들이 같이 해낸 작업으

로서, 그중에는 이름난 인문주의자 안토니오 데 네브리하도 들어 있었다.[18]

비텐베르크 대학이나 알칼라 대학과는 달리, 레이던 대학이 (1575년에) 설립되는 것은 본질적으로 이념적 이유에서였으니, 말하자면 칼뱅주의 대학이었던 것이다. 초대 이사장 야뉘스 다우사는 우리가 사는 이 세기에나 익숙해진 방법들을 써서 이 대학을 키워 나갔는데, 급료는 높고 강의 부담은 낮게 제시해 유명한 학자들을 끌어들였던 것으로, 대표적으로 렘버르트 도둔스나 샤를 드 레클뤼즈 같은 식물학자들이 있었고, 고전학자 요세프 유스테 스칼리제르가 있었다. 레이던 대학은 형식적 구조에서는 새로울 것이 없었지만, 상대적으로 새로운 두 인문학 과목, 곧 역사학과 정치학이 여기서는 빨리 유별나게 중요한 자리를 차지하게 됐다. 역사학을 가르친 것은 이름난 인문주의자로서, 유스투스 립시우스였다. 양적으로 말하자면, 정치학이 훨씬 더 큰 성공을 거뒀는데, 1613년부터 1697년 사이 레이던 대학에서 정치학을 공부한 학생이 762명이 됐던 것이다.[19]

이런 예들을 제시하는 목적이 새로운 대학들의 선생 모두가 혁신가들이라고 주장하려는 것은 아니며, 새로운 생각들이 새로운 기관들의 독점물이라고 주장하려는 것은 더더욱 아니다. 대학들이 아니라 특정 대학 안의 특정 집단이 인문주의에 적대적이었던 것이다. 수사학 교수직이 (1477년에) 루뱅 대학에서, 또 살라망카 대학에서 (1484년에) 생긴 것은 인문학 연구studia humanitatis에 공감했다는 것을 보여 주거니와, 역사학 강좌가 17세기 초에 옥스퍼드 대학과 케임브리지 대학에서 개설됐던 것도 마찬가지였다. 인문주의자들의 생각은 서서히 대학들 안으로 스며들었으니, 특히 공식적 교칙이 아니라 비공식 교과과정에 영향을 미쳤다는 의미에서 그렇다고 하겠다.[20] 하지만 이 일이 일어날 즈음이면, 인문주의 운동이 가장 독창적이던 단계는 지나가 있었다. 기성 체제에 대한 도전은 이제 '신新철학' 쪽에서, 다른 말로 하면 우리가 '과학'이라고 부르는 쪽에서 오고 있었다.

과학혁명

17세기의 이른바 '신철학', '자연철학' 또는 '기계론 철학'은 문예부흥보다도 훨씬 더 자의식적인 지적 혁신 과정이었는데, 중세 전통은 물론 고전 전통에 대한 거부까지 수반했기 때문으로, 말하자면 아리스토텔레스와 프톨레마이오스의 사상에 바탕을 둔 세계관도 같은 처지가 됐던 것이다. 이 새로운 생각들은 (이런 이름표를 붙이는 것이 적절한지 의문이 커지고는 있지만) 일반적으로 과학혁명이라 알려진 한 운동과 맞물려 있었다.[21] 인문주의자들과 비슷하게, 하지만 더 웅대한 규모로, 이 운동의 지지자들은 대체적 지식들을 통합해 학문으로 세우려 했다. 예를 들어, 화학은 야금술이라는 수공 전통에 상당한 신세를 졌다. 식물학은 정원사들이나 민간 치료사들의 지식에서 발전해 나왔다.[22]

이 운동을 이끌던 몇몇 인물이 대학에서 일하기는 했지만(거기에는 갈릴레오 갈릴레이와 아이작 뉴턴이 있었거니와) 학계에서는 이 신철학에 대한 반대가 상당했다.[23](중요한 예외라면, 그러면서도 일반론에 부합하는 경우라면, 신생 레이던 대학이 있었는데, 이 대학은 17세기에 의학 혁신의 주요 중심지가 되었던 것이다.) 이 반대에 대한 반작용으로서, 이 새 접근방법의 지지자들은 자신들만의 조직을 세우는데, 과학 협회들로서, 피렌체의 아카데미아 델 시멘토(1657년)가 있었고, 런던의 왕립학회

(1660년), 파리의 아카데미 데 시앙스(1666년) 등등이 또 있었으며, 이 조직들은 여러 면에서 인문주의 학술원들을 떠올리게 하거니와, 다만 자연 연구를 더 강조했다고 하겠다.

신철학에 대한 대학들의 적대감이 대안적인 제도적 틀로서 '과학 협회'들의 창설로 이어졌다는 주장은 마사 온스타인이 1913년에 출판된 책에서 내놓았다. →23쪽 온스타인에 따르면 17세기를 놓고 봤을 때 "의학부들을 예외로 하면, 대학들은 과학의 진보에 기여한 것이 거의 없었"다. 이 주장은 다른 사람들도 자주 반복했다.[24] 예를 들어, 잉글랜드의 경우, 역사가들은 저 왕립학회의 설립을 17세기 중반 윌리엄 델이나 존 웹스터를 비롯한 다른 사람들이 옥스퍼드 대학과 케임브리지 대학을 두고 쏟아 냈던 비판과 연결했다.[25] 웹스터를 예로 들면, 외과 의사에다 연금술사에 성직자로도 일하면서, 저서 『대학 진단』(1654년)에서 대학들을 일러 '한가하고 쓸모없는 공론'에 관심이 가 있는 현학적 철학의 성채라고 비판하고는, 이렇게 권고했으니, 학생들은 더 많은 시간을 자연 연구에 써야 하고 "석탄과 용광로를 만져 봐야 한다."는 것이었다. 자주 지적되거니와, 케임브리지 대학에는 1663년까지 수학과 교수 자리가 하나도 없었다.

전통적인 견해는 대학들이 '신철학'에 반대했다거나 아니면 적어도 신철학을 발전시키는 쪽으로는 한 일이 거의 없다는 것이었는데, 이 관점은 1970년대 말 이후 계속 발표되는 일련의 연구들에서 공격을 받게 된다. 이 연구들의 저자들은 주장하는데, 수학이나 자연철학 연구가 대학들에서 중요한 자리를 차지하고 있었으며, 대학들에 쏟아진 당대의 비판들은 잘못 알았던 경우이거나 고의로 사실을 호도했다는 것이다. 옥스퍼드 대학의 경우, 천문학 교수직과 지리학 교수직이 1597년과 1619년에 생겨난 것을 많이들 지적했다. 대학 학술 모임들에서는 새로운 생각들에 관심이 있었다는 것을 강조들을 했다. 예를 들어, 르네 데카르트의 견해를 놓고 파리 대학에서 토론이 종종 있었고, 니콜라우스 코페르니쿠스는 옥스퍼드 대학에서, 뉴턴은 레이던 대학에서였다. 당대인들이 대학을 겨냥해 내놓았던 비판을 두고는 이런 지적들을 했는데, 그러니까 영국 왕립학회는 사람들에게 스스로를 알려서 지지를 모으는 데 관심이 있었고, 델과 웹스터는 둘 다 급진적 개신교도로서, 자기네만의 의제가 또 있던 것이어서, 이네들의 말을 액면 그대로 받아들일 수는 없다는 것이다.[26]

논쟁이 이제 잦아들면서, 점점 확실해지는 것이라면 진보적인 학술원들과 반동적인 대학들 사이의 단순한 대비는 어떤 것이든 잘못된 결론으로 이어진다는 것이다. 대학들과 다른 기관들의 상대적 중요도를 가늠하기는 어려운데, 상당수 학자가 둘 다에 속해 있었기 때문이다. 이런 종류의 논쟁에서 자주 그렇듯이, 필요한 것은 구별들로서 (다른 대학들을 놓고, 또 다른 시기들이며 다른 학문 분과들, 특히 다른 질문들을 놓고) 대학이 새로운 생각들을 내놓지 않은 것이었는지, 새로운 생각들을 퍼뜨리는 데 느렸던 것인지, 아니면 새로운 생각들에 적극적으로 반대했는지를 따져야 하는 것이다.[27] 이런 문제들이 있기는 하지만, 몇 가지 잠정적 결론은 내릴 수 있을 것으로 보인다.

첫 번째로, 인문주의 운동의 경우에서처럼, 새로운 형태의 기관이 많이 생겨난 것에서 읽을 수 있는 것은 자연철학을 개혁하려던 저 운동의 상당수 지지자 스스로가 적어도 이 운동의 초기 단계에서는 대학들을 개혁의 장애물로 인식했다는 것이다. 이런 자리들은 적절한 미소 환경 또는 물질적 기반을 새로운 교류망들, 곧 새로운 집단들 또는 '인식론적 공동체들'에 제공했거니와, 이 집단들이 지식의 역사에서는 중요한 역할을 하게 됐던 경우가 꽤 많았다. →제1장

두 번째로, 이 새로운 형태의 기관들을 놓고 다시 구별이 있어야 한다는 것이다. 이 기관들 가운데 일부는 대학들 자체 안에 세워졌으니, 예를 들어, 식물원, 계단식 해부학 강의실, 실험실, 천문대는 모두 더 전통적인 구조 안에 떠 있던 혁신의 섬들이었던 것이다. 저 신생 레이던 대학은 1587년이면 식물원을 갖게 됐고, 1597년에 계단식 해부학 강의실, 1633년에 천문대, 1669년에는 실험실이었다. 상대적으로 신생이었던 알트도르프 대학은 실험실을 1626년에 갖췄고, 계단식 해부학 강의실은 1650년, 천문대는 1657년, 실험실은 1682년이었다.

어떤 기관들은 밑으로부터 세워졌는데, 같은 생각을 가진 사람들이 집단을 이뤄서 어떤 협회를 구성하기도 했고, 17세기 로마의 저 자연철학자들, 곧 '스라소니파Lincei' 같은 경우였고, 아니면 개인들이 자기 집 일부를 박물관이나 '희귀품 전시관'으로 바꾸기도 했는데, 이런 곳들에서는 암석이나 조개껍데기, 이국적 동물,(예를 들어, 악어) '기형 동물sports of nature'을 전시했다. 이런 종류의 박물관들이 17세기 들어 출현하는 것은 덜 언어 중심적인 지식 개념이 확산된 확실한 지표이며, 언어와 함께 사물에도 관심을 갖는 것은 체코의 교육개혁가 얀 아모스 코메니우스가 권고했던 것이기도 하다.[28] →142쪽

다른 기관들은 위에서부터, 정부들이 세웠는데, 연구 규모가 크고 장비들이 비싸서 정부의 자원이 필요했던 경우다. 천문학자 튀코 브라헤의 유명한 벤섬 천문대(그림 1)는 덴마크 왕이 (1576년에) 지었고 자금을 지원했다. 프랑스 과학 아카데미는 왕이 세운 또 다른 기관이었다. 파리 천문대(1667년)는 루이 14세가 자금을 댔고, 그리니치의 왕립 천문대(1676년)는 찰스 2세였는데, 강력한 적수 루이 14세에게 뒤질 수 없었던 것이다.

군주들의 궁정 자체가 때로는 자연철학을 연구하는 자리가 돼 주

그림 1

튀코 브라헤의 『최신 천체 운동론』(1598년)에 실린
「벤섬의 천문대」.

기도 했는데, (그 자신이 이런 연구들에 빠져 있었던) 황제 루돌프 2세 때의 프라하나, 대공 코시모 2세 시대의 피렌체가 이런 경우였다. 요한 요아힘 베커 같은 혁신적 구상가는 그 관심 분야가 연금술, 역학, 의학, 정치경제학을 아울렀으며, 17세기 중반 빈의 궁정 세계에서 머물면서 당시의 어느 대학에서 느꼈을 것보다 훨씬 더 편안해했다.[29] 하지만 이런 기회들은 때로 대가를 요구하기도 했다. 갈릴레오는 피렌체에서 조신 노릇을 해야 했고, 프랑스 과학원은 정부로부터 정부가 보기에 '놀이'에 지나지 않는 '이상한' 연구에서는 손을 떼고 '폐하에 대한, 또 국가에 대한 봉사와 일정한 관련이 있는 유용한 연구'를 붙잡으라고 권고를 받았다.[30]

다시 어떤 신생 기관들은 배타적이었는데, 과학원들이 그랬고, 정도가 덜하지만 영국 왕립학회도 비슷했으며, 반면 다른 기관들은 새로운 생각들을 지지하는 사람들을 늘리는 것이 기능이었다. 예를 들어, 런던에서는 그레셤 학료의 강좌들이 17세기 초에 시작되는데, 누구나 들을 수 있었고, 강좌 거의 대부분은 영어로 진행됐으니, 대학들에서 관례였던 라틴어가 아니었던 것이다. 파리에서는, 테오프라스트 르노도가 광범위한 주제들로 폭넓은 대중을 겨냥해 강좌들을 조직했는데, 그의 직업소개소에서 1633년 이후 계속 이어졌다. 파리 왕립 식물원은 1640년 일반에 공개됐으며, 해부학, 식물학, 화학 강좌들을 일반인들을 대상으로 열었다.[31]

저 이른바 '기계론 철학'을 두고 앞선 몇 문단에서 다룬 집단들이며 조직들이 보여 준 관심이나, 이 철학이 18세기에 거두는 성공 때문에 그 경쟁자를 잊어서는 안 되는데, '비의秘儀 철학'이다. 비의에 관한 관심이 커지던 현상은 근대 초기에 나타난 또 다른 형태의 혁신이었다고 할 텐데, 이런 관심은 몇몇 궁정에서(대표적으로는 루돌프 2세의 궁정에서) 볼 수 있었을 뿐만 아니라 고유한 기관들이 생겨나게도 했으니, 장미십자회 같은 단체들로서, 이 단체의 경우는 비밀 지식에 관심을 가졌던 비밀결사였다.

앞선 몇 문단에서 다룬 새 기관들이 자연철학 분야에만 한정돼 있지 않았다. 예를 들어, 영국 왕립학회의 경우 여행자들에게 내린 지침을 보면→314쪽 세계 다른 지역들의 동식물상뿐만 아니라 그 거주민들의 풍습에도 관심이 있었다. 고트프리트 빌헬름 라이프니츠는 1670년 무렵 독일에 학술 단체를 세우려고 계획하면서, 런던 왕립학회와 파리 과학원을 본보기로 언급하기는 하지만, 그가 글에 관한 것res litteraria이라 부르던 것, 다시 말하면 인문학을 놓고는 이 두 기관에서보다는 더 중요하게 강조했다. 박물관들이나 희귀품 전시관들은 대체로 조개껍데기들이나 박제한 동물들만이 아니라 로마 시대 주화들이나 중국 또는 멕시코처럼 멀리 있는 곳들에서 온 물건들도 전시했다. 17세기에 가장 많이 알려졌던 학술 단체들 가운데 제법 많은 수가 언어에도 관심을 가졌는데, 대표적으로 (1612년에는 사전을 펴낸) 피렌체 아카데미아 델라 크루스카, 독일 프루흐트브링겐데 게젤샤프트(1617년 설립), 아카데미 프랑세즈(1635년)를 들 수 있다. 이것은 더 비공식적이던 저 초대회salon들에서도 마찬가지였거니와, 이런 모임들은 파리에서 대략 1610년부터 1665년 사이에, 학식을 갖춘 귀족 여성들의 후원 아래, 랑부예 후작 부인의 저택을 비롯한 여러 곳에서 활발히 열렸다.[32]

다른 협회들은 역사에 관심이 있었는데, 런던의 고대 연구 협회(1580년대 설립)나 웁살라의 골동품 수집 협회(1666년) 같은 경우다. 도서관들과 함께 실험실들도 때로는 학자들의 회합 장소가 됐다. 수도회들의 수도원도 때로 공동 학술 작업을 하는 공간이 됐으니, 이를테면 성인들의 평전을 볼란드파派 수사들이 안트베르펜의 예수회 수도원에서 썼고, 상당한 수준의 역사서들을 마우르스회會 수사들이 생제르멩데프레의 베네딕도회 수도원에서 썼거니와, 이곳은 또 주마다 토론회가 열려서 '학술원'이라고도 불렸다.[33]

베이컨식으로 표현하면 이들 새로운 '학식의 자리와 현장'들에서(아니면 베이컨 추종자로서 런던 왕립학회사를 쓴 역사가 토머스 스프랫의 말로는 '지식의 자리들'에서) 공통적이었던 것은 이 기관들이 혁신을(그러니까 새로운 생각들을, 새로운 접근 방법들을, 새로운 주제들을) 위한 기회들을 제공했고, 또 혁신가들에게도 이네들이 학문적으로 존경받을 만하든 아니든 마찬가지였다는 사실이다. 이 현장들에서는 토론을 권장했던 것도 강조할 만한 가치가 있다. 지적 토론들은 상당 부분 여러 형태의 사회적 교제들이 있어야, 그리하여 다시 토론들이 벌어지는 사회적 틀들이, 곧 토론 수업실에서 카페에 이르는 공간들이 있어야 가능해진다고 하겠다. 근대 초 유럽에서, 학술 단체들은 학자들이 집단적 정체성을 형성하는 데 도움을 줬고 지적 공동체들이 발전하도록 자극도 했으니, 더 작아서 더 친밀한 대면 집단들도 있었고, 직접 방문들을 해서, 또 특히 서신 교환을 해서 연결돼 있던 저 학식의 공화국→39쪽처럼 더 큰 공동체도 있었다. 요컨대 누군가 말한 '제도화된다는 것의 중요성'을 잊어서는 안 되는 것이다.[34]

계몽주의 운동

기관들의 관점에서 보면, 18세기는 유럽 지식사에서 여러 면으로 뚜렷한 전환점이다. 첫 번째로, 대학들이 고등교육을 놓고 누리던 사실상의 독점권이 이 시기에 도전을 받았다. 두 번째로, 우리는 연구소의 출현을, 직업 연구원의 출현을, 사실은 '연구research'라는 개념 자체의 출현을 보게 된다. 세 번째로, 학자들이 특히 프랑스에서 이전 어느 때보다도 더 깊숙이 경제적·사회적·정치적 개혁을 위한 기획들에 몸담게 된다. 곧 계몽운동이었다. 이 세 가지는 더 자세히, 하나씩 하나씩 살펴볼 필요가 있다.

일부 대안적 고등교육기관은 이미 1700년에도 존재했다. 비록 예술가들은 자기네 훈련의 상당 부분을 예술가들의 작업장에서 계속 받았지만, 피렌체나 볼로냐, 파리를 비롯한 여러 곳에 생긴 예술원들에 점점 더 많이들 나가면서 작업장에서 받는 교육을 보충했다. 귀족 아들들이 장차 군대나 외교 쪽에서 경력을 쌓는 데 도움이 된다고 여기던 수학이며 축성술, 근대 언어들을 비롯한 다른 기능들을 배울 수 있는 교육원이 이미 소뢰(1586년), 튀빙겐(1589년), 마드리드(1629년)를 포함한 여러 곳에 설립되어 있었다. 프랑스 칼뱅주의자들을 위한 교육원 또는 준대학들이 1600년경이면 스당과 소뮈르에 세워져, 1685년 칼뱅주의자들이 탄압을 받게 될 때까지 지적 생활에서 중요한 부분을 맡았다. 암스테르담에서는 아테나이움이 (1632년에 설립되어) 역사학이나 식물학 같은 새로운 분야들을 중점적으로 가르쳤다.

하지만 이런 새로운 기관들이 많이 늘어나는 것은 18세기의 일이었다. 예술원들이 브뤼셀(1711년)에서, 또 마드리드(1744년), 베네치아(1756년), 런던(1768년)에서 설립됐다. 새로운 귀족 교육원들이 베를린(1705년)을 비롯한 다른 많은 곳에서 생겨났다. 1633년에서 1750년 사이에는 거의 예순 개의 교육원이 성공회를 따르지 않는, 그리하여 옥스퍼드 대학이나 케임브리지 대학에서 받아 주지 않던 '비국교도들'을 위해 설립되는데, 런던 안이나 근교에도 있었고, 또 랭커셔의 워링턴 같은 여러 지방 도시에도 있었다.(워링턴 교육원에서 가르치던 선생들 중에는 저 자연철학자 조지프 프리스틀리가 있었다.)

이 비국교도 교육원들에서는 대학들에서보다 덜 전통적인 교과과정을 가르쳤는데, 신사들보다는 미래의 실업가들을 겨냥한 것으로, 근대 철학이나(예를 들면 존 로크의 사상이나) 자연철학, (보통 독일 법률가 자무엘 폰 푸펜도르프가 쓴 유럽 정치사가 교재였던) 근대사를 주로 가르쳤다. 강의를 라틴어가 아닌 영어로 하는 경우들도 더러 있었다.[35] 중부 유럽에서는, 슈투트가르트의 카를슐레 같은 전문 학교들이 설립돼서 미래의 관리들에게 통치술을 가르쳤다. 새로운 기관들도, 그러니까 나중의 공과대학에 해당하는 기관들도 세워져 토목학, 광산학, 야금술, 임학을 가르쳤으니, 예를 들어 카셀의 콜레기움 카롤리눔이 1709년에 설립됐고, 토목학 교육원이 빈(1717년)과 프라하(1718년)에, 임업 전문 학교가 하르츠산맥에 1763년에, 광산학 교육원이 헝가리 셀메츠바녀와 독일 작센 프라이베르크(1765년)에 세워졌다.

18세기에 두 번째로 중요했던 상황 전개는 기관들이 생겨나면서 연구를 촉진했던 것이었다. 단어 '연구research'는 당연히 '탐색search'에서 나온 말이며(recherche, ricerca도 같은 뜻이다.) 이미 16세기에도 책 제목들에서 찾아볼 수 있었는데, 에티엔 파스퀴에의 『프랑스 연구』(1560년)가 대표적이다. 이 말은 단수형보다는 복수형으로 많이 사용됐으며, 17세기 말부터 더 흔히 쓰게 됐고, 18세기 말에는 한층 더 흔히 쓰였으며, 인문과학이나 자연과학이나 역사학이나 의학이나 가리키는 분야는 구별이 없었다. 이 단어 '연구'와 함께 다른 용어들도 점점 더 자주 쓰이게 되는데, 대표적으로는, 먼저 '조사investigation'가(같은 말로 이탈리아어 indagine가) 있는데, 원래는 법 집행과 관련된 상황에서 쓰이다가 의미가 확대돼 나온 경우이고, '실험experiment'이(같은 말로 이탈리아어 cimento가) 있는데, 시험 일반을 가리키던 것이 의미가 좁아져 자연법칙의 시험을 특정하게 된 경우다. 갈릴레오의 유명한 소논문 「일 사지아토레Il Saggiatore」는 이와 비슷한 방식으로 '시금試金'의 은유를 썼던 것이다.

같이 놓고 봤을 때, 이 한 무더기 용어에서 읽을 수 있는 것은 지식에 대한 탐구가 체계적이고 직업적이며 실용적이고 협동적이어야 할 필요를 몇몇 계통에서는 점점 분명히 인식하고 있었다는 것이다. 피렌체에 있던 아카데미아 델 시멘토는 자기네 실험들의 보고서를 익명으로 출판했는데, 마치 사회학자 오귀스트 콩트가 훗날 말하게 될 "이름들이 나오지 않는 역사"를 의식했던 것 같다. →14쪽 이런 이유들로, 1700년 즈음에 '호기심'에서 '연구'로 넘어가는 어떤 전환이 있었다고 말할 수 있을 텐데, 이를 요약해 보여 주는 것이 라이프니츠의 한 비망록으로, 여기서 라이프니츠는 베를린에 학술원 같은 것을 세워야 한다고 제안하면서 그 목적을 단순한 호기심Appetit zur Curiosität과 대비해서 정의했던 것이다. 이런 식의 연구 개념은 축적된 지식은 질이나 양에서 불변이 아니어서 '발전시킬' 수도 '향상할' 수도 있다는 생각과 연결되어 있는데, 뒤에서 이 생각에 관해 더 자세히 다룰 것이다.

이런 인식이 생겨나는 것과 저 연구를 촉진할 단체들이 발달하는 것은 분명히 관련이 있다. 베이컨이 철학적 공상 소설 『새 아틀란티스』(1626년)에서 제시한 저 유명한 '솔로몬 전당' 구상을 보면, 한 연구 기관을 묘사하는데, 여기에는 (조수들은 넣지 않고) 서른세 명의 연구진이 있고, 이 사람들이 다시 (지식을 모으려고 여러 곳을 다니는) '빛의 상인들', 관찰자, 실험자, 편찬자, 해석자 따위로 나뉘어 있다. 이와 비슷한 기관이 조금 더 작은 규모로 유럽 몇 곳에 이미 존재하고 있었다. 베이컨의 구상은 어쩌면 일반적으로 생각하는 것보다 더 많은 빚을 로마 린체이 학술원에 졌을 수 있는데, 갈릴레오가 이 학술원의 회원이었던 것이고, 또 우라니보르그의 브라헤 천문대에도 빚을 졌을 텐데, 이곳에는 여러 동의 건물과 조수들이 있었으며, 세비야의 상무청 →68쪽에도 빚을 졌을 텐데, 여기서는 자료들을 수집하고 해도들을 갱신했던 것이다.

이번에는 다시 베이컨의 묘사가 기관들에서 변화가 일어나게 자극했을 수도 있다. 런던 왕립학회는 베이컨 추종자들로 가득했거니와 실험실이며 천문대, 박물관을 세우고 싶어 했다. 왕립학회는 또 예약금을 모아서 로버트 훅과 네허마이아 그루의 연구에 자금을 대 줬다. 더 큰 규모로는, 루이 14세의 대신 콜베르는 과학원이라는 틀 안에서 이루어지는 연구에 24만 리브르를 썼는데, 그중 일부는 특정 학자들, 곧 연구원pensionnaires들에게 급료 형태로 지급돼 이네들이 식물총감 같은 집단적 기획들을 수행할 수 있게 해 줬다.[36]

이런 1660년대의 시작들을 18세기에는 한층 더 밀고 나갔고, 그리하여 학술원들의 시대가 됐던 것인데, 학술원들은 보통은 통치자들에게서 지원을 받아, 그 돈으로 학자들에게 급료를 지급해 연구를 하게 했고, 이로써 학자들이 최소한 시간제로나마 대학들 밖에서 경력을 쌓아 갈 수 있게 했다. 19세기의 직업적 과학자는 일종의 반半직업적 전통에서 나온 것이었다. 전적으로, 아니면 부분적으로라도 자연철학에 관심이 있는 학술 단체가 18세기에 약 일흔 개 정도 세워졌으며, 이 가운데 베를린 과학원, 상트페테르부르크 과학원, 스톡홀름 과학원Kungliga Svenska Vetenskapsakademien이 가장 유명했으며, 프랑스 과학원은 1699년에 재조직된 경우다. 회장이 (런던의 조지프 뱅크스나 베를린의 피에르 루이 모페르튀이처럼) 부지런하거나, 간사가 (베를린의 요한 하인리히 자무엘 포르마이나 스톡홀름의 페르 빌헬름 바리엔틴처럼) 의욕적이거나 했던 경우, 이런 단체들이 이룰 수 있던 것은 많았다. 이런 단체들은 지식 수집 탐험들을 조직했고, →199쪽 상을 제정했으며, 시간이 지나면서 국제적인 교류망도 형성했는데, 말하자면 서로 방문하고, 서한과 출판물을 교환하며, 가끔씩 공동 기획들을 수행했으며, 그리하여 학식의 '거래'에 참여하게 됐으니, 라이프니츠가 "지식을 가지고 거래하고 교제해야 한다 einen Handel und Commercium mit Wissenschaften"고 제안했던 대로였다.[37]

지식이 갈수록 더 형식적으로 조직화되던 이 현상은 자연 연구 쪽에만 한정되지 않았다. 수도원들이, 특히 베네딕도회 수도원들이 17세기 말 마우루스회會의 전례를 따라, 그러면서도 집단적 연구를 훨씬 더 강조하면서 18세기에 프랑스에서, 또 유럽의 독일어 사용 지역들에서 역사 연구의 중요한 자리가 됐던 것이다.[38] 라이프니츠는 새 베를린 과학원의 과업 중 하나가 역사 연구가 돼야 한다고 제안했다. 이런 종류의 연구는 프랑스의 많은 지방 학술원들에서, 또 독일 쪽 지방 학술원들에서도 진지하게 받아들였다. 역사 연구는 정부가 자금을 대 주기도 했는데, 파리 비문碑文 학술원 회원들에게 급료 형태로 지급되었던 것이며, 이 학술원은 과학원을 본보기로 삼아 1701년에 재조직되었다.[39] 정치학을 연구하는 학술원들도 생겼는데, 파리에서는 (1712년에) 외무 장관 토르시 후작이, 스트라스부르에서는 교수였던 요한 다니엘 쇠플린이 (1757년경에) 설립했다.[40] 연구는 역사 연구를 포함해 새 괴팅겐 대학에서 중요한 자리를 차지했으며, 이 대학은 1730년대에 설립됐다.

18세기는 여러 종류의 자발적 단체들에도 중요했던 시기로서, 이 단체들 가운데 상당수는 정보와 발상의 교환에 전념했으며, 이러면서 개혁에 도움을 줄 때가 많았다. 영국제도諸島에서 뽑은 세 가지 사례가 실용적 지식을 두고 커져 가던 관심을 예증해 주리라 생각하는데, 먼저 더블린 축산 발전 협회(1731년)가 있었고, 또 런던 기술 협회(1754년)가 있는데, 상거래와 제조업 진흥을 목적으로 한 경우이고, 버밍엄 달 연구회(1775년)도 있는데, 여기서는 과학 정보와 기술 정보를 교환했다.[41] 프리메이슨 지부들이 18세기 초에 런던, 파리를 비롯한 다른 곳들에서 출현한 것은 이 새로운 흐름과 비밀 지식을 추구하는 더 오래된 한 전통을 같이 예시하는 것이라 하겠다.

이보다도 더 형식을 갖추지 않은 조직들조차도, 이를테면 초대회나 커피 하우스도 계몽주의 운동 중에 발상들의 교류에서 할 역할이 있었다. 파리에서는, 초대회들을 일러 "계몽주의 운동이라는 기획의 작업 공간"이라고 했다. 예를 들어, 클로딘 드 탕생 후작 부인의 주선으로 베르나르 드 퐁트넬, 샤를 드 몽테스키외, 가브리엘 보노 드 마블리, 클로드아드리앵 헬베티우스가 정기적으로 만나 토론을 했고, 쥘리 드 레스피나스가 자리를 마련해 준 사람들은 장 르 롱 달랑베르, 안 로베르 자크 튀르고를 비롯해 저 『백과전서』를 집필한 집단의 다른 구성원들이었다.[42] 커피 하우스들은 이탈리아, 프랑스, 영국의 지성계에서 17세기 말 이후로 계속 중요한 구실을 했다. 수학 강좌들이 같은 런던의 더글러스 커피 하우스와 머린 커피 하우스에서 열렸고, 차일드 커피 하우스는 서적상들과 작가들의 공간이었으며, 윌 커피 하우스에서는 시인 존 드라이든과 그 친구들이 만났고, 프랑스 개신교 망명자들은 레인보 커피 하우스에서 모였다. 파리에서는, 프로코프 커피 하우스가 1689년에 생겼고, 드니 디드로와 친구들에게 회합 장소가 된다. 커피 하우스 주인들은 손님을 끄는 수단으로 신문과 정기간행물들을 비치해 놓을 때가 많았는데, 이러면서 시사에 대한 공공의 토론을 자극했으니, 흔히 말하는 '공론' 또는 '공적 영역'의 출현이었다. 이런 기관들은 개인들끼리 마주치게 했고, 동시에 생각들끼리 마주치게도 해 줬던 것이다.[43]

간행물, 특히 정기간행물 역시 일종의 기관으로, 그것도 18세기 지성계에 갈수록 중요하게 이바지하던 기관으로 간주할 수 있을 텐데, 학식의 공화국이라는 가상 공동체의 확대, 응집, 강화에 일조했기 때문이다. 최소한 1267종의 프랑스어 정기간행물이 1600년에서 1789년 사이에 생긴 것으로 파악되는데, 이 가운데 176종이 1600년에서 1699년 사이에, 나머지는 그 이후에 창간됐다.[44]

지금까지를 요약하자면, 근대 초 유럽 학식 관련 기관들의 예는 문화적 재생산에 관한 부르디외의 생각에도, 또 주변성과 혁신 사이의 연관에 관한 베블런의 생각에도 손을 들어 주는 것 같다. 대학들은 가르치기라는 자기들의 전통적 기능은 효과적으로 계속 수행했던 것 같지만, 일반적으로 말해 새로운 생각들이 발전한 현장들은 아니었다. 대학들은 '제도적 타성'이라 부르는 것에 빠져 있어서, 자기네 영속적 전통들을 유지하느라 새로운 흐름에는 올라타지 못하는 대가를 치른 것이다.[45]

장기적인 관점에서 생각하면, 지금 우리가 보는 것은 혁신 주기들로서, 여기에 이어 막스 베버는 '관례화Veralltäglichung'라 부르고 토머스 새뮤얼 쿤은 '정상 과학'으로 묘사한 것이 따라오는 것이다. 유럽에서는 12세기부터, 이 무렵 대학이라 부르는 새로운 기관들이 학식의 중심지로서 수도원들을 대체했거니와, 지금까지 이런 주기들을 볼 수 있다. 한 시기의 창의적·주변적·비공식적 집단들이 다음 세대 또는 다다음 세대의 보수적·주류적·공식적 조직들로 규칙적으로 바뀌는 것이다. 이것이 전통적 조직들의 개혁이나 갱신이 불가능하다는 말은 아니다. 아주 오래된 한 기관이, 그러니까 베네딕도회 수도원이 18세기에 연구의 조직화에서 새로운 역할을 맡았던 것 →78, 83쪽이 그 반대의 증거다. 이와 비슷하게, 19세기에 일어난 연구의 재조직화에서 주도권을 되찾아 학술원들을 쑥 앞질러 가는 것은 대학들, 특히 독일에 있는 대학들이 될 것이었다.

결론과 비교사 사례

이런 창의성과 관례화의 주기들은 어떤 보편적 현상인가, 아니면 유럽 역사의 몇몇 기간에만 한정돼 있는 것일까? 근대 초기 유럽의 체제와 이슬람 세계 마드라사 체제 사이의 비교가 결과가 분명할 텐데, 특히 이슬람 세계에서도 유럽인들이 '중세'라 부르는 기간의 바그다드, 다마스쿠스, 카이로 체제와 16, 17세기 오스만 제국 체제가 비교 대상이다.

이슬람에는 성직자 같은 것이 없기는 하지만, 마드라사들, 곧 사원에 딸린 교육기관들은 교회가 지배하던 유럽 교육기관들과 확실히 비슷하게 보인다. 연구하던 주요 과목들은 쿠란과 (무함마드의 언행록인) 하디스, 이슬람 성법이었다. 학생들이 살던 칸khan이며, 교수들 급료에, 학생들 장학금까지, 또 이 체제를 뒷받침하던 면세 재단, 곧 와크프wakf도 모두 옥스퍼드 대학과 케임브리지 대학에 지금도 존재하는 학료 체제를 떠올리게 하거니와, 어쩌면 12세기에 학료 체계에 영향을 주었을 수도 있다. 무나자라munazara를 열어 형식적으로 조직화된 논쟁을 하던 것은 유럽의 연습 논쟁을 닮았고, 이자자ijaza, 곧 교

습 면허를 스승이 학생에게 주던 것은 중세 유럽의 교수 면허를 또 닮았다.[46]

이런 유사점들을 보여 주며 유럽에서 의식적으로 무슬림들의 방식을 빌려 왔을 가능성을 제기했던 역사학자도 두 체제 사이에 주요한 차이들이 존재한다는 것을 부정하지는 않았다. 하지만 더 최근에 나온 연구에서는 이 역사학자가 중동 지역 지식과 교육의 형식적 조직을 지나치게 강조했다고, 또 (반드시 체제라고 불러야겠다면) 이 '체제'는 유동적인 체제였다고 지적한다. 이자자는 개인적 허락이었지, 기관에서 주는 어떤 학위 같은 것은 아니었다. 선생 직업에서 중요했던 것은 공부를 어디에서 했느냐가 아니라 누구와 했느냐였다. 학문을 쌓는 핵심적인 자리는 원이라는 뜻을 가진 비공식적 학습 모임halqa이었는데, 실제로는 존경의 표시로 스승shaykh과 일정한 거리를 두고 반원형으로 앉았으며, 장소는 스승의 집일 수도 있었고 사원일 수도 있었다. 정해진 교과과정 같은 것은 없었다. 학생들은 좋을 대로 스승과 스승 사이를 오갔다. 사실 '학생'이라는 말조차도 항상 들어맞는 것은 아닌데, 학습 모임의 일부 구성원은 정시제定時制로 출석했으며, 이들 가운데는 여성들도 끼어 있을 때가 있었기 때문이다. 최근의 어떤 마드라사 역사가가 '완강한 비형식성'을 이야기하는 것도 놀랄 일이 아닌 것이다.[47]

기독교 쪽 교육계와 이슬람 쪽 교육계의 차이를 지나치게 부각하는 것도 안 될 일이다. 유럽 대학들은 근대 초에는 1800년을 넘기면서 보여 줬던 것보다 덜 형식적이었다.[48] 그래도 여전히, 이슬람에서 제도적 고정화에 끈질기게 저항했던 대목은 분명히 두드러진다. 제도적 유동성이 더 개방적인 지적 체제와 맞물려 있었던 것이냐는 질문이 이제 남게 된다. 분명히 그렇지 않았다. 학생이 이 스승에서 저 스승을 오갈 수는 있었으되, 선배 학자의 생각을 따랐어야 했지, 개인적 해석을 추구해 개인적 견해를 내놓을 수 있게 되어 있지는 않았던 것이다.[49]

오스만 제국의 메드레세medrese(마드라사의 튀르크식 이름) 역시 비슷한 방식을 따랐다. 술탄 메흐메트 2세가 이스탄불을 점령하고 얼마 되지 않아 이 도시에 사원을 세웠는데, 여기에는 딸려 있는 학교가 여덟 개 있었다. 17세기가 되면 이스탄불에는 학교가 아흔다섯 개가 있었고, 18세기에는 다시 200개로 늘어난다. 강의들은 공개돼 있었지만, 학생들이 울레마ulema →55쪽에서 판관이나 자문관, 교수müderris로 높은 자리에 이르고 싶을 때는 특정한 스승의 지원이 필수적이었다. 1550년이면, 이름난 특정 학교들에서, 이른바 '내부' 집단에서 공부하는 것이 높은 자리에 오르는 사실상의 전제 조건이 돼 있었다. 졸업 증서나 시험도 도입들을 했던 바, 체제가 더욱 형식적이 돼 가고 있는 많은 징후가 있었던 것이다.[50]

이 체제에서, 그러니까 아랍형과 오스만형 둘 다에서, 자연에 관한 연구는 주변적이었다. 자연에 대한 연구는 거의 대부분 대학들 밖에서 이루어졌다. 의학은 병원들에서 가르쳤는데, 병원들은 이슬람 세계에서는 꽤 긴 역사를 갖고 있었거니와, 천문학은 전문적인 천문대들에서 연구했다. 알려진 첫 천문대가 설립된 것은 1259년이었고, 새 천문대가 갈라타에 세워지는 것은 1577년으로(그러니까 우라니보르그 천문대 설립 다음 해로) 타키유딘이라는 학자가 술탄 무라드 3세의 지원을 받아서 한 일이었다. 이 천문대는 군인들에게 1580년에 파괴되는데, 자연에 관한 지식이 제도적으로 주변적이기도 했고, 또 일부에서는 비종교적인 것으로도 간주했다는 징후였다.[51] 하지만 주변성은 우리도 앞에서 봤듯이 때로 이점이 될 수도 있다. 어찌 됐든, 의학과 천문학은 이슬람 세계에서는 주변적인 영역이었던 동시에 혁신의 자리이기도 했던 것이다.

이슬람 세계의 예는, 특히 오스만 제국의 예는 몇몇 측면에서 베블런과 부르디외의 이론을 확증해 주는 것 같거니와, 다만 비형식적 체제가 오랫동안 그렇게 버텼던 사실은 제도화를 당연하게 여길 수는 없다는 것을 보여 준다고 하겠다. 이슬람 세계와 기독교 세계를(정교 세계보다는 구교 세계와 특히 개신교 세계를) 비교하고 대조하면서 특히 눈에 띄는 것은 이슬람 세계에서 지적 혁신에 대한 저항이 상대적으로 강했던 것이며, 대표적으로는 저 새로운 지식 기술, 곧 인쇄술에 대한 저항을 들 수 있다. 인쇄술이 지적 불일치 사례들이 더 널리 알려지게 만들었으며, 그리하여 비판적 이탈을 자극하기도 했다는 가설은 비교사적 분석에서 얼마간 지지를 받고 있다.[52]

일반적으로 말해, 주변적 개인들이 특출한 새 발상들을 내놓기가 더 쉬운 것처럼 보인다. 다른 한편 이 발상들을 실행으로 옮기려면 기관들을 세울 필요가 있다. 예를 들어, 우리가 '과학'이라 부르는 것의 경우를 보면, 18세기에 일어난 제도적 혁신들은 과학 학문 분과들을 연구할 수 있게 되는 데 중요한 구실을 한 것으로 보인다.[53] 하지만 사실상 불가피하다고 할 텐데, 기관들은 빠르냐 느리냐 차이가 있을 뿐 고정화될 것이고, 새로운 혁신이 일어나는 데 장애물이 될 것이다. 기관들이 기득권의 자리가 되는 것으로, 기관들을 차지하고 있는 것은 이 체제에 투자를 해서 자기네 지적 자본을 잃을까 두려워하는 집단들이다. 쿤이 '정상 과학'이라 부르는 것이 지배하는 데는 지적 이유만큼이나 사회적 이유가 있는 것이다.

이렇게 본다면 지식의 사회사는 종교의 사회사처럼 자생적 종파가 기성 교회가 되는 전화의 이야기라고 하겠으며, 또 이런 전화는 여러 번 되풀이됐다. 지식의 사회사는 국외자들과 주류 집단 사이, 애호가들과 직업인들 사이, 지적 사업가들과 지적 금리 생활자들 사이 상호작용의 역사다. 혁신과 관례 사이, 유동성과 고착성, '녹이는 경향과 얼리는 경향', 공식적 지식과 비공식적 지식 사이의 상호 영향도 있다. 한편에서 우리는 열린 계통들 또는 열린 교류망들을 보고, 다른 한편에서는 고정 회원에다 공식적으로 규정된 관할 영역을 갖고, 자기네들을 경쟁자들과 또 비전문가들과도 갈라놓는 장벽들을 세우고 유지하는 기관들을 본다.[54] 독자들은 아마 전통의 옹호자들에 맞서는 혁신가들 편을 들고 싶을 텐데, 하지만 긴 지식의 역사에서는 이 두 집단이 똑같이 중요한 역할을 했을 수가 있다.

지식의 자리: 중심과 주변부

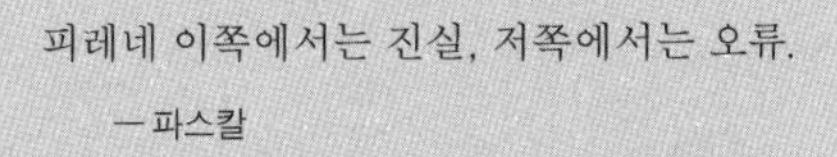

피레네 이쪽에서는 진실, 저쪽에서는 오류.

—파스칼

결국은 여행에 달려 있다. 집에다 지식을 쌓으려면 어디선가 지식을 가져와야만 하니까 말이다.

—존슨

1654년 레이던에서 이탈리아인 구교도 중국학 학자가 네덜란드 개신교도 아랍학 학자를 만났다. 이 만남은 있을 법하지 않은, 하지만 또 유익한 만남이었다. 두 사람 모두 (그 시대의 다른 많은 사람처럼) 비교 연대학을 둘러싼 문제들에, 더 정확히는 대조 연표에 관심이 있었다. 야코프 골리우스는 레이던 대학 아랍학 교수로서 중국어는 하나도 몰랐지만, 15세기 무슬림 학자 울루그 베그의 연대기가 중국 쪽 사료들에 의존했을 것이라 추측하고 있었다. 마르티노 마르티니는 이탈리아인 예수회 수사로서 생애 상당 부분을 중국에서 선교사로 보냈으며, 이런 중국 쪽 사료들 가운데 일부를 연구했지만, 아랍어는 하나도 몰랐다. 하지만 두 사람이 자기네 문헌들을 자기네 공동의 언어, 곧 라틴어로 번역하자, 이슬람과 중국의 연결 관계들이 분명해졌다.

이 일화는 이 무렵 지식 공화국의 여러 특징을 드러내 주고 있다. 예를 들면 최소한 가끔씩이라도 학자들은 종교적 차이를 초월해 협력했음을 확인할 수 있다. 또 한편으로는 지식의 역사에서 위치가 갖는 중요성에 대해서도 말해 주고 있다.

첫 번째로, 직접적 대면의 중요성으로서, 이 중요성은 기술의 전수 쪽에만 한정되지 않으며, 다만 지식의 다른 분야들에서보다는 이 분야에서 훨씬 더 중요할 수는 있다.[1] 직접적 대면은 서신 교환보다 더 효과적이었으니, 골리우스와 마르티니의 사례에서 알 수 있다. 직접적 대면은 영향도 또 더 깊었다. 로렌초 마갈로티가 중국에 관해 쓰는 것은 독일인 선교사 요한 그로이버를 피렌체에서 만난 다음이었고, 고트프리트 빌헬름 라이프니츠가 중국 연구에 남달리 관심을 갖게 된 것은 로마에서 또 다른 선교사 클라우디오 필리포 그리말디를 만나고 나서였다.

두 번째로, 저 레이던 만남 이야기는 교차점이자 합류점으로서 도시의 기능을 다시 떠올리게 한다. 골리우스와 마르티니 두 사람의 인생을 한 시점에서 일치시키기는 이네들의 연대기들을 일치시키기만큼 어려웠다. 마르티니는 선교 사업 보고차 중국에서 로마로 돌아가고 있었다. 중간에 마르티니는 네덜란드인들에게 사로잡혔으나, 어찌어찌 허락을 얻어 암스테르담행 배를 탈 수 있었는데, 암스테르담에서 자신의 중국 전도(그림 2)를 지도 인쇄가 전문이던 블라우 가문의 유명한 인쇄소에 넘겨줄 계획이었던 것이다.[2] 마르티니의 배가 1653년 12월 베르겐에 기항했을 때, 마르티니가 암스테르담으로 간다는 소식이 코펜하겐에 있던 학자 올레 보름에게까지 전해졌다. 보름은 관심이 다방면에 걸쳐 있어서 중국에까지 이르렀거니와, 레이던에 살고 있던 아들에게 편지를 써 마르티니가 암스테르담으로 가는 길이라고 골리우스에게 전해 줄 것을 당부했다. 이윽고 골리우스가 암스테르담에 있던 마르티니에게 편지를 써서 짐배를 타고 레이던으로 와 달라고 부탁했다. 이 두 사람은 몇 주 뒤 안트베르펜에서 다시 만났는데, 이에 앞서 골리우스는 며칠간 자리를 비워도 좋다는 허락을 대학으로부터 받아야 했다.[3]

학자들이 이 모든 수고를 치러 가면서 만나야 했던 것은 지식이

그림 2
마르티노 마르티니의 「신중국 아틀라스」
(암스테르담, 1655년경) 중 「중국 남경의 지도」.

근대 초 유럽에 고르게 퍼져 있지 않았기 때문이다. 이 장에서는 지식의 지리학을 살펴볼 것이다. 진리의 지리학이라는 개념은 저 진리의 사회사라는 개념만큼 도발적이다. →18쪽 사실 이 개념은 미셸 드 몽테뉴가 이 목적으로 이미 이용했는데, 몽테뉴는 『에세』(2권, 12편)에서 "이 산들의 경계 안에서는 진리이고, 저 건너편 세계에서는 거짓인 진리"에 관해 썼던 것이다. 블레즈 파스칼은 『팡세』(60편)에서 훨씬 더 말을 아끼며 "피레네 이쪽에서는 진리, 저쪽에서는 오류"라 언급했다.

이 장의 주제는 (지리학 쪽에서, 또 과학사 쪽에서 나온 최근의 연구들을 따르고 있거니와) 본질적으로 지식의 '공간적 분포'로서, 지식이 발견되

고 저장되는, 또는 정교화되는 장소들과 함께 이 지식이 확산돼 나간 장소들을 다룬다.[4]

사람들이 알고 있던 것은 사람들이 살던 곳과 밀접히 관련돼 있었다. 수사 막심 그레크를 예로 들면, 몇 년을 이탈리아에서 보냈던 경우로, 1518년 무렵에 분명히 처음으로 러시아 사람들에게 크리스토퍼 콜럼버스의 발견에 관해 알려 준 사람일 것이다. 이와는 대조적으로, 튀르크 제독 피리 레이스가 1513년에 제작한 지도에는 이미 아메리카가 표시돼 있었다.[5](이 지도가 기초한 것은 콜럼버스가 제3차 항해 때 제작한 지도의 사본으로서, 한 에스파냐인 포로에게서 입수한 것이었다.)

'지식의 지리학'이라는 표현을 쓰면서는, 두 가지 수준을 구별하는 것이 중요하다. 미시적 수준에서는, '지식의 자리들'이 있었는데, 이 가운데 일부는 앞선 장에서 다뤘다. 전통적 현장들에다, 이를테면 수도원, 대학, 도서관, 병원에다 (새로운 소식이 문제가 될 경우에는 객점과 이발소가 있었고) 새로운 현장들이 추가됐다. 곧 실험실, 화랑, 서점, 도서관, 계단식 해부학 강의실, 연구실, 커피 하우스가 있었다.[6] 예를 들어, 인쇄소 서점은 새 출판물들을 둘러보는 것과 함께 만나서 대화하는 장소이기도 했다. 데시데리우스 에라스무스는 베네치아에 있을 때 학자-인쇄업자였던 알두스 마누티우스의 인쇄소를 자주 찾았다. 파올로 사르피와 그 친구들은 17세기 초 베네치아에서 '배Nave'라는 서점에서 만났고, 갈릴레오 갈릴레이의 적수 오라치오 그라시는 로마에서 '태양'을 자주 찾았으며, 제임스 보즈웰은 새뮤얼 존슨을 런던에 있는 톰 데이비스의 서점 안쪽 객실에서 처음 만났다.

도서관은 중요도도, 또 인쇄술의 발명 이후에는 규모로도 커졌다. 대학 안에서, 도서관은 강의실과 경쟁할 정도가 됐는데, 최소한 몇 군데에서는 그러했다. 루뱅 대학은 1639년에도 여전히 도서관이 있을 필요가 없다고, "교수들이 걸어 다니는 도서관들이기 때문"이라고 주장했지만, 레이던 대학에서는 이와는 대조적으로 도서관이 일주일에 두 번씩 문을 열었고, 교수들은 자기들이 갖고 있던 도서관 열쇠를 학생들에게 빌려주기도 했다.[7] 대학 바깥에서는, 뒤에서도 다루거니와, 몇몇 사설 또는 공공 도서관들이 학문의 중심지들이 됐으니, 곧 책을 읽는 것과 함께, 학식을 쌓은 사람들이 교제하고 정보와 생각을 주고받는 현장이었던 것이다. 도서관들에서 이 무렵에 정숙을 유지시키기는 불가능했을 것이고, 또 생각할 수도 없는 일이었을 것이다. 서점이나 커피 하우스처럼, 도서관은 입말 소통을 활자 소통과 결합하도록 자극했던 것이다. 그렇다면 도서관들의 개혁이 17세기 중반 잉글랜드에서 구상됐던 베이컨식 학문 개혁에서 한 자리를 차지했던 것도 놀랄 일은 아니라 하겠다. 도서관 사서들은 개혁가 존 듀리에 따르면 '총람적 학식의 선도자'가 돼야 했다. 만약 듀리의 친구 새뮤얼 하틀리브가 일부 개혁가가 바라던 대로 1650년대에 보들리 도서관 사서로 선임됐더라면 이 말이 실제로 무엇을 의미했는지가 더 분명해졌을 것이다.[8]

지식의 자리들은 많이 늘어났고, 상대적으로 큰 도시들에서는 더 전문화됐으니, 이를테면 베네치아, 로마, 파리, 암스테르담, 런던 같은 도시들로서, 이런 이유로 이 도시들은 이어지는 논의에서 비중 있게 다룰 것이다. 도시 안의 공적 공간들은 경영가들과 학자들 사이, 신사들과 장인들 사이, 현장과 서재 사이의 상호작용, 곧 다른 지식들 사이의 상호작용을 촉진했다. →29쪽 여러 형태의 사회적 교제들이 지식의 분포에, 또 심지어는 생산에도 영향을 미쳤던 (그리고 지금도 미치는) 것이다.

거시적인 수준에서도 역시, 도시들은 유럽과 중국을, 또는 아메리카 대륙을 잇는 '원거리 교류망'에서 기착지들로서 중요한 구실을 했는데, 아시아 쪽 도시들로는 고아, 마카오, 나가사키가 있었고, 아메리카 대륙 쪽 도시들은 리마나 멕시코시티, 유럽 쪽 도시들은 세비야, 로마, 암스테르담, 런던이 있었다.[9] 이렇게 보면 저 '총람적 지식을 위한 청원서'가 17세기 중반 직업적인 '정보 제공자들'에게 타지에서 잉글랜드로 정보를 보내 달라고 부탁하면서, 이 정보 제공자들이 '최적의 가장 중심적인 지역'에 거주해야 한다고 규정한 것은 당연한 일이었다.[10]

이 거시적 수준에서, 근대 초 세계의 지식사를 단순한 확산론적 관점에서 정보의 전파 과정으로, 특히 과학 정보가 유럽에서 지구 다른 지역들로 가는 과정으로 보는 경우들이 있다. 이 중심-주변부 모형은 여러 가지 이유로 비판을 받는데, 예를 들어 제국주의 정책은 건드리지 않고 내버려 두었고, 또 주변부에서 중심으로 지식이 흘러갔던 경우들은 그 반대 방향의 경우만큼 충분히 고려하지 않았던 것이다.[11]

사실 이 장에서 가장 관심을 두는 것이 바로 이 유럽 주변부에서 유럽 안의 중심지들로 가는 흐름이거니와, 지식의 정치학은 제6장에서 따로 다룰 것이다. 다른 종류의 지식들도 잊지는 않을 것이지만, 강조하게 될 것은 유럽인들 쪽에서 확대돼 가던 유럽 너머 세계에 대한 인식이다. 이 인식은 보통은 종교적·경제적·정치적 이해관계가 자극했지만, 이 인식에는 그 자체로 목적인 지식도 들어 있었다. 수단적 지식과 이해관계 없는 호기심을 지나치게 대비해서는 안 될 일이다.[12] 그렇더라도 이 구별은 여전히 유용하다.

이어지는 내용에서 주요 주제가 될 것은 갈수록 심화되던 지식의 집중으로서, 물리적 의사소통에서 일어난 진보들과 또 인쇄된 책의 출현과도 맞물려 있던 현상이었다. 이런 흐름들은 다시 세계 경제의 출현→240쪽과, (보통은 주요 도서관들의 소재지였던) 몇몇 거대 도시의 등장과, 무엇보다도 권력의 집중→161쪽과 또 맞물려 있었다. 하지만 지식의 집중은 부분적으로는 자율적이었으니, 그러니까 지식의 공화국과 관련돼 있던 지적 교류들의 결과이기도 했던 것이다.

학식의 공화국

지식의 공화국 또는 '학식의 공화국Respublica Literaria'은 근대 초 유럽에서 점점 더 자주 쓰게 되는 표현으로서 학자들의 국제적 공동체를 가리켰다.[13] 이 공화국의 지형 자체는 이 기간에 계속 변하고 있었다. 예를 들어, 스웨덴은 1477년에 웁살라 대학이 설립됐는데도 실질적으로 공화국에 들어오는 것은 17세기가 돼서나였는데, 이 무렵에 크리스티나 여왕이 르네 데카르트를 비롯한 다른 학자들을 스톡홀름으로 불러들였던 것이고, 또 귀족 군인 칼 구스타프 브랑엘이 웁살라 근처 스코클로스터의 교외 저택에서 함부르크, 암스테르담, 런던, 바르샤바, 빈을 포함한 다른 곳들에 있던 서신 교환자들의 교류망을 통해 자연철학 쪽의 최근 동향을 계속 전해 듣고 있었던 것이다. 북아메리카가 들어오는 것은 18세기였는데, 이 무렵에나 코튼 매더나 조너선 에드워즈 같은 학자들이 유럽 문화계에서 일어나는 일들을《학술물 연혁》같은 잉글랜드 학술지들을 구독해서 좇아가려 하는 것을 보게 될 것이었다.[14]

러시아가 학자들의 유럽 공동체에 들어오는 것은 스웨덴보다는 조금 늦었고 북아메리카보다는 조금 빨랐으니, 표트르 대제 통치가 끝나 가던 즈음이었다. 러시아 귀족 알렉산드르 다닐로비치 멘시코프가 1714년에 런던 왕립학회 특별 회원으로 뽑혔으며, 이해에는 또한 러시아에서 첫 공공 도서관이 문을 연 것으로도 기록돼 있다. 라이프니츠는 러시아에 인문과학과 자연과학을 그의 표현으로는 '이식'하는 데 관심이 있었거니와, 표트르 대제를 한 번 이상 만나 자기 구상을 설명했다. 표트르 대제는 라이프니츠의 주장에 마음이 움직였던 것으로 보이는데, 라이프니츠에게 자문관으로서 급료를 지급했던 것이나, 1724년 상트페테르부르크에 과학원을 세우면서, 라이프니츠가 몇 년 앞서 계획했던 베를린 과학원을 본보기로 삼았던 데서 알 수 있다. 표트르 대제가 세상을 떠나던 해, 곧 1725년에는 프랑스 천문학자 조제프니콜라 드릴이 상트페테르부르크에 왔고, 여기서 다음 20년을 보내며 러시아 천문학자들을 길러 낼 것이었다. 다음 세대에는 미하일 로모노소프가 마르부르크 대학에서 화학을 공부하고, 볼테르와 편지를 주고받고, 또 모스크바 대학 설립을 도울 것이었다.[15]

'러시아의 유럽 발견'이라 부르는 것은 유럽의 러시아 발견과 같이 일어났다. 1550년 이전에는, '머스코비Muscovy'에 관해서는, 당시에는 러시아가 이렇게 알려졌거니와, 인쇄물의 형태로 구할 수 있는 정보가 거의 없었다. 이런 상황은 1550년을 지나며 서서히 바뀌다가 1697년을 넘기면서 빨라졌는데, 이해에 표트르 대제의 '대사절단'이 서유럽으로 출발한 것으로, 대제 자신을 비롯한 약 250명의 러시아인이 이 사절단에 포함돼 네덜란드 공화국, 잉글랜드, 프랑스, 이탈리아 외에도 다른 곳들을 다니며 배웠고, 또 이 과정에서 서유럽 사람들이 러시아를 더 인식하게 만들었던 것이다. 서유럽 독자들에게 러시아 문화를 소개한 책들 가운데는 J. 크럴의 『머스코비 제국의 현 상황』(1699년), E. Y. 이데스의 『3년간의 여행』(1704년), J. 페리의 『러시아 정세』(1716년)가 있었고, 또 F. C. 베버의 『신러시아』(1721년)도 있

었는데, 이 책은 금방 독일어에서 프랑스어와 영어로도 번역됐다.[16]

지리학 지식은 지식 지리학과 결코 똑같지 않다. 그렇기는 해도 이 두 주제가 만나는 교차점이 있는데, 다른 말로 하면 지리학의 지리학이다.[17] 일종의 사례 연구로서, 지식의 공화국 안에 있던 유럽 너머 세계에 관한 지식을 중요한 새 정보 통로들이 추가되던 무렵을 배경으로 살펴보면 이해에 도움이 될 것이다.[18]

나가사키와 데지마

이 사례 연구 안의 사례 연구로 일본의 예를 들어 보자. 유럽 사람들은 1550년 또는 이를 전후한 무렵 이전에는 일본에 관해 아는 것이 거의 없었다. 13세기 여행자 마르코 폴로가 '지팡구Cipangu'를 언급하기는 했지만, 자세한 이야기는 거의 하지 않았다. 예수회 선교사 프란시스코 하비에르가 1549년에 어떤 땅에 도착했는데, 그에게도 또 본국 사람들에게도 거의 완전히 낯선 곳이었다. 16세기 말 이후로 계속, 일본에 관한 지식이 유럽에 전해지는 경로는 나가사키 항을 거쳤다. 1580년에는 기독교로 개종한 한 권력자가 이 도시를 예수회에 헌납했다. 예수회는 1587년 나가사키 영지권을 잃게 되지만, 선교 본부는 남아 있었고, 인쇄소도 하나 세워져 있었다.

기독교의 일본 선교는 성공한 경우였다. 사실 너무 성공적이어서 문제가 됐는데, 기독교가 퍼져 나가면서 일본 통치자들이 위협을 느끼게 했고, 그리하여 선교사들과 개종자들을 박해하는 것뿐만 아니라 '쇄국'정책을 펴도록도 했던 것으로, 쇄국정책은 1630년대부터 1850년대까지 지속됐다. 나라가 외국인들에게 완전히 닫혔던 것은 아니었으되, 외국 상대 관계들은 통상 관계를 포함해서 최소한으로 줄어들었고, 엄격하게 통제를 받았다. 이 기간에 네덜란드 상인들이 일본과 유럽 간의 주요 교류 창구로서 포르투갈 예수회에서 그 역할을 넘겨받았고, 나가사키는 나가사키대로 근처의 섬 데지마에 자리를 내주게 된다.

데지마는 인공 섬이었는데, 사방으로 불과 몇백 피트씩 가면 끝이었고, 이 섬을 나가사키만에 조성한 것은 바로 위험한 유럽인들을 통제 아래 묶어 두려는 목적에서였다. 네덜란드 교역상들은 연합 동인도회사VOC 소속이었으며, 이 협소한 교역 공간으로만 활동이 제한됐다. 일본과 유럽 사이의 모든 교역은 1641년부터 시작해 1850년대가 될 때까지는 데지마를 거쳐서 이루어졌으며, 그러다가 1850년대에 미국 함대의 강제로 일본이 항구들을 서양인들에게 열어 주게 된다.[19] 데지마는 또한 지식의 교환이 일어나는 미소 환경이기도 했으니, 공식적인 장애물들이 있는데도 그럴 수 있었던 것이다. 일본 조정은 일본 지도들의 반출을 금지했고, 거기에다 외국인들이 일본어를 배우지도 못하게 했다. 하지만 이런 장애물들은 넘어설 수 있었으니, 데지마에서 얼마간 시간을 보낸 유럽인들 가운데 일본에 관한 기록을 남겨 그것이 유럽에서 많이 알려진 경우가 셋 있었다. 첫 번째가 프랑수아 카롱으로, 1639년에서 1640년까지 네덜란드 동인도회사 데지마 상관의 대표를 지냈다.[20] 두 번째는 엥겔베르트 켐퍼로, 독일인이었고 1690년부터 1692년까지 네덜란드 동인도회사에 고용돼 데지마에서 일했다. 세 번째는 우리가 다루는 시기 맨 끝인데, 칼 페테르 툰베리로서, 스웨덴 출신 식물학자였고, 1775년에서 1776년까지 데지마에서 네덜란드 동인도회사의 의사로 일하며 살았다.

현장과 서재

나가사키는 주요한 도시였고, 그리하여 (유럽인들의 관점에서는) 한 주변부의 중심지였다. 이렇게 유럽 먼 주변부 다른 곳의 도시들에 있던 인쇄소들의 중개 기능을 잊어서는 안 되는데, 이런 도시들을 예로 들면 고아, 마카오, 바타비아, 멕시코시티, 리마가 있었다.

유럽의 몇몇 주요 도시는 세계 여러 지역에 관한 지식을 유럽으로 전하는 과정에서 훨씬 더 중요했다. 다른 종류의 도시들은(그러니까 항구 도시, 수도, 대학 도시들은) 이 측면에서는 가진 기능들이 달랐고, 이 차이들은 적당할 때 다루게 될 것이다. 하지만 이어지는 내용에서 강조점을 둘 것은 주변부들과 중심부들 사이, 아니면 더 구체적으로는 현장과 서재 사이의 상호작용이다. 이렇게 해서 다루게 될 두 주제는 지식의 유럽 '수입'과 그 뒤로 이어지는 '가공'이(그러니까 수집, 계산, 분류, 비판이) 될 것이다.

현장에서 이국 지식을 수집한 유명한 유럽인들 가운데는 피에르 블롱이 있는데, 1546년에서 1550년 사이에 중동을 탐험하며 새로운 종의 물고기와 새들을 찾아다녔던 경우이고, 프란시스코 에르난데스가 있는데, 에스파냐 왕의 명령을 받고 1570년부터 1577년까지를 멕시코에서 보내며 현지의 동물, 식물, 광물을 연구했다.[21] 세계 다른 지역들의 박물에 관한 엄청난 양의 정보가 근대 초기에 유럽으로 흘러들어 왔던 것을 잊어서는 안 될 일이다. 하지만 이어지는 논의에서 더 중요하게 취급하는 것은 다른 문화들과 그 종교, 언어, 관습에 관한 지식으로서, 예를 들어 보면 일본 꽃들에 관한 툰베리의 기록보다는 일본 사람들에 관한 그의 기록 쪽이 될 것이다.

지식의 수입

'지식의 수입'이라는 표현은 정보가 전파되는 데 교역이, 더 구체적으로는 나가사키의 경우에서처럼 항구들이 중요했다는 것을 상기시키려는 생각으로 쓴 것이다. 항구 거주자들은 수시로 바닷가에 나가 새로 도착한 배의 선원들과 이야기를 했다. 항구들은 천체관측의며 해도, 지도, 지구의 거래의 중심지였다. 항구들은 또한 다른 종류의 사람들뿐만 아니라 다른 종류의 지식들이 서로 마주치는 주된 현장이기도 했다. 이런 만남들을 구체적으로 보려고 우리가 다루는 시대에 유럽의 대표적 항구였던 곳들의 역사 속 사례들을 소개할 텐데, 이 항구들이 리스본, 세비야, 베네치아, 암스테르담이다.

지식의 역사에서, 특히 15세기와 16세기에 리스본이 가졌던 중요성은 포르투갈 해양 제국의 수도로서 누리던 지위에서 비롯된 것이었다. '인도청'과 '기니 창고Armazém de Guiné'로는 교역품뿐만 아니라 정보들도 고아며 마카오, 살바도르, 서아프리카를 비롯한 다른 곳들에서 모여들었다. 이렇게 보면 역사가 주앙 드 바후스는 생애 대부분을 인도청에서 일했으니, 아시아에 관한 정보를 수집하기에 비할 데 없이 좋은 조건을 갖고 있었던 것이다. 인도의 경우, 바후스는 고아에서 돌아오는 군인들과 관리들뿐만 아니라 상인들도 만나 정보를 얻었다. 페르시아에 관한 정보를 얻으려면, 바후스는 오르무즈Ormus에서 교역을 했던 사람들과 이야기를 하면 됐다. 일본과 시암을 놓고는, 페르낭 멘데스 핀투나 도밍고 데 세이자스 같은 여행자들한테서 배울 수 있었다. 중국에 관해서는, 바후스는 노예를 한 명 사서 자기를 위해 문서들을 번역하게 했다.[22]

세비야가 정보의 중심지로서, 특히 16세기 벼락 경기 중에 가졌던 이점은 이 도시가 멕시코와 페루에서 에스파냐로 수입하는 은의 유일한 공식 통관항이었다는 것이다. 해마다 한 번씩 은괴 선단이 도착하면서 신세계에 관한 정보도 같이 들어왔다. 의사였던 니콜라스 모나르데스가 고향 세비야를 떠나지 않고서도 아메리카의 약제에 관해 유명한 책들을 써낼 수 있었던 것은 이 도시 안에서 제공되던 정보 기회들에 대한 일종의 증언이라고 하겠다.

제3장에서 지적했듯이, 세비야의 저 카사 데 콘트라타시온, 곧 '상무청'이 지식의, 특히 해양 항로들에 관한 지식의 저장고였으니, (파드론 레알로 알려져 있었던) 표준 해도의 현장으로서, 도선사들이 항해에서 새로운 정보를 가지고 돌아오면 표준 해도를 수시로 갱신하던 곳이었다. '우주 형상지 학자'들이 (지리학 지식과 천문학 지식을 겸비하고) 상무청에 소속돼 있었다. 세비야 거주 외국 상인들, 대표적으로 제노바 상인들이 자기네 친척들이나 동포들이 교역하고 있던 세계 다른 지역들에 관해 또 상당한 정보를 갖고 있었다.[23] 세비야가 중요한 인쇄 중심지이기도 했던 것인데, 그리하여 1500년에서 1520년 사이에 세비야에서는 최소한 300종의 책이 나왔으며, 그중 상당수는 독일 출신 이민자들이 출판한 것이었다. 이 무렵 외국 서적들이 에스파냐로 수입되는 것도 주로 세비야를 거쳐서였다. 지식의 중심지로서 이 도시가 가지는 중요성이 더 커지는 것은 페르난도 콜론의 도서관이(곧 콜럼버스의 아들의 도서관이) 있어서였는데, 2만 권의 책을 소장한 것으로 알려졌었고, 또 많은 수의 학술원 때문이기도 했는데, 16세기와 17세기 초에 융성했던 것이다.[24]

베네치아로 눈을 돌려 보면, 반세기 전쯤 프랑스의 한 역사학자는 이 도시가 "근대 초 세계에서 가장 중요한 정보 중개자"였다고 묘사했다.[25] 베네치아의 경우에는 15세기와 16세기 동안 동방과 서방 사이의 중개자였던 사실이 이점으로 작용했다. 베네치아가 경영하던 해양 제국은 달마티아, 키프로스(1570년까지), 크레타섬까지 아우르고 있었다. 그리고 옆에 있는 오스만 제국은 너무나 힘센 이웃이었다. 결국 베네치아가 정치적으로 살아남으려면 술탄과 총리의 인물 됨됨이나 정책, 튀르크 군대와 갤리선 함대의 이동 따위에 대한 지식이 필수적이었다. 베네치아는 바일로bailo라고 알려진 관리를 이스탄불에 파견해 두고 있었는데, 이곳에 거주하고 있던 베네치아 상인들의 이해관계를 보살피는 한편 베네치아 총독과 그의 평의원들에게 (보통 술탄의 통역관이나 시의한테서 얻어들은) 권부 동향을 보고하는 것이 그의 임무였다.

최신 '리알토 소식'은 상당수 베네치아 사람의 경제적 생존에 똑같이 필수적이었다. 외국에 주재하는 상인들이 써서 보내오는 편지들은 가문 사업을 위한 일종의 '자료 은행' 기능을 했다. 정보는 알레포, 알렉산드리아, 다마스쿠스에서 정기적으로 도착했는데, 이런 곳들에는 베네치아 상인들이 역시 자리를 잡고 있었던 것이고, 더 동쪽에 있는 지역들의 경우는 불규칙적이었다. 베네치아인 세 명이 버마에 관한 유럽의 지식에 특히 일조했는데, 니콜로 콘티가 15세기였고, 체사레 페데리치와 가스파로 발비는 16세기였다.[26] 인도에서 리스본으로 들어왔다는 향신료에 관한 소문이 1501년 베네치아에 퍼졌을 때, 베네치아 정부의 반응은 포르투갈로 첩자를 보내 무슨 일이 벌어지고 있는지 파악해서 자기네들에게 보고하게 하는 것이었다. 이 첩자의 보고서는 지금까지도 남아 있다. 아메리카 발견 소식은 베네치아에는 로마나 파리, 피렌체보다 늦게 전해졌지만, 베네치아인들은 16세기 내내 신세계에 상당한 관심을 보였다.[27]

17세기가 되면, 리스본, 세비야, 베네치아라는 상업 중심지들은

그림 3
필리프 폰 체젠의 『암스테르담 안내서』(암스테르담, 1664년)에
실린 「서인도관」. © SEGTENH.

더는 예전에 그랬던 만큼 중요하지 않았다. 이 도시들은 저 항구 도시들, 곧 (16세기 중반의 짧은 기간) 안트베르펜에, 암스테르담에, 또 런던에 따라잡혔던 것이다. 안트베르펜은 다른 상품들만큼이나 지식 거래에서도 중심지였는데, 그러니까 지도 제작 중심지였고, 특히 아브라함 오르텔리우스의 시대에 그러했고, 또 먼 땅들에 관한 기록의 출판에서 중심지였는데, 에르난 코르테스의 멕시코 관련 기록(1522년)에서 예수회 선교사들이 일본에서 보내온 편지들(1611~1632년)까지가 있었다.

암스테르담에서는, 서인도청(그림 3)과 동인도청이 앞 시대 상무청들의 본보기를 따라 같은 역할들을 했다. 동인도청은 동인도회사 바타비아 지사가 보내는 연례 보고서들의 수신자였는데, 이 보고서들에는 동인도제도 전체의 상황이 담겨 있었다. →242쪽 암스테르담 중

그림 4
에마뉘엘 더비터의「암스테르담 증권거래소」
(암스테르담, 1653년).

권거래소(그림 4)는 향신료를 비롯한 다른 상품들의 공급 관련 소식들에 극도로 민감했던바, 나라 밖에서 들어오는 정보들의 또 다른 중심지였다.[28] 소수민족 집단들이 (말하자면 에스파냐와 포르투갈에서 건너온 유대인들, 스칸디나비아 출신 선원들, 잉글랜드나 프랑스에서 온 종교적 망명자들이 대표적이었거니와) 암스테르담에서는 또 중요한 정보원情報源

이었는데, 앞서 그리스인들이나 슬라브인들, 에스파냐인들, 튀르크인들이 베네치아에서, 에스파냐인들과 이탈리아인들이 안트베르펜에서, 제노바인들이 세비야에서 그랬던 것과 비슷했다. 정보들은 이 모든 경로를 통해 이 도시로 들어왔다가 신문들→257쪽을 비롯한 다른 전달 수단들을 통해 상당히 빠르게 다시 밖으로 퍼져 나갔다. 이렇게 해서 암스테르담은 "유럽 전체를 위한 중추적인 정보 거래소"가 됐던 것이다.[29]

지식의 수도들

항구들이 정보 기회들을 독점하거나 한 것은 아니었다. 수도들이, 특히 로마, 파리, 런던이 그랬거니와, 항구들의 가장 중요한 경쟁자들 가운데 들어 있었던 것으로, 오로지까지는 아니지만 특히 정치 소식 쪽에서였다.

로마는 베네치아와 정보 중심지로서 오랫동안 겨뤄 왔다.[30] 첫 번째로, 바티칸이 가톨릭 세계의 사령부였으니, 이 중심지로 유럽 나라들에서뿐만 아니라 일본, 에티오피아, 티베트에서도 사절들이 왔고, 교황의 사절들, 곧 교황대사들이 정기적으로 보고서들을 보냈던 것이다. 두 번째로, 로마는 수도회들, 이를테면 도미니코회나 프란치스코회, 또 단연 예수회의 사령부였으니, 예수회의 경우는 세계 전역의 모든 예수회 수도원과 학료學寮들에서 로마에 있는 총회장에게 정기 보고서, 곧 '연차 서한'을 보내는 체제를 채택하고 있었다. 저 17세기의 포교성은 (로마의 에스파냐 계단 근처에 있었으며) 선교 현장에서 정보가 들어오는 또 다른 중심이었다.

조반니 보테로가 '세계에 관한 보고서Relazioni universali'를 1590년대에 로마에서 편찬할 수 있었던 것은 저 예수회의 교류망에 접근할 수 있었기 때문이다. 예를 들어, 보테로는 러시아에 관해서는 포세비노를 인용했으며, 아프리카의 모노모타파 왕국은 곤살보 데 실바였고, 중국은 거기서 돌아온 지 얼마 안 되는 미켈레 루지에로였다. 비록 정보들을 논문 형태로 내놓는 쪽을 선택하기는 했지만, 보테로는 이따금 상대적으로 아주 새로운 소식들을 전하기도 했으니, 이를테면 중국에 관한 기술을 중간에 끊고는 독자들에게 "이 글을 쓰는 도중에, 그 왕국에 남아 있던 두 신부가 온갖 박해를 받았다는 소식이 들어왔다."고 이야기하기도 했던 것이다.[31]

로마는 또 학문 정보의 중심지이기도 했다. 로마의 교육기관들은 유럽 전역에 이름이 나 있었거니와, 대표적으로는 사피엔차, 콜레지오 로마가 있었고, 외국 학생들을 선교사로 양성하려고 세운 학료들이 또 있었는데, 독일 학료(1552년), 그리스 학료(1577년), 잉글랜드 학료(1578년), 마론 학료(1584년), 아일랜드 학료(1628년)였다. 로마는 또한 린체이, 우모리스티 같은 학술원들, 또 고미술 연구가 풀비오 오르시니, 감식가 카시아노 달 포초, 박학가 아타나시우스 키르허로 이루어진 교우 집단처럼 덜 형식적인 교류망들의 소재지이기도 했다. 로마는 프랑스, 에스파냐, 독일을 비롯한 다른 곳들에서 학자들을 끌어당겼다.

파리는 (그 위성도시 베르사유와 함께 17세기 후반 이후로는 계속) 정치 정보의 또 다른 중심지였다. 튀르크며 페르시아, 모로코, 시암의 사절들이 루이 14세 시대에 와 있었던 사실에서 외교가 유럽으로만 한정되지 않았다는 것을 확인할 수 있다. 17세기에, 프랑스 국가 체제가 점점 중앙집권화되는 것과 맞물려 파리로 유입되는 정보도 늘어났다.(다음을 보라.)

파리는 또 학문 정보의 중심지였으니, 이런 정보들은 왕립 도서관, 왕립 식물원, 과학원, 파리 천문대, 비문 학술원 같은 공식적 기관들에서 취합해 토론을 벌였다. 파리는 비공식적 학회나 학술원들의 중심지이기도 했다. 인문주의 학자들이 푸아트뱅가街에 있는 뒤퓌 형제의 집에서 만났거니와, 푸아트뱅가에는 형제가 1617년에 상속받은, 역사가 자크오귀스트 드 투의 유명한 도서관도 있었다. 자연철학자들은 데카르트, 파스칼, 피에르 가상디를 포함해서 루아얄 광장(지금의 보주 광장) 근처 마랭 메르센의 수도원에서 1619년부터 1648년까지 만났다. 테오프라스트 르노도는 아주 다양한 주제에 관해 프랑스어로 강좌를 개설해 듣고 싶은 누구에게나 개방했는데, 강좌가 열리던 르노도의 직업소개소는 노트르담 근처 칼랑드르 거리에 있었으며, 1632년부터 1642년까지 운영됐다.[32]

이제 런던으로 가 보면, 런던의 중요성은 항구와 수도의 기능을 이 도시가 겸했다는 데 있었다. 런던에는 러시아 회사(1555년 설립), 레반트 회사(1581년), 동인도회사(1599년), 아프리카 회사(1672년)의 본사가 있었다. 많은 정보가 나라 밖으로부터 런던의 개인 상인들에게 전해졌지만, 정보는 이 회사 본부들에서도 수집했으니, 머스코비관館을 예로 들면, 여기서는 존 디나 리처드 해클루트 같은 학자들이 상인들을 만나 지도며 항로들에 관해 토론했다. 레든홀 거리에 있던 동인도관은 네덜란드 쪽 경쟁자의 기능들 중 일부를 수행했다. 지도며 해도, 항해일지들을 거기서 보관했으며, 이 주소로 도착하는 편지들은 인도 현지 상품 가격을 비롯해 다른 많은 문제에 관해 상세한 정보를 전하고 있었다.

정보들이 이런 식으로 런던에 들어왔다고 해서 순전히 상업적이었던 것은 아니다. 발행 3년째 되는《철학 기요》서언을 쓰면서, 왕립 학회 간사 헨리 올덴버그는 교역 덕택에 '이 유명한 도시'로 '아메리카 식민지들'을 비롯한 다른 많은 지역에서 정보들이 들어온다고 언급했다.[33] 이와 비슷하게, 왕립학회 학회사를 쓴 토머스 스프랫은 런던이 '한 강력한 제국의 머리'로서, '지식의 진보에 가장 적절한 자리'라고, 그러니까 '모든 나라에서 들어오는 보고서들과 소식으로 이루어진 그 지식을 얻는 데 더할 수 없이 좋은 거주지'라고 봤다.

왕립학회가 정보의 교류에서 중요한 현장이기는 했으되, 경쟁자들도 있었다. 16세기 후반 이래 자연철학을 비롯한 다른 주제들을 놓고 공개강좌들이 비숍스게이트 거리에 있는 그레셤 학교에서 계속 열렸다. 강좌들은 워릭 거리에 있는 왕립 의사회에서도 열렸는데, 어떤 의사는 1657년에 글을 쓰면서 왕립 의사회를 진정한 솔로몬 전당이라고 묘사하기도 했다. 인문학 쪽에서는 고대 연구 협회가 있었는데, 1586년경부터 1608년경까지 세인트폴 대성당 근처 더비하우스 문장국紋章局에서 모여 잉글랜드 역사에 관해 토론했다. 공식적으로 말하면, 런던은 대학이 없었으나, 대신 저 법학원Inns of Court들의 소재지였으니, 이런 곳들은 법률가 양성 학교로 보통 제3의 대학이라고 불렸다.[34]

이민자들이 유럽 다른 지역들에서 런던으로 오면서 자기네 지식을 갖고 들어왔고, 그리하여 이 도시에서 구할 수 있는 것을 늘려 놓았다. 올덴버그 자신도 원래는 브레멘 출신이었고, 올덴버그와 알고 지내던 하틀리브는 엘빙(지금의 폴란드 엘블롱크) 사람이었다. 암스테르담의 경우에서처럼, 프랑스에서 건너온 개신교도 망명자들이, 그 가운데는 학자가 꽤 많이 있었거니와, 17세기 후반 런던에 자리를 잡았다. →54쪽

도서관의 지리학

특정 유럽 도시들이 학문 세계에서 누리던 지배적 지위는 주요 도서관들의 지리적 분포를 검토해 보면 다시 확인될 것이다. 이 상관관계가 완벽하지 않다는 점은 인정해야만 할 텐데, 예를 들어 옥스퍼드 대학의 보들리 도서관은 작은 대학 도시 안에 있는 큰 도서관이었고, 에스코리알 도서관은 어떤 도시로부터도 멀리 떨어진 자리에 있었다. 이 두 도서관의 위치를 설명하기란 두 부유한 개인의 관심을 언급하지 않고는 불가능할 텐데, 먼저 펠리페 2세로, 여기에다 먼저 에스코리알궁을 세웠던 것이고, 토머스 보들리 경의 경우는 자기 장서를 옥스퍼드 대학에 기증했던 것이다.

반면 이탈리아와 프랑스에서는 가장 큰 도시들에 최고의 도서관들이 있었다고 할 수 있다. 이탈리아의 경우 주요 도시들로는 피렌체(라우렌치아나 도서관), 베네치아(마르치아나 도서관), 밀라노(암브로시아나 도서관), 그리고 뭐니 뭐니 해도 로마(바티칸 도서관과 함께 사피엔차의 대학 도서관, 콜레지오 로마노의 예수회 도서관, 1614년에 문을 연 안젤리카 도서관, 그리고 바르베리니 가문이나 체시 가문, 스파다 가문에서 세운 중요한 사설 도서관들, 또 크리스티나 여왕의 도서관)가 있었다. 이 도서관들은 이탈리아인 사제 카를로 바르톨로메오 피아차가 쓴 『로마의 유명 도서관들』(1698년)에서 가장 완벽하게 묘사하고 있거니와, 당시의 여행객들이 보던 로마 안내 책자들에도 소개돼 있었다.

나폴리는 훌륭한 도서관들이 있는 또 다른 이탈리아 도시였는데, 대표적인 것이 법률가 주세페 발레타의 도서관으로, 1700년 무렵에는 장서가 약 1만 권이었다. 하지만 지식 중심지로서 이 도시는 17세기 후반에는 쇠퇴하고 있었는데, 현지 몇몇 학자가 영국인 방문자 길버트 버넷에게 털어놓고, 버넷이 기록한 것을 보면 종교재판 때문에, 또 잉글랜드나 네덜란드 공화국에서 책을 구해 오기가 힘들어서 어려움을 겪고 있었다는 것이다.

17세기에서 18세기로 넘어가는 전환기에 나폴리에서 학문을 하면서 겪었던 어려움들을 이해하려면 잠바티스타 비코의 사례를 보면 될 것이다. 비교사 분야에서 역작을 써 보려는 저자는 당연히 많은 정보를 갖고 있을 필요가 있었다. 비코는 17세기 후반의 나폴리에서 컸는데, 이 무렵 나폴리는 라틴어로 쓴 새 책들을 구할 수 있어서 활발한 지적 교류의 중심지였다. 하지만 비코가 나이가 들어가면서 비코와 나폴리 모두 더 고립돼 갔다. 프랑스어와 영어는 비코가 일찍이 익히지 못한 언어들이었는데, 지식의 공화국 시민들에게 갈수록 필수적인 언어가 되고 있었다. 깊어지는 비코의 고립을 드러내는 여러 징후 가운데 하나를 들면, 비코의 걸작 '신학문Scienza Nuova' 최종판은 1744년에 출판됐는데도, 일본을 다루면서 켐퍼가 거의 20년 앞서 출판한 중요한 연구를 언급하지 않았던 것이다.[35] →102, 296쪽

파리 사람들은 이보다 운이 좋았다. 도서관들의 도시로서는, 파리는 그 이전은 아니더라도 17세기 후반이면 로마조차도 뛰어넘었다. 파리의 도서관 자원들을 보자면, 12세기 생빅토르 도서관이 있는데, 1500년 무렵 도서 목록을 작성했고, →284쪽 17세기에 공식적으로 일반에 공개됐으며, 파리 대학 도서관이 있었고, 클레르몽의 예수회 학교 도서관이 있었으며(나중에 루이 14세를 기려 루이 르 그랑으로 이름이 바뀌었으며), 쥘 마자랭 추기경의 도서관이 있었는데, 추기경이 죽은 뒤 공공 도서관이 됐고, 왕립 도서관이 또 있는데, 1560년에 블루아에서 파리로 옮겨 왔으며, 17세기와 18세기로 가면서 점점 더 대중에 많이 공개됐다. →제8장 1692년에 나온 한 파리 안내서는 독자들이

"허가를 받아" 들어갈 수 있는 도서관 적어도 서른두 곳과 함께 공공 도서관 세 곳을(곧 마자랭 도서관, 생빅토르 도서관, 왕립 식물원 도서관을) 소개하고 있었다.

지금까지 언급한 도시들은 유럽 전역에 고르게 분포돼 있지는 않았고, 남부와 서부에 몰려 있었다. 이제는 유럽 대륙의 중부와 북부, 동부의 상황에 눈을 돌려 볼 차례다. 중부 유럽은 대학들에는 상대적으로 상황이 좋아서, 14세기와 15세기부터 내려오는 대학들의 연결망이 있었는데, 프라하 대학, 크라쿠프 대학, 빈 대학, 라이프치히 대학, 포조니(지금의 브라티슬라바) 대학이 거기 포함된다. 황제 루돌프 2세의 재위 중에는, 그러니까 1576년부터 1612년까지는, 그의 프라하 궁정이 학문의 중심으로서, 튀코 브라헤나 요하네스 케플러 같은 천문학자들, 미하엘 마이어나 미하우 센디보기우스 같은 연금술사들은 물론 헝가리 출신의 요한네스 삼부쿠스 같은 인문학자들을 끌어들였다.[36] 장기적인 관점에서 더 중요했던 것이 빈이었는데, 대학 한 곳뿐만 아니라 제국 도서관, 곧 호프비블리오테크의 자리이기도 해서였으니, 이 도서관은 1600년이면 이미 약 1만 권의 책을 갖고 있었으며, 1660년대에는 사서 페터 람베크가 자세히 묘사한 바 있고, 1680년이면 8만여 권의 책을 갖게 됐으며, 18세기 초에 장중하게 다시 지었고, 거기서 얼마 지나지 않아 일반에 공개됐다.

한편 북유럽과 동유럽은 인구가 덜 조밀했고, 그리하여 도시들은 (모스크바를 제외하면) 대체로 더 작기도 했고, 더 남쪽이나 서쪽의 경우보다 서로 더 떨어져 있기도 했다. 웁살라 대학의 경우 1477년에 설립되었으니까 제외하면, 학술 기관들은 더 늦게 나타났다. 예를 들자면, 빌뉴스에는 1578년이었고, 도르파트(타르투)와 키예프에는 1632년, 룬드에는 1668년, 리보프에는 1661년, 모스크바에는 (신학원이) 1687년, 상트페테르부르크에는 1724년이었다. 인쇄소와 서점들도 이 넓은 지역이 더 적었고, 그러다가 17세기 후반으로 가면서 약간의 성장이 눈에 띄기는 한다. 암스테르담에서 동유럽 시장을 겨냥해 책들을 인쇄했는데, →251쪽 독자들에게는 고마운 일이었으되 현지에서 지식의 교류가 발달하는 데는 또 방해가 됐다.[37] 대규모 도서관들은 이 넓은 지역에서 드물게나 볼 수 있었는데, 다만 볼펜뷔텔의 공작 도서관의 경우는 1661년에 2만 8000권의 책을 갖고 있었고, 괴팅겐의 괴팅겐 대학 도서관은 1760년에 5만 권을, 베를린의 왕립 도서관은 1786년에 8만 권을 갖고 있었다.

이 지역들에서 지식에 접근하기가 서유럽에서보다 더 어려웠던 것은 두 현상을 보면 읽을 수 있다. 첫 번째로, 학자들의 서향 이동인데, 도서관 시설들을 이용하려던 것이거나, 17세기에 보들리 도서관을 방문했던 독일 학자들이나 스칸디나비아 학자들이 이런 경우였고, 아니면 여러 해를 살려던 것이었는데, 보헤미아의 학자 얀 아모스 코메니우스처럼 런던이나 암스테르담으로 갔던 것이다. 두 번째로, 프로이센 정부와 러시아 정부가 15세기 초에 라이프니츠의 조언을 따라 베를린과 상트페테르부르크를 지식의 중심지로 만들려 했고, 이러느라 외국 학자들을 수입했던 것인데, 이런 학자들 가운데는 니콜라우스 베르누이와 다니엘 베르누이, 레온하르트 오일러, 피에르 루이 모페르튀이 같은 수학자들이 있었다.

동유럽이나 중동부 유럽의 더 작은 도시들에서도 학문에 종사하는 것이 가능했는데, 다만 일정한 한계는 있었다. 예를 들어, 역사가 마티아스 벨은 포조니에서 일생을 보냈지만, 벨이 연구했던 것은 자신이 살던 지역의 역사였다. 바르톨로메오스 케커만은 짧았던 생애 대부분을 단치히(그단스크)에서 보냈고, 그러면서도 스물다섯 권이 넘는 책을 펴냈지만, 케커만은 본질적으로는 일종의 학문 분과 분류학자여서, 가기 어려운 곳들에 관한 정보가 거의 필요하지 않았다.

흔한 학문 정보를 얻는 데도 모국어가 이탈리아어나 에스파냐어, 프랑스어, 독일어, 네덜란드어, 영어가 아니었던 유럽인들은 더 많은 수고를 들여야 했다. 아주 느리게나 중부 유럽과 동유럽에서는 자기 나라 말로 된 참고 서적들을 만들어 내기 시작했으니, 어파처이 체레 야노시의 『헝가리 백과사전』(1653년)이 있었고, 폴란드어로 된 베네딕트 흐미엘로프스키의 『노베 아테니』가 있었는데, 18세기 중반에 출판된 경우였다.

학문의 중심지들에서 훨씬 멀리 있던 학자들이 마주했던 문제들을 생생하게 보여 주는 예로 멕시코의 카를로스 데 시구엔사 이 공고라의 사례를 들 수 있을 것이다. 시구엔사 이 공고라는 큰 도시에 살았는데, 거기에는 시구엔사 이 공고라가 수학 교수였던 대학에다 인쇄소들까지 있었다. 그래도 여전히, 자기가 사는 나라의 역사와 유물들에 관해, 대표적으로는 에스파냐 정복 이전 원주민들이 쓰던 상형문자 기록에 관해 저술하면서, 시구엔사 이 공고라는 새뮤얼 퍼처스나 키르허 같은 유럽인들의 책을 참고해야만 했다. 이 외국 서적들에는 원주민 상형문자들을 인쇄물 형태로 보여 주는, 구할 수 있는 유일한 도판들이 실려 있었던 것이다. 원래의 수기 기록들 자체를 보려면, 에스파냐인들이 유럽으로 가져간 다음 여러 곳에 흩어져 있던 터라, 시구엔사 이 공고라는 로마나 옥스퍼드처럼 멀리 떨어져 있는 도시들을 찾아다녀야만 했을 것이다.[38]

도시 생활 정보의 등장

정보 용역이 근대 초기 도시들에서 성장했던 것은 한편으로는 도시 노동 분업의 결과이자, 또 한편으로는 늘어나던 정보 수요에 대한 대응이었으며, 이 정보 수요 자체는 더 커진 유럽 도시들에 살다 보니 방향감각을 잃은 느낌을 가지게 되면서 나온 반응이었다. 이런 도시들은 이제 자신들에 관한 정보를 점점 더 많이 생산하기 시작했던 것이다.

예를 들어, 큰 도시들의 직업 구조 안에 다른 종류 입말 소통의 전문가들이 갈수록 많이 생겨났다. 이런 전문가들을 들자면 바르셀로나 론하Lonja에서 일하던 중개인들corredors d'orella이 있는데, 대화들을 듣고 있다가 상인들을 서로 연결해 줬고, '심부름꾼'들은 18세기의 런던에서 열리던 비밀 결혼식들을 알려 주러 다니거나, 배가 도착했다는 소식을 로이드 커피 하우스에 전했고, 속요 행상들은 도시를 걸어 다니거나 특정한 장소들에 자리를 잡고 있었는데, 파리의 퐁네프나 마드리드의 푸에르타 델 솔 같은 곳들이었으며, 푸에르타 델 솔의 경우에는 시각장애인 가수들이 관보 가제트Gazette를 발행하는 관청들과 우편망, 곧 코레오스Correos의 종단점인 우편물 도착소 사이 좋은 길목들에서 책력이며 신문, 포고령을 팔았다.[39]

길거리나 교회 정문에 나붙는 공고들도 많이 늘어나고 있었다. 예를 들어, 피렌체에서는 1558년에 새 금서 목록이 교회 정문들에 게시됐다. 런던에서는 찰스 2세 시대에 길거리에 벽보들을 붙여 연극들을 광고했다. 한 스위스 사람이 1782년 런던을 방문했을 때는 주택 명패보다 상점 간판이 더 많은 것을 신기해했다. 거리 이름을 벽에 써 놓는 경우들도 (파리에서는 1728년 이후로) 점점 늘어났다. 건물 번호들을 붙이는 것이 더 큰 도시들에서는 18세기에 점점 일반화되고 있었다. 한 잉글랜드 사람이 1770년대에 마드리드를 방문해서 목격한 것을 보면 "거리 이름들을 모퉁이 주택들에 써 놓았고" 또 "주택들은 모두 번호를 매겨 놓았다."

관광객이라면 도시가 클수록, 안내서든 안내인이든, 그만큼 안내가 더 필요하다는 것을 안다. 근대 초기 유럽에서는 직업적 안내인, 곧 치체로니ciceroni 수요가 있었는데, 특히 로마나 베네치아, 파리에서, 방문객들에게 도시를 보여 주는 것이 일이었다. 안내서 수요도 또한 있었다. 인쇄된 로마 안내서가 특히 많았는데, 시작은 저 이른바 '로마의 불가사의들'로서, 이미 중세 때 돌아다니고 있었다. 성유물이나 면죄부, 교황들을 소개하던 이 안내서는 이어지는 판본들에서는 고대 유물들이나 우편 업무, 화가들에 관한 더 세속적인 정보들도 담게 된다. 프란체스코 산소비노의 베네치아 안내서는 1558년에 처음 출판되어 가장 많이 팔리는 안내서가 됐고, 17세기 말에 그 자리를 빈첸초 마리아 코로넬리의 『외국인용 베네치아 안내서』에 내주었으며, 이 자리를 다시 『알고 하는 베네치아 여행』이라는 안내서가 차지하는데, 18세기에 나온 이 책은 베네치아와 근교를 안내를 받아 돌아본 6일간의 여행을 소개하고 있었다.

이런 모형들을 따라 더 나중에는 암스테르담, 파리, 나폴리를 비롯한 다른 도시들의 안내서들도 나왔다. 암스테르담을 소개한 경우들로는 폰타누스(1611년), 올퍼르트 다퍼르(1663년), 필리프 폰 체젠(1664년), 이사크 코멜린(1693년)이 있고, 프랑스어로 쓴 작자 미상의 『암스테르담 안내서』(1701년)는 여러 재판을 내며 개정까지 했다. 바코가 쓴 나폴리 안내서는 1616년에 첫 출판이 됐고, 세기가 끝날 무렵이면 제8판이 나왔으며, 다른 경쟁서들도 사정이 비슷했는데, 이를테면 모르밀레(1617년), 사르넬리(1685년), 첼라노(1692년)의 안내서가 있었고, 시지스몬도의 『나폴리 안내서』(1788년)는 특히 외국인들을 겨냥한 경우였다. 『파리 안내서』(1684년)는 직업 안내인이던 제르맹 브리스가 써서 1727년에 제8판에 이르렀다. 이 책의 뒤를 이어서 네메츠의 『파리 체류기』(1727년)를 비롯한 다른 경쟁자들의 책이 잇따라 출판됐다. 첫 런던 안내서들은 1681년에 나타났다.(이해에 너새니얼 크라우치와 토마 드 로르가 쓴 경쟁서들이 출판된 것이다.) 18세기에 들어서는, 대략 열 종 정도가 더 출판됐다.

18세기가 되면 이런 안내서들은 교회들이며 예술품들에 대한 소개에다 약간의 실용적인 정보들을 추가하는데, 이를테면 승합마차 마부와 어떻게 흥정하는지, 밤에는 어떤 거리들을 피해야 하는지 따위였다. 해당 도시의 사기꾼들과 그 수법들을 소개하는 전문 서적들도 등장하는데, 『런던의 사기꾼들』을 비롯해 여러 종이 있었다. 실용적인 정보들은 빨리 낡았고, 그리하여 외국인들을 위한 마드리드 안내서 『외국인용 달력과 여행안내』가 1722년 이후 계속 출판됐던 것을 알게 되어도 놀랄 일은 아니다.

어떤 도시들에서는 심지어 매춘 업계 전문 안내서들도 나왔다. 저 '창녀 가격표Tariffa delle puttane'는 베네치아에서 1535년경에 출판됐으며, 운문으로 된 대화집으로서, 고급 매춘부 110명의 이름이며 주소, 매력, 단점, 가격들이 실려 있었다. 이 책의 뒤를 이어 1570년에는 210명이 실린 목록이 나왔고, 더 나중에는 비슷한 책들이 나와 암스테르담(1630년)과 런던의 매춘가들을 소개했다. 런던의 경우는, 『아가씨들의 왕국』(1650년)이 신상품거래소New Exchange에서 일하는 매춘부들을 소개했고, 존 해리스가 쓴 『코벤트가든 아가씨 목록』은 1760년 이후 해마다 나왔다. 이런 안내서들이 겨냥한 것이 방문자들인지 아니면 현지인들이었는지, 또 얼마나 정확했는지, 또 실제 저자들의 의도가 실용적 정보를 주려던 것이었는지 아니면 외설물을 쓰려던 것인지를 항상 분명히 가릴 수 있는 것은 아니다.

대도시들의 원주민들조차도 점점 더 방향 제시가 필요해졌는데, 여러 형태의 여가들에 관해서나, 어디서 특정 상품과 특정 용역들을 찾을지에 관해서 정보가 있어야 했던 것이다. 벽보들이 이 문제에 대한 한 해결책이었다. 연극 전단을 예로 들어 보자. 벽에 붙이던 이 광고물들은 16세기 후반의 에스파냐로 거슬러 올라가는데, 상업 연극이 출현하는 시기였다. 이 에스파냐의 카르텔cartel을 따라 한 것이 이탈리아의 마니페스토manifesto, 프랑스의 아피시affiche, 독일의 플라카트Plakat, 잉글랜드의 '빌bill'이었다. 피프스가 1662년에 언급하는 것을 보면 연극을 광고하는 전단들이 템플 법학원을 비롯한 다른 곳의 기둥들에 붙어 있었다. 파리에서는 18세기 후반이 되면 이런 종류의 벽보들이 도시 생활에서 중요한 역할을 했다. 벽보들은 엄격하게 관리되었으며, 마흔 명의 공인 아피셰afficheur, 곧 벽보 게시인은 신분을 증명하는 표지를 달고 다녔다. 이 사람들이 붙이고 다닌 정보는 돌팔이 의사나 잃어버린 개, 전도자 관련 광고들에서 파리 고등법원 판결문들에까지 걸쳐 있었다.

이런 필요들 가운데 일부를 맞춰 주려고 저 이른바 직업소개소를 파리에서 17세기 초에 (퐁네프 근처에, 나중에는 루브르궁에) 르노도가 세웠는데, 르노도는 관보《가제트》의 편집자로 훨씬 더 잘 알려져 있다. 이 직업소개소의 취지는 (약간의 수수료를 받고) 사람들을(예를 들어, 하인과 고용주를) 연결해 주는 것이었는데, 이 사람들은 전에는 서로의 존재를 모르던 사이였으니, 이렇게 해서 큰 도시의 익명성과 싸웠던 것이다. 루브르궁을 찾았던 한 잉글랜드인이 말하는 것을 보면, "긴

회랑 아래 직업소개소Bureau d'Addresse라고 부르는 곳이 있다. 여기에 한 남자가 종복과 하인들의 이름이 적힌 명부를 갖고 있다." 이 직업소개소는 아주 유명해져서 1631년과 1640년에는 궁정 발레의 주제가 될 정도였는데, 한 소통 매체가 다른 소통 매체를 광고해 준 것이다.[40]

이 17세기판 전화번호부는 아주 오래 유지되지는 못했으나, 그 취지는 같은 세기 후반에 약제사 겸 의사인 니콜라 드 블레니가 다시 붙잡게 되는데, 블레니가 같은 정보를 인쇄물의 형태로 이번에는 『파리 정보 편의서』(1692년)라는 제목 아래 제공했던 것으로, 이 책에 실린 정보는 할인 판매에서 시작해 공석 중인 관직이나 도서관, 대중 강연, 목욕탕, 음악 교사들에 관한 것에다 파리 대주교 알현이나 국왕의 안수 치유 거행 일시 및 장소 같은 것들이었다. 블레니가 이 참고 서적을 '아브라함 뒤 프라델'이라는 가명으로 출판한 것은 현명한 처사였다고 할 수 있겠는데, 책에 주소가 실린 주요 인사들 가운데 일부가 사생활을 침해당했다며 못마땅해하는 바람에 나온 지 얼마 안 돼 책이 발매금지를 당했기 때문이다.[41]

하지만 이런 종류의 정보에 대한 수요는 꾸준했고, 18세기에는 같은 기획이 한 번 더 되살아났다. 기사 무시가 (필사본 편람 신문을 만들었던 것으로 더 유명하거니와) 생토노레 거리에 1750년경 직업소개소를 또 세웠다. 파리 안의 여가 활동들에 관한 정보들을 18세기에는 잡지들에서 얻을 수 있었는데, 이를테면 《아피셰 드 파리》(1716년), 《주르날 데 스펙타클 드 라 쿠르》(1764년)가 있고, 더 나중에 나온 《주르날 데 테아트르》(1777년), 《칼랑드리에 데 루아지르》(1776년)가 있었다. 1751년부터 《아피셰 드 파리》는 바에트가街에 있는 '직업소개 및 만남 주선소bureau d'adresses et rencontres'에서 《가제트》와 같이 출판됐다. 이 잡지는 연극이며 강론, 파리 고등법원 판결문, 새로 도착한 상품,

최근에 인쇄된 책에 관한 정보 따위를 제공했다. 이와 비슷하게, 《디아리오 데 마드리드》(1758년~)에는 카디스까지 역마차를 같이 타고 갈 사람을 구하는 광고 같은 마드리드 소식들noticias particulares de Madrid과 (개나 묵주 따위를 찾는) '분실문'란이 있었다.

런던에서는, 도시 거주자들을 위해 실용적 정보를 제공한다는 저 발상을 17세기 중반이 다 돼 가던 무렵에 하틀리브가 실천으로 옮기는데, 총람 학식청이라고도 했던 하틀리브의 직업소개소는 르노도가 했던 것처럼 실용적 용역들을 공급하면서 한편으로는 모든 분야의 지식들을 수집해 국제적으로 전파하는 더 큰 기획도 밀고 나가려 했다.[42] 하틀리브 같은 외국인은 큰 도시에서 방향 제시를 받을 필요를 특히 의식하고 있었을 것이다. 하틀리브의 기획은 르노도의 경우처럼 단명했지만, 다시 (르노도의 경우처럼) 모방자들에게 선례가 돼 주었다. 예를 들어 보면, 런던의 '공중 안내소'(1657년)가 주간지《공중 안내》를 발행하면서 개인들을 중개해 주는 일을 같이했고, T. 메이휴라는 사람이 1680년경 런던 서머싯하우스 맞은편에 있는 더피헨에 정보 소개소를 차리고 입국 이민자들의 등록과 관련된 일을 했다.

18세기의 런던에서는 하인들을 위한 고용 안내소, 곧 '등록소'가 점점 흔해졌다. 소설가였던 (동시에 치안판사이기도 했던) 헨리 필딩은 일종의 '종합 등록소'를 세울 구상을 1751년에 내놓는데, '크고 인구가 많은 도시들'은 '그 거주자들의 다양한 필요와 재능을 서로에게 알려 줄 방법'을 요구한다면서, 팔야 할 부동산을, 세놓을 방을, 돈 빌려 줄 사람을, 공석인 자리를, 여행사들을 등록해야 한다고 주장했으니, 간단히 말해 그 시대 한 극작가가 '정보 창고'라고 한 것을 만들려 했던 것이다. 필딩은 "실제로 살았던 마지막 장소에서 정말로 좋은 평가를 받을 수 없는" 하인은 누구도 등록시켜서는 안 된다는 데까지 신경을 썼다. 필딩이 1749년 지방법원Bow Street Office에 '잉글랜드 최초의 형사대'로 알려진 것을 창설하는 책임도 맡았던 것을 알게 되도 뜻밖일 것은 없다. 필딩은 정보가 범죄자들을 상대하는 일종의 무기라고 여겼고, 그리하여 강도 사건들에 관한 정보 기록을 만들 것도 주장했다.

지식의 처리

도시들을 비롯한 다른 곳들에서 이루어진 지식의 체계화는 정교화 또는 '가공'이라는 더 큰 과정의 한 부분이었으니, 이 과정에는 수집, 대조, 편집, 번역, 주해, 비판, 종합에다, 당시에 말하던 대로라면, '요약 및 정리'가 포함되었다. 이 과정은 일종의 조립 공정이라고도 표현할 수 있다. 정보들이 현장에서 도시로 가는 경로를 따라 움직이는 중에 많은 다른 개인이 자기 것을 보탰다. 이렇게 해서 지식이 '생산'되었는데, 새로운 정보가 (적어도 학자들은) 지식이라 여기던 것으로 바뀌었다는 의미에서다. 이 새 정보가 개념들이나 범주들로부터 자유로운 채로 들어왔다고 보는 것은 불합리한 일일 것이며, 식민지들에서 본국으로 정보들만큼이나 많이 들어온 '원재료들'을 놓고도 같은 말을 할 수 있을 것이다. 예를 들어, 동인도제도와 서인도제도에서 들여온 약용식물들과 약재들의 경우, 유럽 도착 전에 이미 원주민 학자들이 현지에서 지식을 정교화해 놓고 있었던 것이 분명하다고 하겠다.[43]

그래도 여전히, 효과적으로 사용하려면, 이 지식을 유럽 문화의 범주들에 동화 또는 적응시켜야 했다. 반대되는 유명한 예들이 있기는 하지만, 이를테면 몽테뉴나 샤를 드 몽테스키외는 자기네 시골 저택에서 작업하기는 했지만, → 제8장 이 동화 과정은 일반적으로 도시 환경에서 진행됐다. 도시들을 일러 '계산의 중심지들'이라고도 했는데, 바꿔 말하면 다른 지역들에서 온 다양한 주제에 관련된 국소 정보들이 지도나 통계 따위의 형태를 띤 일반적 지식으로 바뀌는 장소라는 것이다. 초기의 예라 할 만한 것이 고대 알렉산드리아로서, 저 유명한 도서관이 있던 이 도시에서는 지리학자 에라토스테네스 같은 학자들이 국소 지식을 일반 지식으로 바꿨던 것이다.[44]

근대 초기 도시들을 두고도 똑같이 계산과 비판, 종합의 중심지들이었다고 말할 수 있을 것이다. 이 시기 지도책들은 이런 종합의 사례들을 분명히 보여 주는데, 예를 들어 (안트베르펜에서 제작된) 헤라르트 메르카토르의 지도책이나 블라우(암스테르담), 코로넬리(베네치아), 요한 밥티스트 호만(함부르크), 장바티스트 당빌(파리)의 지도책이 있다. 지도 제작자 당빌의 문서들은 지금까지도 전해지거니와, 이 문서들은 당빌이 다른 종류의 여행자들, 그러니까 상인들이나 외교관들의 구두 보고 또는 문서 보고를 참조하는 경우들을 자주 보여 주는데, 이렇게 해서 당빌은 종합물을 만들어 냈던 것이다.[45] 현지의 지식, 아니면 심지어 '주변의' 지식을 중심의 관심에 맞춰 적응시키는 일은 설문지들을 사용하면서 수월해졌는데, → 196쪽 설문지들은 통계와 비슷하게 비교와 대조를 쉽게 만들어 줬기 때문이다.

이런 식의 지식 가공은 일종의 집단적 활동이었으며, 여기에는 학자들과 나란히 관료들, 예술가들, 인쇄업자들이 참여했다. 이런 종류의 협업은 아주 다양한 전문 직종을 먹여 살릴 수 있을 정도로 큰 도시들에서나 가능했다. 이번에는 서로 다른 도시들이 국제적 노동 분업에 저마다 다른 것들을 또 보탰다. 마르틴 루터가 교황에 도전하기 시작했을 때만 해도, 독일 동부 도시 비텐베르크의 경우, 이곳 새 대학에서 루터가 가르쳤거니와, 독일 문화의 주변부에 있었다.[46](장 칼뱅의 제네바가 프랑스 문화의 주변부에 있었던 것과 같았다고 하겠다.) 하지만 이 두 개혁가 덕에, 비텐베르크와 제네바는 성도聖都, 곧 종교적 지식의 중심지가 됐으니, 루터교 세계와 칼뱅주의 세계의 로마에 해당했던 것이다.

다시 피렌체, 로마, 파리는 모두 감식의 중심지들이었다. 다시 도서관들과 교수들 덕에, 몇몇 대학 도시는 지식의 정교화에서 크기에 어울리지 않는 역할을 맡았다. 예를 들면, 16세기 파도바나 몽펠리에는 의학 지식에서, 17세기 레이던은 식물학과 아랍 연구에서, 18세기 괴팅겐은 역사와 러시아 연구에서였다.

언어적 소수집단들이 특정 유럽 도시들에서는 대단히 두드러졌거니와, 이 사람들은 지식의 가공 과정에서 중요한 역할을 했고, 그 결과로 지식의 미시 지리를 지식의 거시 지리에 연결했다. 베네치아에서는, 예를 들어 그리스인들과 (이탈리아어로는 스키아보니Schiavoni라 했고, 주로 달마티아 해안 지역 출신들이었던) '슬라브인들'이 서적들의 제작에 참여했는데, 전자는 그리스어 고전들을, 후자는 예전서들을 제작했다. 안트베르펜에서는 이탈리아 사람, 에스파냐 사람, 잉글랜드 사람, 프랑스 사람들을 비롯한 다른 소수집단들이 자기네 말로 된 서적들의 편집, 번역, 인쇄 쪽에서 활동하고 있었다. 암스테르담을 두고도 똑같이 말할 수 있을 텐데, 러시아인들과 아르메니아인들이 있었고, 여기에 이 집단들보다 수가 더 많은 소수집단들로 프랑스인들과 에스파냐어나 포르투갈어를 쓰는 유대인들이 있었다. 머스코비나 중국, 일본에 관한 토착어 기록들의 라틴어 번역은, 이 문화들이 더 널리 다른 곳의 학자들에게까지 알려지는 데 도움을 줬거니와, 보통은 예수회 학료들이 있던 도시들에서(대표적으로는 안트베르펜, 쾰른, 마인츠, 딜

링엔, 뮌헨에서) 이루어졌으며, 이러면서 예수회는 선교와 근대 라틴어를 이용한 저술이라는 두 관심사를 결합했던 것이다.

비유럽어 사전들의 출현은 세계 다른 지역들에 관한 유럽의 관심과 지식이 커지고 있었다는 것을 보여 주는 유용한 지표라고 할 수 있다. 에스파냐 도시들에서 아랍어 사전(1505년)과 아메리카 인디언 언어, 이를테면 과라니어 사전(1639년)이 최초로 출판됐다. 말레이어와 인도네시아어 사전들은 암스테르담에서 1603년, 1623년, 1640년, 1650년에 출판되었는데, 틀림없이 네덜란드 동인도회사에서 쓸 목적이었을 것이다. 로마는 선교 노력의 중심지였던 만큼, 에티오피아어 사전, 튀르크어 사전, 아르메니아어 사전, 그루지야어 사전, 아랍어 사전, 페르시아어 사전, 베트남어 사전들이 출판되기에 딱 맞는 자리였다.

정보의 가공에서 중요한 한 역할을 개인들이 했는데, 저술가인 경우도 있었고, 지식 사업가인 경우도 있었다.→245쪽 잘 알려진 예들로는 네덜란드 사람 요하네스 더라트, 프랑스 사람 장바티스트 뒤 알드, 둘 다 독일 사람인 베른하르트 바레니우스와 키르허가 있다. 이들은 한 번도 유럽을 떠나 본 적이 없지만, 넷 모두 아시아를 소개하는 책들을 출판했다. 더라트는 오스만 제국과 무굴 제국에 관해 썼고, 바레니우스는 일본과 시암이었고, 키르허와 뒤 알드는 중국이었다.[47] 한곳에 머물던 이런 종류의 학자들은 그 역할이 에르난데스나 켐퍼, 마르티니처럼 여러 곳을 돌아다니던 지식 수집가들의 상보적 대립항이었으며, 보통은 큰 도시들에서 작업했던 것을 보게 된다. 더라트는 레이던에서 작업했는데, 거기서는 동양에서 온 상당한 양의 서적과 필사본들을 구해 볼 수 있었고, 이 자료들은 무굴 제국에 관한 책을 쓰는 데 핵심적인 구실을 했다. 바레니우스는 암스테르담에서 작업했다. 키르허는 40년을 로마에서 보냈으니, 이러면서 귀환 선교사들에게서 정보를 얻을 수 있었던 것으로, 미하우 보임과 마르티니는 중국에서, 하인리히 로트는 인도에서, 조반니 필리포 데 마리니는 통킹과 마카오에서 돌아온 경우였다. 이와 비슷하게, 뒤 알드는 파리에서 살면서, 중국에서 돌아오는 선교사들과 대화했고, 또 선교사들의 보고서들도 편집했는데, 이 보고서들은 여러 권의 '교화 서한집 Lettres édifiantes'으로 따로 출판됐다.

이 사람들은, 또는 이들의 동료들은(그러니까 베네치아의 조반니 바티스타 라무시오, 리스본의 바후스, 로마의 보테로, 런던의 해클루트, 파리의 당빌과 드니 디드로, 암스테르담의 카스파르 바를라이우스와 다퍼르, 얀 블라우는) 정보의 주요 중심지에 있던 덕에 주어진 기회들을 어떻게 활용할지 알고 있었다고 말해도 이들의 업적을 폄하하는 것은 아니다.

'현장'에서 일하던 사람들은, 이를테면 이탈리아인 예수회 수사 마르티니는 이 장을 시작하면서도 언급했거니와, 이런 중심지들과 계속 접촉을 유지해야 한다는 것을 아주 잘 알고 있었다. 마르티니를 예로 들면 로마와 정기적으로 연락했고, 우리가 본 것처럼 암스테르담을 찾아 출판업자 블라우에게 지도 원고들을 넘겨주기도 했다. 프랑수아 베르니에의 경우는, 의사로서 1655년부터 1668년에 이르는 기간 대부분을 인도에서 보냈고, 그러면서 파리에 있는 친구들에게 편지로 정보를 전해 줬고, 또 돌아와서는 인도에 관한 책을 출판했다. 베르니에가 수집한 정보들은 이제 존 로크와 몽테스키외가 가져다가 법률에서 유령에 이르는 다양한 주제에 관한 자기네 일반 이론들을 뒷받침하는 데 또 사용할 것이었다.[48]

지식의 보급

도시에서 가공을 거치고 나서, 지식은 인쇄를 통해 배포 또는 재반출됐는데, 인쇄라는 매체는 지리적 장벽들을 약화했고, 그리하여 지식들을 원래의 환경들에서 '분리'했다. 이 장에서 언급한 주요 유럽 도시들은 중요한 인쇄 중심지들이었다. 베네치아나 암스테르담, 런던이 이 측면에서 가졌던 중요성은 잘 알려져 있거니와, 경제적 맥락 안에 가져다 놓고 더 자세히 검토할 것이다.(다음을 보라.) 로마는 주요한 인쇄 중심지였다. 파리도 마찬가지였으며, 파리의 인쇄소들은 생자크 거리의 대학가에 모여 있었다. 세비야를 두고는 17세기 초 에스파냐에서 '새로운 정보 출판으로는 단연 가장 중요한 중심지'라고 일컬었다.[49] 서적 보급망은 기존의 교역로들을 따라가는 경향을 보였고, 최소한 처음에는 그러했고, 하지만 끝에 가서는 자신만의 경로들을 만들어 냈다.[50]

이 과정의 사례 연구로 다른 대륙들에서 들여온 대체 의술들에 관한 유럽의 지식을 검토해 볼 수 있다. 유럽 의료인들은 근대 초기에는 그 뒤에 이어진 과학적·전문적 의학의 시대 때보다는 이런 대체 의술들에 더 수용적이었던 것 같다. 낯선 땅에서 들어온 약용식물들과 약재들에 관한 두 주요한 저술이 16세기에 출판됐다. 하나는 인도에 관한 것으로, 포르투갈 의사 가르시아 도르타가 썼으며, 고아에서 처음 출판됐고, 다른 하나는 아메리카 대륙에 관한 것으로, 에스파냐 의사 모나르데스가 썼고, 처음 출판된 것은 세비야에서였다. 두 저작이 다 유럽 전역에 꽤 알려지게 됐던 것은 부분적으로는 라틴어로 번역된 덕분이었다. 17세기에 들어서는, 네덜란드 동인도회사 고용인들이 일련의 저술들을 출판하면서 동양 의술에 관한 지식이 더 보완됐다. 인도 의술을 야코프 더본트의 『인도 의학』(1642년)에서, 헤르만 그림의 『의학 개론』(1679년)에서, 또 헨드릭 판르헤이더의 열두 권짜리 식물지 『말라바르의 약재』(1678~1703년)에서 소개했거니와, 이 마지막 저작은 고아에서 편찬했지만, 인쇄는 암스테르담에서 했다. 강조할 만한 가치가 있거니와, 이 편찬시는 전에는 누구에게도 알려지지 않았던 정보를 유럽인이 발견한 사례와는 전혀 관계가 없으며, 토착 아유르베다 전통들에 의존해서 나온 결과물이었다. 그 원고는 고아에서 힌두교도 의사 몇 명이 심지어 교열까지 보고 나서 출판을 위해 유럽으로 보냈다.[51]

더 동쪽의 경우, 안드레아스 클라이어가 (예수회가 중국에 파견한 선교사 보임의 기록들에 의존해) 중국 의술에 관한 책 『중국 의술 실례』(1682년)를 펴내, 중국에서 진맥을 하는 방법을 포함해 다른 주제들을 다뤘으며, 빌럼 텐레이너는 1683년 런던에서 출판된 책에서 일본 전통 의술을(곧 침술과 뜸을), 또 식물들을(특히 차와 녹나무류들을) 소개했다.

모나르데스의 저작 역시 17세기에 들어 보완하는데, 다만 도르타의 저작만큼 공을 들이지는 않았다. 펠리페 2세가 멕시코로 파견했던 에스파냐 의사 에르난데스가 수집한 정보들이 로마에서 라틴어로 1628년에 출판됐으며, 아메리카 인디언들의 의술에 관한 논문 『브라질 의학』(1648년)을 빌럼 피소가 출판했는데, 피소는 1630년대에 네덜란드의 페르남부쿠 원정을 수행했던 의사였다. 외래 식물들을 분류하면서는 비유럽 세계의 분류 체계들에 신세를 졌거니와, 예를 들어 도르타는 아랍인들의 분류 체계에서였고, 에르난데스는 나우아틀족의 분류 체계에서였는데, 이 점을 최근에 들어 유럽 학자들도 인정하고 있다.[52]

더 넓은 세계의 발견

이렇게 유럽이 더 넓은 세계를 발견했던 것 자체는 어떤 더 큰 흐름의 일부였으니, 거기에는 아시아의 아메리카 대륙 발견이 있었고, 유럽 발견이 또 있었던 것이다. 오스만 제국의 경우를 예로 들면, 레이스가 아메리카를 두고 보였던 관심을 이미 다룬 바 있다. →96쪽 술탄 무라드 3세를 위해 쓴 한 서인도제도 역사서는 프란시스코 로페스 데 고마라와 오비에도, 사라테의 저술을 참고했다. 메르카토르의 지도책이 17세기 중반에 튀르크어로 번역됐고, 블라우 지도책은 (술탄 메흐메트 4세의 명령에 따라) 1670년대에 번역되었다.[53] 이 두 번역본은 여전히 필사본이었지만, 1727년 오스만 제국에 인쇄소가 잠깐 세워져 몇 종 안 되는 책들을 찍어 냈을 때는 로페스 데 고마라의 저술을 번역한 책이 거기 끼어 있었다.

유럽은 물론 1450년 이전에 이미 아랍인들에게 발견됐다. 전에는 알려지지 않았던 유럽에 대해 관심이 어느 정도였는지를 보려면, 더 동쪽으로 갈 필요가 있다. 중국에서는, 16세기 말 이탈리아 예수회 선교사 마테오 리치가 세계지도 하나를, 그것도 유럽 방식으로 제작된 것을 자기 거처에 걸어 놓고 있었다. 이 지도는 어느 정도 주의를 끌었다. 중국 황제가 이 지도의 사본 하나를 갖게 됐고, 중국의 지리 연구서들에 이 지도가 실리기도 했던 것이다. 그래도 여전히 중국의 지도 제작 방식에 이렇다 할 영향을 주지는 못했다.[54]

중국인들이 유럽에 보여 준 관심이 뜨뜻미지근했다면, 일본 쪽 상황은 이와는 대조적이었다. 일본 조정이 '쇄국'정책 →101쪽을 폈는데도 (아니면 이 때문에) 일부 일본인은 외국 문화에 강한 관심을 갖게 되는데, 특히 18세기 후반 이후부터였다. 나가사키의 통역관들이 처음으로 유럽의 지식에 관심을 갖게 된 사람들이었으며, 이 지식을 당시에는 '네덜란드인들의 지식'이라고 불렀다.(곧 란가쿠蘭學라고 했는데, 홀란트의 일본식 발음 '오란다'에서 온 말이었다.) 1625년 무렵에 제작된 한 일본 병풍에는 페트루스 플랑키우스의 1592년 지도를 본뜬 세계지도가 그려져 있었고, 1648년에 나온 블라우 세계지도를 쇼군이 얼마 지나지 않아 갖게 되었다. 호기심은 커져 갔고, 그리하여 유럽에 관해 더 알려고 나가사키를 찾아오는 일본 학자들이 생겨나기 시작했다. 예를 들어, 아라시야마 호안은 여기서 유럽 의술을 공부해 1683년에는 이 주제를 다룬 교재를 펴냈다. 휘브너가 쓴 지리학책의 네덜란드어 번역본 가운데 일부분이 일본어로 중역돼 1772년에 출판됐다. 일단의 일본인 의사들이 네덜란드어로 된 해부학 교재를 공역했고, 이를 1774년에 출판했다. 나가사키를 다녀오고 나서, 학자 오쓰키 겐타쿠가 유럽 지식에 관한 소개서를 1788년에 펴냈다. 1800년 무렵이 되고서야, 란가쿠 전문가들은 네덜란드어가 배워서 가장 쓸모 있는 유럽어는 꼭 아니라는 사실을 깨닫게 됐다.[55]

유럽인들과 비슷하게, 중국인들과 일본인들이 외래 지식을 처리하는 것을 보면 이 지식을 자신들의 범주들로 번역해서는 자신들의 분류 체계 안에서 이 지식이 들어갈 자리를 찾는 식이었다. 이 지식 분류상의 문제들을 이어지는 장에서 관심을 갖고 다룰 것이다.

지식의 분류:
커리큘럼, 도서관, 백과사전

인간 사고의 범주들은 결코 어떤 한 일정한
형태로 고정할 수 없는데, 이 범주들이
끊임없이 만들어졌다 무너지고 다시
만들어지기 때문으로서, 즉 범주들은
시간과 장소에 따라 변하는 것이다.

—뒤르켐

지식의 정교화를 바로 앞 장에서 다뤘거니와, 여기서 가장 중요한 요소 가운데 하나가 분류였다. 이제 이 주제를 더 자세히 들여다볼 때가 됐는데, 새로운 지식을 전통적 틀들에 맞춰 넣으려는 시도들을 보게 될 수도 있고, 반대로 그 틀들이 새로운 것들을 수용하려고 하다가 오랜 기간에 걸쳐 변해 가던 방식들을 보게 될 수도 있다. 에밀 뒤르켐이 지적했듯이, 분류 체제들은 "끊임없이 만들어졌다 무너지고 다시 만들어지"는 것이다.[1]

지식의 인류학

바로 앞 장에서 근대 초기 지식의 지리학을 제시했다면, 이 장에서는 지식의 '인류학'쯤으로 부를 만한 것을 그려 볼 텐데, 뒤르켐 이래로 인류학자들은 다른 사람들의 범주들 또는 분류법들을 진지하게 받아들이고 그 사회적 맥락을 조사하는 전통을 세워 놓았기 때문이다. 이 전통에 속한 고전적 연구들로는 마르셀 그라네의 『중국식 사유』(1934년)와 클로드 레비스트로스의 『야생의 사고』(1962년)가 있다. 예를 들어, 그라네는 음과 양 같은 중국식 범주들을 구체적 사유 또는 '전논리적prelogical' 사유의 예로 파악했다. 레비스트로스는 전논리적이라는 개념은 거부했지만, 아메리카 인디언들 같은 이른바 원시 부족들의 구체적 범주들을 역시 강조했는데, 이 사람들은 '날것'과 '익힌 것'이라는 범주들을 통해 우리가 '자연'과 '문화'를 대비할 때와 비슷한 구별을 짓는다는 것이다.[2]

근대 초기 유럽의 범주 체계는 우리 자신의 범주 체계와는 너무 달라서 인류학적 접근이 필요할 정도인데, 1960년대에 미셸 푸코가 했던 작업이기도 하다. 우리가 용어 일부를 물려받기는 했는데, 예를 들면 '마법magic'이나 '철학philosophy' 같은 단어들이거니와, 하지만 이런 말들은 지적 체계가 바뀌면서 그 의미가 바뀌었다. 이런 '가짜 동족어'들에 속는 사태를 피하려면, 우리 자신이 유럽식 범주들과 낯설어져야 하는데, 곧 유럽 범주들을 (이를테면) 중국 범주들보다 덜 이상하지 않고 구축적 성격이 덜하지도 않은 것으로 여기도록 노력해야 한다. 푸코는 이 주장을 내놓으면서 호르헤 루이스 보르헤스에게 빌려 온 우화를 이용했는데, 이 우화는 한 중국 백과사전에서 소개하는 동물 범주들을 말하고 있었다. 거기에는 황제가 소유하고 있는 동물들, 가는 낙타털 붓으로 그린 동물들, 멀리서 보면 파리처럼 보이는 동물들 따위가 있었다. 이 우화는 어떤 범주 체계든 밖에서 보면 그 임의성이 분명하다는 점을 생생히 보여 준다고 하겠다.[3]

바로 앞 세대에서는, 문화사가들이 제법 많이, 그 가운데 상당수는 근대 초기를 연구했거니와, 분류 체계 연구를 시작했다.[4] 유럽의 근대 초는 그 자체로도 분류법에 대한 관심이 학자들 쪽에서는 컸던 시기였는데, 이를테면 스위스의 콘라트 게스너가 있었는데, 동물지(1551년)를 쓰면서 이런 관심을 보였던 경우고, 또 볼로냐의 울리세 알드로반디가 있었다. 스웨덴의 식물학자 칼 린나이우스가 학문적인 분류자로서는 가장 뛰어났고 가장 체계적이었을 것이되, 그렇다고 그 혼자만 분류학에 관심을 가진 것은 아니었던 것이다.[5] 하지만 이 장의 주요 주제는 지식 자체의 분류학으로서, 말하자면 분류학들의 분류학으로서, 학문적 지식에 집중할 것이지만, 이 지식을 다른 대안적 지식들이 공존하던 맥락 안에 놓고 파악하려 할 것이다.

다양한 지식

근대 초 유럽에서는 지식을 서로 다른 집단들이 여러 가지 방식으로 분류했다. 여기서는 가장 흔했던 구별법 몇 가지를 살펴볼 텐데, 이러면서 염두에 두어야 할 것은 범주들이 시간이 흐르면서 변했다는 것이고, 또 범주들끼리 드러나게든 이면에서든 경합할 때가 많았다는 것인데, 서로 다른 개인들이나 집단들이 서로 다른 장소들에서 저마다 구별들을 했던 까닭이다. 더 확실한 지식과 덜 확실한 지식 사이의 구별은 제9장에서 다룰 것이다.

되풀이해서 등장하는 구별 하나가 있었는데, 이론적 지식과 실용적 지식 사이의 구별이었으니, 철학자들의 지식과 경험주의자들의 지식 사이, 또는 누군가의 표현을 빌리면 '학문scientia'과 '기술ars' 사이의 구별이었다. 이런 범주들이 실제 상황에서 채용됐던 생생한 사례를 1400년 무렵 밀라노 성당이 건축되는 과정에서 만나게 된다. 성당을 짓는 도중에 프랑스 건축가와 현지 명인 석공들 사이에 논쟁이 시작됐다. 석공들끼리 모이는 자리가 마련됐고, 여기서는 "학문과 기술은 별개이기 때문에, 기하학이 이 문제들에 끼어들어서는 안 된다."는 주장을 내놓았다. 이 주장에 대해, 건축을 책임지고 있던 건축가는 "학문 없는 기술은"(다시 말하면, 이론 없는 실천은) "아무 쓸모가 없다.ars sine scientia nihil est"고 맞받아쳤다.[6]

되풀이해서 등장하는 또 다른 구별은 공개된 지식과 ('개인적' 지식이라는 의미에서보다는 특정 소수집단에만 한정된 정보라는 의미에서) '은밀한' 지식 사이의 구별이었다. 이런 의미에서는, 은밀한 지식에는 국가 기밀arcana imperii이 포함됐고, 다음 장에서 다뤘으며, 천기天機, arcana naturae도 있었는데, 이에 관한 연구는 '비의 철학'이라고도 알려졌다. 예를 들어, 연금술 비전秘傳들은 친구나 동료들로 이루어진 비공식적 연결망들을 통해서, 아니면 비밀결사들 안에서, 때로는 암호로 전수됐다. 기술상의 비밀들은 수공인 조합들 안에서는 공유됐지만, 외부인들은 거기 접근할 수 없었다. '비밀mystery'과 직업métier 사이의 연결고리는 어원 이상의 것이었다고 하겠다.[7]

어떤 종류의 지식을 공개해야 하느냐는 질문은 상당히 논쟁적인 종류의 것이었거니와, 서로 다른 세대들이, 또 서로 다른 유럽 지역들이 다른 방식으로 거기에 대답했다. 종교개혁은 다른 무엇보다도 종교적 지식을 둘러싼 한 논쟁이었으며, 여기서 마르틴 루터를 비롯한 다른 개혁가들은 이 지식을 평신도들과 공유해야 한다고 주장했던 것이다. 이탈리아와 잉글랜드를 비롯한 다른 곳들에서, 법률 개혁가들은 법률들을 토착어로 번역하고, 그리하여 자유로운 평민들을 '법률가들의 전제專制'에서 해방해야 한다고 이와 비슷하게 주장했다.[8] 어떤 학술 단체들은 얼마간은 비밀결사들이었다면, 다른 학술 단체들은, 그러니까 런던 왕립학회 같은 경우는 지식을 일반에 알리는 데 많이 신경을 썼다. 장기적인 측면에서 봤을 때, 저 공공 지식이라는 이상은 근대 초기에 출현하며, 인쇄기의 출현과 맞물려 있었다.[9]

비슷하게 또 구별했던 것이 합리적 지식과 금지된 지식, 곧 신의 비밀arcana Dei이었는데, 이 지식은 일반 대중에게만이 아니라 아예 인간에게 비밀로 남아 있어야 하는 지식이다. 지적 호기심이 어느 선까지가 '허영'이나 죄악이 아니고 합리적이냐는 논란이 계속되던 문제였다. 예를 들어, 종교개혁가 장 칼뱅은 성 아우구스티누스를 따라 호기심을 책망했지만, 17세기에는 우리도 이미 보았듯이 →50쪽 단어 '호기심 많은curious'은 긍정적인 표현으로 많이 쓰이면서 학자들을, 특히 신사 출신이었을 때를 가리켰다.[10]

고등 지식scientia superior과 하등 지식scientia inferior을 1540년대에 도미니코회 수사 조반니 마리아 톨로사니가 구별하는데, 이 시기에 지식의 지적 조직화에서 위계가 가졌던 중요성을 일깨워 준다고 하겠다.[11] 남성들의 지식은, 주로 공적 영역에 관한 지식이었거니와, 적어도 남성들은 여성들의 지식, 곧 부모를 섬기고 가사를 돌보는 데 대체로 한정됐던 지식보다 우월하다고 여겼다.

'교양적' 지식과 '실용적' 지식 사이의 구별은 오래된 것으로서 근대 초에도 계속 유지됐고, 다만 최소한 일부 계통에서는 이 두 종류의 지식에 대한 상대적 평가가 역전되는 흐름을 보이고 있었다. '교양적' 지식은, 곧 그리스어 고전이나 라틴어 고전에 관한 지식은 1450년에, 심지어는 1550년에도 높은 지위에 있었고, 반면 단순히 '실용적인' 지식은, 예를 들면 상거래나 제작 과정에 관한 지식은 지위가 낮았으니, 이런 지식을 갖고 있는 소매상인들이나 수공인들의 처지와 같았던 것이다. 이 시기에도 여전히 사용되던 중세식 분류법을 따라, 상류계급 사람들은 수공인들이라고 하면 저 일곱 가지 '기예'에 종사하는 사람들로 봤는데, 전통적으로 직조, 선박 제조, 항해, 농사, 수렵, 민간 의술, 연기가 기예로 취급됐다.[12]

예를 들어, 잉글랜드의 수학자 존 월리스가 자서전에서 회고하는 것을 보면 17세기 초에는 수학을 "학문적 연구라기보다 차라리 기예에 가까운" 것으로 여겼는데, 말하자면 '상인들이나 뱃사람, 목수, 감정인'들이 하던 일과 비슷했던 것이다. 이렇게 교양적 지식이 실용적 지식보다 우월하다고 보던 통념은 소스타인 베블런이 말한 '유한계급'의 구체제 지배가 낳은 지적 귀결들의 구체적인 한 예라고 하겠다. 하지만 우리도 보게 되거니와, 이 우위는 이 시기를 지나는 중에 밑에서부터 흔들리게 된다.

전문적 지식이 종합적 지식, 또는 더 나아가 총람적 지식과 대비될 때도 많았다. 저 '박식가'라는 이상을 15세기 이탈리아의 몇몇 계통에서는 진지하게 받아들였는데, 마테오 팔미에리의 『시민 생활』을 보면 알 수 있거니와, 이 책에 따르면 "사람은 많은 것을 배워서 자신을 여러 훌륭한 학문에 만능으로farsi universale 만들 수 있다." 피렌체의 시인 겸 학자 안젤로 폴리치아노는 이 이상의 지지자였으니, 총람적 지식에 관한 그의 소논문 「파네피스테몬」에서 이를 확인할 수 있다. 인문주의자 조반니 피코 델라 미란돌라도 마찬가지였는데, 이 젊고 겁 없는 학자가 1487년 로마에서 벌어진 공개 논쟁에서 자신을 변증하느라 내놓은 900개 명제의 목록을 보면 알 수 있다. 피코를 놓고 데시데리우스 에라스무스의 대화집 『키케로파派』(1528년)에 나오는 한 인물은 모든 분야에 재능이 있는 사람이라고ingenium ad omnia factum 묘사하기도 했다.

모든 것을 아는 것은, 아니 최소한 모든 것에 관해 조금씩이라도 아는 것은 우리가 다루는 시대가 끝나도록 어떤 이상으로 남아 있었는데, 이 이상은 '범지general learning', polymathia, pansophia로 표현됐거니와, 체코의 교육개혁가 얀 아모스 코메니우스와 그 후학들의 저술에서 주요 개념이었다. 저 케임브리지 대학의 학감 아이작 배로가 논문 「근면함에 관하여」에서 말한 대로 "넓게 알지 못하는 학자가 훌륭한 학자가 될 길은 거의 없는 것이다." "사물들이 연결돼 있고 개념들이 서로 의존하고" 있어서 범지가 필요해졌던 것이고, 그리하여 이제 범지를 통해 "학문의 한 분야가 다른 분야에 빛을 비춰 주는 것이다." 이 종합적 지식이라는 이상을 몇몇 특출한 개인이 체현했는데, 이를테면 프랑스 치안판사 니콜라클로드 파브리 드 페이레스크는 관심 분야가 법학, 역사학, 수학, 이집트학에 걸쳐 있었고, 스웨덴 학자 올로프 루드베크는 활동한 분야가 해부학, 식물학, 의학에다 역사학까지 아울렀으며, 독일인 예수회 수사 아타나시우스 키르허는 저술한 분야가 (다른 분야들도 더 있지만) 자기학, 수학, 광업, 음악, 문헌학에 미쳤고, 다니엘 게오르크 모르호프는 『박식가』(1688년)에 관한 책을 썼으며, 이 책이 종합적 지식이라는 이상을 가리키는 데 박식가라는 표현을 쓰는 계기가 됐다.[13]

그래도 여전히, 이 이상은 서서히 버림을 받았다. 신학자 리처드 백스터가 지식이 갈수록 파편화하던 상황을 안타까움 섞어 이미 『신성한 공화국』(1659년)에서 지적했다. "우리는 기술과 학문을 나눠 파편으로 만드는데, 우리 능력이 협애한 데 따른 것이고, 또 범지적이지 못해서 단일 직관uno intuitu이 그러듯 전체를 보지도 못한다." 『백과전서』의 지식인 항목을 보면 더 체념적이어서, "범지는 이제 더는 인간이 닿을 수 있는 데 있지 않다."고 선언한다. 할 수 있는 것이라고는 '지식을 사랑하는 정신'을 함양해 편협한 전문성에 빠지지 않게 노력하는 정도였다.

'책으로만 배운 지식'이라고도 부르던 것이 가끔씩은, 심지어 학자 집단의 구성원들에 의해, 실제적 지식과 구별되기도 했다. 예를 들어, 코메니우스는 언어보다는 사물들에 대한 연구가 중요하다고 강조했거니와, 또 인문주의자들이 현학적 철학자들이 말 많고 지엽과 말단에 매달린다며, '학자들의 알아들을 수 없는 말들'을 비판했을 때도 이미 비슷한 구별을 깔고 있었다고 하겠다.[14] 정량적 지식이 정성적 지식과 구별됐고, 갈수록 진지하게 취급되기 시작했다. 갈릴레오 갈릴레이가 한 유명한 말대로라면, 자연이라는 책은 수학의 언어로 쓰여 있는 것이다. 17세기 중반 이후로는 계속, 국가에 유용한 정보들이 점점 더 '통계'의 형태로 조직됐다. →207쪽

이 장에서 핵심적인 것은 그래도 여전히 학문적 지식과 그 아래에 있는 다양한 분야다. 분야라는 말에 들어 있는 '들판野'은 의미심장한 은유로서, 유럽 문화에서는 그 시작이 오래전으로, 최소한 키케로까지 거슬러 올라간다. 이미 인용한 바 있는 『백과전서』의 한 항목에서는 지식인들gens de lettres에게 다른 '들판'들에 발을 들여놓으라고, 설령 그 모두를 갈아 수확할 수는 없더라도 그러라고 권고한다. →141쪽 이때 사용된 프랑스어 terrain에서는 이웃 학문들이 침범해 들어오는 데 맞서 자기네 지적 영역을 지키는 학자-농부의 심상이 떠오른다. 저 '영역 본능territorial imperative'은 정치나 경제 쪽에서뿐만 아니라 지적 세계에서도 중요했다고(또 지금도 중요하다고) 하겠다. 이 장의 주제는 근대 초기 학문 세계와 그 아래 다양한 '세력권', 또는 린나이우스식으로 말하면 '왕국regnum'들의 역사적 지형도라고 바꿔 말할 수 있을 것이다.[15]

16세기에, 마찬가지로 중세 때도, 지식 체계를 심상화하는 데 동원된 또 다른 중요한 은유는 나무와 그 가지들이었다. 지식의 나무들, 이를테면 라몬 륄이 1300년경에 그렸다가 근대 초기에 여러 번 재판된 학문의 나무Arbor Scientiae(그림 5) 같은 것들 말고도, (이른바 '포

그림 5

「학문의 나무」(1505년).

르피리우스의 나무'라고 하던) 논리의 나무들도 있었고, 혈연의 나무들, 문법의 나무들, 사랑의 나무들, 전투의 나무들, 심지어 (이새의 나무와 비슷한데 뿌리는 이그나티우스에 두고 있는) 예수회의 나무도 있었다.[16] 우리는 프랑스 정부 '조직도'쯤으로 부를 것을 1579년에는 '프랑스의 신분과 직무의 나무'라 표현했는가 하면, 1612년에는 독일인 법률가 루트비히 길하우젠이 '판결의 나무Arbor Judiciaria'로 제목을 붙인 논문을 출판했다.

나무를 중심으로 생각한다는 것은 주와 종, 곧 몸통과 줄기를 구별한다는 뜻이기도 했다. 륄과 길하우젠은 이 은유를 따라 아래로 뿌리까지 내려갔고, 위로는 잔가지들이며 꽃들, 열매들까지 올라갔던 것이다. 이 나무의 심상은 문화사에서 핵심적인 한 현상을 보여 주거니와, 관습적인 것을 원래부터 그런 것으로 만드는, 곧 문화를 마치 자연인 양, 발명을 마치 발견인 양 제시하는 현상이다. 이것은 사회적 집단들이 분류법들에 책임이 있다는 것을 부정하고, 그리하여 문화적 재생산을 지원하고 혁신 시도들에는 저항하는 것을 의미한다.

이 '나무'를 대신해서, 17세기에 들어서는 더 추상적인 용어를 써서 지식의 구조를 묘사하게 된다. 이 용어는 (고대 스토아 학파 철학자들과 관련돼 있거니와) '체계'였으니, 구체적인 학문 분과들에도 적용됐고, 아니면 지식 전체에도 적용됐는데, 바르톨로메오스 케커만과 요한 하인리히 알슈테트가 제시한 '체계들의 체계'가 이런 경우였다.[17] 푸코보다 350여 년 앞서서, 그러니까 1612년에, 알슈테트는 학문 분과 체계 아래 놓인 원리들에 대한 분석 과정을 묘사하는 데 저 '고고학'이라는 은유를 썼다. 학문적 지식이 분류돼 유럽 대학들의 일상적 학제 속에서 자리 잡는 방식들을 살펴보려면, 세 하위 체계들, 곧 교과과정curricula, 도서관, 백과사전으로 이루어진 일종의 지적 삼각대를 다시 살펴보는 것이 도움이 될 수 있다.

이 세 체계 중 어느 것을 놓고도 지식의 구조에 관한 보편적인 심리적 범주들 또는 보편적 견해들의 반영물로서 문제가 없다고 전제해서는 안 된다. 이들 각각의 영역에서 전개된 상황들을 두고 내인적 설명 또는 국소적 설명을 내놓는 것도 분명히 가능하다. 교과과정을 예로 들자면 대학의 미시 정치에 영향을 받기도 하는데, 말하자면 누군가의 의도대로 일이 돌아간 결과 새로운 강좌가 생길 수도 있을 것이다. 아니면 교수법상의 필요라고 판단한 것에 따라서 교과과정이 바뀔 수도 있는데, 18세기 에버딘 대학이 이런 경우였으니, 여기서는 (코메니우스가 일찍이 주장했던 대로) 구체적 지식이 추상적 개념들보다 앞에 와야 한다는 이유로 1년 차 교과과정에서 논리학을 빼 버렸던 것이다.[18]

다시 도서관들의 구조도 재정적 제약과 건축적 제약 둘 다에 분명히 묶여 있었다.[19] 백과사전들은 제품이었던 만큼, 공개 시장에서 팔렸고, 그러면서 시장의 압력에 노출돼 있었거니와, 여기에 관해서는 뒤에서 더 자세히 다룰 것이다. →262쪽 하지만 이 세 체계가 겹치는 부분에서는, 이 근본적 범주들이 인간 집단 일반은 아닐지언정 대학 인간 집단의 전제들을, 아니면 프랑스 역사가 뤼시앵 페브르가 말하던 대로는 이 인간 집단의 '지적 도구outillage mental'를 표현하고 있을 가능성이 높다고 하겠다.

학과란?

교과과정curriculum은 고대 육상경기에서 따온 은유다. '주로走路'

처럼, 교과과정은 학생들이 따라 달려야만 했던 길이다. 교과과정은 '학문 분과들discplines'의 체제 또는 체계였다. 고대 로마에서는 이미 학예와 법학을 일러 (예를 들어 키케로와 바로는) disciplinae라고 표현했는데, 이 단어는 discere, 곧 '배우다'에서 나온 말이었다. 근대 초기에는 이 단어를 학문적 맥락 안에서, 예를 들면 에스파냐의 인문주의자 후안 루이스 비베스가 사용했다.[20] 이 말은 중립적인 표현이 아니었다. 고대 세계에서는 이 단어가 운동경기와, 군대와, 또 절제를 강조했던 저 스토아 철학과 연결돼 있었다. 중세 시대에는 이 단어가 수도원과, 곧 고행이나 징벌과 연결돼 있었다. 16세기에는 특히 칼뱅주의자들이 이 단어를 써서 교회의 권징을 이야기했고, 일부 재속 저술가가, 대표적으로는 니콜로 마키아벨리가 이 단어로 로마 시대 때처럼 군대 규율을 가리켰다. 이 서로 연관된 의미들이 지식에 관한 논의와 관련을 갖는 것은 16세기에 교회에서뿐만 아니라 학교들이나 대학들에서도 '규제disciplining' 흐름이(독일어로는 Disziplinierung이라는 것이) 일어났기 때문이다.

복수로 '학문 분과들'에 관해 이야기하다 보면 더 나중 시대에 일어날 학과들 사이의 갈등을 근대 초기로 투사할 위험이 따라다닌다. 과학 쪽 학문 분과들은 특히 보통 말하기로는 18세기 말에서 19세기 초의 '발명품'이다.[21] 연대 착오는 상존하는 위험이다. 하지만 정반대의 위험 또한 있는데, 그러니까 ('전문화' 논쟁의 사례에서처럼) 근대의 초기와 후기를 지나치게 분명하게 구별하는 데서 생기는 위험이다. 1800년 무렵에 새로웠던 것은 학문 분과라는 개념이라기보다는 학문 분과가 학'과'의 형태로 제도화된 것이었다.(『옥스퍼드 영어 사전』에 따르면 이 말이 영어에서 처음 사용되는 것은 1832년이었다.) 이 학과들조차도 새로운 발명품이었다기보다는 중세 대학에서 '학부faculty'들이라 불렸던 것을 정교화한 것이었거니와, 여기 이 faculty는 신축성 있는 용어로서 재능이나 지식의 한 갈래, 영속 집단을 모두 가리켰다.

'학부들'이라는 표현을 지나치게 축자적으로 받아들이고, 그리하여 근대 초기 학문 세계에서 과목들 사이의 경계가 가졌던 중요성을 부풀려 이해하기 쉬울 수 있다. 몇몇 재능 있는 사람은 여러 과목을 가르칠 의향도 있었고 능력도 있었으며, 학문 체계는 이네들이 그렇게 하도록 허용했다. '화학자' 안드레아스 리바비우스는 예나 대학에서 역사와 시를 가르쳤고, '정치학자' 헤르만 콘링은 헬름슈테트 대학에서 의학을 가르쳤다. 네덜란드의 자연철학자 헤르만 부르하버는 겸직자여서 레이던 대학에서 의학 교수직, 식물학 교수직, 화학 교수직을 동시에 갖고 있었다. '독립'이라는 문제는 노르베르트 엘리아스가 지적했던 대학 학과들과 민족국가들 사이의 유사점들 →62쪽을 확인해 주는 또 다른 의미심장한 은유이거니와, 아직은 적어도 격렬한 형태로는 나타나지 않고 있었다. 예를 들어, 수학과 천문학은 옥스퍼드 대학과 케임브리지 대학에서 '반半독립' 과목들로 여겼다. 원칙상으로 이 두 과목은 철학의 일부로 남아 있었지만, 실제에서는 일정한 정도의 독립을 누리고 있었던 것이다.[22]

교과과정의 구성

1450년에는, 유럽 대학들의 교과과정은 대학들이 코임브라에서 크라쿠프까지 걸쳐 있는 교류망을 이루고 있어서 놀랄 정도로 똑같았고, 그리하여 학생들이 상대적으로 쉽게 한 기관에서 다른 기관으로 옮겨 다닐 수 있었다.[23](대학 순례peregrinatio academica로 알려져 있던 관행이었다.) 처음으로 받는 학위는 문학사였고, 학생은 일곱 개 '학예 과목liberal arts'에서 학사 학위를 받았으며, 이 일곱 개 과목은 둘로 나뉘었는데, 더 기초적인 3학과trivium는 언어와(곧 문법, 논리학, 수사학과) 관련이 있었고, 더 고급 과정인 4학과quadrivium는 수와(곧 산술, 기하학, 천문학, 음악과) 관련이 있었다. 실제에서는 '3철학', 곧 윤리학에다 형이상학, '자연철학'이라 알려진 것도 교과과정에 자리가 있었으며, 이 세 과목 중 마지막 과목은 특히 아리스토텔레스의 『물리학』과 논문 「영혼에 관하여」를 가지고 공부했다.[24]

첫 학위 다음에는 저 세 고등 학부, 곧 신학, 법학, 의학 가운데 한 과정을 밟을 수 있었는데, 이 세 학부 체제는 중세 때 쉽게 볼 수 있던 종류의 3원적 세계 이해를 반영했던 것으로, 그러니까 중세 시대에는 사회를 기도하는 사람, 싸우는 사람, 밭 가는 사람들로 나누었고, 사후 세계는 천국과 지옥, 연옥으로 또 나누었던 것이다. 법이라고 하면 이른바 '2법', 곧 민법과 교회법을 뜻했다. 법학은 일반적으로 의학보다 지위가 높고 신학보다 낮다고 여겼는데, 신학이 '학문들의 여왕'이었기 때문이다. 이 '고등' 학부들을 더 '고귀하다noble'고 여겼는데, 이 말에서 사회적 위계가 학문 세계에 투사돼 있던 상황이 또 한 번 드러난다고 하겠다. 앞으로 보게 될 텐데, 이 중세식 체제는 근대 초기 유럽에서 재구축되기보다 계속 이어졌다고 보아야 하는데, 저 열 개 (3 + 4 + 3) 기본 구성 요소가 그 자리를 계속 보유하는 가운데 역사학이나 화학 등 그 수가 점점 늘어나던 새로운 학과들과 이 자리를 서서히 공유하게 되는 형국이었기 때문이다.

몇몇 분명한 유사점을 제3장에서 끌어내 보기는 했지만, 이 체제는 결정적인 몇 측면에서 저 이슬람 세계의 체제와는 달랐다. 무슬림의 체제에서는, '외래 학문'들과(곧 기본적으로는 산술과 자연철학과) '이슬람 학문'들 사이에 근본적 구별이 존재했거니와, 이슬람 학문이라고 하면 쿠란과 예언자의 언행hadith에 관한 연구뿐만 아니라 무슬림 법학fiqh과 신학, 시, 아랍어까지 포함됐다. 기독교 세계에서는, 신학이 높은 지위를 갖고 있기는 했어도, 기독교 학문 분과들과 비기독교 학문 분과들 사이의 구별이 체제에 내재하지는 않았다. 이와 비슷하게, 기독교도들은 지식sceintia이라는 단어를 종교적 지식과 세속적 지식에 똑같이 사용했는데, 무슬림들은 종교적 지식'ilm과 세속적 학문들'ulum을(곧 복수의 '지식들' 또는 ma'rifa를) 구별했다.[25]

도서관의 분류 체계

학문 분과들의 전통적 체제는 '당연해' 보였고, 이 느낌을 더 강화해 준 것이 저 삼각대의 두 번째 다리였으니, 곧 도서관들의 도서 배치 방식이었다. 게스너식으로 말하면 '책들의 순서ordo librorum'가 대학 교과과정의 순서를 재생산하리라는 것은 충분히 예상할 수 있는 일이었다.[26] 책들의 순서는 이 분류 체제를 지금도 그렇거니와 유지도 했는데, 그러니까 이 체제를 구체적이고 물리적으로, 또 공간적으로 구현해 줬던 것이다. 지금까지 남아 있는 도서관들은 푸코가 쓴 유명한 표현의 문자적 의미 그대로 '지식의 고고학'을 연구할 수 있게 해 주는데, 옛 분류 체제들의 물리적 흔적을 살펴볼 수 있기 때문이다. 공립 도서관들과 사립 도서관들의 도서 목록들을 보거나, (보통은 서가Bibliotheca라는 제목을 쓰면서 가상 도서관들의 형태로 내놓던) 서지 목록들의 조직을 보면 보통 같은 순서를 따랐으며, 순서를 조금 바꾸거나 분류 체제를 약간 변경하는 정도의 차이들이 있었다.[27] 예를 들어, 보들리 도서관의 도서 목록은 1605년에 출간되는데, 책들을 크게 네 군으로 나누었다. 곧 학예, 신학, 법학, 의학이었으며, 여기에 일반 저자들을 다룬 일반 색인이 있었고, 아리스토텔레스의 저술들과 성서에 대한 주석자들을 다룬 특별 색인들이 있었다.

최초의 인쇄된 서지 목록(1545년)은 찬탄할 만한 학문적 성취였으니, 여러 해에 걸쳐 연구하고 또 돌아다닌 끝에 편찬할 수 있었으며, 편찬자는 게스너로서, 동물들을 분류하는 데 갖고 있는 관심만큼이나 책들을 분류하는 데도 관심이 있던 인물이었다. 이 서지 목록에는 3000명의 저자가 쓴 약 1만 권의 책이 올라 있었다. 제2권에 해당하는 『총람』(1548년)에서 신경을 썼던 것은 주제별 분류, 게스너의 표현대로는 '일반 분류와 개별 분류ordines universales et particulares'였다. 이 제2권은 스물한 개 항으로 나뉘어 있었다. 그러니까 3학과로 시작해서 시, 4학과, 천문학이 나왔고, 예언과 마법이 하나로 묶여 뒤를 따랐고, 지리학, 역사학, 기예, 자연철학, 형이상학, 도덕철학, '경제'철학, 정치학으로 이어졌고, 마지막에는 저 세 고등 학부, 곧 법학, 의학, 신학이 있었다.[28]

여기서 다시 비교를 해 봐야 책들을 이렇게 분류하는 것이 가능한 유일한 방식은 아니라는 것을 깨달을 수 있다. 예를 들어, 중국에서는 7세기에서 19세기까지 지배적이었던 도서 분류 방식이 있었는데, 건륭제의 『사고전서』를 비롯한 다른 책들에서 볼 수 있으며, 놀랄 정도로 단순해서 넷을 넘지 않는 범주들로 이루어져 있었으니, 고전, 역사학, 철학, 문학이었다.[29] 이슬람 법학자 무하마드 이븐 자마아는 기독교 쪽과는 다른 위계질서에 따라 책들을 배치해야 한다고 권고했다. "책들 중에 쿠란이 있으면, 쿠란이 앞자리를 차지해야 한다. …… 그다음이 예언자 언행록이고, 다음이 쿠란 해석서, 다음이 예언자 언행록 해설서, 다음이 신학서, 다음이 법학서다. 책 두 권이 같은 지식 분야를 다루고 있다면, 쿠란과 예언자 언행록 인용이 더 많은 쪽이 앞에 와야 한다."[30]

백과사전의 배열 방식

저 삼각대의 세 번째 다리는 백과사전이었다.[31] 그리스어 encyclopaedia는 문자 그대로는 '학문의 전 계통'이라는 뜻으로, 원래는 교육과정을 가리켰다. 이 말은 그러다가 특정한 책들에 적용되기에 이르는데, 고등교육기관들에서 공부하던 학생들을 돕기 위해서였든, 아니면 이 교육기관들의 대체물로서, 독학 과정을 제공할 목적이었든, 이 책들이 교육 체제와 똑같은 방식으로 조직됐기 때문이다. 따라서 그 시대, 곧 여전히 총람적 지식이 손 닿는 곳에 있는 것처럼 보이던 때에, 백과사전을 대학 선생들이 편찬하기도 했다고 해서 놀랄 일은 아니라고 하겠으며, 이런 사람들 가운데 조르조 발라는 파비아와 베네치아에서 가르쳤고, 알슈테트는 독일 헤르본 대학에서 가르쳤다.

백과사전들과 거기서 채택한 범주들은 지식관, 아니 사실은 세계관의 표현이나 체현으로 볼 수 있다.[32](이것이 아니라 해도, 중세 시대 이후로 계속 세계를 한 권의 책으로 많이 묘사하기는 했다.) 이렇게 본다면 중세 백과사전들이 근대 초기에도 계속 사용되고, 또 어떨 때는 심지어 재인쇄되기도 했던 것은 확실히 의미가 있다고 하겠다. 뱅상 드 보베의 『스페쿨룸』, 곧 '거울'은 예를 들어 1590년 베네치아에서 재인쇄됐고, 다시 1624년 두에에서도 재인쇄됐다. 후자인 두에 판본의 경우, 원래의 제목에 썼던 은유를 인쇄 당시에 맞게 변형해서, '세계의 도서관',

곧 Bibliotheca Mundi라는 제목을 붙였다.

뱅상의 백과사전은 네 부분으로 나뉘어, 차례로 자연계, 교의, 윤리, 역사를 다뤘다. 16세기 백과사전들 또한 주제별로 조직됐는데, 그 주요 범주들은 중세 대학의 저 열 개 학문 분과와 일치할 때가 많았다. 그레고르 라이쉬의 백과사전을 예로 들면, 1502년에 처음 출판돼 16세기에 꽤 여러 차례 재인쇄됐는데, 열두 권으로 나뉘어서 3학과와 4학과, 자연철학, 도덕철학의 내용들을 요약하고 있었다. 반면 발라는 훌륭한 인문주의자답게 자기 백과사전(1501년)에서 저 3학과를 시, 윤리학, 역사학과 함께 묶었다.[33]

이 대목에서 중국 백과사전들의 조직으로 돌아가 보는 것이 논의에 도움을 줄 텐데, 이번에는 보르헤스의 생생한 상상 속→136쪽이 아니라 명 왕조와 청 왕조에서 활자화된 경우들을 살펴볼 것이다. 전형적인 배치는 이런 식이었는데, 천문 현상, 지리, 황제들, 인간 본성 및 행동, 통치, 의례, 음악, 법률, 관료, 귀족 계급, 군사 문제, 가계 경제, 재산, 의복, 운반 기구, 연장, 식품, 가정용품, 공예, 장기將棋, 도교, 불교, 혼령, 의술, 박물학이었다. 이 복잡한 체제와 중국 도서관들의 단순한 분류법 사이의 대비는 눈여겨볼 만하다.[34]

주제별 분류

지금까지 우리는 지식의 지적 조직화를 거시 수준이라 부를 수 있는 차원에서 검토했다. 미시 수준을 놓고도 이야기할 것이 있다. (말 그대로는 '도구'가 되는) 『오르가논』에서 아리스토텔레스는 열 개의 일반적 범주로 이루어진 체제를 제시했다.(곧 실체, 양, 질, 관계, 장소, 시간,

위치, 상태, 능동, 수동이다.) 이 범주들은 널리 알려져 사용됐다.(사실 우리는 지금도 이 범주들을 쓰고 있으며, 다만 더는 이 범주들을 하나의 닫힌 체제로 보지 않을 따름이다.) 논리학에 관한 논문에서 네덜란드의 인문주의자 로돌푸스 아그리콜라는 이 범주들을 다시 스물네 개의 주제로 정교화했는데, 이렇게 해서 증명들을 더 빨리 찾을 수 있게 했던 것이다. 주제들이 에라스무스의 표현대로라면 '비둘기장 칸막이niduli'처럼 쓰일 수 있었던 셈이다.[35]

아그리콜라를 기초로 해서, 루터의 친구 겸 동료 필리프 멜란히톤은 크게 성공을 거두게 될 신학 교재 한 권을 출판했는데, 『일반적 주제들Commonplaces』(1521년)로 알려진 이 책에서는 주제들을 그 구체적인 '장소들loci' 또는 '머리들capita'로, 곧 우리는 똑같은 은유를 써서 '주제들topics'나 '표제들headings'이라고 말하는 것들로 나누었으니, 이를테면 신, 창조, 믿음, 소망, 사랑, 죄, 은총, 성례전 따위였다. 다른 쪽으로 가 보면, 구교도들은 에스파냐인 도미니코회 수사 멜초르 카노가 「신학적 주제들Theological Topics」(1563년)에 관해 쓴 논문을 참조할 수 있었다. 이와 비슷하게 에스파냐인 예수회 수사 프란시스코 라바타의 『설교자들의 도구』(1614년)는 도덕적 주제 또는 신학적 주제들을, 이를테면 덕이나 칠죄종, 사말(곧 죽음, 심판, 지옥, 천당) 같은 것들을 알파벳 순서로 정리해 보여 줬다. 다른 학문 분과들, 그러니까 법학이나 자연철학을 놓고도 비슷한 안내서들을 내 보려던 시도들이 있었다. 반대 개념들을, 이를테면 근면이나 게으름 같은 것들을 병치하는 방식도 자주 썼는데, 극적 대비를 통해 지식의 획득을 도왔던 것으로, 제8장에서 더 자세히 다루게 된다.[36] →279쪽

이렇게 학문 분과에 한정된 주제들이 더 일반적인 주제들과 함께 스위스 의사 테오도어 츠빙거의 야심찬 주제별 백과사전에서 한 군

데로 모였는데, 츠빙거가 『인간사 극장』(1565년)이라 부른 이 백과사전은 또 다른 스위스 학자 콘라트 리코스테네스가 츠빙거에게 유증하고, 츠빙거 자신이 다시 정리한 원고들을(추정컨대 비망록들을) 바탕으로 했다. 제2판은 1586~1587년에 걸쳐 출판되었는데, 네 권으로 늘어나 있었다. 다음 세기에, 개신교도였던 츠빙거의 백과사전은 플랑드르의 구교도 라우렌티우스 베이에를링크가 개정하면서 다른 종교적 색채를 띠게 되는데, 제목은 같았고, 1656년 루뱅에서 여덟 권짜리로 출판되었다. 이런 주제별 분류 전통은 18세기에도 여전히 살아 있었으니, 이프레임 체임버스의 『백과사전』을 살펴보면 분명히 드러난다.[37]

분류 방식의 변화

분명하거니와, 저 삼각대의 다리들은 서로를 지탱해 줬고, 그리하여 기존 범주들을 자연스럽게 보이게 하고, 대안적 범주들은 부자연스럽게, 심지어 불합리하게 보이게 만들어서 문화적 재생산을 거들었다. 전통적 지식관이 계속 살아남았다는 예증을 보려면, 서로 우위를 차지하려던 대학 학부들 사이의 갈등을 다룬 책 두 권을 같이 놓고 보면 될 텐데, 하나는 피렌체의 인문주의자 콜루초 살루타티가 15세기 초에 썼고, 다른 하나는 이마누엘 칸트가 거의 300년 뒤에 쓴 것이다. 두 책 모두 신학과 법학, 의학 사이의 갈등에 초점을 맞추는 것은 이 '고등' 학문 분과들이 근대 초기 내내 계속 우위를 유지했기 때문이다. 그렇기는 해도, 중요한 변화들이 르네상스에서 계몽주의 운동에 이르는 동안 학문적 지식 체제 안에서 분명히 일어났으니, '지

식의 지도를 다시 그리는 것'과 함께 '기관들을 다시 조직하는 것'으로 나아가는 흐름들이었다.[38]

연속과(아니면 재생산과) 변화 사이의 균형은 서서히 후자에 유리한 쪽으로 기울었다. 이론 수준에서 보면, 이 균형 이동은 지식 분류 체제를 개혁하려는 구상의 수를 통해서 드러난다. 이 구상 일부는 유명한 철학자들이 내놓았는데, 이를테면 프랜시스 베이컨, 르네 데카르트, 존 로크, 고트프리트 빌헬름 라이프니츠가 있다. 라이프니츠를 예로 들면 도서관과 백과사전 둘 다를 개혁하는 데 관심이 있었다.[39] 다른 구상들은 후대에서 덜 중요하게 취급했던 사람들의 것이었는데, 말하자면 전문적인 '분류학자'들로서 페트루스 라무스나 케커만, 알슈테트, 키르허 같은 경우들이었다.

저 프랑스 학자 라무스는 아리스토텔레스와 키케로가 쓰고 또 권장했던 분류법들을 비판했는데, 키케로가 학예 과목들을 잘못 구별해 뒤섞어 버렸다고 주장했던 것이다. 라무스는 논리학과 수사학 사이의 경계선을 다시 그렸다. 라무스 자신의 체제에서는 표의 형태로 제시된 이항 대립쌍들이 주요한 역할을 했다.[40] 이 '이분적 분류항'들은 후학들이 백과사전들에서, 이를테면 츠빙거의 『인간사 극장』에서 채용했고, 또 교재들에서도 채용했다. 예를 들어, 리바비우스는 (다른 측면에서는 라무스에게 반대했지만) 화학을 이런 식으로 제시했고, 또 1580년대에는 토마스 프레이(프레이기우스)와 에이브러험 프란스가 법을 라무스식으로 분석해 프레이는 민법을, 프란스는 관습법을 내놓았다. 심지어는 1605년에 잉글랜드인 로버트 덜링턴이 출판한 토스카나 여행기에도 이런 방식들을 따라 '논고의 분석'이라는 내용이 포함돼 있었다.

'모든 기술과 학문'을 두고 더 유동적인 분류법 또는 신축적인 분류법을 프랑스인 크리스토플 드 사비니가 내놓았는데, 이번에는 타원형 도식의 형태였다. 가장자리를 따라 열여덟 개 학문 분과로 이루어진 사슬이 둘려 있는데, 곧 저 3학과, 4학과, 세 고등 학부에 더해 시, 광학, 지리학, 우주 구조론, 물리학, 형이상학, 윤리학, 연대학이 이 사슬 안에서 이어져 있는 것이다. 안쪽에는 타원이 일흔네 개 더 있는데, 실로 이어진 풍선들 같은 모양이며, 가장자리 열여덟 개 학문 분과의 하위 분과들을 보여 준다. 이 도해는 학제적 연관 관계를(사비니의 말을 빌리면 '순서와 관계'를) 보여 주는 쪽으로는 라무스의 이분적 분류항들보다 더 신축적인 방식을 제시한다고 하겠다.

라무스를 누구나 기꺼이 받아들인 것은 아니었다. 예를 들면, 라무스의 아리스토텔레스 비판이 일부 당대인에게는 일종의 불경죄lèse-majesté로 보였는데, 이런 인식은 크리스토퍼 말로의 연극 「파리 학살」에서 극적으로 표현됐으니, 기즈 공작이 라무스를 이단으로 몰아 죽이려고 하면서 이렇게 추궁했던 것으로, "네가 오르가논을 조롱하며/ 이 책이 허황된 소리를 모아 놓았다고 말하지 않았더냐?" 이런 예외들이 있기는 했지만, 라무스의 비판들 가운데 일부는 널리 수용됐고, 이 비판들을 섞어 넣어서 지식의 분류라는 문제에 대한 절충주의적 해결책을 제시하려는 시도들도 나타났다. 예를 들어, 알슈테트는 아리스토텔레스를 라무스와, 또 률과도 결합하려 했는데, 률이 제시한 지식의 나무는 이미 앞에서 언급했다. 키르허의 『위대한 지식』은 새로운 종합을 시도했던 또 다른 사례였으며, 여기서도 률의 작업을 채용했다. 라이프니츠 역시 알슈테트의 작업과 함께 률의 작업을 다뤘다.[41]

베이컨이 이 문제를 두고 내놓은 해결책은 보기 드물 정도로 대담한 것이었으니, 자기 책들 중 하나에 『신新오르가논』이라는 제목을 붙여 아리스토텔레스를 대체하겠다는 의도를 공공연히 드러냈던 인물에게 걸맞았다고 하겠다. 베이컨은 정신의 세 능력을(곧 기억, 이성, 상상을) 자기 구상의 기초로 삼았는데, 예를 들어 역사는 '기억' 범주에, 철학은 '이성' 범주에, 시는 '상상' 범주에 할당했다.[42] 17세기와 18세기의 교과과정과 도서관, 백과사전을 살펴보면 베이컨의 재분류가 이 시기에 나온 갖가지 시도들 가운데 가장 성공적이었다는 것을 알게 된다.

교과과정의 재조직

교과과정들의 재조직은 일정한 양상들을 따른 것으로 보인다. 분화, 전문화, 또 심지어 '파편화'라고도 부를 만한 상태로 나아가는 어떤 반복적 경향이 있다는 것이다.[43] 새 학문 분과들이 독립을 얻어서 결국 조각나 떨어져 나가는 것으로, 20세기 후반의 신생국가들과 같다고 하겠다. 프랑스 과학원사(1709년)를 쓰면서, 간사 베르나르 드 퐁트넬은 1650년 당시 물리학의 상태를 "거대한, 하지만 분열된 왕국un grand royaume démembré"에 비교했는데, 말하자면 천문학, 광학, 화학 같은 지방들이 이미 '실질적인 독립 상태'였다는 것이다. 우리는 영역의 문제로 다시 돌아온 것이다.→142쪽

교과과정의 재조직은 다른 대학들에서 다른 형태를 띠었지만, 몇몇 일반적 흐름은 눈에 띈다. 일부 대학에서는, 이를테면 볼로냐 대학이나 로마 대학에서는 변화가 점진적이었고, 3학과와 4학과 사이 균형이 서서히 후자 쪽으로 유리하게 기울어 갔다.[44] 상당수 대학에서는 3학과와 4학과의 대체 체제가 교과과정에 침입 또는 침투했다. 이

체제가 곧 인문학studia humanitatis이라는 체제였는데, 다섯 개 과목으로 이루어져 있었으니, 문법과 수사학이 (저 3학과에서와 마찬가지로) 있었고, 여기에 시, 역사학, 윤리학이 추가됐다. 어떨 때는 새 과목들이 조용히 들어왔지만, 또 어떨 때는 1500년 라이프치히 대학 시 과목의 경우에서처럼 격렬한 갈등을 빚기도 했다.

역사학의 지위가 올라가는 데는 (학문 분과가 아니라 직업이라는 의미의) 법과 정치에 관련되어 있던 것이 특히 도움이 되었다. 예를 들어, 18세기가 되면, 설사 그 이전까지는 아니었다고 해도, 파리에서는 국제사 공부를 외교관들에게 좋은 훈련 과정으로 여기게 됐다. 국제사는 1712년 외무 장관 토르시가 파리에 세운 정치학 학술원에서 가르쳤고, 1750년대에는 스트라스부르에서도 가르쳤다. 옥스퍼드 대학과 케임브리지 대학에서 18세기 초에 역사학 흠정 강좌가 개설되는 것도 그 기원은 비슷했다.[45]

지리학은 우주 구조론cosmography으로도 알려져 있었거니와, 근대 초기에 대학들에서, 또 예수회 학료들에서도 지위가 더 두드러져 가던 또 다른 학문 분과였다.[46] 하이델베르크 대학에서 1520년대에 지리학 강의를 했던 것은 제바스티안 뮌스터였는데, 나중에 유명한 지리학 논문(1544년)을 쓰게 되는 인물이다. 옥스퍼드 대학에서는, 지리학 강의를 1570년대에 리처드 해클루트가 하고 있었는데, 여행서 편집자로 널리 알려지기 전이었다. 더 많은 지리학 지식이 필요했던 것은 탐험과 제국의 시대였던 만큼 충분히 쉽게 알 수 있는 일이었고, 그리하여 우리가 이미 본 것처럼 → 105쪽 우주 구조론은 세비야의 상무청에서 항해자들에게 가르쳤다. 고대의 그리스인들과 로마인들, 이를테면 프톨레마이오스나 스트라보가 이 과목을 진지하게 여겼던 사실도 지리학을 받들게 만드는 데 도움이 됐다. 지리학과 천문학이,

곧 지구terrestial globe와 천구가 연결돼 있었던 것도 마찬가지로 작용했다. 지리학을 어떨 때는 천문학 교수가 가르치기도 했는데, 이 새 과목이 대학에 더 쉽게 진입할 수 있었던 것은 이미 자리 잡은 학문 분과의 옷자락에 매달려 있었기 때문이라는 사실을 말해 준다고 하겠다. 그래도 여전히, 필리프 클루베리우스가 1616년 레이던 대학에서 지리학 유급 연구직에 선임됐던 것은 이 대학이 연구에 관심을, 당시로서는 보기 드물었던 관심을 갖고 있었음을 보여 주는 만큼이나 교과과정에 지리학을 끼워 넣기가 어려웠던 사정을 드러내는 것이라고도 할 수 있다.[47]

'자연철학'은 4학과에서 서서히 독립해 나왔으나, 결국 다시 물리학, 박물학, 식물학, 화학같이 사실상 독립적인 과목들로 갈라졌다. 예를 들어, 최초의 박물학 강좌가 1513년 로마 대학에서 개설됐고, 페라라 대학과 피사 대학이 뒤를 따랐다. 레이던 대학에 1593년이면 식물학 강좌가 개설됐고, 옥스퍼드 대학이 1669년, 케임브리지 대학이 1724년이었다. 화학은 조금 늦게 대학으로 들어왔는데, 예를 들어, 케임브리지 대학은 1702년, 웁살라 대학은 1750년, 룬드 대학은 1758년이었다. 식물학과 화학의 경우를 보면, 이 새로운 과목들은 특정 형태의 전통적인 대안적 지식들, 곧 '신통한 사람들'과 연금술사들의 지식을 어느 정도 학문적으로 인정해 준 결과라고 하겠다. 외과학과 약학이라는 새로운 대학 과목들 또한 대안적 지식이 얼마간 인정받은 사례라고 할 텐데, 17세기 프랑스에서는 이 두 '기술' 쪽의 도제들이 대학의 몇몇 학부에서 강의를 듣도록 허용했기 때문이다.[48]

'옷자락 원리'라고 부를 만한 것이 여기서도 작동했는데, 식물학과 화학 모두 대학에 발판을 마련하는 것은 오래전부터 자리 잡고 있던 의학부에 '부속' 과목들로 연결돼 있었기 때문이었으니, 그러니까 특정 약용식물들과 화학적 조제법들이 치유 효과를 갖고 있어서, 말 그대로 주인 학문 분과에 '하녀'들로 딸려 있던 덕이었던 것이다. 예를 들어, 안드레아 체살피노가 식물학 연구를 했던 것은 피사 대학에서 의학 교수직을 맡고 있던 동안이었고, 렘버르트 도둔스는 레이던 대학에서 의학 교수직을 갖고 있으면서 식물학을 가르쳤다. 의화학 강좌가 마르부르크 대학에서 개설되는 것은 1609년이었다. 게오르크 에른스트 슈탈은 할레 대학에서 화학을 강의했지만, 원래는 의학 교수로 선임됐던 경우고, 부르하버가 의학과 식물학에 화학까지 세 과목의 교수를 겸했던 것은 이미 언급한 바 있다.[49]

의학과 연결돼 있어서 또 다른 새로운 학문 분과가 도움을 받았을 가능성도 있는데, 정치학이었다. '정치체'라든가 '국가의 치료자', '정치 해부도'니 하는 말들에서 떠오르는 심상들은 단순한 은유 이상이었거니와, 특히 1700년 이전의 경우에 그러했다. 콘링이 17세기 중반에 헬름슈테트 대학에서 의학과 정치학을 강의했을 때, 이런 과목 조합은 오늘날 이상해 보이는 만큼 당시에도 이상하게 보이지는 않았을 수 있다. 결국 연금술사 요한 요아힘 베허는 의학 교육을 받았던 경우로서, 그러면서도 정치에 관해 말할 권리를 주장했는데, 두 과목 모두 신조는 '사람들의 안녕이 최고법salus populi suprema lex'이었기 때문이다.[50]

하지만 정치학과 경제학의 경우 대학 교과과정 안으로 진입하는 데 도움을 준 것은 철학이라는 기존 학문 분과였다. 케커만이 단치히에서 김나지움의 교과과정을 개혁하는데, 곧 3년 차 과정들을 추가했던 것으로, 윤리학, 정치학, '경제학disciplina oeconomica'이었으며, 여기서 경제학은 고대 그리스 때처럼 가계 관리라는 의미였다. 할레 대학에서는 17세기 말에 크리스티안 토마시우스가 정치학과 경제학을 가르쳤으

며, 그 스스로는 이 둘을 '실용 철학philosophia practica'이라 묶어 불렀다.[51]

정치학이, 또 더 느리게 정치경제학이 지위가 올라가는 데는 중앙집권화하던 국가의 필요도 긍정적으로 작용했다. 정치학을 이제 '기술'로, 곧 실제 경험으로 익힐 수 있는 것으로는 여기지 않게 되고, 학문scientia, Wissenschaft으로, 곧 학문적 방식으로 체계화하고 가르칠 수 있는 것으로 더 많이들 보게 됐다. 예를 들어, 콘링은 정치학sceintia politica이라는 표현을 썼다. 독일어 사용권에서 17세기 이후로 계속 많이 쓰는 말은 국가학Polizeywissenschaft이었으며, 다르게는 Statsgelartheit나 Staatswissenschaft로 알려지기도 했다. 이 과목은 대학들 바깥에서, 곧 관리들을 기르는 특별 학교들에서 가르쳤으며, 그러다가 강좌가 1727년에 할레 대학과 프랑크푸르트온오데르 대학에서 개설됐다.

'정치경제학'을 보면, 가계 관리에서 발전해 나왔는데, 국가를 일종의 거대한 가계로 여겼던 것이라고 하겠다. 정치경제학이라는 표현은 프랑스 개신교도 극작가 앙투안 드 몽크레티앵이 『정치경제학 개론』(1615년)에서 처음 만들어 낸 것으로 보인다. 하지만 18세기나 가서야 이 새 학문 분과가 학문 체제 속으로 진입하고, 그리하여 상인이나 은행가, 주식거래소 투기자들의 실용적 지식이 인정받고 이론화되는 것을 볼 수 있게 된다. 카를 귄터 루도피치가 중요한 상업 백과사전의 저자로서 1733년부터 계속 라이프치히 대학에서 '세상에 관한 지식Weltweisheit' 교수직을 보유했던 것은 적절했다고 하겠다.(이런 이름을 가진 교수직이 만들어질 수 있었던 것을 보면 이 대학이 이 무렵에는 혁신에 개방적이었으리라는 생각을 갖게 된다.)

경제학이 학문적 환경 안으로 진입하는 것이 항상 간단했거나 매끄러웠던 것은 아니다. 애덤 스미스는 글래스고 대학에서 도덕철학 교수로 고용되어 있어서, 교수직을 그만두고 어느 귀족의 개인 교사가 되어 같이 여행을 다니기 전까지는 『국부론』을 쓸 수가 없었거니와, 그렇기는 해도 '법률과 통치의 일반 원칙들'에 관한 자기 생각을 1762년에서 1764년까지 이 대학에서 이른바 '비공개' 수업을 통해 비공식적인 방식으로 발표해 볼 수 있었던 것 또한 사실이다.

스미스가 독일어 사용권이나 나폴리에 살았더라면 학문적 환경이 그의 견해에 더 호의적이라고 느꼈을 것이다. 예를 들어, 할레 대학과 프랑크푸르트안오데르 대학에서는 국가 경제Cameralia Oeconomica라고 알려진 분야를 가르치는 강좌들이 1727년 개설됐고, 그 뒤를 린텔른 대학(1730년), 빈 대학(1751년), 괴팅겐 대학(1755년), 프라하 대학(1763년), 라이프치히 대학(1764년)이 따랐다. 나폴리에서는, (이 이름으로는 유럽 최초였던) '정치경제학' 교수직이 1754년 처음 만들어져 안토니오 제노베시에게 돌아갔고, 이듬해에 설립된 모스크바 대학에서는 경제학을 (kameralija 또는 kameral'nykh nauk라는 이름으로) 사실상 처음부터 가르쳤다.[52] 이 무렵이면, 이 새 학문 분과는 충분히 잘 자리를 잡아 화학에 도움을 주려고 손을 내미는 정도가 됐으니, 그러니까 독일과 스웨덴의 대학들에서는 화학 교수직들이 재정학Kameralistik 학부에 들어 있었던 것이다. 이 학문 분과 역시 전문 학과들로 조각나기 시작한 상태였는데, 이를테면 임학Forstwissenschaft 같은 분야로서, 임학의 경우 최근의 계량적 접근 방법을 채용하면서 더 당당히 학문 지위를 주장했던 것이다.[53]

도서 분류 체계의 변화

도서관들에서도 역시 재분류에 관한 관심이 일었는데, 부분적으로는 대학들의 조직에서 변화들이 일어난 결과이기도 했지만, 인쇄술의 발명에 이어 책들이 많이 늘어난 결과이기도 했거니와, 이렇게 책이 쏟아져 나오는 사태를 일부 학자는 당혹스러워했다. 이탈리아의 작가 안톤 프란체스코 도니는 이미 1550년에 "책이 너무 많다 보니 제목들을 읽을 시간조차도 없다."고 불평을 하고 있었다. 코메니우스는 '엄청난 양의 책들granditas librorum'에 관해 언급했고, 17세기 후반의 프랑스 학자 바스나지는 '홍수'라고 표현했다.[54] 책들의 질서보다 당시 일부 사람에게 눈에 먼저 들어온 것은 '책들의 무질서'였으니, 수습해야 할 문제였던 것이다. 심지어 게스너도 책들의 순서ordo librorum라는 말을 처음 썼으면서도 "혼란스럽게 섞여 있어 어수선하게 만드는 저 많은 책confusa et noxia illa librorum multitudo"을 놓고 역시 불평을 늘어놓았다.[55]

이 영역에서는 지적 경계선이 교과과정의 경우에서보다 어쩔 수 없이 더 열려 있었으니, 책들은 구체적인 물건이어서 어딘가에는 놓아두어야만 했고, 그러면서도 어떤 전통적 범주와도 맞지 않을 수 있었기 때문이다. 예를 들어 정치학에 관한 책이 이 시기에 아주 많이 나왔고, 이를 분명히 보여 주는 것이 주제별 서지 목록들로서, 이를테면 『정치학 체계』(1621년)가 있는데, 독일 학자 크리스토프 콜레루스가 편찬했고, 『정치학 서지 목록』(1633년)은 프랑스 학자-사서 가브리엘 노데였다. 서지 목록들은 참고서의 한 형태로서 이 기간에 점점 흔해졌으며,→288쪽 '벽 없는 도서관'이라 불렸고, 유럽 전역을 돌아다닐 수 있었다.[56]

서지 목록들에서는 새로운 것에 대해 교과과정들보다 확실히 저항이 덜했다. 게스너의 1548년 일반 서지 목록을 예로 들면 정치학이 들어갈 자리가 경제철학, 지리학, 마법, 기예 같은 주제들과 나란히 이미 마련돼 있었다. 게스너의 가상 도서관은 실제 도서관들에서 도서 목록을 만들 때 기초가 됐으니, 이를테면 인문주의자 휘호 블로티우스가 사서였을 때의 빈 제국 도서관이 이런 경우였다. 새롭고 복합적인 체제를 에스파냐 학자 프란시스코 데 아라오스가 『도서관을 어떻게 배치할 것인가』(1631년)라는 논문에서 제시했다. 아라오스는 책들을 열다섯 개 '종류', 곧 범주로 나누었다. 이 범주들 가운데 다섯 개 범주는 종교적이었으니, 신학, 성서 연구, 교회사, 종교시, 교부들의 저작들이었다. 열 개 범주는 세속적이어서, 사전, 비망록, 수사학, 세속사, 세속 시, 수학, 자연철학, 도덕철학, 정치학, 법학이었다.

분류 문제에 대한 더 단순한 한 해결책이 1610년의 레이던 대학 도서관 내부를 묘사한 판화(그림 6)에 기록돼 있으니, 여기서는 일곱 개 범주로 정리된 책들을 보여 주는데, 먼저 전통적 학부들인 신학, 법학, 의학에다 수학, 철학, 문학, 역사학이 추가돼 있었다. 같은 도서관의 도서 목록이 1595년에 출판되는데, 거기에는 이와 똑같은 일곱 개 범주를 썼고, 이에 반해 1674년 도서 목록은 여덟 번째 범주를 추가했는데, '동양 서적들'이었다.(이 무렵이면 레이던 대학은 동양학에서 기여한 것 때문에 유명해져 있었다.)

또 다른 단순한 해결책을 내놓은 것은 노데였다. 노데의 『도서관 구축에 관한 조언』(1627년)은 제7장을 분류 문제에 할애했는데, 이 책에서 그는 병졸을 모아 놓았다고 군대가 아닌 것처럼 책들을 쌓아 놓았다고 도서관은 아니라고 선언하면서, 밀라노의 저 유명한 암브로시아나 도서관을 놓고 주제별 분류가 돼 있지 않다고, 곧 이곳의 책들은 "뒤섞여 쌓여 있다."고 비판했다. 노데는 또한 '변덕스러운' 분류 체계도 비판했는데, 분류 체계의 목적은 "수고를 들이지 않고, 번거롭지 않고, 또 헷갈리지 않고" 책들을 찾는 것일 뿐이라고 보았기 때문

그림 6

요한네스 보우다누스의 「레이던 대학 도서관」
(1610년, 판화 제작: 빌럼 스바넨뷔르흐).

이다. 이런 이유로 노데는 저 3학부, 곧 신학, 의학, 법학과 함께 '역사, 철학, 수학, 인문학, 기타'의 순서를 따를 것을 권고했다.[57]

이런 해결책들은 실용적인 것들이어서, 한 벌의 학문 분과를 섞어 놓기는 했지만, 더 근본적인 문제들은 해결하지 않고 남겨 두었다. 플라톤의 말을 약간 바꿔서 이렇게 말할 수도 있을 텐데, 책들의 왕국에 질서를 세우려면 사서-철인이 아니면 철인-사서가 있어서, 실용주의 철학자 존 듀이의 재능을 유명한 십진분류법 창안자 멜빌 듀이의 재능에 결합해야 할 것이다.[58] 17세기 후반에 이 이상이 라이프니츠라는 인물로 짧은 동안 실현되는데, 이 무렵 라이프니츠는 볼펜뷔텔의 아우구스트 공작 도서관 사서였다. 라이프니츠는 앞서 1679년에 한 편지에서 도서관이 백과사전의 등가물이어야 한다고 쓰기도 했는데, 이 사서 일에서 자극을 받아, '도서관 배치 구상Idea bibliothecae ordinandae'이라는 것을 만들어 냈다. 이 구상은 지식을 아홉 개 부분으로 나누었는데, 그 가운데 셋은 전통적인 고등 학부, 곧 신학, 법학, 의학에 해당했고, 여기에 철학, 수학, 물리학, 문헌학, 역사학, 기타가 추가됐다. 이와 비슷한 방식을 썼던 것이 라이프치히의 《학술 기요》로서, 이 학술지는 새로 나온 책들의 서평을 정기적으로 실었으며, 이 책들을 일곱 개 범주로 색인에 올렸으니, 신학(교회사 포함), 법학, 의학(물리학 포함), 수학, 역사학(지리학 포함), 철학(문헌학 포함), '기타'였다.[59]

이 '기타'라는 범주는 보통 받았던 관심보다 더 많은 관심을 받을 만하다. 사실 여러 세기에 걸쳐 이 범주 아래 포함됐던 서로 다른 항목들의 역사를 살펴보면 지성사의 한 측면을 비춰 줄 것이라 주장할 수 있을 텐데, 분류 방식들이 잇달아 나타났는데도 무엇이 됐든 거기 계속 저항했던 것들에 초점을 맞추는 셈이 되기 때문이다. 소장품 배치 안내서 저자 자무엘 크비크헤베르크→170쪽는 '문헌학'을 자신의 기타 범주로 썼으며, 여기에 전쟁과 건축학을 포함했다. 프랑스 서지학자 라 크루아는 '혼합'을 자신의 일곱 개 범주 가운데 하나로 썼으며, 거기에는 회고록, 심심풀이용 읽을거리, 낙원, 연옥, 지옥, 세상의 종말이 들어 있었다. 알슈테트는 자기 『백과사전』(1630년)에 많은 분량의 기타 절farragines을 뒀는데, 대표적으로 역사와 기억술이 포함돼 있었다.

박물관들의 분류 방식

분류에 따르는 문제들이 박물관들의 경우에는 도서관들에서보다 한층 더 심각했는데, 박물관 소유자나 학예사가 따르거나 바꿔 볼 만한 중세 전통 같은 것이 아예 없었기 때문이다. 박물관들 또는 '희귀품 전시관'들은 16세기, 17세기, 18세기에 많이 늘어났다. 이 가운데 몇몇은 유럽 전역에 걸쳐 유명했는데, 군주들의 전시관들뿐만 아니라(예를 들어 프라하의 루돌프 2세나 파리의 루이 14세만이 아니라), 사개인들의 것도 있었는데, 이를테면 성직자 만프레도 세탈라의 경우는 밀라노에 있었고, 교수 알드로반디는 볼로냐, 약종상 바실리우스 베슬러는 뉘른베르크, 의사들인 피에르 보렐과 올레 보름은 각각 카스트르와 코펜하겐, 수집가 한스 슬론→172쪽은 런던이었다. 18세기 파리 한 곳만을 봐도 최소한 723건의 소장 사례가 우리에게 알려져 있다. 1700년 무렵이면 기념패들이 가장 인기 있는 항목이었으나, 18세기 중에 경쟁자가 등장하는데, 곧 조개류나 갑각류의 껍데기로서, 고전 지식에 관한 애호가적 관심에서 자연철학에 관한 관심으로 옮겨갔음을 보여 주는 것이라 하겠다.[60]

이런 소장품들의 조직을 재구축해 보려면, 도상 증거들에 의존해야만 하거니와, 이때 예술가의 의도가 사실적이기보다 상징적인 묘사를 제시하는 것일 수도 있었다는 것은 염두에 두어야 한다.[61] 17세기 그림들에서 오늘날의 감상자들은 많기도 하고 서로 이질적이기도 하다는 인상을 받을 것이다. 보름의 박물관을 묘사한 당시 판화(그림 7)를 예로 들면, 우리의 주의를 끄는 것은 어떤 남자의 입상인데, 그 옆으로는 웃옷이며 목이 긴 장화, 박차가 있으며, 하지만 또 박제한 물고기가 (조그만 곰과 함께) 천장에 매달려 있는 것도 눈에 들어오고, 사

그림 7

G. 빙겐도르프의 「호기심의 방」. 올레 보름의 『보름 박물관』
(레이던, 1655년) 속표지 그림.

슴뿔들이 한쪽 벽에 뿔잔들과 함께 전시된 것도 보인다. 소장품 목록에서는 이보다도 더 다양한 물건을 보게 되는데, 대표적으로는 이집트 미라에서 시작해 고대 로마의 옷장신구, 자바 화폐, 에티오피아와 일본에서 들여온 필사본들, 브라질산 담뱃대들이 있었고, 여기에 더해 북유럽 유물도 상당수 있었다. 곧 그린란드산 창들, 라플란드산 활, 핀란드산 스키들, 노르웨이산 고대 방패 따위였다.

하지만 더 주의 깊게 들여다보면, 잡다해 보이는 전시 상태 속에서 분류하려는 욕구의 존재가 드러난다. 보름의 박물관에는 '금속', '암석', '목재', '껍데기들', '약용식물', '근채류根菜類' 따위의 이름표들이 붙은 상자들이 있다. 뿔잔들이 사슴뿔들과 함께 전시돼 있는 것은 이것들이 똑같은 소재로 돼 있기 때문이다. 보름의 아들이 출판한 소장품 명세서는 네 권으로 나뉘어, 각각 암석 및 금속, 식물, 동물, 인공물artificiosa을 다루고 있다. 다른 말로 하면 이 박물관의 내용물들은 자연물이든 인공물이든 장소나 시기가 아니라 어떤 물질로 만들어졌는지에 따라 분류되는 것이다. 밀라노의 세탈라도 원재료를 가지고 분류하는 똑같은 방식을 채용했는데, 그리하여 자기 박물관이 일종의 소우주, 곧 우주의 축소판이라는 인상을 받게 했다.

다시 알드로반디는 자기 소장품들에 질서를 부여하려고 하면서 이 소장품들을 예순여섯 개의 궤cassette에 나누어 넣었는데, 이 궤들은 적어도 7000개는 되는 칸으로 또 나뉘어 있었다. 두 권짜리 두꺼운 '색인'이 있어서 특정 물건을 찾는 작업에 도움을 줬다. 몇몇 소장품 목록이, 대표적으로는 세탈라와 보름의 소장품 목록들이 17세기에 출판됐는데, 이제 우리는 거기서 각각의 배치 방식 이면에 있는 논리를 읽는 것이다.[62]

비슷한 질서 부여 문제들이 도상 수집품들의 경우에서도 생겨났다. 예를 들어, 알드로반디가 화가들에게 동물들과 새들의 생김새를 기록해 달라고 의뢰했을 때 이런 문제가 생겼다. 또 다른 유명한 예는 로마의 수집가 카시아노 달 포초의 '종이 박물관Museo cartaceo'인데, 이 박물관은 고대 유물들을 비롯한 다른 많은 물건의 그림들이 주요 소장품이었다. 세 번째 예를 보면, 이번에는 인쇄물로서, 베네딕도회 소속 학자 수사 베르나르 드 몽포콩이 출판한 여러 권짜리 『고대 유물 도해 주석』(1719년~)에는 1120개의 도판이 실려 고대 세계의 여러 면면을 보여 주고 있었다. 곧 여러 신이며 숭배 의식들, 일상생활, 전쟁, 무덤들 따위였다.[63]

물건들을 배열하는 것의 중요성은 글들을 통해서도 드러나는데,

이를테면 크비크헤베르크의 『비문』(1565년), 자크 와젤의 『고대 주화의 보고寶庫』(1677년), 존 에블린의 『기념패들에 관하여』(1693년)가 있다. 예를 들어, 크비크헤베르크는 박물관들을 다섯 개 범주로 분할할 것을 권고했으며, 그중 하나가 '자연'이었다. 와젤은 고대 주화들을 열 개 종류로 나눴는데, 그 각각은 황제, 속주, 신들, 덕목, 전쟁, 경기, 신격화된 인물, 공공건물, 사제, 기타와 관련이 있었다. 에블린은 미래의 수집가들을 염두에 두고 자기 논문에서 몇 쪽을 기념패들을 '분류하고 정렬해서 전시하는 방법'에 할애했으니, 예를 들면 프랑스 왕의 전시관에 있는 2만 개의 기념패는 "시대에 따라 정렬돼 있다."고 말해 주는 식이었다. 에블린이 자기가 '체계화'라고 부른 것에 관심을 가졌던 대목은 라무스를, 또 노데를 떠올리게 하거니와, 사실 에블린은 도서 분류에 관한 노데의 저술을 영어로 번역하기도 했다.

따라서 이 시기에 박물관들이 확실히 대단한 기세로 생겨나는 것을 호기심이 커진 것을 보여 주는 지표라고만 설명하지 않고 신세계에서 유럽으로 새로운 물건들이(악어나 아르마딜로, 깃털 달린 머리 장식들, 새로 발견한 이집트 미라들, 중국 도자기들이) 유입되면서 일어난 '지식의 위기'를 관리하려는 시도로도 설명한 것은 당연하다고 할 텐데, 사실 이런 물건들은 전통적인 범주들에 끼워 넣으려는 시도들에 저항했던 것이다.[64]

백과사전과 알파벳 순서

백과사전들의 경우, 변화의 추진력을 제공한 것은 또다시 인쇄술의 발명이었다. 인쇄 산업의 출현은 이 분야에서 두 가지 중요한 결과를 낳았다. 첫 번째로, 백과사전들을 확실히 더 손쉽게, 또 더 많은 사람이 구할 수 있게 만들었다. 두 번째로, 인쇄술은 백과사전들을 인쇄기 발명 이전에 필요했던 것보다 한층 더 필요해지게 만들었다. 더 정확하게 말하면, 백과사전들의 기능들 가운데 하나가 갈수록 필요해졌던 것인데, 커져만 가는 인쇄된 지식의 (밀림이라고까지는 말 못 해도) 숲에서 독자들을 안내하는 기능이었다.

백과사전 편찬자들은 전통적 범주 체계를 변경할 때 점차 더 과감해졌다. 피에르 그레구아르의 『체계들』(1575~1576년)은 '모든 학문과 기술'의 축도를 제시하려 한 대담한 시도였거니와, 기예에 별도의 절들을 할애했는데, 곧 전통적인 주제들인 직조, 전쟁, 항해, 의술, 농사, 수렵, 건축들을 따로 다루는 것과 함께 회화도 떼어서 소개했다. 베이컨의 분류법이 특히 영향력을 갖고 있었던 것으로 보인다. 예를 들어, 노데는 도서관의 구조에 관해 논의하면서 베이컨적인 틀을 채택했다. 이탈리아의 추기경 안토니오 차라는 베이컨이 설파하던 것을 실행에 옮겼는데, 서른여섯 개 주제를 기억, 지성, 상상이라는 세 대범주 아래 배치하는 체계를 세웠던 것이다. 체임버스는 지식을 감각, 이성, 상상의 산물로 나누었다.[65] 장 르 롱 달랑베르는 『백과전서』에 붙인 서문에서 베이컨의 구상에 관해 논했다.

하지만 한층 더 심원한 변화가 백과사전들의 조직에서 모습을 드러내기 시작했는데, 17세기 초부터 계속 이어졌던 것으로서, 알파벳 순서였다. 알파벳 순서는 중세 때 이미 알려져 있었다. 17세기에 새로웠던 것은 지식을 배열하는 이 방식이 분류의 부차적 체계가 아니라 주요 체계가 돼 가고 있었던 것이다. 오늘날에는 이 체계가 흔해 보일 수도, 심지어는 '당연'해 보일 수도 있지만, 이 체계를 적어도 맨 처음에는 지적 무질서의 기세에 밀렸다는 생각에서 받아들였던 것으로 보이는데, 이 무렵에 새로운 지식이 체제 속으로 너무 빨리 들어오고 있어서 소화할 수도, 체계화할 수도 없었던 것이다. 이 체계는 서서히 퍼져 갔는데, 이 과정은 제8장에서 더 자세히 다룬다.

학문의 진보

지식 이해에서 일어난 여러 변화를 이 장에서 지금까지 지적했거니와, 숫자에 대한 관심이 갈수록 커졌던 것도 이 변화들 가운데 하나였다. 숫자의 사용, 곧 '통계'는 비인격적 지식 또는 편견 없는 지식이라는 새로운 이상과 맞물려 있었고, 나중에는 이 이상을 '객관성'이라 부를 것이었다.→49쪽 근대 초기를 지나는 중에 일어난 다른 두 변화 또한 강조해 둘 만하다.

첫 번째로, 교양적 지식과 실용적 지식 사이의 상대적 중요도에서 변화가 생겼으니, 이제 후자를 강조하는 것은 데카르트, 베이컨, 라이프니츠 말고도, 베이컨의 많은 후학이 또 있었으니, 이를테면 존 듀리, 새뮤얼 하틀리브, 로버트 보일, 조지프 글랜빌, 슬론이었다. 『필수적이고 실용적인 모든 지식을 증진하기 위한 소론』을 1697년 토머스 브레이가 펴내는데, 이 시대의 전형적 저술이었다. 지식이 실용성을 갖고 있다는 수사적 주장이 오래된 것이기는 했지만, 실용적 지식의 사용을 강조한 것은 새로운 현상이었다. 저 프랑스 건축가가 1400년 밀라노에서 내놓은 언명을 뒤집어,→138쪽 베이컨의 후학들은 1700년에는 "실천이 없으면 이론은 아무 쓸모가 없다.scientia sine arte nihil est"고 말했을 법도 하다.

18세기가 되면, 실용적 지식은 이미 상당히 지위가 올라 있었다.

1699년의 새 정관에 따라 프랑스 과학원은 토목학을 비롯해 다른 형태의 응용과학들을 전보다 중요하게 취급하게 되는데, 이것이 정점에 이르렀던 것이 과학원이 펴낸 여러 권짜리 『공예 및 직종 소개』(1761~1788년)였다.[66] 연금술사-경제학자였던 베허의 전기 작가는 전기 제목에서 베허를 '실용적 학자의 전범Das Muster eines Nützlich-Gelehrten'이라고 표현했다. 《젠틀맨스 매거진》 1731년 5월호는 "우리의 지식은 무엇보다도 먼저 가장 실용적인 지식이어야 하며, 그다음에는 가장 시류에 맞고 신사에게 어울리는 지식이어야 한다."고 언급했다. 같은 해에 더블린에서는 "농업 진흥을 위해" 협회 하나가 설립되는데, 그 목적은 "실재적이고 실용적인 지식을 도서관에서 끌어내 한낮의 빛 가운데로 가져다 놓는 것"이었다. 농업 협회들은 유럽 전역에서 설립돼 농부들에게 유용할 정보들을 보급하게 된다. 에르푸르트의 실용 과학원은 1754년에 설립됐으며 비슷한 목적을 갖고 있었고, 필라델피아(1758년), 버지니아(1772년), 뉴욕(1784년)에 설립되는 협회들도 마찬가지였다. 드니 디드로를 비롯해 『백과전서』에 관여했던 프랑스 학자들도 비슷한 관점을 갖고 있었다.

러시아의 경우, 표트르 대제가 그토록 들여오고 싶어 하던 서유럽 지식이 구체적으로 어떤 것이었는지는 대제가 세운 학교들에서 수학과 항해술을 가르쳤던 것에서, 또 러시아에서 인쇄된 최초의 세속 서적이 레온티 마그니츠키의 『산술학』(1703년)이었던 것에서 드러났다. 이런 종류의 실용적 지식을 가리키느라 새로운 러시아어 단어 nauka가 만들어졌다. 이 단어는 영어로는 보통 'sciences'라고 번역되거니와, 상트페테르부르크의 새 과학원을 가리킬 때 썼던 바로 그 단어였다. 이 단어 nauka와 맨 처음에 엮여 있던 의미들은 전혀 학문적이지 않았고, 육군이나 해군, 기술, 경제 쪽과 관련이 있었다.

되돌아보면, 17세기 전반기를 짧았던 '호기심의 시대'라 묘사해도 좋을 듯하다. 먼저 이 무렵이 '호기심 많은curious' 또는 curiosus, curieux 같은 단어들을 훨씬 더 자주 쓰게 된 때였다. '호기심'에 대한 종교 쪽의 비난은 세속 영역에서는 마침내 실질적으로 사라졌으며, '쓸모없는' 지식에 대한 세속 쪽의 비난은 아직 목소리를 내지 못하는 상태였다. 두 번째로, 지식 이해에서 변화가 생겼으니, 알렉상드르 쿠아레의 유명한 표현을 빌리면 "한정된 세계에서 무한한 우주로" 나아갔던 것으로, 지식을 누적적인 것으로 새롭게 보게 된 것이다. 새로운 것 하면 따라다니던 경멸적 의미들은 떨어져 나갔고, 새로운 것은 바람직한 것이 됐는데, 요하네스 케플러의 『신新천문학』이나 갈릴레오의 『두 개의 신新과학에 관하여』 같은 책들의 제목에서 이를 확인할 수 있다.[67]

이런 진보관을 보여 주는 사례들 중 가장 유명한 것을 베이컨이 제시하는데, 제목도 『학문의 진보』(1605년)라고 적절하게 붙인 책에서였다. 저서들 가운데 한 권 이상에서 베이컨은 표지와 본문에 인상적인 그림(그림 8)을 실어 체제를 바꾸겠다는 자신의 열망을 상징적으로 표현한다. 여기서 보여 주는 것은 '지적 세계mundus intellectualis'로서, 구체적으로는 구체球體로, 아니면 새로운 땅들을 찾아 헤라클레스의 기둥들을 넘어서 나아가는 범선으로 표현돼 있다. 베이컨은 『철학들에 관한 논박』에서 "이제 실제 세계의 광대한 공간들이 육지로나 바다로나 열려 탐험을 하고 있는 마당에, 지적 세계는 고대인들의 한정된 발견들이 그 경계가 돼야 한다면 우리로서는 수치가 될 것이다."고 적고 있다. 잉글랜드의 베이컨주의자 글랜빌은 황제 카를 5세의 좌우명 '넘어서PLUS ULTRA'(말하자면 헤라클레스의 기둥들을 넘어서)를 가져다 자기 책 중 하나의 제목으로 삼았고, 라이프니츠 역시 1670년

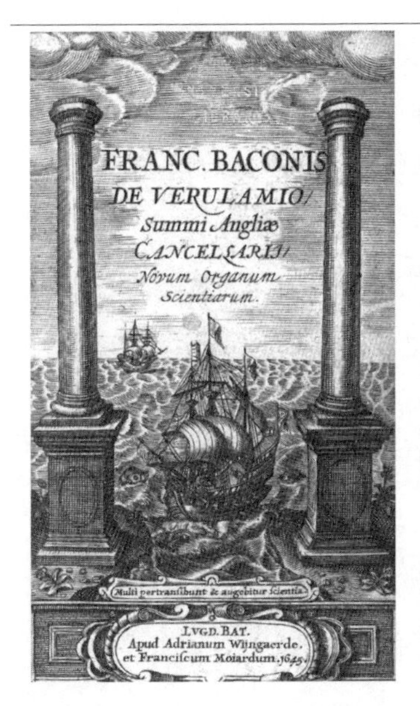

그림 8

프랜시스 베이컨의 『대혁신』(레이던, 1645년) 속표지 그림(왼쪽)과
프랜시스 베이컨의 『숲의 숲』(런던, 1670년) 속표지 그림(오른쪽).

대에 작업하고 있던 원고의 머리에 이 구절을 써 놓았거니와, 이 저작은 학문의 진보에 관한 것이었다.

베이컨의 야망은 분명히 지적 세계의 크리스토퍼 콜럼버스가 돼서 "학문의 지도를 다시 그리는" 것이었다. 지식의 진보를 보여 주는 구체적인 예로서, 지도들 자체를 들어 볼 수도 있다. 지도책들은 백과사전들과 비슷하게 판이 거듭될 때마다 계속 커지는 경향을 보였다. 아브라함 오르텔리우스는 지도책을 개선할 만한 정보들을 보내 달라고 독자들에게 부탁했고, 몇몇 독자는 실제로 그러기도 했다.[68] 지식이 진보한다는, 또는 '증진'된다는 생각은 잉글랜드에서 계속 되풀이해 나타나면서, 저 1650년대의 천년왕국적 열망들을 1660년대와 그 이후의 더 제한된 바람들과 연결하거니와, 이 생각은 (헤라클레스의 기둥들에 대한 또 다른 암시였던) 글랜빌의 『넘어서』, 또 로크의 『인간의 이해력에 관한 논문』(1690년)에 표현돼 있었다. 또 다른 생생한 예를 볼 수 있는 것이 '도서관 관리인'의 직무를 다룬 듀리의 짧은 논문인데, 1650년에 출판된 이 논문에서 듀리는 대학 도서관 사서가 '자기 장사에서 남긴 이익'을, 다시 말하면 신착 도서 증가분을 해마다 '보고'하게 해야 한다고 주장하는데, 이 책들을 듀리는 '학식 비축분'이라 표현했던 것이다.[69] 18세기에는 지적 탐험이라는 이상을 호라티우스에게서 따온 인용구로 압축하기도 했는데, 그러니까 이 인용구가 원래의 맥락에서 떨어져 나와서는 "알려는 데 용감하라.sapere aude"는 구호가 됐던 것이다.[70]

현대의 학문적 이상은 이런 17세기, 18세기의 열망들이 관례화된 것으로 볼 수 있다. 전통의 전수가 아니라 지적 혁신을 고등교육기관들의 주요 기능들 가운데 하나로 여기고, 그리하여 고등 학위를 받을 사람들은 무언가 '지식에 보탠 것'이 있을 것으로 보통 기대들을 하며, 여기에다 학자들이 오래된 영역들만 계속해서 파지 말고 새로운 지적 영역들을 개척하라는 압력이 (제3장에서 묘사했던 반대 압력들이 있는 가운데도) 존재한다.

결론

저 『백과전서』는 달랑베르가 우리가 다루는 시기의 끝에서 (베이컨을 따라) 학식의 '지도'라 불렀던 것을 아주 잘 보여 준다.[71] 이 책의 개정판들을(또 그 경쟁자들을) 보면 지식의 진보를 점점 더 민감하게 인식했다는 것이 드러난다. 그래도 여전히, 달랑베르가 '서문'에서 제시하고 디드로가 표의 형태로 보여 준 지식 분류 체계는 전통과 혁신 사이에서 균형을 잡고 있다. 우리 자신의 시대에서 돌아본다면, 이 분류 체계는 전통적으로 보이는데, 특히 지식의 나무와 그 가지들이라는 발상이나, 학예와 공예를 구분한 것이, 또 문법, 논리학, 수사학이라는 3학과를 다룬 대목이 그렇다.

다른 한편 1500년 시점에서 봤다면 여러 혁신이 두드러졌을 것이다. 지식의 나무는 가지치기가 돼 있었다.[72] 수학을 맨 앞자리로 격상시켜 3학과보다 먼저 다뤘다. 신학을 철학 아래에 배치해서 전통적 위계를 뒤집었다.(그리하여 《주르날 데 사방》의 『백과전서』 서평자를 충격에 빠뜨렸다.) 판화들은 물론 본문에서도 드러나듯이, 공예를 알슈테트나 차라의 백과사전들에서보다도 더 진지하게 취급했으니, 학문적 지식과 비학문적 지식의 사이가 갈수록 가까워지던 것을 구체적으로 보여 줬다고 하겠다.

마지막으로 항목들의 배치는 알파벳 순서를 따랐는데, 다만 정교한 상호 참조 체계를 통해 어느 정도까지는 이를 상쇄하기는 했다. 이 방식을 채택했던 실용적 이유들과는 별개로, 알파벳 순서의 사용은 위계적·유기적 세계 이해가 개별적·평등주의적 세계 이해로 옮겨 가는 것을 반영하는 것인 동시에 재촉하는 것이기도 했다. 이런 측면에서 우리는 '형식에 담긴 내용'에 관해 말할 수 있거니와, 그리하여 사회적 위계를 최소한 몇몇 측면에서라도 전복하고 싶어 했던 편찬자들의 바람을 부각할 수 있다. 『백과전서』는 지적 기획이었던 만큼이나 정치적 기획이었기 때문이다. 이런 지식의 정치학은 이어지는 장에서 더 자세히 살펴볼 것이다.

지식의 통제: 교회와 국가

권력의 행사는 끊임없이 지식을 창출하고, 또 거꾸로 지식은 계속해서 권력의 행사를 유발한다.

— 푸코

지식의 축적이 모두 그렇거니와 특히 우리가 지배력을 행사하는 사람들과 사회적 의사소통을 해서 획득한 지식의 축적은 …… 국가에 유용하다.

— 헤이스팅스

6

제2장부터 제5장까지에서 주로 관심을 가졌던 것은 학문 세계였으니, 곧 그 거주자들이나 그 기관들, 그 세계의 분류 방식들이었다. 정치가 이 세계라고 없는 것은 결코 아닌데, 이 점은 앞서 지적 영토를 지킨다거나 혁신에 저항한다거나 하는 논의들에서 충분히 확실하게 드러났을 것이다. 하지만 이제는 이 시야의 폭을 넓혀서 지식의 정치학에 눈을 돌릴 텐데, 여기서 정치는 교회 안에서든 국가 안에서든 권력기관들이 정보를 수집, 저장, 검색하고 여기에 통제도 한다는 의미의 정치를 말한다. 이 분야에서 연구들이 늘고 있는 것은 앞 장에서 다룬 실용적 지식에 관한 관심이 커졌다는 것을 보여 주는 최적의 증거라고 할 수 있다.

모든 정부가 정보에 의존하는 상황은 미국의 정치학자 카를 도이치가 거의 반세기 전에 한 고전적 연구에서 분석한 바 있다.[1] 이 주제의 몇몇 분야를 놓고는 최근에 매우 집중적으로 연구가 이루어졌다. 많은 논문이 첩보 활동의 역사를, 더 폭넓게 보면 정부들이 자기네 외교정책의 기초로 삼던 정보들을 다뤘다.[2] 많은 유럽 나라에서 실시하던 국세國勢조사들의 역사도 연구들을 했다.[3] 제국들 내부의 '정보 질서'도, 특히 에스파냐령 아메리카와 영국령 인도를 두고 상대적으로 자세히 연구가 이루어졌다.[4] 부정적인 측면에 관해서는, 서로 다른 곳들에서 사회적·정치적 검열이 작동했던 방식도 꽤 많은 논문의 연구 주제였다.[5]

이런 연구들 덕에, 근대 초기에 정보가 갈수록 많이 축적돼 가던 일반적 추세가 꽤 분명하게 드러나거니와, 이 정보를 표나 통계의 형태로 정리하는 경향을 두고도 같은 말을 할 수 있게 됐다. 어떤 사람들 사이에서는 심지어 '감시 국가'라는 개념을 꺼내는 경우도 있을 수 있는데, 하지만 기억해야 할 것이 있으니, 근대 초기 정부들은 그 국경 안에 사는 사람 모두의 생활을 통제해 보려고 어떤 식으로든 진지하게 시도했을 때 필요했을 그 많은 수의 관리를 갖고 있지 못했다. 실제에서는, 정부들은 특정한 문제나 위기에, 이를테면 반란이나 역병, 전쟁에 대응할 목적으로 정보를 수집했거니와, 다만 정부의 일상 업무를 위해 정보를 수집하는 단계로 나아가는 장기적 추세 역시 특히 1650년을 지나면서부터 눈에 들어온다고 말할 수는 있다.

덜 분명한 것은 이 정보 축적의 정확한 연대학, 지리학, 사회학이며, 또 이 정보 축적 아래 깔려 있는 다양한 이유다. 이 장에서 나는 이 문제들에 비교적인 방법으로 접근할 텐데, 특히 제국들을 주로 다룰 것이며, 이것은 지식의 확장이 제국 팽창의 전제 조건이자 결과라고 파악하기 때문이다. 곧 포르투갈, 에스파냐, 영국, 프랑스, 스웨덴, 러시아가 건설한 제국들을 살펴볼 것이다.(네덜란드 제국은 정치적 제국이라기보다 경제적 제국이었기 때문에 다음 장에서 논의한다.) 지리학이 이 시기에 하나의 학과목으로 떠오른 것 →158쪽은 분명히 우연이 아니었다.[6]

문제는 권력과 지식이 서로를 밀어주는 방식을 상술하는 것인데, 최근에 제국주의 시대 인도를 다룬 두 연구가 좋은 사례다. 이 중 한 연구에서는, 인도 정복을 '지식에 대한 정복'으로, 곧 '인식론적 공간'에 대한 침범으로 묘사하며, 저자는 이러면서 영국 정복자들이 지배 체제를 더 효과적으로 수립하려고 인도의 언어들이나 법률들에 대한 지식을 활용했던 방식을 부각한다. 다른 연구에서는, 무굴 제국 시대의 전통적인 '정보 질서'가 더 많은 주목을 받는다. 여기서는 영국이 원주민 정보 제공자들과 무굴 제국의 정보 수집 기법들에 의존해 시작했다고 논증한다. 이런 기법들을 영국인 관찰자들에 의존하는 더 '과학적인' 체제로 대체하면서 이 인도의 새 지배자들은 현지인들의 태도며 정서에 관한 지식과 단절됐고, 그리하여 1857년 반란에 허를 찔리는 사태를 초래했다.[7]

이상적인 경우, 지금 우리가 하는 종류의 비교사 연구는 국가들 사이, 지역들 사이, 또는 관심 영역들 사이의 유사점들과 상이점들뿐만 아니라 상호작용들까지도 (그것이 경쟁의 형태이든 전유의 형태이든) 드러내야 한다. 이 시기에는 두 상호작용 사례가 눈에 띄는데, 국가와 교회 사이에 정보 수집 기법들의 교류가 있었고, 또 주변부와 중심부 사이에도 같은 교류가 있었다. 적어도 일단 보기에는prima facie 다음처럼 주장할 만한 근거가 있는데, 곧 이 측면에서는 보통 (항상까지는 아니더라도) 국가가 교회로부터 배웠다는 것이고, 또 제국의 중심부들을 조사하는 데 썼던 방법들은 처음에는 멀리 떨어진 변방들을 통치하려고 개발했다는 것이다. 이 가설들을 검증하기 위해, 이어지는 내용에서는 서로 다른 종류의 정보들을 수집, 저장, 검색, 이용하고 또 통제하는 과정들을 살펴볼 것이다.

관료제의 등장

정부들은 자기네 지배 아래 있는 사람들에 관한 정보를 수집해 저장하는 데 관심이 있었거니와, 그 이전은 아닐지언정, 고대 아시리아인들 때부터였다. 우리 시대 한 사회학자가 지적하는 대로라면, "모든 국가는 '정보사회'였으니, 국가권력의 발생은 반성적 감시 아래 진행되는 체제 재생산을 전제하는데, 이 과정에는 통치 목적에 적용되는 정보들에 대한 체계적인 수집, 저장, 통제가 수반되기 때문이다."[8] 고대 로마인들은 여러 차례 철저한 인구조사를 하려 했었다. 1066년 노르만의 정복 이후, 잉글랜드의 새 왕은 인구조사를 명령하는데, 거기에는 인간들과 함께 동물들도 포함돼 있었다. 하지만 '둠스데이북Domesday Book'이라 불렸던 이 국세조사는 예외적인 경우였고, 또 그 조사 대장은 작성한 이후 두 세기 동안 거의 참조하지 않았다.[9] 정기적이고 체계적인 정보 수집이 통상적 유럽 통치 과정의 일부가 되는 것은 오로지 근대 초기나 돼서의 일이었다. 행정의 중앙 집중이 심화되면서 근대 초기 지배자들은 피지배자들의 생활에 관해 중세 때 알고 있었던 것보다 훨씬 많은 것을 알아야 했고, 또 알 수 있게 됐다.

중앙 집중과 함께, 막스 베버가 말했던 의미의 '관료제'가 출현했다. 카를 만하임과 달리, →21쪽 베버는 보통 지식사회학자로 기억되지는 않지만, 베버의 유명한 관료제 이론은 이 주제에 실제로 아주 큰 것을 보탰다. 결국 베버는 관료제를 '지식에 기초한 통제력의 행사'로 정의했던 것이다. 베버는 이 '관료 지배'를 비인격적 통치와 연결했으며, 이 통치의 기초는 공식적인 법규들과 적절한 경로들을 통해 제출된 서면 전갈이었다.[10]

근대 초기 유럽을 놓고 봤을 때, 국가 역사에서 나타난 주요 흐름들 가운데 하나는 베버적 의미의 관료제로 나아가는 경향이었거니와, 이 경향과 함께 흔히 말하는 경멸적 의미의 '관료주의'로 나아가는, 또 16세기에는 '비서들의 통치'→46쪽라고 알려졌던 것으로 나아가는 경향도 있었다.[11] 이 두 의미를 모두 가진 관료제의 출현을 보여주는 한 지표는 관리의 수가 늘어났던 것이다. 또 다른 지표는 한층 더 눈에 잘 띄거니와 관청 전용 건물의 등장이었으니, 피렌체의 우피치궁이 이런 경우였으며(미술관이 되기 전에는, 이름에서 알 수 있듯이 관청 단지였으며), 베르사유궁도 같은 경우로, 이 새 궁전의 일부는 공무원들이 쓸 목적으로 건축됐다.

통치자들 자신도 관료들을 고용하는 한편으로 관료들이 돼 가고 있었다. 고전적인 사례가 에스파냐의 펠리페 2세로서, 신민들은 그에게 '서류왕el rey papelero'이라는 별명을 붙였는데, 그가 책상에서 보내는 시간 때문이기도 했고, 그가 자기 신민들의 생활상을 파악하고 통제하려 하면서 만들어 냈던 문서들의 양 때문이기도 했다. 실제로 왕의 구휼관이 자기 주군에게 서류들의 세계로 도피하는 문제를 가지고 불평을 하기도 했다.[12] 저 에스코리알궁이 서류와 서류 작업 위에 세워진 또 다른 조직인 로마 제국 후기 이래 수집된 공문서들을 가장 많이 보관하는 곳이 됐던 것은 당연하다고도 하겠다.[13]

펠리페 2세가 관료 군주로서 유일했던 것은 아니다. 우리가 '문서 국가'라 부를 만한 것이 근대 초기에 등장하는 것은 전 유럽적인 현상이었다. 루이 14세는 회고록에서 자기가 "모든 것에 관해 알고" 있었다고 자랑했다. 루이 14세 역시 자기 책상에서, 아니면 평의회나 위원회 회의들에서 시간을 오래 보냈다. 주요 계몽 군주들도 마찬가지였는데, 대표적으로는 프로이센의 프리드리히 대왕이 있었고, 러시아의 예카테리나 2세, 오스트리아의 마리아 테레지아와 요제프 2세가 있었다. 위원회와 (다수결로 의사 결정을 하던 소규모 모임으로, 스웨덴과 러시아에서는 'college'로 알려져 있었던) 협의회board가 출현하는 것은 이 시대 대표적 행정 혁신의 하나였다. 고트프리트 빌헬름 라이프니츠는 표트르 대제에게 이렇게 서한을 썼으니, "협의회들이 없이는 제대로 된 행정이 있을 수 없다고 할 텐데, 협의회들의 작동 방식은 시계와 같아서 톱니바퀴들이 서로를 돌아가게 하기 때문입니다."

여기서 해야 할 중요한 이야기는 정보의 축적인데, 이 현상은 통치자들이 세금을 매기려는 것이든, 아니면 군대에 징집하려는 것이든, 또는 기근이 들어 먹이려는 것이었든 전체 신민들의 생활을 통제하려는 욕구가 강해진 데 대한 대응이기도 했고, 동시에 이 욕구를 자극하기도 했다. 하지만 행정부 어딘가에 지식이 축적되고 있었다고 해서 이 지식이 이 정보가 필요했던 통치자나 관리의 손에 언제나 들어갔다는 의미는 아니었다. 조직이 커질수록, 이 조직으로 들어오는 정보가 꼭대기까지 가닿지 않을 위험도 커지는 것이다. 다른 말로 하면, 역사가들이 정부들처럼 정보의 '유통'이라 부를 만한 것에 그들 스스로 신경을 쓸 필요가 있다는 것이다.[14]

이 장에서 다루는 행태들이나 흐름들이 어느 정도까지 유럽 세계에 한정돼 있었느냐는 질문은 중요하기는 하되, 2차 문헌들을 가지고는 어떻게든 자세히 다뤄 볼 수는 없는 질문이기도 하다. 몇몇 거대한 아시아 국가, 대표적으로는 중국, 오스만 제국, 무굴 인도의 정부들이 정보를 수집하는 데 상당한 관심을 갖고 있었던 것은 아주 분명하다. 예를 들어 중국 제국의 국세조사를 보면 1380년에, 그리고 다시 1390년대에 실시했다. 수많은 인쇄본 안내서와 백과사전들이 중국 관리들이 쓸 수 있도록 제작됐다. 오스만 제국에서는, 과세를 위해 정기적으로 토지조사를 실시했고, 그 기록들 가운데 상당수는 아직도 기록 보관소에 보존돼 있거니와, 그 자체로 대단한 풍경이다. 무굴 인도에서도 역시 통계 자료에 공식적인 관심이 있었고, 거기에다 감시 목적으로 정보를 수집하는 정교한 체제도 마련돼 있었다.[15] 지도며 상세도, 해도도 유럽의 무슨 독점물은 아니었다. 이런 것들은 이 시기에 중국, 일본, 오스만 제국에서는 이미 통치의 도구였거니와, 피리 레이스의 사례 →96쪽가 이를 일깨워 준다고 하겠다.[16]

더 체계적인 비교를 해 보기 전까지는 확실한 결론을 내리는 것은 성급한 일일 것이다. 내 생각으로는 1450년 무렵에는 유럽의 주요 정부들이 그 정보 수집 업무의 범위에서 여전히 중국이나 오스만 제국에 뒤처져 있었다. 한편 1600년이 지나면 유럽이, 더 정확하게는 몇몇 유럽 정부가 이제 앞서 있었다. 이제 이어지는 논의에서는 관료화가 더 진행된 국가들에 더 많은 관심을 둘 것이며, 프랑스처럼 큰 국가들이었는지 아니면 스웨덴처럼 작은 국가들이었는지는 가리지 않을 것이다.

교회, 모델이 되다

유럽 최초의 관료제가 세속이 아니라 교회에서 나타났다는 것은 최소한 논증은 할 수 있다. 13세기에 교황 인노켄티우스 3세는 이미 교회 교적부에서 정보를 검색하는 데 관심을 갖고 있었다. 문서 기록들을 연구하는 최근의 한 역사학자에 따르면, 중세 시대에는 "왕의 상서청들이 행정용 서기 기법들을 발전시키는 쪽으로는 교회보다 느렸다."[17] 이것은 놀랄 일이 거의 아니다. 결국 가톨릭교회는 어떤 유럽 군주국도 따라오지 못하는 거대한 규모 위에 세워진 기관이었고, 동시에 성직자 집단은 문해 능력을 한때 사실상 독점하고 있었던 것이다. 교회 관료제는 특히 중세적 전통을 바탕으로 수립됐지만, 16세기와 17세기에는 베버적이라 불릴 만한 방향으로 더 발전했다. 예를 들어, 교황 식스투스 5세는 짧았지만 왕성하게 활동한 재위 중에 여러 개의 전문적인 위원회, 곧 '성congregation'들을 설립했다. 기록 보관소→212쪽에서 재정에까지(대표적으로는 예산 편성, 다른 말로 하면 정기적인 재무 예측에까지) 이르는 다양한 영역에서 교회는 선구자였다.[18]

트리엔트 공의회 이후, 곧 1563년 여러 논의에 결론을 짓고 나서, 가톨릭교회 교구 사제들은 교구민들의 출생, 혼인, 사망을 기록하는 교적부를 작성해야 하게 됐다. 주교들은 자기 교구들을 정기적으로 방문해 교구의 영적 상태를 점검하게 돼 있었다. 이런 주교들의 순시는 앞서서는 어느 정도 단발적이었다가 트리엔트 공의회 이후로는 정기적인 행사로 자리 잡는데, 이러면서 성당들의 물리적 상태나 교구 사제들의 교육 수준, 신자회의 수, 평신도들의 품행 따위에 관해 상당한 양의 기록들을 만들어 냈다.[19]

이 반종교개혁 교회Counter-Reformation Church는 통계의 역사에서도 자리를 차지하고 있다. 당시 부르기로는 '영혼들'에 대한 조사를 정기적으로 실시했던 것인데, 교구민들이 트리엔트 공의회에서 정한 대로 판공성사와 영성체 같은 '부활절 의무'들을 지키는지 확인하는 방법의 하나였다. 여기에다 보완책으로, 교구 사제들이 교구민들에게 성사표, 곧 스케다scheda를 나누어 주게 했고, 이 성사표를 교구민들은 고해성사나 영성체 때 사제에게 다시 제출해야만 했다. 산술 능력이 발달하는 데 더해 이단에 대한 두려움도 계속 커졌던 것이 통계가 등장하는 데 일조했던 것이다.

이런 종류의 순시는 구교 유럽에서만이 아니라 개신교 유럽에서도 이루어졌다. 예를 들어, 루터교를 따르던 독일에서는 16세기에 정기적인 교구 시찰이 있었다. 종교개혁 이후의 잉글랜드에서는, 새 주교들이 '질문서'를 만들어서 글로스터와 우스터의 교구들을 (질문 여든아홉 개 항목으로, 1551년에서 1552년 사이에) 조사했고, 또 노리치의 교구들을 (질문 예순아홉 개 항목으로, 1561년에) 조사했다. 역시 루터교를 따르던 스웨덴과 핀란드에서는 17세기와 18세기의 교회 조사 대장들을 문해 능력의 출현에 관심이 있는 역사가들이 집중적으로 연구했다. 성직자가 세대주들을 조사한 결과가 상세히 기록돼 있고, 문해 능력에 따라 ('잘 읽음', '약간 읽을 수 있음' 등등으로) 세대주들을 분류해 놓은 것까지, (종교재판소의 기록들과 마찬가지로) 정확한 정보에 대한 당국의 집념을 잘 보여 준다고 하겠다.[20]

트리엔트 공의회 이후 구교에서 실시한 조사들이 이단에 대한 염려에서 비롯된 것처럼, 사실 공의회도 이단을 억누르려고 소집된 것이었거니와, 잉글랜드에서 조사들을 하게 자극했던 것도 영국 국교회로부터 갈라져 나오려는 움직임에 대한 불안감이었다. 예를 들어, 1676년에 런던 주교가 비국교도들에 대한 조사를 실시했던 것인데, 주교의 이름을 따 '컴턴 조사'라 알려졌다. 요크 대주교가 1743년에 자기 교구 성직자들에게 배부했던 상세한 질문서에서도 역시 이런 관심사가 드러난다. "교구 안에 몇 가구가 있는가? 이 가구 중 몇 가구가 비국교도인가? …… 사립학교나 자선 학교가 하나라도 있는가? 교구 안에 구호소나 양육원 또는 다른 시설이 하나라도 있는가? 교회에서는 얼마나 자주 공개 예배를 갖는가? …… 교회에서는 얼마나 자주, 몇 시에 교리문답을 실시하는가?"[21] 정보 수집과 종교 당국자들이 자기네 신도들을 통제하려는 욕구 사이의 연관 관계가 충분히 확실하게 보일 것이다.

교회 기관으로서 지식 수집에 가장 관심이 있던 것은 종교재판소였는데, 에스파냐, 이탈리아를 비롯해 여러 곳에 있었다. 이단 혐의가 있는 사람들을 극도로 체계적인 방법을 써서 신앙에 관해서는 물론 나이며 출생지, 직업에 관해서도 심문했고, 이들이 발설하는 것은 무엇이든 대단히 신경을 써서 기록했다. 여러 종교재판소의 기록 보관소들은 그리하여 일종의 '자료 은행'이 됐고, 사회사학자들은 여기서 많은 것을 배웠는데, 특히 바로 전 세대의 경우가 그러했다. 하지만 종교재판관들의 정보 수집은 사료가 되기 때문만이 아니라 그 자체가 하나의 현상으로서도 역사가들에게 주목을 받을 만한데, 통제를 목적으로 지식을 추구한 대표적인 근대 초의 예이기 때문이다.[22]

저 17세기 중반에 세속 정부에서 그토록 두드러졌던 세 추기경, 곧 프랑스의 리슐리외와 쥘 마자랭, 또 이들과 동시대 인물로 합스부르크 제국의 멜히오어 클레슬이 교회의 방법들을 국가의 필요를 충당하려고 채용한 것이 아니었을지 추정해 봄직도 하다. 어떤 경우든, 세속 권력과 종교 권력이 지식의 영역에서 주고받은 상호작용은 앞으로 계속 등장할 주제다.

정보의 수집에 관한 한, 통치자들이 경쟁국이든 적국이든 자기 이웃 나라들과 관련해 얻은 지식과 통치자들이 식민지들이든 '식민 본국'이 됐든 자기 자신의 지배 영역에 관해 소유하고 있던 지식을 구별하는 것이 도움이 될 것이다.

외교 문제

외교 분야에서는 베네치아 공화국으로 시작하는 것이 적절할 텐데, 베네치아인들이 유럽 국가들 가운데서는 처음으로 상주 대사 제도를 채택해, 다른 나라들과 교섭하는 데만큼이나 이 나라들에 관해 정보를 수집하는 데도 썼기 때문이다. 베네치아 정부는 나라 밖에 나가 있는 외교 대표들이 정기적인 전갈뿐만 아니라 (3년 정도 하던) 파견 기간이 끝날 때는 공식 보고서도 또 제출하게 했는데, 이것이 저 유명한 렐라치오니relazioni였으니, 여기에는 외교 대표가 신임장을 받고 파견됐던 국가의 정치적·군사적·경제적 강점과 약점들이 기술돼 있었다.[23] 베네치아 외교 대표들은 나라 밖에서 정보를 유통하도록 지시도 받았다. 예를 들어, 교황이 1606년 베네치아에 성무 금지 조치를 내렸을 때, 파리 주재 베네치아 외교 대표는 프랑스인들에게 이 사태에 관한 베네치아 쪽의 입장을 충분히 알리도록 훈령을 받았다.

다른 정부들도 베네치아를 따라 했지만, 덜 체계적이었다. 외교관들의 임무와 관련된 논문 분야는 새로웠으되 결과물은 많이 쏟아져 나왔는데, 논문들에서는 대체로 본국으로 정보를 보내는 일의 중요성을 강조했으니, 프레데릭 더마르셀라르의 『사절』(1626년)이 이런 경우였다. 렐라치오니 형식의 보고서들은 다른 나라들에도 존재해서, 조지 커루 경처럼 앙리 4세 시대의 프랑스 정부를 통찰력을 가지고 기술한 경우도 있거니와, 하지만 이런 절차가 다른 나라들에서는 베네치아에서 그랬던 것보다 규칙적이지는 않았다.

대사들은 스스로 눈과 귀를 항상 열어 놓아 정보를 수집하기도 했지만, 보좌관들이나 대리인들, 또 첩보원까지는 아니더라도, '정보원'들로 이루어진 연결망을 통하기도 했는데, 이 사람들은 전업인 경우도 있었고, 수시로 본국에 정치 정보를 보내던 이스탄불의 베네치아 상인들처럼 겸업도 했다. '첩보 업무'는 (이미 1583년이면 최소한 나폴리에서는 이 이름으로 불렸으며) 근대 초기에는 정교하게 조직된 활동이었으니, 암호며 가짜 주소, 안전 가옥에 이중 첩자까지 모두 갖추고 있었다. 베네치아 사람들은 첩보와 역첩보 모두에 특별히 능한 첩보원들이었고, 이런 목적으로 외국 대사관들에도 수시로 침투했다.[24]

17세기가 되면, 다른 국가들이 이런 측면들에서 베네치아를 따라잡고 있었다. 헨리 워턴 경은 베네치아 주재 영국 대사로서 (당시에는 에스파냐 제국의 일부였던) 밀라노에서 첩자(그림 9)를 여럿 고용해 에스파냐 군대의 움직임에 관한 정보를 보내게 했다. 워턴 경은 또한 로마와 토리노에서도 첩자들을 고용해서 특히 예수회의 편지들을 가로챘다.(표 나지 않게 편지를 여는 기술은 이미 꽤 잘 알려져 있었다.) 워턴 경이 이런 수단으로 얻은 정보의 가치는 베네치아 총독이 어떨 때는 밀라노 총독의 계획에 관한 지식을 영국 대사관을 통해서 얻기도 했던 사실로 가늠해 볼 수 있다.[25]

한편 에스파냐 정부를 두고는 한 외교사가가 '광범위하고, 잘 조직돼 있으며, 극도로 효과적인 정보 수집망'을 갖고 있었던 것으로 기술했다. 돈 디에고 우르타도 데 멘도사는 1539년에서 1547년까지 베네치아 주재 에스파냐 대사를 지내면서 오스만 제국 안에 첩자망을 조직했으며, 곤도마르 백작은 17세기 초에 런던 주재 에스파냐 대사였는데, 정보를 제공받는 대가로 영국 정부의 최고위 관리들에게 거액의 급료를(곧 재무 장관과 해군 장관에게 각각 1000파운드씩을) 지급했다. 거꾸로 이 세기의 후반에 가면, 에스파냐 대사의 서기가 1년에 100파운드를 받고 영국인들에게 정보를 넘기고 있었다.[26] 프랑스에서도, 역시 많은 첩자가 프랑스 정부와 그 대사들에게 고용돼 있었다.[27] 잉글랜드를 비롯한 다른 곳들의 개신교 망명가 집단들에는 첩자가 침투해 있었고, 어떨 때는 미술품 수집을 첩보 활동의 위장 수단으로 삼기도 했다. 예를 들어, 미술품 감정가 로제 드 필이 네덜란

그림 9
프란체스코 피안타의 「스파이」(베네치아, 1657~1676년 사이).
사진: © Sailko, 2016

드 공화국으로 파견되는데, 공식적으로는 루이 14세를 위해 회화들을 사려는 것이었고, 실제로는 정치 정보를 수집하려는 것이었다. 네덜란드인들이 필의 위장을 간파해 필은 한동안을 감옥에서 보내게 되며, 필은 이 강요된 여가를 활용해 미술 비평에 관한 책을 썼고, 이 책은 이 분야에서 고전이 된다.[28]

정보와 제국

문학평론가 에드워드 사이드는 많이 알려진 논쟁적인 한 저서를 통해 권력과 지식에 관한 미셸 푸코의 발상들을 새로운 영역으로 확장했는데, 여기서 사이드는 스스로는 '오리엔탈리즘'이라 부른 것을 유럽식 표상의 방식으로서, 동시에 지배의 방식으로서 다뤘다.[29] 사이드는 1800년 무렵을 배경으로 삼아, 나폴레옹의 이집트 원정에서 학자들이 한 역할로 이야기를 시작했다. 유럽 국가들이 세계 다른 지역들을 지배하려고 체계적으로 지식을 수집하는 것은 훨씬 앞선 시대에서도 볼 수 있다.

예를 들어, 근대 초기 해양 제국들은(곧 포르투갈, 에스파냐, 네덜란드, 프랑스, 영국은) 모두 정보의 수집에 의존했다. 처음에는 이 제국들은 인도로, 아니면 아프리카로 가는 항로들에 관한 정보를 필요로 했다. 이런 이유로 포르투갈과 에스파냐에서는 왕실 우주 구조론 학자들을 선임했던 것인데, 이 전문가들은 천문, 지리, 항해에 관한 정보를 제공하게 돼 있었다. 알고 있는 것들에 관한 기록들은 보통은 해도 형태로 돼 있었거니와, 우리가 앞에서 본 것처럼 → 104쪽 리스본에서는 기니 창고와 인도청에, 세비야에서는 상무청에 보관했다. 예를 들어, 16세기 초에는 호르헤 데 바스콘셀로스가 아프리카 '창고'와 인도 '창고'의 관리자provedor로서 해도들을 관리했으며, 이 해도들은 도선사와 선장에게 포르투갈을 떠날 때 내줬다가 돌아오면 다시 돌려

받았다.[30]

루이 14세 시대를 보면, 실세 장관 장바티스트 콜베르를 두고 '정보인'이라 묘사하는데, 콜베르가 이 방면에서는 선임자들보다 훨씬 더 체계적이었기 때문이다.[31] 콜베르는 중동과 극동에 관한 정보를 수집했으며, 거기에는 경제적 이유와 정치적 이유가 섞여 있었다. 동인도회사Compagnie des Indes Orientales가 1664년 설립되는 것은 바로 콜베르의 주도 아래서였으며, 잉글랜드나 네덜란드와 경쟁하려던 것이었다. 콜베르는 1666년 프랑수아 카레 신부를 회사의 총독과 함께 인도로 보내는데, 분명히 정보원으로 활용하려는 것이었거니와, 카레는 1671년 돌아와 콜베르에게 보고를 한다.[32] 콜베르 이후 해군 장관을 이어서 지낸 세 후임자도 비슷한 관심을 보여 줬으니, 루이 드 퐁샤르트랭이나, 그 아들로서 (이 자리를 1699년 물려받은) 모르파 백작 제롬이 그랬고, 제롬의 아들도 마찬가지였으니, 역시 모르파 백작으로서 1723년 아버지 자리를 물려받은 경우였다. 예를 들면, 공식 탐험대들이 남아메리카로 파견돼 공학자와 천문학자, 식물학자들이 관측 활동을 "황제 폐하의 명을 받들어" 하게 되거니와, 이 사람들은 이 표현을 자기네 출판물들의 표지에 자랑스럽게 쓰곤 했다.[33]

다른 대륙의 일부가 유럽 제국에 편입될 때면, 그 땅이며 자원, 거주자들에 관해서 체계적인 지식을 얻어야 할 필요가 생겼다. 에스파냐 정부의 사례는 이러한 측면에서 특히 많은 것을 보여 준다. 카를 5세가 이미 1548년에 멕시코 대주교에게 현지 정보를 묻고 있기는 했으나, 신세계에 관한 체계적인 정보 수집은 1570년대에 시작되었다. 이 정보 수집 과정에서 중요한 역할을 한 것은 후안 데 오반도로서, 그는 1569년 인도 평의회 시찰관으로 선임됐다가 평의회 의원들이 신세계에 관해 얼마나 아는 것이 없는지를 깨닫고 충격을 받았다. 같은 해에 오반도는 멕시코와 페루의 현지 관리들에게 서른일곱 개 항으로 된 설문지를 보냈으며, 나중에 더 상세한 설문지들이 뒤를 따랐다. 이 무렵이면 설문지는 교회에서는 익숙한 관리 도구여서, 주교들이 시찰할 때도, 또 종교재판소에서도 수시로 사용하고 있었다. 오반도는 그 자신이 성직자였거니와, 교회의 방식을 국가를 섬기는 데 채용했던 것으로 보인다.[34]

저 의사 프란시스코 에르난데스를 누에보 에스파냐로 보내 현지 박물 연구를 하게 한 것도→103쪽 오반도였다.[35] 오반도는 또한 '지리-역사 기록관cosmógrafo-cronista'이라는 새로운 관직의 설립도 주도했다. 첫 기록관 후안 로페스 데 벨라스코는 오반도의 전직 비서였다. 다시 벨라스코는 1577년에 인쇄된 설문지를 누에보 에스파냐의 지방 관리들에게 보내는데, 각 지역의 박물에서 광산, 역사 따위를 묻고 있었다. 질문들, 더 정확히는 명령들 중에는 이런 것들이 있었다.

> 해당 지역의 발견자와 정복자가 누구인지 밝히시오. …… 원주민들은 이교도 시절에 누구의 지배를 받았는지 …… 원주민들이 갖고 있던 숭배 형태, 의례, 관습들을 바람직한 것이든 악한 것이든 밝히시오. 원주민들을 어떤 식으로 통치했는지, 원주민들이 누구를 상대로 전쟁을 했는지, 원주민들이 어떤 의상과 복식을 착용했고 또 지금 착용하는지, 원주민들은 지금보다 이전에 더 아니면 덜 건강했는지, 또 건강 상태가 달라진 이유로 파악될 만한 것은 무엇인지 밝히시오.[36]

지식의 역사를 배경으로 하고 보면 이 문서는 여러 가지 이유에서 흥미롭다. 이 문서는 설문지가 저 19세기 사회학자들의 발명품이 아니라 교회 관리들이나 세속 관리들이 쓰는 전통적 관리 방식이던 것을 학문적 용도에 맞춰 바꾼 것이라는 사실을 일깨워 준다. 이 문서는 또한 에스파냐 정부가 저 가공할 인구 감소를 (원주민들이 면역을 길러 놓지 못한 유럽 질병들이 들어온 것이 주요 원인이었던 것으로서) 이미 인지하고 거기 신경을 쓰고 있었다는 것을 보여 주거니와, 이 인구 감소 사태는 역사가들이 에스파냐령 아메리카를 연구하다 1950년대에 재발견하게 된다. 질문들이 엄격하게 실용적이지만은 않았던 것도 주목할 만하다. 이 질문들에서는 정부 일을 하던 한 인문주의자의 관심이 드러나는 것이다.

18세기의 러시아는 한 제국의 정부가 정보 수집에 신경을 썼던 또 다른 두드러지는 사례다. 표트르 대제는 자신의 독일인 사서 J. D. 슈마허를 1721년 네덜란드 공화국으로 보내 네덜란드인들의 기술에 관한 정보를 손에 넣게 했는데, 다른 말로 하면 오늘날 '산업스파이 행위'라고 부르는 것을 시켰던 것이다.[37] →236쪽 차르의 관심은 자기 제국의 동쪽 끝에도 가닿았다. 또 다른 독일인 다니엘 고틀리프 메세르슈미트에게 명령을 내려 시베리아에서 (1720년에서 1727년까지) 7년을 머물며 이 지역에 관한 정보를 수집하게 했고, 그러는 한편 러시아인들인 페도르 루진과 이반 예브레이노프, 또 덴마크인 비투스 베링을 캄차카반도까지 보내 아시아와 아메리카를 잇는 육로가 있는지 알아보게 했던 것이다.[38] 이와 비슷하게, 1730년대에 유명한 식물학자 칼 린나이우스가 라플란드 탐험을 했던 것도 목적은 과학을 증진하는 것도 있었지만, 러시아 쪽 라플란드 지역의 광물을 비롯한 다른 자원들에 관한 정보를 스웨덴 정부에 제공하려는 것이기도 했다.[39]

예카테리나 여제도 표트르 대제와 비슷한 관심을 갖고 있었다. (더 유명한 제러미 벤담의 동생인) 새뮤얼 벤담 경이 여제에게 1780년에서 1795년까지 고용돼 시베리아의 지도를 제작하고, 이 지역의 광물

자원과 인적 자원을 연구했던 것이다. 여제의 재위 중에 있었던 시베리아 탐험 때 대원들에게 내린 공식 지령들을 보면(이 지령들은 당시 마틴 사우어가 쓴 『러시아 북부 지역 지리 탐험기』의 부록에 인쇄돼 있으며), 이런 사항들이 (오반도의 경우에서처럼) 명령의 형태로 제시돼 있었다. "거주민들의 기질과 서로 다른 신체적 특징들, 또 통치 형태, 풍습, 산업, 종교적 의식儀式 또는 세속적 의식들과 미신들, 또 전통, 교육, 여자들을 다루는 방식, 또 유용한 식물들, 약재들, 염료들, 또 음식, 조리 방법, 또 주거 형태, 가재도구, 육상 운송 수단과 수상 운상 수단, 또 생활 방식과 경제를 관찰하시오."[40] 여자들을 다루는 방식이 문명의 한 지표로 드물지 않게 사용되기는 했으되, 이것을 강조한 것에서 이 지식 수집 탐험에 여제가 친히 관여했다는 사실도 읽을 수 있다고 하겠다.

제임스 쿡 선장의 탐험이 러시아 사람들에게 미친 영향 또한 언급하고 넘어갈 만한 가치가 있다. 조지프 빌링스는 러시아 해군에서 일하기에 앞서 쿡 선장과 같이 항해했던 인물로서, 그가 이 탐험을 지휘하게 된 것은 바로 낯선 땅들을 다녀 본 경험이 있었기 때문이다. 탐험대에게 수집하도록 지시한 것들을 보면, 실용적 정보들에 한 제국의 통치자에게는 어떤 분명한 실질적 가치도 없는 지식들이 섞여 있어서 16세기 벨라스코의 설문지를 생각나게 한다. 통제하려는 욕구가 분명히 근대 초기 국가들과 특히 제국들이 정보를 수집하게 한 주요한 자극이었겠지만, 호기심 또한 나름대로 역할을 했으며, 또 정보를 수집했던 것도 당장 쓸모가 있어서이기도 했지만, 언젠가는 쓸모가 있으리라는 바람 때문이었다고도 하겠다.

연구에 대한 정부의 후원은 과학원들의 사례에서 이미 다뤘거니와, →82쪽 제국에서 가장 변방이었던 곳들, 또 심지어 그 너머로까지도 연장됐다. 초기의 예를 들자면 나사우의 요한 마우리츠가 조직한 브라질 원정(1637~1644년)이 있는데, 이 원정에는 프란츠 포스트 같은 미술가들과 의사 빌럼 피소 같은 학자들이 두루 포함돼 현지 동식물군을 연구하고 기록했다. 1736년 일단의 프랑스 학자들이 저 유명한 페루 과학 탐사에 나서는데, 이를 지원한 것이 모르파 장관이었으며, 인쇄물로 나온 보고서에서는 이 탐사를 '황제 폐하의 명령을 받들어 이루어진 항해'로 묘사했다.[41] 다시 덴마크인들이 1761년 공식적인 아라비아 탐사를 조직했다. 독일 신학자 요한 다피트 미하엘리스가 성서 해석에 실마리를 얻을 수 있어서 이 지역에 관심을 갖고 있다가, 덴마크 왕의 대신이던 베른슈토르프 백작이라는 후원자를 만나게 됐던 것이다. 그리하여 학자 카르스텐 니부어를 덴마크 공병대 중위로 임명해서는, 문헌학자 하나, 박물학자 둘, 화가 하나가 포함된 탐험대의 지휘를 맡기게 된다.

이런 탐험들에서 수집한 지식이 당장 쓸모가 없었을 수도 있지만, 그렇다고 정치적으로 중립적이었던 것은 또 아니었다. 정부가 자금을 지원한 파리나 베를린, 상트페테르부르크, 스톡홀름의 과학원들처럼, 이 탐험들은 훌륭한 투자였다. 요즘 말하는 것처럼, 탐험을 후원하는 정부들은 좋은 인상을 얻게 됐던 것이다. 당대인들 역시 이 점을 잘 알고 있었으니, 프랑스 과학원의 간사 베르나르 드 퐁트넬이 과학원 회원들의 부고를 돌릴 때면 콜베르가 '현명한 정책'을 써서 학문을 지원하고, 그리하여 루이 14세의 이름을 높이고 프랑스 국민들에게는 지식의 제국l'empire de l'esprit을 선사했다고 언급하던 것을 보면 된다. 18세기 후반이면, 이런 탐험의 수가 늘어나면서 이미 일부에서는 우려를 불러일으키고 있었다. 예를 들어, 네덜란드의 저술가 코르넬리스 더파우는 아메리카 원주민들에 관한 '철학적 연구'(1770년)에 붙인 서문에서 몇몇 지리학적 문제를 해결하는 대가가 지구의 일부를 파괴하는 것이었다고 개탄했다. “모든 것을 알려고 모든 것을 짓밟는 이 광기에 고삐를 채워야 하지 않겠는가?”

국내 문제

둠스데이북의 사례가 일깨우듯이, 통치자들은 오래전부터 자기네 신민과 자기네 영토들에 관해 알고 싶어 했다. 이 지식을 얻는 방법 하나는 영토를 일주하는 것이었다. 16세기에 시작된 한 유명한 사례가 있는데, 어린 왕 샤를 9세가 왕위를 승계하고 얼마 지나지 않아 1564년부터 1566년까지 ‘프랑스 일주tour de France’를 했던 것이다. 이 직접적인 방식은 우리가 다루는 기간 내내 이어졌다. 프리드리히 대왕도 최소한 재위 초에는 왕국을 직접 돌아다녔고, 그리하여 왕국에 관해 잘 알고 있었다. 예카테리나 여제의 1787년 노보로시야 시찰은 많이 알려져 있는데, 여제의 총신 그리고리 알렉산드로비치 포톰킨이 여제를 속이려고 썼던 방법 때문이거니와, 포톰킨은 모형 마을 하나를 건설하라고 명령했고, 이 마을을 장소를 옮겨 가며 다시 건설해 여제가 거듭 시찰하게 했던 것이다.[42]

하지만 관료-통치자들은 자기네 왕국을 두루 다니고 할 시간이 갈수록 없어졌다. 이들은 선왕들보다 훨씬 많은 정보를 이용하게 됐지만, 이제 정보는 한 다리를 거쳐 보고서의 형태로 손에 들어왔다. 예를 들어 프리드리히 대왕은 관리들에게 돌아다니라고 지시하는데, 그러면서 관할 지역들을 파악하고, 그렇게 얻은 것들을 보고하게 했던 것이다. 라이프니츠가 표트르 대제에게 건넨 조언들 가운데 하나는 "나라에 관한 정확한 그림을 그리게 하라."는 것이었다.

이 새로운 체제가 작동한 방식의 예를 보려면, 전형적par excellence 책상 군주 펠리페 2세에게로 돌아가면 될 것이다. 바로 펠리페 2세 치세 중에 에스파냐의 한 지역 카스티야 라 누에바에서 약 600개 촌락을 놓고 지금은 「지세 보고서Relaciones topográficas」로 알려진 상세한 보고서들이 작성됐던 것이다. 이 보고서들은 1575년과 1578년에 (첫 번에는 쉰일곱 개 카피툴로capáítulo, 곧 문항으로, 두 번째는 마흔다섯 개 문항으로) 설문지interrogatorios를 내보내 얻은 응답지들에 기초해 나오게 된다. 어떤 질문들은 행정, 계급적 특권, 토질, 양육원 수 같은 실용적 문제를 다루고 있다. 하지만 또 어떤 질문들은 주민들의 종교 생활이나 주민들이 좋아하는 성인, 축제 같은 것에 관심을 갖고 있어서, 주교들의 시찰을 여기서 모형으로 삼았다는 가설을 뒷받침하고 있다. 인문주의적인, 곧 특정 지역을 역사 지리적으로 기술하는 '지방 지지地誌'가 또 다른 모형이었을 가능성도 있다. 앞에서 다룬→196쪽 1577년의 누에보 에스파냐 조사와 유사한 점이 충분히 분명하게 보일 것이다. 이 「지세 보고서」는 주변부 조사 모형을 중심부 조사에서 따랐던 한 사례를 제공한다고도 하겠다.[43]

콜베르도 설문지를 즐겨 쓴 경우였다. 1663년 콜베르는 지방의 자기 대리인들, 곧 지방장관intendant들에게 지시를 내려 관할 지역에 관한 정보를 자기에게 올리게 했다. 거기서 얼마 지나지 않아 콜베르는 일련의 조사enquête들을 지시했다.[44] 콜베르가 설문지라는 발상은 교회에서 빌려 왔을 수 있지만, 콜베르의 세련된 기법들은 다시 교회에 영향을 미쳤다. 교회 쪽에서 특별히 정교한 설문지들을 내려보냈던 사람들이 (콜베르의 아들인) 루앙 대주교와 (콜베르의 정적 루부아의 동생인) 랭스 대주교였던 것이 우연으로 보이지는 않는다.[45]

직접 방문하고 설문지를 내보내는 것이 근대 초기 정부들이 통제를 목적으로 정보를 얻으면서 동원할 수 있는 수단의 전부는 아니다. 이 시기의 특징은 오늘날의 '신분증'에 해당하는 것들이 다양하게 출현한 것이었다. 역병이 돌 때면, 이탈리아 보건부는 감염 확산을 억제하려고 여행자들에게 (볼레테bollette나 볼레티노bollettino로 알려져 있던) 통행증을 소지하고 다니게 했다. 여행을 하던 필립 스키폰은 1664년 만토바에서 이런 볼레티노를 받았는데, 거기에는 자신이 잉글랜드인으로, 베로나에서 오는 길이며, 20세에 턱수염을 길렀고 머리는 갈색이며 검은 눈에 피부색은 평범한 것으로 묘사돼 있었다고 스키폰은 전한다. 여권은 원래는 전시의 안정 통행권이던 것이 18세기 프랑스에서 평시로도 사용이 확대됐다. 1777년 이후로는, 아프리카 혈통인 사람들은 특별한 통행증, 곧 카르투슈cartouche를 소지하고 다녀야 했던 것이다.[46] 다시 러시아 정부도 여행자들이 국내용 여권을 갖고 다니도록 18세기 초부터 강제하기 시작했다. 이 여권들은 1743년부터는 인쇄를 하기 시작했고, 이탈리아의 볼레티노처럼 여행자의 신체적 특징에 대한 묘사가 들어갔다. 애초 목적은 재정적이었으나,(곧 인두세 포탈을 막는 것이었으나) 이 여권들은 러시아 정부가 주민들의 이동을 통제하는 수단으로 자리 잡게 된다.

이 러시아 체제를 '경찰국가'라 부른다면, 몇몇 역사가가 그러기는 했지만, 어느 정도는 과장이 될 텐데, 이 광대한 나라에서 움직이던 관리의 수가 상대적으로 적었기 때문이거니와, 그렇기는 해도 통제 목적으로 정보를 수집하려는 의지가 18세기 후반 러시아에 존재했던 것은 분명하다. 원로원 법무 장관 A. A. 비아젬스키의 경우 주州들에 정보원들의 연결망을 구축해 놓고 있었다. 여기에다 1767년 입법 위원회가 열리면서, 또 1775년 주 장관들이 정기적으로 주 상황에 관한 보고서를 올리게 하면서 상트페테르부르크의 관리들이 손에 넣을 수 있는 정보의 양은 또 늘어났다.[47]

국내에서 활동하던 유급 첩자 또는 '정보원'들은 정부가 활용한 또 다른 도구로서, 거슬러 올라가면 최소한 로마 황제들의 첩자들로까지, 당시에 부른 대로는 요원대schola agentium in rebus, 더 쉬운 말로는 참견꾼curiosi('염탐꾼')들에게까지 이르게 된다. 17세기 초의 에스파냐에서는 정보원들이 심지어 왕궁에도 배치돼 있었고, '첩보대장espía mayor'이라는 직위도 만들어 놓고 있었다.[48]

법을 어긴 사람들을 그 이웃들이 고발하게 하는 것도 또 다른 흔한 기법이었으니, 분명히 국가가 교회에서 배운 것으로, 교회는 오래전부터 이단이나 불경, 풍기 문란을 색출하는 데 관심이 있었기 때문이다. 16세기 베네치아에서는 그대로 옮기면 '국가의 종교재판관'이 될 일단의 관리들을 선임하는데, 이 이름은 이 기관의 기원인 교회 종교재판소에 경의를 표한 것이라고 하겠다. 잉글랜드 헨리 8세의 정부를 두고는 유급 정보원들이 필요하지 않았기 때문에 유급 정보원들을 고용하지 않았다고 말을 한다. "정보가 알아서 들어와 캐내야 할 필요가 없었던 것이다." 같은 이야기를 베네치아를 놓고도 할 수 있을 텐데, 여기서는 정부가 이른바 사자 아가리bocchi di leone를 사용했으니, 그러니까 사자의 아가리 모양을 한 우편함들에 사람들이 기명으로든 무기명으로든 고발장들을 집어넣을 수 있게 했던 것이다. 17세기 중반이면, 세분화가 일어나서 종류가 다른 고발들은(말하자면 강도, 관리들의 금품 요구, 도박, 정치 부패, 교회에서 저지른 불경죄는) 다른 신고함에 넣게 돼 있었다.[49]

이런 방법들 덕에 정부들은 점점 더 많은 것을 알아 가고 있었다. 17세기에 프랑스를 여행하던 스코틀랜드의 존 로더 경이 비망록에 적어 놓은 이야기를 보면 리슐리외 추기경은 "프랑스를 거쳐 가는 모든 일을 그 자리에 있었던 것처럼 알고 있는데, 그래서 푸아티에에서 가장 친한 두 사람끼리 추기경을 헐뜯어도, 나흘이 안 되어 파리에서 추기경이 반드시 알게 된다. 어떤 사람들은 이것이 추기경이 부리는 악마 때문이라고 하고, 어떤 사람들은 추기경이 어디에나 심어 놓은 첩자들 때문이라고 한다." 두 경우 모두에서, 사람들은 추기경의 방식을 사악하다고 여겼다. 이러한 흐름은 리슐리외로 끝나지 않았다. 루이 14세와 루이 15세 때의 파리는 파리mouche로 더 잘 알려진 유급 정보원들에게 철저하게 감시당했으니, 말하자면 엄청나게 많은 파리가 카페나 반역 모의를 엿들을 만한 다른 곳들의 벽에 붙어 있었던 것이다. 1720년이면 이들은 수도 파리에서 약 마흔 개 카페에 진을 치고 있었다. 18세기 말이면, 프랑스 경찰 기록 또는 서류dossier에는 주요 감시 인물들의 개인 자료철들이 초상화까지 다 갖추어 이미 포함돼 있었다.[50]

지도화

정부 관리들의 관심을 끌었던 정보의 상당 부분은 지도(그림 10)들의 형태로 기록됐다. "지도 제작이 통치의 도구로 등장하는 현상"은 이 시기의 주요한 흐름이었으며, 지도의 용도는 국경을 확정하려는 것일 수도 있었고, 적국에 맞서 국가를 방어하거나, 정책 입안이 쉬워지게 하고, 그리하여 행정을 합리화하려는 것일 수도 있었다.[51] 예를 들어 보면, 펠리페 2세가 1560년대에 들어 이베리아반도 지도 제작을 독려했다. 알칼라 대학 수학 교수 페드로 데 에스키벨이 에스파냐

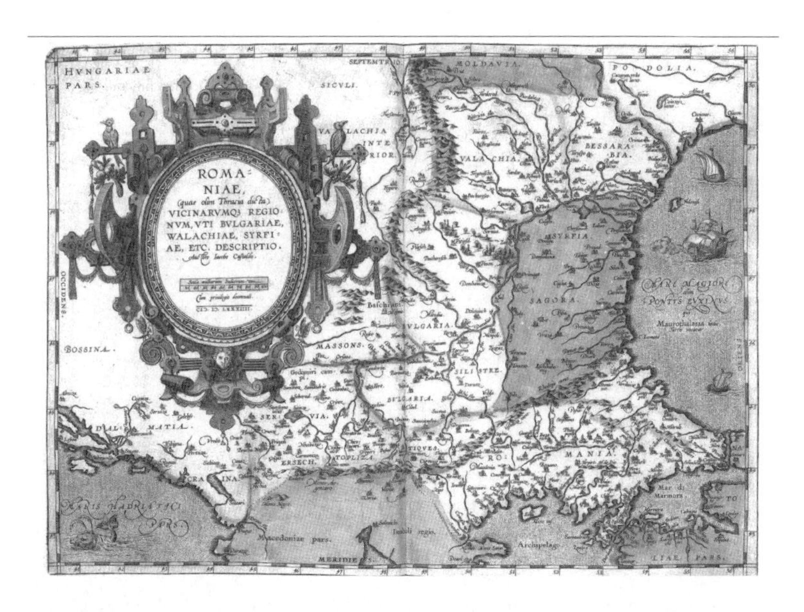

그림 10
아브라함 오르텔리우스의 「지구의 극장」(런던, 1606년) 중
카스탈두스(자코모 가스탈디)의 「루마니아」 상세도.

지역을 측량해 달라는 의뢰는 받았으나, 측량자로 선임되고 얼마 지나지 않아 죽는 바람에 구상은 결국 흐지부지됐다.[52] 포르투갈 우주구조론 학자 프란시스쿠 도밍게스가 누에보 에스파냐에서 1571년부터 5년을 보내며 이 지역에 대한 측량을 실시했다. 1577년에 펠리페 2세의 신세계 영토들로 보낸 설문에는 지도를 보내라는 지시도 포함돼 있었으며, 그 지도들 가운데 일부가 아직도 전해진다.[53]

프랑스에서는 리슐리외 추기경이 국가의 실질적인 통치자로서 서른 장짜리 프랑스 지도의 제작을 의뢰했고, 지도는 1643년에 완성됐다. 콜베르는 지도 제작에 열을 올린 또 다른 경우로서, 이번에는 프랑스 각 주의 지도 제작을 지시했다. 1668년에 콜베르는 과학원에 지도들의 신뢰성을 높이는 방법들을 추천해 달라고 요청하기도 했다. 1679년에는 루이 14세가 더 정확한 프랑스 지도를 제작하겠다는 콜베르의 계획을 승인했다.[54](상당한 공력을 들여야 하는 일이어서 이 지도 자체는 1744년에야 완성되는데, 왕이 죽고 한 세대가 지나서였다.) 이 시기 프랑스의 지도 제작은 일부 사회학자가 지식의 '과학화'라 부르는 흐름을 생생히 예시해 준다. 왕립 천문대가 지도 제작 목적에 활용됐고, 천문학자 조반니 도메니코 카시니가 공병 장교 세바스티앵 르 프레스트르 드 보방과 협력해 군대 측량 기법을 개선했는가 하면, 카시니의 학생이었다가 왕실 수석 지리학자가 된 기욤 들릴과 카시니의 손자 세자르프랑수아 카시니 두 사람 모두 앞에서 언급한 프랑스 지도 제작에 참여해 힘을 보탰다.[55] 이렇게 정확을 기하려 했던 데는 그럴 만한 정치적인 또 군사적인 이유들이 있었다. 루이 14세의 재위 끝 무렵 위트레흐트 회의에서 에스파냐 계승 전쟁을 끝내면서, 기왕에 합의된 것들을 놓고 나중에 분쟁이 일어나지 않도록 하는 데 지도들이 사용됐던 것이다.[56]

표트르 대제가 지도 제작과 측량에 관심이 있었으리라는 것은 예상할 수밖에 없는 일이었다. 독일 지리학자 요한 밥티스트 호만이 황제에게서 러시아 지도를 제작해 달라고 의뢰를 받았고, 해군사관학교 생도들이 동원돼 호만을 위해 정보를 수집했다. 표트르 대제는 1717년 파리에서 저 지리학자 들릴을 직접 만나 자기의 러시아 지도에서 고칠 점들을 제시했으며, 그런가 하면 1721년에는 친히 측지학자들에게 상세한 지시를 내리기도 했다.[57]

영국의 사례는 이 장에서 다룬 영역들 가운데 상당수에서 주변부를 중심부보다 먼저 조사하던 저 일반적 경향을 다시 한 번 보여 준다. 상무부가 1720년 식민지들의 지도 제작을 건의한다. 군 측량사들이 (1747~1755년에) 스코틀랜드 지도를 만드는데, 이 사업은 1745년 대반란 이후 도로를 건설해 하일랜드 지역을 '평정'하던 것과 맞물려 있었다. 그 뒤로 퀘벡(1760~1761년), 벵골(1765~1777년), 아일랜드(1778~1790년)의 지도 제작이 이어졌다. 반면 잉글랜드 자체는 같은 세기 말에서야 측량하기 시작하는데, 부분적으로는 프랑스 혁명 때의 침략 위협에 대한 대응이었다. '육지 측량부Ordnance Survey'는 기원이 군대라는 것을 바로 그 이름으로 드러내거니와, 이 기관을 군수 장관Master-General of the Ordnance이 조직했기 때문인데, 아마 야포를 운반하려면 지형에 관한 정확한 지식이 필요했던 것이 이유였을 것이다.[58]

통계의 출현

지도에 관해 공식적으로 관심이 일었던 여러 이유 가운데 하나는 지도가 계량적 정보를 비율에 맞춰 축소해 보여 준다는 것이었다. 근대 초기 통치자들과 그 대신들은 사실들과 함께 숫자들에도 점점 관심을 많이 갖게 됐다. 이들은 특히 자기네 지배 영역에 얼마나 많은 사람이 사는지를 알고 싶어 했다. 더 앞 시대의 정부들은 '막연하고도 막연한 추측'만 할 수 있을 따름이었다. 예를 들어, 1371년에 잉글랜드 정부는 나라 안에 4만 개 교구가 있다고 믿었는데, 실제 수는 8600개 정도였다.[59] 17세기처럼 군대의 규모가 빠르게 커지고 있던 시대에는, 정부들이 이런 종류의 무지를 더는 감당할 수 없었다.

출생, 결혼, 사망에 관한 정보도 또한 수집하기 시작했다. 이런 정보들을 수집하게 자극한 한 요인은 역병이었는데, 예를 들면, 역병이 1575년과 1630년에 이탈리아를 강타했고, 1665년에 런던에서도 발생했던 것이다. 인구학에 관한 관심이 커지던 데는 다른 이유들도 작용했다. 17세기 중반에 네덜란드 공화국에서는 법률가-정치가 얀 더 빗이 정부가 운영하는 연금 제도를 세우면서 이미 사망자 수치를 이용하고 있었다. 스웨덴에서는 '충분한 수의 가난한 사람은 한 나라의 가장 큰 자원'이라는 원칙 아래 정부가 인구 증가를 촉진하는 데 신경을 썼던 까닭에, 1736년에는 성직자들에게 관할 교구의 연간 출생 및 사망 수치를 보고하게 했고, 1748년에는 전국적인 인구조사를 실시하라는 명령을 내렸다. 이번에는 인구조사 법안이 1753년 영국 의회에 제출되는데, 법안이 이렇게 제출됐던 것과 파기됐던 것은 이 시기 여론의 분위기를 동시에 보여 준다고 하겠거니와, 1758년에 출생 신고, 결혼 신고, 사망신고를 의무화하려는 법안의 경우도 이와 비슷했다.[60] 18세기 후반 이후로 전국적인 인구조사는 유럽 나라들에서 차례로 통상적인 사업으로 자리 잡아 간다. 인구조사가 덴마크와 노르웨이에서 1769년 실시됐다. 에스파냐 인구조사가 역시 1769년에 실시됐고, 그 뒤로 막 독립한 미국(1790년)이며 영국(1801년), 프랑스(1806년)에서 인구조사가 이어졌다.[61]

더 작은 규모로는, 시 수준에서든 교구 수준에서든 전국적 인구조사의 선례라 할 것이 많이 있었다. 수로 표현되는 정보의 활용에 일찍부터 눈을 떴던 사례는 15세기까지 올라가는데, 도시국가였던 피렌체와 베네치아였다. 피렌체와 베네치아는 아마 작았기 때문에 선구자가 됐을 것이다. 작은 것이 아름답기도 하고 능률적이기도 한 것이다. 피렌체와 베네치아는 또한 '산술적 심성'을 가진 상인들이 실권을 쥔 공화국들이기도 했으니, 교육 제도가 이런 심성을 갖게 했던 것으로, 대표적으로는 주산 학교들 때문에 산술 능력을 가진 사람이 유별나게 많아질 수 있었다. 사개인들이 수치 정보의 가치를 이미 잘 인식

하고 있다면, 정부가 이런 종류의 정보를 수집하기가 당연히 더 쉽다고 하겠다.[62]

무슨 이유에서였든, 피렌체와 그 속령들에서 1427년 인구조사가 실시됐고, 본질적으로는 과세 목적에 활용됐다.[63] 이 조사를 실시하는 데는 워낙 비용이 많이 들어서 아주 드물게만 되풀이됐지만, 이 피렌체의 선례를 다른 곳에서 또 따라 했다. 예를 들어, 홀란트주州의 1494년 조사Enquiry와 1514년 신고Information는 한 촌락씩 차례로 실시한 조사들로서, 화덕 수와 그에 따라 부과된 세금에 관해 묻는 설문에 응답하는 방식이었다. 헨리 8세 정부는 교구 성직자들에게 명령을 내려 출생, 결혼, 사망을 기록하는 교적부들을 작성하게 했다. 베네치아 정부 역시 교구 성직자들을 정보 수집자들로 활용했거니와, 16세기가 되면 인쇄된 양식들을 사용해서는, 정보를 어느 정도 표준화된 방식으로, 곧 남자, 여자, 사내아이, 계집아이, 하인, 곤돌라 따위 제목을 붙인 표들을 이용해서 제시하게 하고 있었다. 영국 정부는 1690년대에 역시 성직자들을 동원해서 빈민들에 관한 정보를 수집했다.

영토 국가의 관리들은 성직자들을 동원하기만 한 것이 아니라 앞서 언급한 교회 쪽 선례들에서 배우기도 했으며, 이제 16세기 후반 이후로는 계속 전보다 더 많은 (또 더 상세한) 사회조사들을 명령했다. 에스파냐에서 1590~1591년에 인구조사를 실시하는데, 앞에서 소개한 카스티야 라 누에바 지역에 대한 비통계적 조사에서 얼마 지나지 않아서라고 해서 놀랄 일은 아니다. 17세기에 들어서면, 적어도 몇몇 유럽 정부 사이에서는 양적 자료에 관한 관심이 생겨나 계속 커져 가는데, 잉글랜드에서는 '정치 산술political arithmetic'로, 프랑스에서는 '칼퀼레 폴리티크calcules politiques'로 알려지게 된다.[64] 예를 들어, 1635년 이후로 영국 상무부는 아메리카 식민지들의 인구에 계속 관심을 가졌다. 잉글랜드의 17세기 후반은 (중앙 통계국 설립을 주장하던) 윌리엄 페티, 존 그란트, 그레고리 킹, 킹의 친구인 (수출입 감독관) 찰스 대버넌트의 시대, 다시 말하면 이들이 브리튼섬과 아일랜드의 자원이며 인구를 산정하려고 하던 시대였다.[65]

페티의 경우는 파리에서는 마랭 메르센의 교우 집단에서, 또 런던에서는 새뮤얼 하틀리브의 교우 집단에서 → 111, 112쪽 움직였거니와, 페티가 신봉했던 것은 자기가 '정치 산술'이라 부른 것이었는데, 이 무렵의 정의에 따르면 "통치에 관계된 것들에 관한 수치들을 갖고 추론하는 방법"이었다. 페티는 설문지에 관심이 있었으며, 페티가 쓴 원고 '한 나라의 상태를 조사하는 방법'에는 쉰세 개 항의 질문이 제시돼 있는데, 임금이나 물가, 인구, 질병, 세입, 관리들 따위에 관한 것들과 함께, 운동경기나 '궁녀들', "가장 많이 팔리는 책은 어떤 것들인가?"에 관해서도 빼먹지 않고 있어서, 실용성이 조금 더 폭넓은 형태의 호기심과 섞여 있는 또 다른 예를 보여 준다고 하셨다.[66]

프랑스에서는, 리슐리외와 콜베르가 비슷한 방향의 생각을 갖고 있었다. 리슐리외는 여러 차례의 '조사enquêtes'를 지시하는데, 그러면서 정확한 수치들도 함께 요구했다. 1661년 권력을 쥐게 되고 거의 직후, 콜베르는 왕실 삼림들의 수목에 대한 조사를 명령하는데, 해군 쪽의 필요를 염두에 둔 것이었다. 1667년에 콜베르는 교구 교적부들을 작성하라고 명령을 내렸다. 1669년에 콜베르가 만든 삼림 조례는 '베이컨식 방식'이라는 부르던 것에 기초해 삼림 자원들을 관리하기 위한 지침들을 내렸다.[67] 1670년에 콜베르는 명령을 내려 파리 지역의 세례 건수, 결혼 건수, 장례 건수를 월 단위로 발표하게 했다. 콜베르는 교역 수치에도 극도로 관심을 갖고 있었다. 콜베르는 프랑스 각지의 물가에 관한 소식을 정기적으로 받아 볼 수 있게 했고, 이와 함께 네덜란드 공화국 주재 프랑스 대사에게도 지시를 내려 네덜란드 상선들의 수와 이 배들로 수입하는 프랑스 포도주의 양에 대해 상세히 보고하게 했다.[68]

수치에 관심이 있었다는 점에서 콜베르는 혼자가 아니었다. 17세기 말에는, 프랑스 왕위 계승자 부르고뉴 공公 주변의 개혁 세력들도 이 관심을 공유하고 있었다. 1697년에는 열아홉 개 항의 설문지를 지방장관들에게 내려보내 공작의 정치 교육에 쓸 정보를 보내게 했다. 이 집단의 한 구성원이던 프랑수아 페늘롱 대주교가 교회에서 자주 쓰는 목자의 심상을 빌려 말했던 것처럼 "자기 양 떼의 수를 모르는 목자를 두고 사람들이 무어라 말하겠는가?" 이 집단의 또 다른 구성원 보방 원수는 그가 통계les statistiques라 불렀던 것에(다시 말하면 정치가들에게 유용한 정보에) 상당한 관심이 있어서 인구를 산정하는 방법을 고안했는가 하면, 1707년에 발표된 한 논문에서는 프랑스의 생활 수준을 측정하려고도 했다.[69]

18세기가 되면, 그러니까 로버트 월폴 경이 영국 하원이 '수사적 표현들'보다 '산술적 표현들'을 선호하게 된 것에 주목하던 무렵이면, 이런 종류의 조사들이 점점 더 정교해지고 있었고, 그러면서 유럽 다른 지역들로도 퍼져 가고 있었다. 통계표Staatstafeln는 라이프니츠가 일찍이 1680년대에 추천했던 것이 프리드리히 대왕 시대의 프로이센에서는 일상적 통치의 일부가 되었다. 러시아에서는, 새 인두세와 맞물려 (1718년에) 인구조사가 시작되었다. 스웨덴에서는, 천문학자 페르 빌헬름 바리엔틴이 출생 통계 및 사망 통계들을 분석하는 일을 맡게 되는데(통계는 성직자들에게 명령을 내려 수집한 것이었으며) 결과는 1754~1755년에 과학원 학술지에 발표된 논문 몇 편에서 소개되었다. 1756년에 스웨덴 정부는 통계 관련 상설 기구, 곧 통계 위

원회Tabellkommission를 구성하는데, 여기에 바리엔틴도 위원으로 참여했다.[70]

통치자들은 사람의 수를, 때로는 동물의 수도 세는 데 관심이 있었지만, 그 신민들은 이 관심을 기꺼이 받아들이지는 않았으니, 이런 조사들이 끝나면 세금을 더 내라거나 병역을 지라거나 하는 요구들이 이어질 것이라고 많은 경우 이유 있는 의심을 했던 것이다. 저 '둠스데이북'이라는 이름은 축하하느라 붙인 것이 아니었다. 인구조사에 대한 시끄러운 반대가 1550년에 파르마에서, 1590년대에는 나폴리에서 있었고, 또 1663년에는 프랑스에서도 있었는데, 이때 나온 주장을 보면 "가구들과 동물들을 세는 것은 사람들을 노예로 만들겠다는 것이다."였다. 이런 반대는 18세기 잉글랜드에서도 여전히 볼 수 있었다.[71] 근대 초기 많은 반란에서 대개 공식 기록들을 먼저 불태워 버렸다고 해서 새삼스러울 것은 없다고 하겠다.

정보의 보관과 검색

기록들의 양이 늘어나면서, 이제 전용 저장소, 곧 기록 보관소에서 전문 관리인, 곧 직업적 기록 보관인에다 일람표, 색인 따위까지 갖춰서 간수해야 할 필요가 생겼다.[72] 중세 정부들도 이미 상당한 양의 문서들을 만들어 내 보존했다. 프랑스의 필리프 오귀스트 왕은 '증서 수장고Trésor des Chartes'를 설치했고, 여기에 있던 문서들은 나중에는 파리의 생트샤펠에 보관했으며, 상대적으로 작은 중세 왕국이던 잉글랜드에서 만들어 내는 양피지 문서 두루마리들은 저 공문 기록 보관소의 그 많은 선반을 계속 채워 갔다. 하지만 중세 동안에는 문서들은 다른 귀중한 물건들과 함께 보고에 보관될 때가 많았고, 게다가 소유자를 따라 한 곳에서 다른 곳으로 계속 옮겨 다녔다. 중세에 국가 기록 보관소가 발전하지 못하게 한 주요한 장애물은 군주들의 이동성이었다. 공문서들을 모아 놓은 것들이 있기는 했어도 여기저기 분산돼 있었던 것이다.[73]

근대 초기는 여러 가지 이유로 전환점이었다. 첫 번째로, 인쇄술이 발명되면서 수고手稿들을 문서의 한 특정 종류로 만들었고, 그리하여 수고들을 도서관의 한 특정 부분에든 아니면 전용 건물에든 따로 보관하게 이끌었다. 두 번째로, 통치의 집중이 심화되면서 펠리페 2세가 한 번은 "저 악마들, 내 서류들"이라고도 했던 문서들이 유례없이 늘어나는 결과를 낳았다.(펠리페 2세는 어떨 때는 하루에 400개의 문서에 서명을 한 적도 있다.) 프랑스의 루이 13세 같은 통치자들의 경우에는 펠리페 2세만큼 책상에서 많은 시간을 보낼 준비가 돼 있지 않아서 비서들을 시켜 왕의 서명을 흉내 내게 하기도 했다. 세 번째로, 정부들이 한 곳에 정착을 하게 되는데, 우피치궁이나 에스코리알궁, 베르사이유궁, 화이트홀 등등이었다. 두 번째 경향이 기록 보관소들이 필요해지게 만들었다면, 세 번째 경향은 기록 보관소들이 가능해지게 만들었다. 통치가 집중되면서 문서들도 집중됐던 것이다.[74] 16세기와 17세기를 지나는 동안, 제법 많은 보관소가 건립되거나 아니면 최소한 재조직되는데, 대체로 관리들이 지나치게 시간을 빼앗기지 않으면서 정보를 검색할 수 있게 하려는 것이었다. 서류들을 이전에는 관리들의 개인 소유로 취급하다가(이를테면 심지어 리슐리외도 자기 서류들을 조카에게 물려줬으며), 이제는 국가에 속한 것으로 여기게 된다.

이 장에서 논의한 다른 영역들에서처럼, 반종교개혁 교회는 여기서도 선구자였던 것 같다. 이 시기의 교황들 가운데서, 세 사람이 바티칸의 기록 보관소에 특히 관심을 쏟았다. 1565년에 피우스 4세는 사서-추기경에게 기록 보관소를 만들라고 지시했고, 다음 해에는 교황 칙서를 내서 각 교구에 문서들을 저장할 곳을 마련하라고 명령했다. 1591년에 그레고리우스 13세는 자신의 허락 없이 기록 보관소의 문서를 열람하는 것을 금지했다. 1612년에 파울루스 5세는 특별한 비밀 기록 보관소를 세웠다. 처음에는 비상근, 나중에는 상근 기록 보관자들을 선임해 이 보관소의 문서들을 관리하며 색인 작업을 하게 했다.[75] 이런 교황의 선례를 교회의 다른 곳에서도 서서히 따라 했다. 예를 들어, 톨레도에서는 관구 평의회가 1582년에 명령을 내려 주교 문서고를 설립하게 했다. 밀라노에서는, 17세기 중반 대주교의 기록 보관인이 주교 시찰 기록들을 제본했는데, 나중에 빠르게 열람할 수 있게 하려는 목적이었을 것이다.

국가들의 경우, 작은 것이 능률적이라는 격언은 스웨덴의 사례가 예시한다고 할 수 있을 텐데, 스웨덴 정부는 기록 보관소에 관한 관심을 17세기 시작부터 공식 기록 보관인들을 임명하는 것으로 보여줬으니, 요한 부레를 1609년 국가 기록 관리관riksarchivar으로 선임하는 것이 그 시작이었다. 잉글랜드에서는, 엘리자베스 여왕이 새로 공문서 관리국을 세웠고, 뒤이어 즉위한 제임스 1세가 공문서 관리관이라는 자리를 신설했다. 에스파냐 정부와 프랑스 정부는 이 시기에 기록 보관소에 새삼 신경을 쓰고 있었다. 에스파냐 기록 보관소의 역사에서 펠리페 2세는 그만의 개인적 역할을 했다. 1545년에 섭정으로서, 펠리페 왕자는 시망카스성城에 국가 서류들을 보관하도록 이미 명령을 내린 바 있었다. 왕위에 오르고 나서, 펠리페 2세는 역사가 헤로니모 수리타에게 공식 문서들의 수집 책임을 맡겼으며, 왕 자신은 직접 문서들을 잘라서 분류해 보관했다. 17세기에는 저 정력적인 올리바레스 대공이 펠리페 4세의 수석 대신으로서 흩어진 문서들을 찾아 분류하고 재배치하는 일에 직접 신경을 썼다. 18세기에는 아메리카 관련 문서들을 보관할 전용 기록 보관소, 곧 아키보 데 인디아스Archivo de Indias가 세비야에 설치됐다.[76]

프랑스에서는 17세기가 기록 보관소들의 체계를 잡는 때였는데, 처음에는 학자 테오도르 고드프루아(1615년)가, 그다음에는 리슐리외, 나중에는 콜베르가 주도했다. 예를 들어, 리슐리외는 특정 종류의 문서들의 위치나 분류 같은 구체적 문제들에 신경을 썼다. 콜베르의 서한들을 보면 하급 관리들에게 기록 보관소를 찾아보라고 명령하는 대목들이 자주 등장하거니와, 콜베르는 또 오래된 기록 보관소들의 목록을 작성하고 거기서 발견된 문서들을 필사해야 한다고 계속 독려했다.(프랑스 남부에서 258권의 문서 필사본이 발견되는데, 1665년에서 1670년 사이에 묶인 것들이었다.) 루이 14세의 외무 장관 토르시는 특히 외교 문제와 관련된 공문서들에 관심이 있어 1710년에는 이 문서들을 보관할 전용 보관소를 세웠다. 루이 14세가 왕위에 올랐을 때는 어떤 국가 부처에도 기록 보관소가 없었으나, 이제 세상을 떠날 즈음에는 모든 부처가 정해진 장소에 자기네 기록들을 보관하고 있었다.[77]

이런 기록 보관소들은 역사가들이 편하라고 만든 것은 아니었고, 관리들을 위해 존재했던 것들이다. 기록 보관소들은 아르카나 임페리이, 곧 '국가 기밀'의 일부였거니와, 이 표현은 17세기에 들어 점점 더 자주 쓰이면서, 특정 종류의 정치적 정보에 대한 자기네 독점이 침해당하지 않을까 하는 관리들의 경계심을 표현하고 있었다. 이 무렵은 국가의 역사에서 중요한 때였으니, 관리들이 집에서 일하고, 그리하여 국가 서류들을 자기네 개인 소유로 취급하다가 관청에서 일하면서 기록 보관소에 서류들을 보관하는 쪽으로 서서히 옮겨 가고 있었기 때문이다. 정보를(최소한 특정 종류의 정보를) 독점하는 것은 권력을 독점하는 수단이었다.[78] 프랑스 혁명이 일어나면서야 공문서들에 대한 일반인 열람권 원칙이 공포됐고, 그러고도 실제는 이론을 따라가지 못했다.

검열

지금까지 다룬 정보의 상당 부분은 영국군이 부르던 식으로는 '일급비밀TOP SECRET'이었다. 이 이유, 또 다른 이유들 때문에 일종의 통제 체제 또는 검열 체제가 운영됐다. 예를 들어, 베네치아에서는 공문서들에 대한 접근이 엄격히 통제됐다. 심지어 총독도 기록 보관소에 혼자 들어가는 것이 허용되지 않았다. 원로원 의원들만 기록 보관소에 들어갈 수 있었고, 평의회 의원들만 문서들을 가지고 나올 수 있었다. 자기가 관리하는 문서들을 읽어 보고 싶은 유혹에 빠지지 않도록, 기록 보관소 관리인은 문맹자여야 했다.[79]

이 시기에 가장 유명하고 광범위했던 검열 체제는 가톨릭교회의 것으로서, 저 '금서 목록'과 맞물려 있었다. 이 금서 목록은 도서 목록을(어쩌면 '반反장서 목록'이라 표현하는 것이 더 나을 것을) 인쇄해 놓은 것으로, 여기 있는 책들은 신도들이 읽는 것이 금지됐다. 사실 지역적 차원의 금서 목록이 많이 있기는 했으나, 중요한 금서 목록들은 교황의 권능으로 발표해 전체 교회에 구속력을 갖고 있는 것들이었다.

이 금서 목록은 개신교와 인쇄술에 대한 해독제로서 고안됐던 것으로 보인다. 종교개혁 당시, 신교도들은 지식이 자기들 편에 있노라 주장했다. 예를 들어, 잉글랜드인 존 폭스는 유명한 '순교자들의 책'

저자로서 이렇게 단언했으니, "교황이 지식과 인쇄술을 없애 버리든지, 아니면 인쇄술이 결국은 교황을 뽑아 없애든지 할 것이다." 이 주장에 금서 목록이 응답을 내놓았던 셈이다. 금서 목록은 인쇄로 인쇄와 싸우려고, 곧 책을 통제하려고 한 시도였던 것이다. 원형이 된 금서 목록은 1564년에 발표되는데, 크게 세 유형의 책들을 금지하는 일반적 규정들로 시작했으니, 이단적이거나 부도덕하거나 마법을 다뤄서는 안 됐다. 다음에는 저자들과 책 제목들을 알파벳순 목록으로 제시하는데, 저자들은 다시 (모든 저작이 금서인) '1급', (특정 저작들만 금서에 해당하는) 2급으로 나뉘었다. 이 검열 체제는 복합적이었으니, 교황청 안에서 서로 맞서는 세 기관이 이 체제를 장악하려고 경쟁했다. 금서 목록에 인쇄업자, 서적 판매상, 독자들은 저항했고, 자주 성공을 거두기도 했다. 금서 목록은 역효과를 낳았을 수도 있는데, 신도들의 호기심을 자극했기 때문이다.[80] 그래도 여전히, 금서 목록은 구교 세계에서 지식의 유통을 분명히 방해했다.

가톨릭교회 금서 목록에 오른 책들 거의 대부분은 개신교 신학 저작들이었으나, 이 목록에는 다른 주제들을 다뤘지만 어쩌다 이단자가 쓰게 돼서 포함된 책들도 더러 있었다. 예를 들어, 1572년에 파도바 대학의 한 의학 교수는 테오도어 츠빙거의 유명한 백과사전을→153쪽 구하는 데 어려움을 겪었는데, 신교도의 저작이었기 때문이고, 또 마드리드의 한 서적상도 1618년 비슷한 이유로 곤란에 처했으니, 콘라트 게스너가 쓴 어류 관련 논문이 자기 서점에서 나왔던 것이다.[81] 이와 비슷하게, 라이프치히의 《학술 기요》도 17세기 학술지들 가운데 가장 유명한 경우였지만, 그 신교도 편집자들 때문에 요주의 대상이었다.

가톨릭교회만 책들을 통제하는 데 신경을 쓴 것은 아니었다. 개신교의 검열도 이미 1520년대에 스트라스부르, 취리히, 작센에서 시작됐거니와, 금지된 저작물들에는 가톨릭 쪽의 논박서들뿐만 아니라 재세례파 같은 급진적 개혁가들의 저술들도 포함돼 있었다. 제네바에도 또 검열 제도가 있어서, 책을 쓴 저자들은 인쇄 허가를 시의회에서, 나중에는 교육을 감독하는 위원회, 곧 '교장회'에서 받아 내야만 했다.[82] 신교 쪽의 검열이 사실상 잊힌 반면, 구교 쪽 검열은 여전히 기억되고 있다면, 이것은 아마 개신교는 분열까지는 아니더라도 분권화돼 있어서 특정 종류 책들을 금지하려는 시도들이 덜 효과적일 수밖에 없었던 결과라 하겠다.

교회들처럼, 또 교회들의 모형을 따라서, 근대 초기 유럽 국가들은 인쇄된 말들에 대한 검열 체제를 조직했는데, 교회들이 이단을 두려워했던 만큼 '반란'을 두려워해서였다. 유럽에서 더 관용적이었던 지역들에서조차, 이를테면 베네치아나 네덜란드 공화국, 잉글랜드에서도 의사 표현의 자유에 일정한 제한을 두었다. 예를 들어 바뤼흐 스피노자의 『신학 정치론』을 1674년 네덜란드 의회가 금서로 정했다. 잉글랜드에서는, 메리 1세의 재위 때, 정부가 서적 유통을 규제했는데, 서적 출판업 조합을 세워서 모든 인쇄업자가 등록하게 하는 방식을 썼다. 뒤이어 즉위한 엘리자베스 여왕 재위 중에는 인쇄업을 런던, 옥스퍼드, 케임브리지에서만 할 수 있게 해서 더 효과적인 감독 아래 두게 된다.

그래도 여전히, 네덜란드 공화국이나 영국에서 작동하던 것 같은 상대적으로 개방적인 정보 체제들은 에스파냐, 오스트리아, 러시아의 상대적으로 폐쇄적인 정보 체제들과 대비된다고 하겠으며, 프랑스는 중간쯤에 해당했다. 네덜란드 공화국의 경우, 분권화된 정치적 구조에, 도시화된 지역이었고 상인들이 지배했기 때문에 정보가 말이나 글은 물론 인쇄를 통해서 보기 드물게 자유로이 돌아다닐 수 있는 조건을 갖고 있었다. 네덜란드 외교는 "악명 높게 공개적"이라 묘사됐거니와, 기밀문서들도 심심찮게 외부인들에게 팔렸다.→225쪽 이 공화국을 다녀온 외국 방문객들도 네덜란드의 기술과 관련된 정보를 얼마나 쉽게 얻을 수 있었는지 증언한다.[83] →236쪽

잉글랜드에서는, 출판에 대한 통제가 17세기 중반 잉글랜드 공화국 아래서 무너졌으나, 출판 허가법으로 다시 시작된다. 이 1662년 출판 허가법에 따르면, 법률 서적들은 대법관에게, 역사 서적들은 정부 대신에게, 다른 종류의 책들 거의 대부분은 캔터베리 대주교와 런던 주교에게 검열을 받아야 했다. 1695년 출판 허가법이 폐지되면서 검열뿐만 아니라 서적 출판업 조합을 통한 인쇄 통제도, 그러니까 근 140년을 이어지던 통제도 같이 끝이 났다. 출판은 이제 발행 이전 단계의 통제에서 자유로워졌다. 다른 말로 하면, "누구나 원하는 것을 자유롭게 출판하고, 그 결과를 받아들이면 되게 된 것이다."[84]

루이 14세의 프랑스에서는 경찰 총감 가브리엘 니콜라 드 라 레니가 1667년부터 1697년까지 출판을 엄격히 통제했다. 엘리자베스 여왕 치하의 잉글랜드와 비슷하게, 콜베르는 파리의 인쇄업을 소수의 사람에게 집중시키려 했는데, 그러면 더 쉽게 통제할 수 있을 것이었다. 1701년에 파리에는 인쇄소가 쉰한 개뿐이었으니, 1644년의 일흔다섯 개나 1500년의 181개와 비교가 된다. 책들은 18세기에도 여전히 공개적으로 불태우고 있었는데, 그중에는 볼테르의 『철학 서간』(1733년)이나 장자크 루소의 『에밀』(1762년) 같은 책들도 끼어 있었거니와, 그래도 일부 검열관, 대표적으로 크레티앵 기욤 드 라무아뇽 드 말제르브는 1750년부터 1763년까지 출판 감독관directeur de la librairie을 지내면서도 출판의 자유를 지지했다. 한 번은 말제르브가 드니 디드

로에게 경찰이 『백과전서』를 압수하려고 디드로의 집을 수색하러 가고 있다며 사전에 알려 주고, 이 위험한 물건을 자기 집에 숨겨 주겠다고까지 한 적도 있었다.[85]

반란에 대한 우려가 정부가 검열을 하게 한 유일한 이유는 아니었다. 비밀들이 공개되는 것도 또 다른 걱정거리였다. 예를 들어, 서인도제도와 아프리카에 관한 지식을 포르투갈 사람들은 국가 기밀로 취급했다. 1504년 마누엘 왕은 해도 제작자들이 콩고강 너머의 서아프리카 해안을 표시하지 못하게 하고, 기존의 해도들은 제출해 검열을 받게 했다.[86] 포르투갈 약종상 토메 피르스의 동방 여행기 『동방개요』는 지금은 유명하지만, 마누엘 왕에게 제출한 것으로서 처음에는 비밀에 부쳤으니, 거기에 들어 있는 향신료에 관한 정보 때문이었다. 피르스 여행기의 이탈리아어 번역본이 1550년에 조반니 바티스타 라무시오의 유명한 여행기 모음집에 실리는데, 거기에는 향신료에 관한 부분이 빠져 있어서, 마치 원고가 검열이라도 당한 것 같다. 이 여행기와 관련된 포르투갈 정부의 우려에는 근거가 있었다고 하겠으니, 1561년에 리스본 주재 프랑스 대사에게는 한 포르투갈 지도 제작자에게 뇌물을 주고 남부 아프리카 지도를 구하라는 지령이 내려오기도 했기 때문이다.[87] 포르투갈 사람들의 정보 비밀주의 집착은 오랫동안 지속됐다. 1711년에도, 『브라질의 문화와 자원』이라는 브라질 경제 관련 논문을 브라질에 살던 한 이탈리아 예수회 수사가 안토닐이라는 필명으로 출판했지만, 곧바로 배포를 금지당했으니, 분명히 외국인들이 브라질의 금광들로 통하는 길들을 알게 될까 우려해서 나온 조치였다.[88]

기밀 정보가 공개되는 사태에 대한 포르투갈의 우려는 사실 일반적 경향의 극단적 사례였을 따름이다. 예를 들면, 라사로 소란초라는 사람이 1598년 10인 위원회에 체포되는데, 소란초가 (페라라에서) 반反튀르크 저작을 출판한 데 따른 것으로서, 베네치아 정부는 이 저작이 오스만 제국 체제에 관한 기밀을 누설했다고 여겼던 것이다.[89] 지도와 상세도들은 특히 정치적으로 민감한 내용들을 담고 있었다. 베네치아의 귀족 다니엘레 바르바로가 로마 시대 건축가 비트루비우스의 논문에 관한 주석서(1556년)를 썼을 때, 정치적으로 위험한 저작이라고 생각하지는 않았을 것이거니와, 정작 이 저작의 출판에 반대들을 하고 나섰던 것은 방어 시설의 삽화들이 베네치아의 적국들을 이롭게 할 수 있으리라는 근거에서였다. 프랑스 지리학자 앙드레 테베는 자신의 『우주 구조론』(1575년) 서두에 왕에게 바치는 편지를 붙여서는 프랑스의 도시들이며 요새들의 상세도를 싣지 않은 이유를 정치적 측면에서 밝히고 있었던바, "외국인들에게 프랑스의 기밀을 보여 주는 것이 바람직하다고 판단되지 않아서"였던 것이다.[90]

정보를 비밀로 하려고 정부들은 통상적으로 암호를 썼는데, 암호는 외교의 부상과 맞물려서 이 시기에 발달하게 된다. 이탈리아 사람들은 외교와 암호 두 분야 모두에서 선구자였다. 베네치아나 로마의 암호 담당관들은 그 기술이 정평이 나 있었거니와, 또 다른 이탈리아 사람이 펠리페 2세의 서한들을 암호화하는 일을 맡고 있었다.[91] 이탈리아 사람들이 역정보 공작, 곧 잘못된 소문을 퍼뜨리는 기술 쪽에서까지는 선구자가 아닐 수도 있으되, 책에서 공개적으로 이 주제를 다룬 첫 사례들에는 들어간다고 하겠으니, 조반니 보테로의 『국가 이성론』(1589년)이 이런 경우였다.[92]

정보의 누출

정보 통제는 쉽지 않았다. 공개된 영역과 아르카나 임페리이 사이의 경계는 자주 무너지기도 했고, 또 상당한 양의 정치 정보를 공식적으로든 비공식적으로든 퍼뜨리기도 했던 것이다. 더러는, 그러니까 16세기 초에 베네치아 정부의 자문관이던 수사 파올로 사르피 같은 사람들은 정보를 퍼뜨리는 것이 정보를 억누르는 것보다 더 효과적인 정치적 무기라고 주장하기도 했다.[93] 어떤 체제들은 이런 측면에서는 특히 개방적이었으니, 대표적으로 네덜란드 공화국이 이런 경우였고, 잉글랜드는 내전 중에, 또 1688년 이후로 다시, 스웨덴은 이른바 '자유의 시대', 특히 1766년에서 1772년까지 6년 동안에 이런 상태였다.

기록 보관소들이 누구에게나 개방된 것은 아니었지만, 특정 용도로 기록 보관소 이용권을 얻는 것은 가능했다. 근대적 역사 서술의 창시자로 알려져 있기는 하지만, 그렇다고 레오폴트 폰 랑케가 공문서들로 작업한 최초의 역사가는 아니었다. 근대 초기에, 공식 역사가들에게, 이를테면 피렌체의 조반 바티스타 아드리아니나 잉글랜드의 윌리엄 캠던, 프로이센과 스웨덴의 자무엘 폰 푸펜도르프에게는 공식 문서들에 대한 접근을 허락해서 이들을 고용한 정부의 정책들을 설명하고 정당화하게 했던 것이다. 토르시의 정치학 학술원→83쪽의 학생들은 토르시가 세운 새 외교 문서 보관소를 정치학 교육과정의 일부로 사용했다. 1714년에는 프랑스 학자 시아신트 다르슈가 런던탑 안의 기록 보관소를 써도 좋다는 허가를 받았거니와, 존 셀던 같은 잉글랜드 학자들은 오랫동안 이 기록 보관소를 써 오던 터였다.[94]

오래전부터 지방 기록들을 지방의 이유들 때문에 사용했는데, 예를 들면 상속권 분쟁을 판결할 때 같은 경우였다. 교구 교적부들은 여러 용도로 찾아봤다. 예를 들어, 에스파냐의 쇠퇴와 이 상황의 해결책들을 다룬 한 저술에서 톨레도의 수사 산초 데 몽카다는 교구 교적부들을 사용해 혼인율이 떨어져 있던 사실을 밝혀냈다. 잉글랜드의 교구 교적부들은 학자 조지 힉스가 1677년에 스코틀랜드 장로교도들을 공격하는 데 동원됐는데, 교적부들에서 힉스는 혼외 출생률이 '이들 바리새인들'의 지역에서 다른 곳들에서보다 더 높은 것을 발견했던 것이다.[95]

정부들이 더러는 나름의 목적 때문에 정보를 알려야 할 때가 있었다. 법률이나 다른 규칙들에 관한 지식을 퍼뜨리는 것은 분명히 정부들에 이로웠을 것으로, 수시로 공공장소에서 큰 소리로 공포하고 또 인쇄해 붙여 놓았다.[96] 정부 쪽에서 봤을 때, 문제는 사람들에게 정보를 너무 적게 줘서 터무니없는 소문들이 퍼지게 부추기는 상황과 너무 많이 줘서 보통 사람들이 국가사를 놓고 참견하고 나서게 만드는 상황 사이에서 균형을 잡는 것이었다.

관보들은, 이를테면 파리의《가제트》같은 경우는 정부의 관점에서 선별해서 소식들을 실었다. 한 외국인 관찰자가 1639년에 논평한 것을 보면 "프랑스 정부는 신민들에게 좋게 보일 것으로 생각하는 인상을 주는 데 관보를 놀랍도록 잘 활용한다." 예를 들어, 1658년 프랑스 정부는《가제트》편집자가 스웨덴 왕을 호의적으로 언급하도록 일러둘 필요가 있다는 논의를 하기도 했는데, 당시 스웨덴은 프랑스의 동맹이었던 것이다.[97] 이 프랑스 모형을 런던에서, 또 다른 곳들에서도 곧 따라 했다. 런던《가제트》의 두 편집자 알링턴 경과 조지프 윌리엄슨 경은 첩보원들을 부리는 사람들이기도 해서, 기밀 정보들을 얻는 것은 아무 문제가 되지 않았다.[98] 관보에 실리는 소식들을 독자들이 항상 신뢰했던 것은 아니어서, 정부들은 때로 정보를 비공식 매체들에 흘려서 이익을 얻기도 했으니, 18세기 프랑스에서 유통되던 필사본 편람 신문들이 이런 매체였다.[99]

외교 문제 관련 기밀 정보는 특히 드러날 가능성이 높았는데, 경쟁국이나 적국의 비밀들을 알아내는 것이, 어떨 때는 폭로까지 하는 것이 각 국가로서는 이익이었기 때문이다. 런던, 파리, 빈을 비롯한 다른 곳에서는 대사들이 보내고 받는 서한들을 열어 보고는 표가 나지 않게 다시 잘 봉인하는 것이 흔한 일이었다. 예를 들어, 브런즈윅 공작 영지 안의 첼레에서는 현지 관리들이 프랑스, 덴마크, 스웨덴의 급송 외교문서들에서 긁어모은 정보를 잉글랜드의 윌리엄 3세에게 넘겨줬다. 전시에는 전령들을 기습해 전갈들을 빼앗곤 했다. 예를 들어, 리슐리외 시대에 프랑스인들이 로슈 근처 숲에서 에스파냐 전령을 급습했다. 중요한 편지들은 대개 암호로 작성했지만, 정부들은 뛰어난 암호해독가들을 고용했으며, 그중에는 수학자들도 제법 들어 있어서, 프랑수아 비에트는 프랑스의 앙리 3세 밑에서 일했고, 존 월리스는 크롬웰과 윌리엄 3세 둘 다를 섬겼던 경우다. 때로는 빼앗은 급송 외교문서들을 인쇄 매체에 실어서 적국의 이중성을 폭로하기도 했다. 30년 전쟁 중에 구교도들과 신교도 모두 이 방법을 동원해서 상대방에게 '전쟁 책임'을 씌우려고 했으니, 같은 목적으로 문서들을 모아 놓고는 각각 '안할트 공문서청'과 '에스파냐 공문서청'이라는 제목을 붙였다.[100]

기밀 정보를 비공식적으로 출판하는 것 또한 자주 있는 일이었다. 니콜로 마키아벨리의 저 악명 높은 『군주론』은 어쩌면 이 관점에서 봐야만 할 텐데, 이 책은 특정 통치자에게 조언을 하는 수고 형태의 논문으로서, 말하자면 일종의 긴 비망록이었던 것이 저자가 죽고 난 뒤에야 출판됐기 때문이다. 외교에 관한 논문들은 대사들이나 그

비서들이 하는 일을 일반적 지식의 일부로 만들었다. 이렇게 '영업 비밀'을 인쇄물의 형태로 폭로했던 사례들 중 가장 많이 알려진 것은 한 네덜란드 외교관의 저술이었는데, 그러니까 편람 신문의 필진으로도, 또 (잉글랜드에 고용돼) 첩자로도 활동하던 아브라함 판비크베포르트가 쓴 『대사』로서, 1680년에 프랑스어로 출판됐다.

베네치아 공화국은 정치적 비밀을 지키는 데 각별히 신경을 썼지만, 귀족 2500명이 번갈아 가며 관직을 맡던 형태의 정부였던 만큼 첩자들이 끼어 있게 돼 있었다. 저 유명한 렐라치오니→ 191쪽는 애초에 보게 하려던 것보다 훨씬 넓은 범위의 사람들이 읽었다. 이 문서들 가운데 일부는 필사본들이 만들어졌고, 심지어는 어찌어찌 출판까지 됐다. 예를 들어, 카를 5세의 전기를 전문 작가 프란체스코 산소비노가 써서 1567년에 펴냈는데, 이 책에서는 에스파냐 제국 정부에 파견된 두 베네치아 대사가 작성한 렐라치오니를 활용했다.[101] 아무리 늦어도 17세기면 렐라치오니가 특정 유럽 도시들, 대표적으로 로마에서 (몇몇 베네치아 대사에게 충격을 주며) 팔리고 있었다. 예를 들어, 레니에르 첸 대사의 로마 상황 보고서는 1623년에 쓴 것을 1620년대 후반에는 로마의 한 수도원 도서관에서 빌려 볼 수 있었다.[102] 베네치아 주재 프랑스 대사의 전직 비서 니콜라 아믈로 드 라 우세는 베네치아의 역사에 관한 책(1685년)을 쓰면서 서한들이며 비망록, 렐라치오니를 이용할 수 있었고, 그리하여 이 책은 저자가 서문에서 '권력의 비밀들les mystères de la domination'이라고 표현한 것을 공개하게 된다. 렐라치오니 사본들은 유럽의 주요 공립 도서관들과 사립 도서관 상당수에서 찾아볼 수 있었으며, 지금도 그렇다. 랑케는 직접 베네치아에서 연구를 시작하기 전에 베를린과 빈에서 사본 몇 권을 찾아내기도 했다.[103]

조만간 누군가가 렐라치오니 출판을 구상하고 또 충분히 대담해서 실행에도 옮기리라는 것은 예상할 수밖에 없는 일이었다. 한 인쇄업자가 이렇게 움직였으니, 렐라치오니들에서 글들을 발췌해 편집해서 『정치 보전寶典』이라는 이름으로 파리에서 (표지에는 '쾰른'으로 돼 있었지만) 1589년에 출판했던 것이다.[104] 나중 판본들은 밀라노와 비첸차에서 발행됐다. 로마 주재 베네치아 대사들의 렐라치오니 세 건이 더 1672년에 『로마 궁정 비사』라는 제목으로 출판됐다. 발행지는 '브뤼셀'이라고 해 놓았고 표지에 인쇄업자 이름 같은 것은 없었다. 좀 더 눈길을 끄는 경우는 종교재판소에서 한 이단 혐의자를 심문한 기록이 1547년에 『발도 수사에게 붙은 죄목들』이라는 제목으로 출판된 것이었다.[105] 첩자들의 역사는 길다. 비밀들은 당연히 여러 이유로 폭로됐는데, 정치적이거나 이상주의적인 이유들도 있었고, 또 경제적인 이유도 있었던 것이다. 하지만 인쇄술의 발명으로 잠재적 시장이 커지면서 이윤 동기가 더 강화됐다. 이 근대 초기 유럽 안의 지식 시장이 이어지는 장의 주제다.

지식의 판매:
시장과 인쇄술

지식은 신의 선물이다.
따라서 팔릴 수 없다.
—중세의 격언

배움은 그 자체로 장사다.
—존슨

종교의 자유니 양심의 자유니 하는 말들은
지식 영역 안에서 자유 경쟁이 갖는
지배력을 표현하는 것일 따름이다.
—마르크스

7

우리가 정보사회에 살고 있다고 말하는 이유 하나는 더 선진적인 경제들에서 정보의 생산과 판매가 상당히 많은 기여를 하기 때문이다. 몇몇 북미 경제학자가 이미 한 세대 전에 이러한 점을 지적했다. 1960년대에 이 경제학자들 중 하나는 다른 경제학자들이 당시까지 '지식의 상품적 측면들'을 소홀히 했다고 주장했는데, 그러면서 기계들을 '동결된 지식'이라 묘사하고, 경제 발전은 '본질적으로 지식 과정'이라는 발상을 제시했다. 거의 같은 시기에, 또 다른 경제학자가 지식을 하나의 제품으로 다룬 책 한 권 길이의 연구를 내놓았으니, 지식의 재고며 원가, 가격을 검토했던 것이다.[1] 더 근자로 오면서는, 정보산업이며 정보 시장 관리, 정보 용역, 정보 경영에 관한 책과 논문이 홍수처럼 쏟아져 나왔다.[2]

이 연구에서 여러 번 등장했던 질문을 다시 한 번 해 볼 필요가 있으니, 이 모든 것에서 정확히 무엇이 전에는 없던 것인가? 지식의 상품화로 나아가는 최근의 흐름들이 갖는 중요성을 부정할 생각 같은 것은 없다.[3] 그래도 여전히, 이 흐름들을 더 긴 기간에 걸쳐 있는 더 점진적인 변화들이라는 시야 안에 배치해 볼 필요가 있다. 이런 맥락에서는 1709년 영국 저작권법을 언급하는 것은 중요하되 충분하지는 않다고 할 텐데, 이 법은 그 전문에 따르면 "학식 있는 사람들이 유용한 책들을 구상해 집필하도록 장려할 목적으로", 즉 허구가 아니라 지식을 염두에 두고 책을 쓰게 할 목적으로 통과됐기 때문이다. 더 넓게 범위를 잡고 또 더 멀리 거슬러 올라갈 필요가 있는 것이다. 예를 들어, 지식을 판다는 생각은 최소한 플라톤이 소피스트들더러 지식을 판다고 비판하던 때만큼 오래됐다고 하겠다. 지식이 소유물possessio이라는 발상을 정식화한 것은 키케로였다. 고대 로마에서는, plagiarius라는 말이 원래는 노예를 훔쳐 간 사람을 가리키던 것을 시인 마르티알리스가 도작盜作에 적용했고, 약탈compilatio이라는 말 역시 표절을 가리켰는데, 표절이 원저자를 약탈하는 것이라 봤던 것이다.[4] 중세에는, '편찬compiling'이 부끄럽지 않은 일이 되면서, 지식재산권 인식이 무뎌지고 있음을 시사했으나, 13세기에는 지식은 "신의 선물이어서 판매할 수 없다."는 전통적인 법적 논증이 교사들은 노동에 대해 대가를 지급받아야 한다는 새 원칙의 도전을 받았다.[5] 14세기에는 시인 프란체스코 페트라르카가 자신의 책 『운명의 극복에 대하여』에서 책을 상품처럼quasi mercium 취급하는 사람들을 비난했다.

르네상스 시대 때는, 지식재산권을 정의하기가 어려웠는데도 (아니면 어려워서) 표절을 둘러싼 논란이 점점 더 잦아졌다. 르네상스 인문주의자들은 수시로 다른 인문주의자가 '절도'를 했다고 비난했으며, 그러면서도 자신은 창조적 '모방' 이상은 하지 않노라 주장했다. 17세기가 되면, 이 주제 전반을 다룬 저작들이 인쇄물의 형태로 나타나고 있었다. 저술가들과 인쇄업자들은 저작의 재산권을 둘러싸고 서로 다툼을 벌였다. 이런 다툼들은 야코프 부르크하르트가 이탈리아 르네상스에 관한 유명한 책에서 다룬 '개인주의', 경쟁심, 자의식과 맞물려 있었을 것이다. 이 다툼들은 '천재'라는 개념의 출현과도,

곧 '독창성' 개념의 등장과도, 그러니까 '권위'라는 개념이 밀려나고 이제 '저자라는 개념이 탄생한 것'과도 연결돼 있었다. 이 다툼들은 또한 지식 영역에서 독점과 경쟁 사이의 무게 눈금이 바뀌고 있던 것을 드러낸다고도 할 텐데, 이 주제를 20세기 중반 카를 만하임과 해럴드 이니스가 다뤘다.[6]

16세기 초반 독일의 사례 두 가지는 저작이나 착상의 소유권이 갈수록 큰 관심사가 되고 있었음을 생생하게 보여 준다. 첫 번째 사례는 1533년에 각각 프랑크푸르트와 스트라스부르의 두 인쇄업자 사이에 있었던 분쟁으로서, 약용식물을 다룬 논문에 표절한 목판화들을 삽화로 사용하면서 일어난 것이었다. 표절 혐의를 받은 인쇄업자는 자신을 변호하면서 지식이 보급되면 "인류에게 이득"이 된다는 근거를 들었다. 두 번째 사례는 저술가들 사이의 분쟁으로서, 한 자연철학 대중화 저자가 (149쪽에서도 다룬 서지학자) 콘라트 게스너를 포함해 학자 여러 명에게서 표절 혐의를 받았던 일이다.[7]

지식재산권이 문제가 되는 한, 오늘날 '과학혁명'이라 알려진 운동은 모호성과 모순성을 같이 드러낸다. 한편으로는, 인류의 이익을 위해 지식을 공개한다는 이상을 일반적으로 매우 진지하게들 받아들였다. 다른 한편으로는, 무시하기 불가능한 현실이 있었으니, 개인들 사이에서는 망원경에서부터 미적분법까지 누가 먼저 발견했느냐를 놓고 격렬한 분쟁들이 있었던 것이다.

망원경의 경우, 네덜란드의 한 렌즈 연마공이 멀리 떨어진 물체들을 가까이 있는 것처럼 보여 주는 기구에 대해 1608년에 특허를 신청했다. 갈릴레오 갈릴레이가 친구 파올로 사르피를 통해 이 장치에 관해 듣게 되는데, 베네치아의 수사였던 사르피는 국제적인 서신 교류망을 갖고 있어서 마랭 메르센처럼 →48쪽 일종의 지식 중개인 구실을 하고 있던 터였다. 이 소식에 자극을 받아, 갈릴레오는 자신의 망원경을 만들게 되는데, 네덜란드 쪽의 원형보다 세 배 더 성능이 좋았다. 하지만 나폴리의 자연철학자 잠바티스타 델라 포르타는 지인에게 이렇게 편지를 썼으니, "그 관 안에 달린 접안경은 내가 발명한 것이고, 파도바 대학 강사 갈릴레오가 그것을 개조했다."

미적분법의 경우, 분쟁 당사자들은 아이작 뉴턴과 고트프리트 빌헬름 라이프니츠였다. 두 학자 모두 상대의 연구에 대해 모르는 채 무한소 수학을 연구하고 있었다. 라이프니츠가 지식 중개인 헨리 올덴버그→47쪽를 통해 뉴턴의 연구에 대해 알게 되고, 올덴버그에게 답장을 쓰면서 자기 자신이 비슷한 발견을 했음을 넌지시 밝혔다. 라이프니츠는 1676년에는 이 문제에 관해 뉴턴에게 직접 편지를 썼다. 이런 예방 조치들도 1699년 뉴턴의 제자가 출판한 책에서 라이프니츠가 표절 혐의를 받는 사태를 막지는 못했다.[8]

충분히 역설적이게도, 협력이 더 두드러지는 것은 순수 수학 쪽이기보다 새 기법들이 확실히 이익으로 연결됐을 농업 분야 쪽이었다. 18세기에는 농업 협회들이 영국, 이탈리아, 프랑스, 러시아를 비롯한 다른 곳들에서 많이 설립돼, 새 농업 기술들을 보급하게 된다. 농업 쪽의 개선 사례들은 이 책의 주요 주제 하나를 잘 보여 주는데, 곧 지식들의 상호작용으로서, 이 개선 사례들에 관한 정보가 위쪽으로도 아래쪽으로도 전해졌기 때문이다. 드니 디드로는 언제나 기술적인 것들에 관심이 있었던 만큼 『백과전서』에 농업 관련 항목을 기술했는데, 그러면서 예를 들어 잉글랜드 농부 제스로 툴의 혁신들을 다루었고, 그리하여 이 혁신들을 더 광범위한 사람들이 주목하게 했던 것이다.[9]

학문적 지식조차 상품이 될 수 있었다. 돈을 받고 가르치는 것은 학교와 대학에서 똑같이 전통적인 활동이었다. 수강료를 내는 청중을 상대로 한 대중 강좌들은 17세기와 18세기를 지나면서 점점 더 흔해졌다. 테오프라스트 르노도가 이런 종류의 강의를 파리에서 조직했으며, 우리도 앞에서 다룬 바 있다. →111쪽 이런 식의 '지식 소매'는 런던에서는 17세기 후반 이후로, 잉글랜드 지방 도시들에서는 거기서 한 세대 뒤에 문화의 일부가 됐다. 18세기의 런던에서는 해부나 수술에 관한 강좌들을 신문들에 광고했고, 또 그 강사들은 '시장 지향적'이었던 것으로 문헌들은 묘사한다. 의학 지식의 상업화는 '돌팔이 의사들', 곧 경이로운 치료 효과를 약속하는 비공인 의료 시술자들이 내는 광고들이 신문들에서 점점 더 두드러지던 것으로 드러난다고 하겠다.[10]

지식과 시장 사이의 연결점들에 대한 인식은 17세기와 18세기를 지나면서 계속 성장하고 있었던 것으로 보인다. 저 베이컨주의자 존 듀리는 좋은 사서란 '배움에 도움을 주는 것들을 취급하는 중개인 또는 상인'이라고 했다. 토머스 스프랫의 영국 왕립학회 학회사는 경제적 은유들로 가득 차 있었다.(예를 들어, 협회를 지식의 '은행' 또는 '항구'라 표현했다.) 독일 학자 요한 부르크하르트 멩케가 1715년에 출판한 저작은 그가 지식인들의 '협잡질'이라 부른 것에 대한 생생한 비판이었는데, 말하자면 평범하지 않은 복식을 이용해서, 자신들과 자기네가 쓴 책에 거창한 직함이며 제목을 붙여서, 다른 학자들을 공격해서, 또 자신들의 저작을 유력 인사들에게 헌정해서 자기선전을 하는 수법을 협잡질이라 했던 것으로, 멩케는 이 헌정을 두고 선물을 가장한 판매라고 묘사했다.

이 두 영역 사이의 관계는 쌍방향적이었다. 이 제7장의 제사題辭가 상기시켜 주거니와, 카를 마르크스는 자본주의의 출현으로 문화적

상부구조에서 일어난 변화들이 곧 지식을 대하는 새로운 태도들이라고 봤다. 하지만 많은 학자가 주장했고, 또 이 장에서도 보여 주려 할 텐데, 새로운 지식이 경제에 미친 영향들 또한 상당했다.[11]

지식재산권의 등장

중세 후반 이후로 계속, 우리는 이익을 위해 지식을 이용해야 하고 또 영업상의 비밀을 '귀중한 지식재산'으로 보호할 필요가 있다고 점점 더 강조하는 것을 보게 된다.[12] 르네상스 시대 건축가 필리포 브루넬레스키는 한 동료에게 다른 사람들의 발명품들을 놓고 자기 성과라 주장하는 사람들에 대해 경고했거니와, 지금까지 알려진 최초의 특허 승인을 1421년에 선박의 설계도로 받은 것도 브루넬레스키 자신이었다. 최초의 특허법은 베네치아에서 1474년에 통과된다.[13] 책에 대해 기록된 최초의 저작권이 1486년에 인문주의자 마르코 안토니오 사벨리코에게, 그가 쓴 베네치아 역사서를 두고 주어졌고, 예술가 최초의 저작권은 티치아노에게 돌아가는데, 베네치아 원로원이 티치아노의 판화들을 무단으로 모작하는 것을 막으려고 1567년에 승인한 것이다.[14] 규제는 단편적인 양상으로 시작됐다. 교황이나 황제, 왕이 특권을 하사해서, 말하자면 임시적 독점권 또는 항구적 독점권을 내줘서 특정 저술이나 인쇄업자, 양식, 심지어 새 활자체들을 보호하는 식이었던 것이다. 예를 들어 황제 카를 5세는 긴 재위 동안 이런 종류의 '보호장Schutzbriefe'을 마흔한 번 하사했다. 18세기의 저작권법들은 앞 시대의 이 특권 체제에서 발전해 나온 것이었다.[15]

이런 사례들을 분석할 때는 오늘날의 범주들을 이 시대 범주들

위에 뒤집어씌우지 않는 것이 중요하다. 이 시점에서 저작을 보는(이런 측면에서라면 또 도상을 보는) 두 관점을 구별해 두는 것이 유용할 텐데, '개인주의적' 관점과 '집단주의적' 관점이다. 첫 번째 관점에서는 저작을 개인의 소유물로 보는데, 저작이 개인 두뇌의 작업물이기 때문이다. 우리는 이런 의미에서는 대단히 개인주의적인 문화에서 사는 셈이다. 두 번째 관점에서는 저작을 공동의 소유물로 보는데, 모든 새로운 산물은 어떤 공통의 전통에서 나오기 때문이다. 이 관점은 중세에 지배적이었으며, 이는 저 필사 전통에서 드러난다고 하겠다. 수고들을 베끼던 필경사들은 분명히 스스럼없이 보태고 바꾸고 했던 것으로 보인다. 거꾸로 학자들은 '새로운' 저작을 쓰면서 스스럼없이 선학들의 저작에서 구절들을 가져다 넣었다. 더 개인주의적인 관점으로 가는 흐름에 힘을 실어 준 것은 인쇄술의 등장이었으니, 저작들을 고정하고 또 보급할 수도 있게 해 줬기 때문이다. 그래도 여전히, 변화 과정은 순식간이지도, 또 매끄럽지도 않았으며, 집단주의적 태도가 16세기나 17세기에도 계속 살아남았던 사례들을 찾아보기도 어렵지 않아서, 저 특권들과 특허들이 출현하는 흐름과 공존했다고 해야 할 것이다.

물론 '공동 소유물'이라는 개념은 모호하다. 어떤 사람들에게 공동인지를 물어야만 하고, 보통은 '특정 사회집단에 공동'이라고 대답하는데, 어떤 수공인 조합일 수도 있고, 어떤 정부일 수도 있지만, "모든 사람에게 공동"이라고 하지는 않는다. 더 광범위한 사람들에게 정보를 퍼뜨리는 것은 일종의 배반으로 간주될 것이다. 근대 초기를 놓고 보면, 영업 비밀을 한편으로는 지키려고 하고, 다른 한편으로는 누설하려고 하는, 대립적이지만 상보적인 욕구들을 꽤 많은 분야에서 관찰할 수 있다.

첩보 활동은 정부 차원에서 정보를 수집하는 활동의 일부로 이미 다뤘거니와, →203쪽 정보 판매의 한 실례로도 또 볼 수 있을 것이다. 네덜란드 정부는 기밀 정보를 넘겨받는 대가로 외국의 대사들에게, 예를 들면 베네치아 대사들에게 정기적으로 보상을 해 줬다.[16] 앞에서 봤듯이, →225쪽 공식 문서들은 베껴서 팔 수도 있었다. 저 프랑스 저술가 니콜라 아믈로 드 라 우세는 프랑스 대사관에서 비서로 일하던 동안, 훔친 문서들을 판다는 혐의를 받았다. 17세기에 편람 신문들이 등장하면서 정치 정보는 상품으로 바뀌어서 "처음으로 상당한 양으로 사고팔" 수 있게 된다.[17] 이제 새 기술들을 얻으려고 경쟁을 벌이면서 산업 첩보 활동을 낳게 된다.

산업스파이

학문의 진보는 그 자체로서뿐만 아니라 경제적 효과들 때문에도 지지를 받았다. 프랜시스 베이컨과 그 추종자들은 염색이나 유리 제작 같은 산업 공정상에서 일어난 기술 개선들에 관심을 갖고 있었다.[18] 이렇게 개선된 기술들은 유럽 전역으로 퍼졌는데, 산업 첩보 활동 덕이었다. 이런 첩보 활동들을 분석할 때는, 이 책에서 논의한 다른 많은 사례에서처럼 지금의 개념들을 과거에 투사하지 않도록 하는 것이 중요하다. 기업가들이 외국인 방문자들에게 자기네 기술을 내보이며 자랑스러워할 시대에는 산업 첩보 활동을 정확하게 정의할 수 없다. 네덜란드 공화국에서는 외국인들이 새로운 기계들이 어떻게 작동하는지 알아내기가 특히 쉬웠다. 따라서 이 분야의 한 대표적 학자를 따라 '정보라는 연속선의 첩보 활동 쪽 끝'에 관해 말하는 것이,

그리하여 첩보 활동을 정부나 개인 기업가들이 나라 밖 숙련된 직공들을 같이 일하자며 꾀어내려 하던 시도들과도 연결하는 것이 그나마 현명하다고 하겠다. 이렇게 연결을 짓는 이유는 수공 지식은 글로 옮기기 어려웠고, 지금도 그런 까닭에, 기술들의 이전은 직공들의 이민과 맞물려 있었기 때문이다.[19]

이런 식으로 숙련공들을 꾀어내려 한 유명한 사례를 17세기 후반에 볼 수 있는데, 이 무렵은 정부들이 교역이나 산업에 점점 더 관심을 갖게 되는 때였거니와, 장바티스트 콜베르가 베네치아 수공인들을 프랑스로 끌어들여 이들로부터 유리 제조 산업의 기밀 기술들을 알아내려 했던 것이다. 전하기로는 프랑스 주재 베네치아 대사가 이 숙련공들 중 몇몇은 비밀을 누설하기 전에 없애 버린 것으로 돼 있다. 외국인들이 이 기술들을 캐내려 베네치아로 가기도 했다. 스코틀랜드 수학자 제임스 스털링은 별명이 '베네치아 사람'으로서 18세기 초에 10년쯤을 베네치아에서 살았다. 스털링은 베네치아의 유리 제조 비법을 알아냈고, 그러고는 암살을 두려워해서 베네치아를 빠져나온 것으로 알려져 있다.

베네치아 사람들만 이런 종류의 주목을 받은 대상이었던 것은 아니다. 18세기에 로마 정부는 리옹에서 수공인 하나를 불러다 프랑스식 비단 염색 기법을 소개했고, 직조공 여섯을 토리노로 보내 네덜란드 쪽 방식들을 배우게 했다. 이 무렵이면 프랑스 사람, 스웨덴 사람, 러시아 사람, 오스트리아 사람 모두 잉글랜드의 기술과 직공들을 손에 넣으려고 골몰하고 있었다. 잉글랜드에서는 숙련공들이 프랑스와 러시아로 빠져나가는 것을 두고 1719년에 항의 움직임들이 일어났다. 오스트리아인 요제프 엠마누엘 피셔 에를라흐는 (유명한 건축가의 아들로서) 오스트리아 정부가 돈을 대서 1720년대 초에 잉글랜드를 여러 번 드나드는데, 이러면서 잉글랜드의 증기력 기술을 염탐했던 것으로 알려졌다. 스웨덴 사람들은 잉글랜드를 방문해서 기계류들을 관찰하고 그려 뒀다가 자기 나라의 광업국이나 제철청에 돌아가 보고하곤 했다. 1780년대에는 한 프랑스 공학자가 잉글랜드를 여행하면서 웨지우드 자기며 양말 직조기, 또 다른 기계들에 관해 정보를 수집하다가 직공 세 명을 같이 데리고 돌아갔는데, "이 사람들이 없으면 기계들 자체는 거의 쓸모가 없을 것"이었기 때문이다.[20]

상업과 정보

상업도 산업처럼 "없는 정보는 찾고, 갖고 있는 정보는 보호하는" 데 의존했다.[21] 브장송과 피아첸차, 프랑크푸르트를 비롯한 다른 곳들의 국제적 정기시들은 상품들만이 아니라 정보도 교환되는 중심지들이었다. 상인 문화는 기록 문화였고, 그것도 이미 중세 시대에 그러했다. 15세기 피렌체 사람 조반니 루첼라이가 훌륭한 상인은 손가락에 항상 잉크가 묻어 있다고 한 주장은 결코 예외적이었다고 할 수 없다.[22] 교역로들은 문서들이 다니는 길들이었고, 교역 흐름은 정보 흐름에 달려 있었다.

16세기에는, 제노바나 베네치아, 피렌체를 비롯한 다른 곳들의 상인 가문 출신들이 유럽과 아시아의 주요 상업 도시들에 나가 있었으며, 이들이 고향으로 보내던 편지들은 사실상 '자료 은행'과 마찬가지였다. 예를 들어 제노바 출신 상인 이주민들은 안트베르펜, 세비야, 리스본, 런던, 쾰른, 키오스섬, 오란, 알레포 등지에서 찾아볼 수 있었다. 푸거가의 소식지들은 세계 각지에서 아우크스부르크에 있는 본

사로 1568년에서 1605년 사이에 보내졌는데, 국제 교역에서 정보가 중요했다는, 또 정보가 중요하다는 것을 인식도 했다는 또 다른 증거라고 하겠다.[23] 민족적·종교적 소수집단들이(그러니까 유대인들이나 파르시족, 퀘이커교도들, 러시아 구교도들이) 상업적 성공으로 유명해지게 된 이유 하나는 외부인들은 상대적으로 접근이 어려웠던 자기네만의 정보 교류망을 만들었던 것일 수 있다.

정치적·산업적 첩보 활동을 하다 보면 상업적 첩보 활동을 같이 하게 됐다. 예를 들어, 베네치아 사람들과 에스파냐 사람들은 공히 포르투갈 동방 교역의 비밀을 캐내려 했다. 리스본으로 인도산 향신료들이 들어온다는 소문이 1501년 베네치아에 전해졌을 때, 베네치아 정부가 보인 반응은 첩자 하나를 포르투갈로 파견해 무슨 일이 벌어지고 있는지 알아보고 다시 보고하게 하는 것이었다. 이 첩자의 보고서는 지금도 전해진다. 에스파냐인 도선사 후안 데 라 코사가 1503년에 리스본으로 파견되는 것도 비슷한 이유에서였다. 경쟁이 치열한 상황에서는 시장 정보에서 미미한 우위에만 있어도 대단히 큰 이익을 올릴 수 있다. 1478년에 몇몇 베네치아 사람이 이스탄불에서 도착하는 가장 최근의 소식들을 들으려고 총독궁 지붕에 구멍을 뚫었던 것도 놀랄 일은 아니라 하겠다. 15세기의 거상 자크 쾨르는 전서구들을 이용했고, 일본에서는 17세기 오사카의 중개인들이 봉화며 깃발, 전서구를 동원해 시장 가격에 관한 정보를 중계했다.[24] 상품들에 관한 정보는 그 자체로 상품이어서, 시장들에 관한 정보를 팔 기존 시장이 이미 있었다.

이렇게 보면 1661년에 영국 동인도회사 부회장 토머스 첸브리런 경이 반탐에 있던 한 첩자에게 캄보디아와 시암, 중국, 일본의 교역에 관한 보고서를 보내게 한 것은 당연한 일이었다.[25] 과거 거래들에 관한 정보는 미래 전략에 지침이 됐고, 그리하여 상업 회사들과 민간 상사들은 이제 장부들을 보관하고, 때로는 기록 보관소까지 두게 된다. 예를 들어 1609년에 런던의 동인도회사 임원회는 회사가 보내고 받는 서한들의 기록부를 보관하도록 명령했다. 최고의 교역로들을 파악하고 있는 것은 대단한 상업적 가치가 있어서, 상업 회사들은 우리도 보았듯이 →111쪽 지리 지식과 항해 지식에 관심을 가지고 있었다. 예를 들어, 런던에서는 러시아 회사가 마르틴 코르테스가 쓴 항해술 관련 논문을 1561년에 돈을 주고 영어로 번역했다. 동인도회사는 토머스 후드와 에드워드 라이트를 선임해 구성원들에게 수학과 항해술에 관해 강의를 하도록 했고, 리처드 해클루트에게는 사사를 써 달라고 의뢰했다. 프랑스에서는 장바티스트 당빌의 저 유명한 인도 지도(1752년) 제작을 의뢰한 것이 바로 인도회사였다. 근대 초기와 21세기 사이의 유사성을 과장하지 않고서도, 우리는 회사들이 이미 연구의 후원자 노릇을 하고 있었다고 말할 수 있을 것이다.

네덜란드 동인도회사의 정보 활용

정보의 상업적 가치에 대한 이 시기의 인식을 잘 보여 주는 사례를 VOC Vereenigte Ost-Indische Compagnie로 알려진 네덜란드 동인도회사의 역사를 읽다 만나게 된다. 네덜란드 동인도회사는 '다국적기업'으로 묘사되거니와, 정보 요구량이 한 제국의 요구량과 다르지 않았다.[26] 이 회사의 성공은 (다른 여러 가지 중에서도) 이 회사의 '효율적인 통신망'에서 나온 것으로 보는데, 이 측면에서는 사실 경쟁자들 가운데 필적할 만한 회사가 없었다.[27] 네덜란드 동인도회사는 통치하는 지역들의 지도 제작에 열심이었고, 회사의 지도와 해도들을 끊임없이 갱신했다. 저 이름난 인쇄업 가문 블라우가의 구성원들은 1633년부터 1705년까지 네덜란드 동인도회사에 지도 제작자로 고용됐는데, 좀 더 정확히 말하면 자기네 유명한 세계지도들에는 넣지 않던 비밀 정보들을 담은 수기 지도들을 제작했던 것이다. 해도 제작자들의 경우에는 암스테르담 시장 앞에서 회사 해도들에 실린 정보들을 출판하지 않겠다고, 또 회사 구성원이 아닌 누구에게도 이 정보를 누설하지 않겠다고 서약을 해야 했다. 해도들은 도선사들에게 빌려줘서 항해 중에 사용하게 했으나, 나중에 돌려받게 돼 있었다. 그래도 여전히, 대가를 치르면 외국인들도 더러 해도를 손에 넣을 수 있었다. 지금은 프랑스의 한 기록 보관소에 있는 한 네덜란드 해도에는 "네덜란드 도선사에게서 구입"이라는 글귀가 적혀 있다. 마찬가지로 스스로는 완곡하게 '성의'라고 불렀던 것을 통해 네덜란드 동인도회사는 네덜란드 외교관들은 물론 외국 외교관들에게서 나오는 정보에 접근할 수 있었다.[28] 정치 정보는 분명히 네덜란드 동인도회사에 중요했다. 이탈리아 예수회 수사 마르티노 마르티니가 중국에서 본국으로 돌아가는 길에 네덜란드인들에게 붙잡혔을 때 →94쪽 바타비아에서 심문을 받았는데, 네덜란드 동인도회사는 마르티니가 전하는 명 왕조 패망 소식에 극도의 관심을 보였다.

네덜란드 동인도회사의 정보 체계에서 가장 주목할 만한 것은 정기적으로 올라오는 서면 보고서들이 회사에 중요했다는 사실이다. 정기적인 보고서들을 중요하게 취급했던 비슷한 사례들을 근대 초기 유럽의 다른 곳들에서 볼 수 있으나 아주 다른 분야들이었으니, 대표적으로는 베네치아가 외교관들의 렐라치오니를, 예수회가 '연차 서한' 체제를 이렇게 취급했다. 네덜란드 동인도회사는 당연히 상업 정보를, 특히 통계 형태의 정보를 강조했다. 예를 들어, 바타비아에서(그러니까 지금의 인도네시아 자카르타에서) 총독과 평의회가 연례 보고서를 보냈으며, 본국의 이사회Heeren XVII에 보내는 '일반 서한'으로 알려져 있었다. 더 구체적인 내용의 서한들은 지금도 헤이그의 기록 보관소에서 볼 수 있는데, 그중에는 (예를 들어, 수라트 같은) 지역들이나 상관들에서 통계 자료까지 갖춰 보낸 보고서들이 포함돼 있다.

이 보고서들은 페테르 판담이 요약해서 정리했는데, 변호사로서 50년 넘게 네덜란드 동인도회사를 위해 일한 사람으로, 이사회에서 사용할 수 있도록 회사 일들을 비밀리에 기록해 달라고 이사회로부터 부탁을 받았던 것이다. 네덜란드 동인도회사는 시장 관리 전략을 세우는 데 정보를, 특히 통계적 정보를 체계적으로 수집하는 것이 중요하다는 인식을 상대적으로 빨리 갖게 됐던 것으로 보인다. 이 측면에서 핵심적인 인물은 요하네스 휘더로서, 회사의 이사였으며, 여기에 더해 주요한 수학자이자 암스테르담 시장이기도 했던 사람이다. 휘더 덕에, 1692년에 이미 판매 수치를 분석하고 있었는데, 가격을 책정하고 아시아로부터 후추를 비롯한 다른 상품들을 주문하고 하는 회사의 미래 방침을 결정하려는 목적에서였다.[29] 보고서들의 경우에서처럼, 네덜란드 동인도회사가 통계에 보였던 관심과 가장 유사한 사례들은 경쟁 회사들이 아니라 가톨릭교회와 중앙집권화하고 있던 국가 쪽에서 찾아볼 수 있다. →제6장

이 기관들과 마찬가지로, 네덜란드 동인도회사도 비밀을 전부 지켜 낼 수는 없었다. 예를 들어, 잉글랜드 동인도회사는 아시아에서 돌아오는 네덜란드 동인도회사 소속 선박들이 언제 도착하는지, 또 거기 실린 화물이 무엇인지 따위의 기밀 정보를 정기적으로 손에 넣

고 있었다. 또 (전직 기자였던) 네덜란드의 역사가 리우어 판아이체마는 네덜란드 동인도회사로 보내는 아시아 상황에 관한 한 기밀 보고서의 사본을 자신의 네덜란드 역사서 제5권에 실을 수 있었다.[30](이 역사서는 1657~1668년에 처음 출판됐다.)

증권거래소와 정보

거래소들은 다른 여러 가지 중에서도 정보가 거래되는 기관으로서, 브뤼헤(1409년), 안트베르펜(1460년), 리옹(1462년), 암스테르담(1530년), 런던(1554년), 함부르크(1558년), 코펜하겐(1624년)에 설립됐다. 원래는 상품 시장이었다가, 거래소들은 증권과 주식을 거래하는 시장으로 바뀌었다. 암스테르담 거래소에 관한 생생한 묘사를 세파르디 유대인 상인 호셉 펜소 드 라 베가가 전하는바, 『북새통 중의 북새통』(1682년)이라는 유쾌한 제목을 달고 에스파냐어로 쓴 대화록을 통해서였다. 이 대화록은 회사 주식 투기 행위가, 또 심지어는 '강세 세력bulls'과 '약세 세력bears'의 구분이 이 무렵에 이미 관례가 돼 있었다는 것을 보여 준다.[31](잉글랜드에서는, 1719년이면 '곰 가죽 구매인'이라는 표현이 사용되고 있었으니, 곰을 죽이기도 전에 가죽을 사는 사람을 가리켰다.) 런던에서는, (17세기에 만들어진 표현을 쓰자면) '증권 매매업자stockjobber'들이 거래소 골목Exchange Alley에 있는 조너선의 커피 하우스를 자주 드나들며 새로운 소식들을 거래했는데, 그중에서도 주로 '남쪽 큰 바다'(태평양, 곧 남아메리카) 소식이었거니와, 1720년에 저 '남해 거품'이 터지기 전까지 그랬다.

거래소들은 무엇이 됐든 수요와 공급에 영향을 주는 소식에 특히 민감했다. 예를 들어, 베가는 동인도제도에서 들어온 소식이나 유럽 지역의 전쟁 소식과 강화 소식이 시장에 미치는 영향에 관해 이야기를 했다. 가격을 올리고 내리고 하려고 고의로 소문을 퍼뜨렸다고 해서 놀랄 일은 아니었다. 약간 나중 시기의 유명한 사례를 들자면 1814년에 런던에 퍼진 나폴레옹의 죽음에 관한 소문이 있었다.[32]

증권시장의 투기처럼, 해상보험은 정보에 특히 민감한 사업의 또 다른 좋은 예라 하겠다. 보험업은 많은 중심지에서 발전했는데, 대표적으로 제노바, 베네치아, 암스테르담이었으며, 하지만 17세기 말 이후로는 계속 런던이 선두에 있었다. 증권 중매인들처럼, 보험업자들도 특정한 커피 하우스들에서 만나 자기네 소식들을 교환했다. 17세기 말에 에드워드 로이드는 롬바르드가街, 그러니까 런던의 옛 상업 지구에 있는 커피 하우스 주인이었는데, 로이드의 업소는 자연히 상인이 많이 찾았거니와, 이들 가운데 상당수는 배들의 출항과 입항에 관한 정보에 관심이 많았다. 이 시작에서부터 로이드가 해운 소식을 전문으로 다루는 잡지를 만들게 되고, 다시 런던에서 해상보험을 발전시키게 되는 것은 자연스러운 과정이었다. 로이드 해상보험 협회가 지금도 그의 이름을 달고 있는 것은 이 때문이다.[33]

인쇄술과 지식의 상품화

상업계에 관한 지식을 얻는 것은 당연히 인쇄술 때문에 갈수록 수월해졌다. 상인이 되는 법을 알려 주는 저작들이 많이 늘어났다. 견본시들이나 배들의 입항, 종류가 다른 상품들의 가격에 관한 상업 정보가 점점 많이 인쇄물의 형태로 돌아다니게 됐다. 1540년대에는 안트베르펜 시장에서 팔리는 상품들의 가격 목록이 정기적으로 인쇄돼서 배포됐다. 프랑크푸르트의 《칼렌다리움》이나 (1588년 이후 계속 발행된) 《견본시 보고》는 이 도시에서 열리는 견본시들에 관한 정보를 실었다. 1618년 이후로, 네덜란드의 신문들은 경제 정보들을 제공하는데, 신세계를 출발해 에스파냐로 들어온 은괴들에 관한 세부 사항 같은 것들이었다. 런던의 《로이드 뉴스》(1696년~)는 상선 관련 소식들에 집중했다. 전문 신문들, 이를테면 (1757년 코펜하겐에서 창간된) 《가제트 유니베르셀 드 코메르스》 같은 신문들이 특정 상품들의 가격이나 상선들의 입출항에 관한 소식들을 전했다.[34] 상업 사전들은 17세기 후반 이후로 갈수록 흔해지는 참고서 분야였으며, 그 시작은 자크 사바리의 『파르페 네고샹트』로서, 콜베르에게 헌정한 책이었다.

더 비밀스러운 상업 정보들도 이런저런 경로로 활자화됐는데, 허락을 받기도 했고, 그러지 않은 경우도 있었다. 네덜란드 역사가 판아이체마의 사례는 이미 앞에서 소개했다. 상업 문서들은 다른 17세기 네덜란드 저작들을 통해서도 출판됐으니, 이사크 코멜린이 쓴 네덜란드 동인도회사 역사서(1646년)가 있고, 카스파르 바를라이우스가 쓴 네덜란드 브라질 진출사(1647년)가 있는데, 이 책은 서인도회사 문서들에 의존했다.[35]

책들을 출판하는 것 자체도 하나의 사업으로서 사업가들의 관심을 끌었거니와, 사실 사업가들은 15세기에도 이미 인쇄업자들의 자금 조달을 돕고 있었다.[36] 이보다 더 중요한 것은 적어도 이 연구의 관점에서 보면 인쇄술이 모든 종류 지식의 상업화를 재촉했다는 사실이다. 인쇄술의 발명이 낳은 자명하되 중요한 결과 하나는 사업가들을 지식을 퍼뜨리는 과정, 곧 '계몽 사업'에 더 바싹 끌어당겼다는 것이다.[37] 인쇄업자들은 심심찮게 고전들의 새 판본을 내자거나 번역을 해 달라거나, 참고서들을 써 달라거나 하고 먼저 의뢰를 했던 것이다.

같은 주제를 다루는 다른 저작들이 거의 같은 시기에 출판되는 일이 잦았던 것은 인쇄업자들 간 경쟁의 강도를 드러내는 일종의 지표라고 하겠거니와, 표지들에 새 판본은 앞선 판들보다 더 정확하다거나, 더 많은 정보를 담았다거나, 경쟁서들에는 없는 목차나 색인을 제공한다거나 하고 적어 놓은 말들에서도 마찬가지로 경쟁을 엿볼 수 있다. 여러 예 가운데 하나를 일본에서 보낸 선교 서한들을 모은 서한집에서 찾을 수 있는데, 1570년 루뱅에서 출판된 이 책은 이것이 제3판으로서 "색인을 갖추고 있어 더 정확하고 더 상세하다."고 선언한다.[38] 세계지도며 백과사전 등등이 갈수록 더 커지고 더 상세해지게 몰고 가는 흐름을 부채질한 것은 상업적 경쟁이었던 것이다.

몇몇 대표적 참고서의 연대기를 보면 이러한 점이 분명히 드러날 것이다. 1635년에 나온 블라우의 『아틀라스』를 거의 바로 뒤따라 경쟁자 빌럼 얀손의 『신新아틀라스』가 1638년에 나왔고, 마르틴 리펜이 편찬한 법률 분야와 의학 분야의 서지 목록들(1679년)은 코르넬리우스 더뵈험의 서지 목록들(1680~1681년)이 뒤를 따랐으며, 처칠가家에서 편집하던 여행기 모음집(1704년~)은 존 해리스(1705년)와 스티븐스(1711년)가 낸 모음집들이, 포스틀스웨이트의 『상업 사전』(1751~1755년)은 롤트의 『신상업 사전』(1756년)이, 개정판 『브리태니커 백과사전』(1777년 이후 계속)은 이프레임 체임버스가 자기 백과사전의 개정판(1778년~)으로 또 뒤따랐다.

일부 인쇄업자는 지적 운동들에 개인적으로 참여했는데, 이를테면 인문주의 운동이나 종교개혁, 계몽주의 운동이었다. 다른 인쇄업자들은 용병들이었다고 하는 것이 더 정확하기는 하겠지만, 저 종교전쟁들 동안 구교와 신교 양쪽 다를 위해 일했다. 이런 인쇄업자들 가운데 일부는 이미 광고의 중요성을 잘 인식하고 있었으니, 다른 말로 하면 재화와 용역을 팔려고 이에 관한 정보를 인쇄해 배포하는 활동이 17세기에 발전하고 있었던 것이다. 17세기 네덜란드의 낱장 신문들은 책을 팔려고 하거나 개인 교사 자리를 구하는 따위의 광고들을 실었다. 1650년 무렵의 런던에서는 신문 하나에 광고가 평균 여섯 건 정도 실렸는데, 100년 뒤에는 대략 쉰 건에 이르렀다.[39] 이런 식으로 17세기 후반의 잉글랜드에서 광고하던 항목들을 보면 연극이나 경마 대회, 돌팔이 의사들 따위가 있었고, 여기에 '홀먼 잉크 파우더' 같은 제품은 (아마도 최초의 상표였을 텐데) 1688년에 특허를 얻은 경우였다. 책력들은 특히 광범위한 독자층을 갖고 있었으며, 정기적으로 광고들이 실렸다. 잉글랜드에서는, 1699년치 개드버리 책력이 의사 앤더슨의 스카치 정제Scotch Pills의 놀라운 효능들을 선전했고, 경쟁자였던 콜리 책력은 '버크워스 정제Buckworth's lozenges'를 밀고 있었다.[40]

책과 잡지는 다른 책이나 잡지들의 광고를 많이 실었다. 책의 앞뒤 몇 쪽에서 같은 인쇄업자가 파는 다른 책들을 광고했다.(지금처럼 인쇄업자와 출판업자를 구별하는 것이 이 시기에는 아직 표준이 아니었다.) 멩케의 저작 『지식인들의 협잡질』이 1721년 헤이그에서 프랑스어로 번역돼 출판됐을 때, 인쇄업자는 자기가 재고로 갖고 있는 다른 책들의 29쪽짜리 목록을 같이 실었다. 이탈리아에서는, 책들의 가격까지 밝힌 별도 인쇄한 도서 목록이 이미 1541년에 제작됐다. 16세기 이후로, 프랑크푸르트 도서전은 (오늘날도 여전히 그렇거니와) 특정한 책들이 국제적으로 알려지는 자리였다. 17세기 후반에는, 학술지들이 신간 출판물들에 관한 정보를 제공했다.→258쪽 서적상들의 도서 목록을 고객들에게 우편으로 부쳐 주는 관행은 18세기에 확립됐다.[41] 프랑스에서는 우리가 다루는 시대의 끝이 되면 신간 도서 목록이 매주 발행됐다.

잠재 이윤이 높아지면서, 일반법을 통한 저작권 또는 지식재산권 →229쪽의 보호가 한층 더 시급해졌다. 예를 들어, 영국에서는 저작권법이 1709년에 통과됐다. 이 법의 통과는 지식을 다중의 것으로 보는 견해와 개인의 것으로 보는 견해가 대립하는 문제를 풀어 보려는 시도였다고 해석할 수도 있다. 이 법의 뒤를 이어 1735년 판화 저작권법이 통과되는데, 윌리엄 호가스의 덕이었다고 하겠으니, 호가스는 표절 때문에 대부분의 화가보다 더 큰 피해를 입은 경우였다. 프랑스에서는, 영국의 것과 비슷한 저작권법들이 프랑스 혁명 뒤에, 그러니까 1791년과 1793년에 통과됐다.

하지만 표절은 계속됐다. 불법 경쟁도 계속됐으니, 당시에는 '위작contrefaçon' 또는 한층 더 생생하게는 '해적 출판'으로 알려졌던 것으로, 말하자면 다른 사람들에게 저작권이 있는 책들을 출판하는 일이었다. 해적 출판을 포함해 지식의 상업화에 대한 사례 연구들로서, 주요 출판 중심지였던 세 도시를 가까이 들여다보면 이해에 도움이 될 텐데, 16세기 베네치아와 17세기 암스테르담, 18세기 런던이다.

베네치아, 16세기

15세기에는 베네치아에서 유럽 다른 어느 도시보다 많은 책이 인쇄됐다.(대략 4500종이었으니, 200만 권쯤이 됐다는 의미다.) 경쟁이 치열했고, 그리하여 인쇄업자들이 산업 첩보 활동을 하는 경우도 없지 않아서, 제작 단계에 있는 책의 인쇄지들을 입수해 거의 동시에 경쟁서를 내놓고는 했다. 책의 저자에게 처음으로 저작권을 내주는 것이 이 무

럽의 베네치아였던 것은 당연했다고도 하겠다.[42]

16세기에, 베네치아는 유럽의 선도적 출판 중심지로서 자기 자리를 유지하는데, 대략 500개의 인쇄소에서 1800만 권의 책을 제작하고 있었다. 출판업자 가브리엘레 졸리토 혼자서 850종 정도를 제작하기도 했다. 졸리토는 자기 서점의 지점들을 볼로냐, 페라라, 나폴리에 냈거니와, 아마 이런 식으로 확장한 최초의 서적상이었을 것이다. 졸리토는 처음으로 책들을 총서로, 그가 부른 대로는 '목걸이collana'로 낸 사람이기도 했을 것이다.[43]

베네치아에 있던 저 많은 수의 인쇄업자는 식자들을 이 도시로 끌어들이는 유인들 가운데 하나였는데, 말하자면 시장이 있어서 식자들로서는 후원자들에게 기대지 않고 생계를 이어 갈 수 있었던 것이다. 피에트로 아레티노가 이런 식자 집단에서 가장 유명한 경우였거니와, 이 집단에는 인쇄공poligrafi이라는 별명이 붙었는데, 워낙 많이 워낙 다양한 주제를 놓고 글을 써서 생존했기 때문이다. 산문이나 운문을 가리지 않았으니, 번역을 했고, 다른 작가들의 작품을 각색했으며, 실용적 정보를 제공하는 저작을 특히 많이 썼으니, 대표적으로는 방문자들을 겨냥한 베네치아 안내서나 예절서, 애정 문제나 돈 문제 같은 다양한 주제에 관해 편지 쓰는 법을 설명하는 안내서 따위가 있었다. 이 인쇄공들 가운데 일부는 특정 출판업자들(대표적으로 졸리토) 아래서 편집자나 교정자로 일했는데, 인쇄술 발명의 결과로 생겨나게 된 새 직업들이었다. 이 인쇄공들과 비슷한 집단들이 파리나 런던 같은 다른 곳들에도 있기는 했으되, 16세기에는 베네치아가 직업적 저술가들의 으뜸가는 중심지였다.

인쇄된 책들은 단순히 상품만은 아니었다. 책들을 팔기도 했지만 주기도 했던 것인데, 이런 선물들은 저자가 자기 친구나 후원자에게 책을 헌정할 때처럼 사회적 관계들의 유지에 도움이 됐다.[44] 그래도 여전히, 당대 사람 여럿이 지적했듯이, 1590년 이 주제로 베네치아에서 출판된 저작의 저자가 대표적이거니와, 헌정도 때로는 상업적 성격을 띠었다. 용병 저술가들은 저 용병 인쇄업자들의 본을 따르고 있었던 것이다.[45]

암스테르담, 17세기

17세기에는 네덜란드 공화국이 베네치아를 대체하는데, 네덜란드 공화국이 종교적 다양성을 인정하며 상대적 관용을 보여 주는 일종의 섬으로서, 동시에 정보의 주요 중심지이자 주요 시장으로서, 1686년 피에르 벨이 부른 대로는 '종합 창고'였기 때문이다.[46] 라틴어, 프랑스어, 영어, 독일어를 비롯한 여러 다른 말로 찍은 인쇄물의 수출은 이 신생국이 번영하는 데 큰 몫을 보탰다. 예를 들어 첫 헝가리어 백과사전인 어파처이 체레 야노시의 『헝가리 백과사전』이 출판되는 것은 1653년 위트레흐트에서였다.

이 중심지의 중심지는 암스테르담이었다. 17세기 하반기가 되면, 암스테르담은 한때 베네치아가 그랬듯이 유럽에서 가장 중요한 서적 제작 중심지가 돼 있었다. 270명이 넘는 서적상과 인쇄업자들이 1675년에서 1699년까지 25년 사이에 이 도시에서 움직였다. 저 블라우가에서만도 1633년 이후로 일곱 종의 도서 목록을 발행했다. 베네치아에서처럼 지도와 항해기들은 인쇄업자들의 목록에서 큰 비중을 차지했다. 예를 들어, 얀 테싱은 러시아 남부 지도를 암스테르담에서 1699년에 출판했다. 헨드리크 돈케르도 여행서들과 지도들을 제작하는 데 전념했다. 암스테르담에서 가장 큰 인쇄소는 블롬흐라흐트에 있는 (빌럼 블라우의 아들) 얀 블라우의 인쇄소였으며, 여기는 지도책 제작이 전문이었다. 얀의 경쟁자 얀손도 마찬가지였으며, 얀손은 졸리토처럼 지점까지 냈는데, 장소는 달라서 라이프치히를 비롯한 다른 곳들에 있었다.[47] 저 이탈리아 예수회 수사 마르티니도 우리가 보았듯이 →94쪽 자기 중국 지도책을 블라우에게 맡겨 인쇄하려고 1653년 암스테르담을 찾았다.

암스테르담의 인쇄업자들은 자기들 앞의 베네치아 사람들처럼 다른 언어들로 인쇄하는 것이 전문이었다. 이 사람들은 영어 성경들을 인쇄해 잉글랜드에서 팔았는데, 현지 제작 성경들보다도 쌌다.[48] 17세기 말까지, "잉글랜드 뱃사람들은 자기네 해도며 수로지水路誌를 네덜란드 인쇄업자들에게 의존했으며, 심지어 잉글랜드 해안 자체를 놓고도 마찬가지였다."[49] 암스테르담의 인쇄업자들은 네덜란드어, 라틴어, 프랑스어, 영어, 독일어뿐만 아니라 러시아어, 이디시어, 아르메니아어, 그루지야어로도 인쇄했다.

암스테르담의 소수 인종 집단들은 이 도시가 이 분야에서 경제적 성공을 거두는 데 없어서는 안 되었을 것을 보탰다.[50] 앙리 데보르드는 소뮈르 출신으로 1681년에 네덜란드 공화국으로 건너와 이듬해 칼베르 거리에 인쇄소를 차렸는데, 루이 14세의 프랑스에서 온 칼뱅주의 망명객이 암스테르담 경제에 이바지한 좋은 본보기라고 하겠다. 1698년에는, 그러니까 이 무렵 표트르 대제는 러시아에 과학 지식과 기술 지식을 들여오려 하던 중이었고, 그리하여 일리야 코피엡스키를 비롯한 다른 러시아 이주민들을 고용해 러시아 시장을 겨냥한 기술서들이며 지도, 해도들을 인쇄하게 했다.[51]

네덜란드 공화국은 1650년대와 1660년대에는 동아시아에 관한 정보에서 '유럽의 주요 집산지'였다고 말한다. 나머지 세계가 그렇다고 잊혔던 것은 아니다. 이 공화국의 주요 인쇄업자들 가운데 하나였던 엘세비르는 학자가 편집자였던 최초의 총서였을 것을 제작하기 시작했다. 학자이면서 서인도회사의 이사이기도 했던 요하네스 더라트가 편집자로서 이 정보 개요서들의 총서 제작을 맡았는데, →127쪽 이 총서는 세계 다른 나라들의 체제며 자원 따위를 다루고 있었다. 이 총서에서 일부는 더라트가 직접 편찬했으며, 그러니까 프랑스, 에스파냐, 네덜란드, 오스만 제국, 인도, 포르투갈, 폴란드의 경우였고, 다른 나라들 부분은 그가 다시 하청을 줬다.[52]

더라트는 저 베네치아 인쇄공들poligrafi의 네덜란드판이었다. 또 다른 사람들을 꼽자면 프랑스 출신 칼뱅교도들이 있었는데, 이들은 루이 14세가 1685년 낭트 칙령을 폐기하면서 가톨릭 개종이냐 이민이냐를 놓고 선택을 강요받게 되자 네덜란드 공화국으로 건너온 경우들이다. 예를 들어, 벨은 프랑스 남부에서 로테르담으로 이민 와서, 학술지《학계 소식》을 편집했거니와, 이 잡지는 1684년 이후로 계속 암스테르담에서 매달 발행됐다. 자크 베르나르는 1688년에 네덜란드로 와서 장 르클레르와 같이 일했다.(르클레르 자신은 그에 반해 스위스 출신이었으나, 그 역시 이 무렵에, 그러니까 1683년에 암스테르담으로 왔다.) 우리도 이미 보았듯이, →54쪽 이 칼뱅교도 이산민들은 신문이며 잡지가 등장하는 데 이바지했던 것이다.

이 네덜란드의 지식 대중화 저자들은 나중에는 생계형 저술가들broodschrijvers이라 알려지는데, 한 집단으로서는 더 연구를 해야 하는 상태로서, 이 대목에서는 베네치아나 런던, 파리의 동료들과는 다르다고 하겠다.[53] 더라트 혼자서만 다른 직업들과 저술을 겸했던 것은 아니다. 예를 들어, 바를레우스는 교수 자리를 갖고 있었지만, 그러면서도 에스파냐의 신세계 정복기를 번역했고, 스스로도 익명의 이탈리아 소개서며 요한 마우리츠의 페르남부쿠 원정사를 썼다. 코멜린은 암스테르담 안내서와 네덜란드 동인도회사의 항해사를 썼다. 올퍼르트 다퍼르는 의학 박사로서, 아프리카와 아시아에 관한 책들의 저자이기도 했다. 아르놀두스 몬타누스는 목사에 교장이었으며, 꽤 많이 팔린 책들의 작가이기도 했으니, 전기들도 있었고, 『동방의 불가사의들』 같은 여행 관련 책들도 있었다.

런던, 18세기

영국의 도서 시장은 16세기와 17세기에는 유럽 대륙 쪽과 비교했을 때 "본질적으로 지방적 수준"이었다고 묘사된다. 1730년대까지 영국은 책들을 수출하기보다 수입하는 쪽이었다. 18세기 중반까지도 영국에는 이렇다 할 큰 출판사 같은 것이 없었다.[54] 하지만 우리가 다루는 시기의 끝에 가면, 상황은 바뀌고 있었으며, 그것도 급속히 바뀌고 있었다. 1777년이면 런던에는 일흔두 곳의 서적상이 있어서, 당시의 다른 어느 유럽 도시보다도 많았던 것으로 전해진다.[55](다만 베네치아에는 1736년에 아흔여섯 곳의 서적상과 인쇄소가 있기는 했다.) '업자'라는 표현이 이제 서적상들을 가리키고 있어서, 서적상들이 가장 잘 나가는par excellence 상인이 돼 있었다는 인상을 준다. 1725년에 이미 대니얼 디포는 이렇게 선언했으니 "저술업이 …… 잉글랜드 상업에서 매우 중요한 지류가 되었다." 디포는 서적상들을 '공장주'에, 저술가들을 '직공'에 비유했다. 이 직공들 가운데 몇몇은 보수를 꽤 잘 받았다는 것도 덧붙일 가치가 있다. 처음으로 저자들이, 특히 비소설 산문 쪽 저자들이 출판업자들한테서 충분한 선금을 받게 되었고, 그리하여 후원자들과 관계를 끊고 저술 수익금으로 살아갈 생각을 할 수 있게 된 것이다. 예를 들어, 새뮤얼 존슨의 경우 후원 관행을 증오했던 것으로 유명했거니와, 1746년에 『사전』의 선금으로 1575파운드를 받았다.[56] 데이비드 흄은 『영국사』 제3권의 선금으로 1400파운드를 받았고, 윌리엄 로버트슨은 『카를 5세 황제 치세사』로 3400파운드를 받았다. 이 세기에 최소한 영국에서는 가장 액수가 컸던 것으로 보이는 선금 6000파운드는 앤드루 밀러의 상속인으로서 동업자들이었던 윌리엄 스트러핸과 토머스 캐덜이 존 호크스워스가 쓰고 있던 쿡 선장 항해기의 저작권을 놓고 지불한 것이었다.[57] 존슨이 이 책을 놓고 제임스 보즈웰에게 한 논평은 대단히 가혹했으니, "선생, 이 책을 거래의 대상으로 말하자면 돈벌이가 잘 될 것입니다만, 인간의 지식을 늘려 줄 책으로서는, 내 생각에는 여기서 얻을 것은 별로 없을 것입니다."

18세기 저술가들의 상황을 그렇다고 너무 성급하게 이상화해서는 안 될 일이다. 성공한 식자 한 사람당 수십 명 또는 수백 명의 문필 직공이(또 여직공들이) 빈곤 상태에서, '그럽가街'로 알려진 곳에 살고 있었다.[58](16세기 베네치아나 17세기 암스테르담에서도 사정은 같았다.) 이 사람들은 매문가들, 곧 '전세hack' 작가들이었으며, 18세기와 19세기의 택시였던 전세hackney 마차에서 유추해 이렇게 불렀다.

성공한 저술가들에게도, 새로 얻은 자유에는 대가가 따라왔다. 존슨은 사전을 편찬하는 것보다 자기 책들을 쓰는 편을 분명히 더 좋아했을 것이고, 알렉산더 포프는 호메로스의 시들을 번역하는 것보다 자기 시들을 쓰고 싶어 했을 것이다. 흄은 역사를 썼지만 이쪽이 철학보다 잘 팔렸기 때문이어서, 만약 흄이 다시 살아나서 영국 국립 도서관 도서 목록을 찾아본다면, 자신이 "데이비드 흄, 역사가"라고 등재된 것에 기분 좋아할 가능성은 대단히 희박하다고 하겠다. 그래도 여전히 몇몇 18세기 식자는 16세기 선배들보다 높은 정도의 독립을 누렸으니, 저 인쇄공들poligrafi은 편집이나 교정을 해서 먹고살았기 때문이다.

이제 이런 변화들을 인쇄업자의 관점에서 살펴보자. 이런 비용들을 치르기 위해서도, 인쇄업자들은 상당한 자본이 필요했지만, 이래야 하는 더 큰 이유는 선금을 지급하고 책을 인쇄하고 나서 인쇄업자가 학문이라는 공해公海에서 해적질을 당할 수 있었기 때문이다. 출판 해적들은 중앙집권화된 국가들의 경계 너머에서 움직이는 경향이 있었으니, 곧 인쇄업자들의 특권이 집행될 수 없었던 지역들이었다. 더블린은 18세기 중엽에는 영어로 된 해적 출판물의 중심지로 악명을 날렸고, 제네바를 비롯한 다른 스위스 도시들은 프랑스어책들이었고, 암스테르담은 두 언어 모두였다. 이 갈수록 경쟁적이 되어 가는 세계에서 살아남으려고, 인쇄업자들과 서적상들은 더 자주 손을 잡았으며, 특히 영국에서 그러했다. 17세기에는 서적 출판업 조합이 이미 '공동자본'을 형성했다. 18세기에는 저 '콩거conger'가 생겨나는데, 일종의 공동 판매 조직 또는 업자들이 위험과 이윤을 나누는 협력 체제였다. 이렇게 해서 존슨의 『사전』은 '사업자undertaker' 다섯이 공동으로 출판 비용을 댔는데, 이 가운데 셋은 이름이 많이 알려진 사람들로서, 토머스 롱먼, 밀러, 스트러핸이었다.[59]

자금을 미리 조성하는 한 가지 방법은 예약을 받아서 출판하는 것이었다. 1700년 이전에 잉글랜드에서 예약을 받아 출판한 사례는 지금까지 여든일곱 건이 발견됐다. 예를 들면, 존 오길비는 베르길리우스며 호메로스의 번역본들을 이런 식으로 출판했으며, 팔리지 않은 책들은 추첨으로 처분했다. 오길비는 중국 안내서 『동인도회사에서 보낸 사절』(1669년)의 자금을 마련하면서는 복권이라는 장치도 이용했다.[60] 이 예약 출판 관행은 18세기에 훨씬 더 흔해졌으며, 특히 비싼 책들의 경우에서였거니와, 예약자들의 목록을 책들 자체에 인쇄해 다른 사람들의 참여를 유도할 때도 많았다. 이런 목록은 2000개가 넘게 발견됐으며, 18세기 영국에서는 최소한 10만 명의 개인이 책들을 구독 예약했던 것으로 추정된다.[61]

이런 방식들은 유럽 대륙 쪽에서도 더러 따라 했다. 예를 들어, 이탈리아에서는 18세기 전반기를 놓고 봤을 때 200건이 넘는 예약 출판 사례가 알려져 있으며, 그 이후로 이 관행은 더 흔해졌다. 네덜란드 공화국에서는 이미 1661년에 예약 출판을 한 기록이 있다. 반면 독일에서는 이 관행이 늦게 나타났다. 프리드리히 고틀리프 클롭슈토크가 학계 상황을 다룬 저작이 1773년에 나오는데, 이런 식으로 출판된 최초의 독일어 책들 가운데 하나였다.[62]

프랑스에서는, 베르나르 드 몽포콩이 고대 세계 관련 도상들을 여러 권으로 모아 놓은 『고대 해설』(1716년)을 펴내는데, 이 책의 광고가 '저 잉글랜드 방식'이라 표현한 것, 곧 예약 출판 방식을 따른 첫 프랑스어 출판물이었다. 1750년대에는 주주들이 있는 회사 하나가 설립돼 여러 장짜리 프랑스 지도를 제작하는데, 이 지도는 약 650명의 구독 예약자를 모집했다. 저 『백과전서』는 첫 판이 4000명에 가까운 구독 예약자를, 그것도 가격이 거의 1000리브르에 이르렀는데도 끌어모을 수 있었다.[63] 콩거 방식을 보면, 몽포콩의 책을 출판하는 비용은 파리의 인쇄업자 여덟 명이 댔고, 『백과전서』는 네 명이었고, 암스테르담에서 발행하던 잡지 《비블리오테크 위니베르셀》은 세 명이었다.[64]

신문과 잡지

잡지들은 특히, 예를 들어 《주르날 에트랑제》 같은 경우는 예약 구독에 의존했다. 시사를 다루는 소책자들이 이미 16세기에 흔했던 것은 맞지만, 1600년 이후 출판이 시작되는 신문과 잡지가 그래도 정보의 상업화를 가장 잘 보여 주는 저작 분야였다고 하겠다. 뉴스는 이미 17세기에 상품으로 취급되었다. 희곡 「뉴스 시장」(1626년)에서, 뉴스에 대한 독점이 출현하던 당시 상황을 조롱하며, 벤 존슨은 새로운 기관, 그러니까 '거대한 시장'의 개설을 묘사하는데, "이곳으로 모든 종류의 뉴스를 전부 모아/ 검수하고 검토해서는/ 기관 인장을 찍어 발행하는데/ 시장 뉴스로서, 이외에 다른 뉴스는 유통될 수 없다네"(1막 2장) 벤 존슨과 같은 생각을 베네치아의 한 정보 공급자, 그러니까 (현지어로는 레포르티스타reportista라고 하던) '기자'도 가지고 있었는데, 18세기 끝 무렵에 이 사람이 쓴 것을 보면 "뉴스는 상품으로서 다른 모든 상품처럼 돈을 주고, 아니면 교환을 통해 손에 넣는다." 필사본 편람 신문들은 인쇄에 적합하지 않은 모든 뉴스를 실었거니와, 이 기간 내내 영리사업체였다. 이 신문들은 기고가 혹은 '기자'가 먹고 살 수 있게 해 주었고, 더러는 다른 사람에게 이 자리를 팔 수도 있게 했다.[65]

인쇄된 낱장 신문들은 1609년 독일에서 처음 등장한 것으로 기록돼 있으며, 17세기 초에 네덜란드 공화국에서 발달했고, 18세기가 되면 유럽 대부분의 지역에 보급돼 있었다.[66] 영어와 프랑스어로 된 첫 신문들은 1620년에 암스테르담에서 인쇄되는데, 제목은 각각 《The Corrant out of Italy, Germany etc.》와 《Courant d'Italie, Alemaigne, etc.》였다. 이 새 형식은 곧바로 성공을 거두는데, 1618년

중부 유럽에서 30년 전쟁이, 또 1640년대에 잉글랜드에서 내전이 터진 것이 도움이 됐으며, 두 전쟁 모두 네덜란드 언론에서 상세히 보도했다.[67] 1660년대 이후로, 프랑스어 주간신문《암스테르담 가제트》는 독자들에게 유럽 상황에 관한 정보뿐만 아니라 가톨릭교회에 대한, 또 프랑스 정부의 정책들에 대한 직설적인 비판 기사들까지 제공했다. 경쟁지《가제트 드 라이드》의 경우는 뉴스가 도착하기를 기다리기보다 찾아 나섰는데, 그러니까 1699년에는 특파원을 파리로 보내 루이 14세의 새 동상 제막식을 취재하게 했다.

잉글랜드 역시 신문의 나라가 되는데, 네덜란드 공화국보다는 약 80년 뒤에였다. 출판물들의 폭발이라 할 것이 1695년 출판 허가법의 폐지에 뒤를 이어 일어났다. 1704년이 되면 런던에는 신문이 아홉 개 있었고, 1709년이면 그 수는 열아홉으로 늘어나 있었다. 주요 지방 도시들, 이를테면 브리스틀이나 노리치에도 신문들이 있었으니,《브리스틀 포스트보이》(1702년) 같은 경우였다.[68]

더 많은 학문 지식이 한 달이나 두 달에 한 번씩 발행되는 학술지들을 통해서 전파되었다. 이 매체 형식은 1660년대에 시작되는데, 파리의《주르날 데 사방》과 런던 왕립학회의《철학 기요》가 출발점이었다. 17세기 후반에는 암스테르담이 데보르드가 내는《학계 소식》과 그 경쟁지로 르클레르가 편집하는《비블리오테크 위니베르셀 에 이스토리크》 둘 다의 발행지였다. 데보르드가 내던 학술지는 제목을 특히 잘 지은 경우였다. 정기간행물의 형태로 출판을 하는 이유가 바로 '학식의 공화국' 소식을 제공하는 것이었기 때문으로, 말하자면 유명한 학자들의 부고나, 이런 일은 처음이었거니와, 새로 나온 책들의 서평을 싣는 따위였다. 학술지가 수지가 맞는 사업일 수도 있다는 것은《주르날 데 사방》을 암스테르담과 '쾰른'에서 해적 출판했고, 또 그 편집 방식을 로마, 베네치아, 라이프치히를 비롯한 다른 곳들에서 모방했던 데서 드러난다.

참고 서적의 등장

필요할 때 정보를 찾는 문제, 그러니까 요즘 부르기로는 '정보 검색'은 오래된 문제다. 이 문제는 인쇄술의 발명 이후 새로운 형태를 띠게 되는데, 인쇄술이 어떤 의미로는 문제를 단순하게, 또 다른 의미로는 복잡하게도 만들었기 때문이다. 책들은 많은 정보를 더 찾기 쉬운 상태로 만들었는데, 단 먼저 적당한 책을 찾았을 때의 이야기였다. 1500년 이후 책들이 급속히 늘어나는 것을 생각하면, 이 단서는 아주 진지하게 받아들여야 한다. 17세기 후반에 책 서평이 등장하는 것은 이미 갈수록 심각해지던 이 문제에 대한 대응이었다고 하겠다.

해결책을 찾으려는 또 다른 시도는 참고서의 발명이었다. 현기증이 날 만큼 다양한 참고서가 근대 초기에, 특히 18세기에 발달했다. 백과사전이나 사전, 지도책, 서지 목록은 그저 이 집합에서 가장 눈에 잘 띄는 원소들일 따름이다. 사전들은 1500년에는 드물었던 것이 17세기와 18세기에 많이 늘어났으며, 여기에 더해 일부 비유럽 언어들로도 확대됐다. 이 시기의 참고서라고 하면 책력, 식물지, 연대기, 각종 규칙서(다른 말로 하면 지침이나 규칙들을 담은 책들) 따위가 포함됐다. 고해신부와 고해자가 참조하는 고해 지침서들이 있었다. 도서관들이며 박물관들, 서적상들을 소개하는 목록들이 있었고, 또 물론 금서 목록도 있었는데, 일부 독자는 읽는 것이 허용되지 않았으니까 틀림없이 흥미로울 책들의 목록으로 활용했다.

지리 쪽 참고 서적들도 많이 쏟아져 나왔다. 지명 사전, 곧 '개저티어gazetteer'들이 있었다.(18세기 초부터 이렇게 개저티어라고 불렀는데, 독자들이 신문에 실린 기사들을 이해하는 데 도움을 주었기 때문이다.) 도시 안내서나 지역 안내서, (대표적으로 엘세비르 총서 같은) 국가 안내서들이 있었고, 여기에 세계 안내서들도 있었는데, 이탈리아 수사 조반니 보테로의 『세계에 관한 보고서』는 1590년대에 출판되었고, 피에르 다비티의 『세계 소개서』(1643년)는 네 권짜리로, 당시까지 알려진 네 대륙을 각각 다루었다. 우편 시간표들이 있었고, 또 상인들을 비롯한 다른 직종 종사자들의 주소 성명록이 있었으니, 전화번호부의 선조인 셈이다.[69]

다시 비사祕史 선집들이 있었고, 더 긴 글들을(곧 여행기나 법령, 논문, 가톨릭교회 공의회 교령들을) 묶은 모음집들도 있었다. 따라 하게 돼 있는 책들도 다양하게 나와 있었는데, 서법書法이나 조각, 요리, 춤, 한 줄 파종, 가축 사육, 편지 쓰기 따위 기술들을 가르쳤다. 상인들을 위한 안내서들이 1470년에서 1599년 사이에 1600종이 넘게 나왔던 것으로 확인됐고, 17세기에는 이 수의 두 배가 넘었으며, 또 18세기에는 여러 권짜리 상업 백과사전들과 산업 백과사전들이 등장했다.[70]

이렇게 참고 서적들이 늘어나는 상황을 한 지식인 프리드리히 멜히오어 그림이 이미 18세기 중반에 조롱하고 있었다. "사전 출판 광기la fureur de dictionnaires가 우리 사이에서 이제 얼마다 대단해졌는지 어떤 사람이 『사전들의 사전』을 막 출판했을 정도다." 그림은 과장을 하고 있던 것이 아니다. 이런 사전을 뒤레 드 누앵빌이라는 사람이 파리에서 이미 1758년에 출판했기 때문이다.

이런 참고서들의 제목에는 이런 것들이 있었는데, '지도책', '격언집', '초록',(또는 적요) '성채', '목록', '비망록', '개론', '전집', '사전',(또는 어휘집) '규칙서', '백과사전', '개요', '꽃들flores, polyanthea, anthologies', '숲silva', '정원', '용어집', '금광aurofodina',(Drexel, 1638) '지침서', '안내서handbook',(enchiridion과 manuale 같은 고대 전통을 따라 붙인 이름이다.) '일람', '여행기', '열쇠clavis', '도서관', '정수精髓, medulla', '거울speculum', '저장소', '모음집recueil', '창고', '적요', '극장', '보고寶庫', '나무', '휴대용 참고서' 따위였다. 시간이 흐르면서 제목들이 (꽃이나 정원, 나무처럼) 구체적이었다가 더 추상적인 것들로 옮겨 가는 경향을 읽어 낼 수 있다.

가장 성공한 참고서들을 꼽아 보면, 사제인 루이 모레리의 역사학 사전이 있었고,(이 사전은 1674년에서 1759년 사이에 프랑스어로 24판을 찍었고, 번역본은 16판을 찍었다.) 케임브리지 학감 존 이처드의 지리학 사전 『개저티어 인터프리터』가 있었는데, 1751년이면 제17판을 찍었으며, 1800년이 되기 전에 프랑스어, 에스파냐어, 이탈리아어, 폴란드어로도 번역되었다. 학문 세계에 관한 몇몇 독일어 안내서도 성공한 출판물들이었는데, 대표적인 것들을 보면, 다니엘 게오르크 모르호프의 『박식가』(1688년)는 도서관에서 시작해 학자들의 대화법을 거쳐 '모든 학문 분과'까지 소개하는 안내서로서, 1747년이면 (내용이 많이 늘어난) 제5판을 찍었고, 부르카르트 고트헬프 스트루페의 입문서는 학계res literaria 상황과 도서관 사용법 따위를 알려 주는데, 1704년 처음 출판돼 1768년에는 증보해 제6판을 찍었다.

양이 많이 늘어나면서 전문화로도 이어졌다. 예를 들어, 서지 목록들은 적어도 학문 분야에서 라틴어로 쓴 책들을 다루는 경우는 총람적이 되는 것을 목표로 시작했다. 그러다 국가별 서지 목록들이 나오는데, 이를테면 라 크루아 뒤 멘의 『비블리오테크 프랑수아즈』(1584년) 같은 경우였다. 조금 더 지나 17세기 초에는 주제별 서지 목록들이 나타났고, 사용한 범주들은 신학, 법학, 의학, 역사학, → 288쪽 정치학 따위였다.(1734년에는 프랑스 학자 니콜라 랑글레가 최초의 (정선한) 소설 서지 목록을 출판한 것이었다.) 특정 독자층을, 그러니까 성직자, 상인, 의사, 법률가, 여성 등등을 겨냥한 참고서들도 점점 더 많이 제작되고 있었다. 예를 들어, 설교자들은 프란시스코 라바타의 『설교자들의 도구』→ 153쪽나 프랑스 예수회 수사 뱅상 우드리의 『설교자들의 도서관』(1712년)에서 도움을 얻을 수 있었다. 두 저작 모두 여러 판을 거듭해 찍었고, 우드리의 경우는 이탈리아어, 또 라틴어로도 번역돼 더 국제적인 시장으로 진출했다.

백과사전

백과사전은 우리가 다루는 기간 중에 더 많아졌고, 더 커졌고, 더 무거워졌고, 더 비싸졌다. 모레리의 역사학 사전은 처음에는 한 권으로 출판됐던 것이 한 세기 정도가 지나는 중에 열 권으로 늘어났다. 독일 언론인 요한 게오르크 크뤼니츠는 경제 백과사전(1771~1772년)을 열여섯 권으로 편찬했다. 요한 하인리히 체틀러의 『렉시콘』은 서른두 권에 이르렀고, 프랑스의 『백과전서』는 서른다섯 권, 스위스에서 나온 경쟁서 『인류 지식 사전』(1770~1780년)은 쉰여덟 권이었다. 크뤼니츠의 백과사전은 수시로 갱신되며 늘어나 1858년이면 242권이 돼 있었다.

바로 이 부피 때문에 상보적 대립물이 필요해졌으니, '휴대용' 참고서들로서, 『휴대용 계보학 사전』(1727년), 『휴대용 설교자 사전』(1757년), 『휴대용 가사 사전』(1762년), 『휴대용 이탈리아어 사전』

(1777년), 『휴대용 여성 사전』(1788년), 『휴대용 지리 사전』(1790년) 같은 것들이었다. 일반 독자들을 붙잡아 백과사전들을 팔아 보려고들도 했는데, 이러면서 내놓은 이유는 백과사전의 도움 없이는 사전을 읽기가, 심지어 지적인 대화converse를 하는 것도 불가능하다는 것이었다.(독일어로 백과사전이 콘베르자치온스렉시콘Konversationslexikon인 것도 이 때문이다.)

생각이 앞서갔던 몇몇 출판업자는 새로운 제작 방식들에 눈을 돌렸다. 백과사전 편찬은 하나의 전문 직업이 돼 가고 있었다. 로테르담의 레이니르 레이르스의 경우, 앙투안 퓌르티에르의 『사전』(1689년) 출판업자로서, 한 사람의 작업물이었던 이 사전은 프랑스 학술원이 주도해 제작한 공식 프랑스어 사전과 경쟁할 정도였거니와, 레이르스는 망명 학자 벨이 『비판적 역사학 사전』(1697년)을 편찬하는 동안 벨에게 봉급을 줘서 생계를 해결해 줬다.[71] 비슷하게, 독일의 박식가 카를 귄터 루도피치는 체틀러에게 전속돼 일했다. 디드로의 1747년 계약서를 보면 『백과전서』를 편집하는 대가로 7200리브르를 받는다고 명시돼 있었고, 작업량이 더 적었던 장 르 롱 달랑베르는 2400리브르를 받기로 돼 있었다.

집단적 연구와 집단적 집필의 출현은 또 다른 새 흐름이었다. →제3장, 81쪽 르클레르는 전문가들로 국제적 위원회를 구성해 모레리의 사전을 수정하고 증보하자고 제안했다. 학자들이 제안한 것을 사업가들이 행동으로 옮겼다. 체틀러의 『렉시콘』이나 저 『백과전서』는 공동 집필자들이 집단으로 제작했다.[72](디드로 쪽 기획의 경우에는 공동 집필자가 최소한 135명이었다.) 여러 권짜리 백과사전들은 지식의 상업화를 특히 선명하게 예시한다고 하겠는데, 대규모 기획들은 그에 상응하는 양의 자본 투자를 요구했기 때문이다. 18세기의 유명한 백과사전 다

수는(그러니까 베네치아에서 나온 피바티의 『신과학 사전』이나 라이프치히의 체틀러가 내놓은 『렉시콘』, 프랑스의 『백과전서』 같은 경우는) 예약 출판 방식으로 펴냈다. 해리스의 『렉시콘 테크니쿰』(1704년)은 열 명의 서적상 또는 '인수자'들로 구성된 인수단이 출판했는데, 구독 예약자가 거의 900명에 이르렀다.[73]

이 무렵 영국에서 가장 유명했던 두 백과사전, 그러니까 체임버스 『백과사전』과 『브리태니커 백과사전』은 모두 스코틀랜드에서 기획이 시작되었고, 그리하여 구독 예약자들에서나, 비용과 이윤을 같이 나누기로 제휴한 서적 판매상들에서나 기반이 비슷했거니와, 이런 동업 방식은 합자회사 방식과 비견되기도 했다.(실제로도 주식을 사고팔고 했다.)

체임버스는 자기 『백과사전』 제1판을 1728년에 2절판 두 권짜리, 가격 4기니로 출판했다. 1746년이면 제5판을 찍은 상태였다. 출판 비용은 출판업자 여러 명이 분담했는데, 대표적인 것이 롱먼이었으며, 롱먼은 다른 조합원들에게서 주식을 계속 사들여 1740년이 되면 이 사업 주식의 64분의 11을 소유하게 된다. 새뮤얼 존슨의 『사전』에도 주식을 갖고 있던 스트러핸도 비슷한 경우로서, 1760년이면 체임버스 사전 주식의 64분의 5를 소유하고 있었다.[74] 『브리태니커 백과사전』을 보면, 출발은 판화가 앤드루 벨과 인쇄업자 콜린 맥파쿼의 공동기업이었다. 제3판의 판매가 끝났을 때, 그사이 맥파쿼가 죽어 유일한 출자자가 된 앤드루 벨은 4만 2000파운드를 받았다. 하지만 가장 성공한 것은 『백과전서』였을 텐데, 그러니까 2절판으로 나온 최초의 파리판뿐만 아니라 제네바, 루카, 리보르노에서 찍은 재판들에다, 제네바와 뇌샤텔에서 나온 4절판들, 로잔과 베른에서 낸 8절판들까지 치면, 1789년까지 다 해서 약 2만 5000권이 팔렸기 때문이다.[75]

이 장의 앞선 부분들에서 상술한 내용들을 보면 지식의 거래가 18세기에는 이미 새롭지 않았다는 것을 알 수 있다. 무언가 새로웠다면 지식이 큰 사업이 돼 있었다는 것이었다. 『백과전서』 출판업자들 가운데 하나였던 샤를조제프 팡쿠크가 이 사전을 '사업 문제une affaire d'argent'라 묘사한 것이 모든 것을 요약한다. 잡지 열일곱 개의 소유자로서 팡쿠크는 지식을 판매하는 과정에 관해 대부분의 사람보다 더 많이 알고 있었던 것이다.[76]

결론

지금까지 서술한 출판 쪽의 흐름들은 '서적의 상업화'로 요약할 수 있으며, 다시 이 과정은 더 큰 맥락 안에 놓여 있었는데, 역사가들이 18세기의 '소비자 혁명' 또는 '소비자 사회의 탄생'이라 부르게 되는 것으로서, 이 변화는 특히 잉글랜드에서 두드러졌지만, 유럽과 심지어 그 너머 다른 지역들로도 확대되고 있었다. 예를 들어, 구독 예약 방식은 이 시기에 다양한 용도에 이용된 장치였으니, 클럽이며 연극, 강연 따위에도 적용됐던 것이다. '여가의 상업화'와 '문화의 소비'는 이 혁명에서 중요한 부분으로서, 대표적으로는 극장이나 가극장歌劇場, 미술 전시회가 출현했고, 게다가 입장권을 살 준비가 돼 있다면 누구에게나 열려 있었던 것을 들 수 있다.[77] 다시 한 번, 당대에 통찰력 있던 사람들은 역사가들보다 훨씬 앞서서 이런 흐름들을 감지했다. 애덤 스미스는 한 번은 '상업 사회'에서는 '누구든 평범한 사람이 가진 지식'의 대부분은 구매한 것이라고 말한 적이 있다.

이 장에서 서술하고 분석한 유럽 쪽 흐름들을 더 넓은 맥락 안에 놓아 보면 그림이 더 분명해질 수 있을 것이다. 이 기간에 이슬람 세계는 인쇄술을 받아들이지 않고 있었는데, 아주 소수의 예외가 있었을 따름으로, 18세기 초에 이스탄불에 세운 인쇄소 같은 경우라 할 텐데, 그나마 채 몇 년을 넘기지 못했고, 책도 손으로 꼽을 정도만 제작하고 말았다.[78] 따라서 동아시아, 그중에서도 일본과 비교를 해 보는 편이 가장 도움이 될 것이다. 이 기간 중에 대륙 간 교역이 늘어나기는 했어도, 도쿠가와 시대 일본에서 진행된 서적의 상업화는 도시화와 또 여가의 상업화와 맞물려 있었던 만큼, 유럽 쪽 흐름들과 독립해 나란히 이루어졌던 것이지, 이 흐름들과 연결돼 있지는 않았던 것으로 보인다.[79]

일본에서는 17세기 이후로 계속, 서점들의 출현과 맞물려 인쇄의 급격한 증가가 있었던 징후들이 있다. 이 서적 거래의 확대는 새로운 종류의 책들이 출현한 것과 관련이 있었으니, 이 책들은 가나조시仮名草子라 했으며, '가벼운 읽을거리' 정도로 번역할 만한 말이었다. 이런 책들은 남녀 간의 사랑 이야기든 돈 모으는 법 안내서든 당시 관습대로 한자가 아니라 더 단순한 음절문자(가타카나)로 썼으며, 그리하여 이 상대적으로 쌌던 출판물들은 한자를 배우지 못했던 새로운 독자층들, 특히 여성들 속으로 파고들 수 있었다.[80] 1659년이면 교토의 서적상들은 도서 목록을 발행해 저자며 제목, 출판업자, 가격에 관한 정보를 제공하고 있었다. 1696년이면 거의 8000종이 나와 있었다.

중국을 놓고 봤을 때는 16세기 이탈리아 예수회 선교사 마테오 리치가 비교에는 최적의 자리에 있는 개인이었을 텐데, 리치는 자기 나라 이탈리아에 비해 중국은 책들이 싸다고 말한 적이 있다. 1억 명이 넘는 사람이 오직 한 문어를 쓰는 나라의 책 시장 크기에다, 이것이 가능하게 했을 규모의 경제까지 생각하면 리치의 말은 충분히 이해가 된다. 근대 초기 중국에는 역사가들이 생각했던 것보다 문해 능력을 가진 사람이 많았다. 배운 사람으로 인정받으려면 저 표의문자를 약 3만 자는 알고 있어야 했던 것이 맞는데, 여러 해에 걸쳐 공부하지 않고는 불가능한 일이었다. 한편 2000자 정도만 알고 있어도 일상생활을 해 나가는 것은 가능했고, 평범한 도시 거주자들은 남녀를 가리지 않고 이 정도 수준은 됐던 경우가 많았다는 증거도 있다.[81] 값싼 출판물들, 이를테면 책력이나 소형 백과사전들이 많이 돌아다녔으며, 복건성의 출판업자들이 이쪽 시장에 특화돼 있었다. 그러니까 유럽에서만큼 중국에서도 정보의 '상품화'로 나아가는 흐름이 있었다고 하겠으며, 다만 이 흐름이 백과사전 쪽에서는 나타나지 않았던 것으로 보인다.

중국의 백과사전 전통은 기원후 3세기까지로 거슬러 올라가며, 유럽의 고전 전통과는 달라서 이 전통은 중간에 끊겼다기보다는 연속적이었다고 하겠다. 명 왕조 동안에만, 곧 1368년에서 1644년 사이에 139종의 백과사전이 나온 것으로 알려져 있다. 중국의 백과사전들은 유럽 백과사전들보다 훨씬 앞서서 굉장한 부피를 보여 주었다. 15세기 초의 저 『영락대전』은 약 2000명의 집필자가 참여했고 1만 권이 넘어갔으며, 그리하여 인쇄하기에는 비용이 너무 들어갔고 보존도 너무 어려웠다.(지금은 채 4퍼센트가 안 되게만 남아 있다.) 청나라 초가 되는 1726년에는 황제의 후원 아래 더 웅대한 기획물을 이번에는 인쇄물로 펴내는데, 『고금도서집성』으로서, 분량이 75만 쪽이 넘어 인쇄된 책으로는 세계에서 가장 긴 책일 것이다. 이 기획의 목적은 전통 지식을 취합하는 것으로서, 『사고전서』도 이 목적을 따른 기획이었으니, 약 3500종의 책을 선정해 그 필사본들을 만들어 일곱 개 다른 장소에 보관한다는 것이었다. 이 사업은 1772년에 시작해 1780년대 후

반에 마무리됐다.[82]

중국과 유럽의 백과사전들이 구성이며 기능, 독자층에서 보여 주는 차이는 강조할 만한 가치가 있다. 이미 당나라 때부터, 백과사전들은 일차적으로는 제국 관료제에서 자리를 얻는 데 필요한 시험을 준비할 때 관직 후보자들이 필요로 했던 것들을 채워 주려고 제작됐다. 시험들은 작문 형식이었으며, 참고 서적들은 주제별로 정리된 인용구들로 주로 이루어져 있어서, 기억력 좋은 후보자들은 이 서적들의 도움을 받아 고전들을 적절히 인용해 답안지를 꾸밀 수 있었다. 『고금도서집성』의 경우, 황제가 후원했고 적은 부수만 인쇄했던 것까지 생각하면, 기본적으로 관인들의 업무를 도우려고 제작된 것이라 판단할 수 있다. 체임버스 사전이나 체틀러 사전, 또 『백과전서』와 다르다는 것이 이제 분명해졌을 것이다. 한국에서는 인쇄에 대한 당국의 통제가 중국보다 훨씬 더 철저했으며, 민간 차원의 서적 제작과 판매가 금지됐던 때들도 있었다.[83]

이런 차이가 의미하는 바를 따지는 것은 추측의 문제일 수밖에 없겠으나, 그래도 이 차이를 이 두 지식 체계 사이 더 거대한 차이들의 징후 또는 지표로 볼 수 있을 것이라 생각하는데, 곧 중국에서는 지식의 관료적 조직화라 할 수 있는 것이 일어났다면, 유럽에서는 지식의 기업적 조직화 성격이 더 강해서, 때로 '인쇄 자본주의'라고 하는 것이 진행됐던 차이를 보여 주는 것이라고 하겠다.[84] 에르네스트 겔너의 표현을 다시 써 본다면, →20쪽 근대 초기 중국에서는 인식 체계가 강제 체계와 연결돼 있었다고 말할 수 있을 텐데, 다만 이 경우에는 군인들이 아니라 관인들이었고, 칼이 아니라 펜(더 정확하게는 붓)이었다.

반면에 근대 초기 유럽에서는 인식 체계가 인쇄를 통해 생산 체계와 더 밀접하게 연결돼 있었고, 이것이 더 개방적인 지식 체계로 이어졌다고 하겠다. 인쇄술의 발명은 지식을 퍼뜨리는 데 이해관계를 갖고 있는 어떤 새로운 사회집단을 사실상 만들어 냈다. 이것이 정보가 오로지 경제적 이유로 알려지고 퍼졌다고 말하는 것은 아니며, 앞 장에서 제시한 것처럼, 정치적 경쟁 때문에 한 정부가 다른 정부의 비밀들을 폭로하고 할 때도 있었다. 그래도 여전히, 정보 쪽 시장은 근대 초기 전 기간에 걸쳐 중요도가 커져 갔다. '순수' 지식 또는 학문 지식조차 이 흐름에서 영향을 받았거니와, 이것은 우리도 본 바와 같다.

비슷한 분석을 특유의 날카로운 어조로 소스타인 베블런도 내놓았는데, 베블런은 자기 시대 미국의 '고등교육'이 당시의 사업과 기술을 따라가느라 '사무적'이고 '기계적'이 됐다고 묘사했다. 베블런은 주장하거니와, 미국 고등교육은 '철저히 소독된 무균적 지식 체계'였다.[85] 지식을 선택해서 조직화하고 제시하는 과정은 중립적인, 곧 가치판단 없는 과정이 아니다. 이와는 반대로, 사회적, 정치적이면서 동시에 경제적인 한 체제가 뒷받침하는 어떤 세계관의 표현인 것이다.

지식의 획득: 지식 소비자들

그 웅대한 관문을 거쳐 학문의 전당으로 들어가려면 시간과 격식이라는 비용을 치러야 해서, 시간이 없거나 형식을 따지지 않는 사람들은 뒷문으로 들어가는 것에도 만족해한다.

—스위프트

지식은 두 종류가 있다. 우리가 직접 어떤 주제를 알거나, 아니면 우리가 이 주제에 관한 정보를 어디서 찾을 수 있는지 알거나.

—존슨

8

앞 장에서는 이윤을 겨냥한 지식의 생산, 또 이것과 저 18세기 '소비자 사회'가 출현하는 것 사이의 관계에 집중했다. 이제는 소비자들 자체, 또 소비자들이 지식을 획득 또는 소유했던 방식, 또 소비자들이 지식을 썼던 용도에 눈을 돌려 볼 때다.

지식 분야에서는, 개인적 소비 행태가 상대적으로 잘 기록돼 있다. 재산목록들을 보면 장서들을 제목까지 일일이 밝혀 놓을 때가 많다. 제7장에서 다룬 예약 출판→255쪽은 나중에는 구독 예약자들의 명단도 같이 출판하게 되는데, 역사가들은 이 명단들을 통해 다른 시대와 다른 장소, 또 다른 종류의 책들을 놓고 독서 대중의 성격을 어느 정도는 파악할 수도 있다. 이 명단들에서 이런 사실들을 알게 되는 것은 매혹적이라고 할 텐데, 예를 들어 존 해리스가 쓴 『렉시콘 테크니쿰』→264쪽의 구독 예약자가 아이작 뉴턴과 고전학자 리처드 벤틀리에서 이름 없는 조선공과 시계공들에까지 걸쳐 있었다거나, 『백과전서』는 보통 반교권주의적 기획으로 인식됐는데도 구독 예약자 중에는 프랑스 성직자가 상당수 포함돼 있었다거나 하는 따위다.[1]

구독 예약자 명단들은 또한 이 무렵에 개인들이 지식에 접근하는 것을 어렵게 했던 조건들을 새삼 떠올리게 해 준다. 전체 인구에서 아주 작은 부분만이 2절판 백과사전을, 아니 심지어 학술지 하나라도 예약 구독할 정도의 여유가 있었다. 공공 도서관 또는 준공공 도서관이 존재했던 것은 우리도 봤지만, → 제4장, 113쪽 도서관들을 쓰는 데는 제약이 있었으니, 무엇보다도 개인이 사는 곳이 문제가 됐던 것으로, 로마나 파리 같은 곳의 거주자들은 다른 모든 사람에 비해 상당한 이점을 안고 있었던 것이다. → 114쪽 프랑스 출신의 법률 분야 저술가 장 바르베라크는 1716년 자기가 로잔이 아니라 베를린에서 살았으면 좋았겠다고 한탄하는데, 거기가 도서관을 이용하기 더 나았기 때문이다. 잉글랜드 역사가 에드워드 기번은 1763년에 로잔과 제네바의 공공 도서관들에서 연구를 하면서 런던에는 공공 도서관이 없는 것을 안타까워했다.[2] (기번은 1770년에 영국 박물관 이용 허가권을 얻었는데, 박물관이 대중에 공개된 지 얼마 지나지 않아서였다.)

이런 도서관들의 지리학만큼이나 그 사회학 역시 지식 획득의 역사와 관련이 있다. 근대 초기 도서관들의 경우, 이용할 수 있는지 없는지는 사서와 그 이하 직원들의 태도에 달려 있었다. 예를 들어, 외국 학자들의 편지를 보면 베네치아 마르치아나 도서관은 이용 허가를 얻어 내기가 어렵다는 불평들로 가득하다. 도서관들을 다룬 저작에서 가브리엘 노데는 옥스퍼드 보들리 도서관, 밀라노 암브로시아나 도서관, 로마 아우구스티누스 도서관 정도만이 학자들이 자유롭게 드나들게 했다고 지적했다.(보들리 도서관은 1620년에서 1640년 사이에 약 350명의 외국인 독서가가 이용했던 것으로 알려졌다.) 17세기의 잉글랜드 여행자 리처드 래설스도 기분이 좋아서 이야기하거니와, 암브로시아나 도서관은 "오가는 모든 사람에게 문을 열어 주고, 이들이 원하는 아무 책이나 읽을 수 있게 해 주"며, 로마에서는 로마 대학 도서관과 아우구스티누스 도서관이 "매일 모든 사람에게 개방되며, 친절한 신사가 어떤 책이든 빌려준다."

공공 도서관들이 이 시기에 많이 늘어나는데, 그것은 이용자의 수도, 또 도서관 서가에서 구할 수 있는 책의 수도 마찬가지였다. 예를 들어, 1648년에는 여든 명에서 백 명 사이의 학자가 파리 마자랭 도서관이 문을 여는 날이면 꼬박꼬박 찾아와 도서관을 이용했다. 빈의 호프비블리오테크는 1726년 공식적으로 이용자들에게 개방됐고, 파리의 왕립 도서관은 10년 뒤였다. 18세기 후반이면 책을 신청할 때 쓸 인쇄된 양식들이 있을 정도가 됐으며, 다만 언론인 루이세바스티앵 메르시에처럼 불평하는 경우도 섞여 있었으니, "이 큰 도서관이 일주일에 고작 두 번, 그것도 두 시간 반씩만 문을 열고 …… 업신여기는 태도로 이용자들을 막 대한다."[3]

대학생들보다 더 폭넓은 대중을 겨냥한 강좌들이 런던이나 파리를 비롯한 다른 곳들에서 점점 자주 열리고 있었다. →233쪽 박물관들은 대부분 개인 소장품들을 보관하는 것이 용도였다가 이 시기를 지나는 중에 점점 개방이 됐으니, 최소한 상류계급 방문객들에게는 그랬다고 할 텐데, 이는 남아 있는 방명록들이 분명히 보여 준다.[4]

그래도 여전히, 이 장에서는 책이나 정기간행물들을 읽어서 이루어지는 지식 획득에 집중하는 편이 적절할 것이다. 정기간행물들은 특별히 언급할 만한 가치가 있는데, 학습을 더 쉽게 만들어 줬기 때문이다. 이탈리아 철학자philosophe 체사레 베카리아가 (잡지《일 카페》에서) 언젠가 말했듯이 책들이 필사본들보다 지식을 더 널리 퍼뜨린 것처럼, 정기간행물들은 책들보다 지식을 더 널리 퍼뜨렸다. 어떤 독자들은 책들을 경외해서 집에 갖고 있기를 삼가기도 한다. 이에 반해 정기간행물들은 더 독자 친화적이다. "정기간행물은 그냥 말을 하고 싶어 하는 친구 같아 보인다."

독서의 방식들

지식의 획득은 분명히 정보를 담고 있는 매체들에 접근할 수 있는지 없는지만이 아니라 개인의 지적 능력이나 태도, 행동 방식에서도 영향을 받는다. 사람들이 듣는 방식의 역사도 그렇고, 심지어 보는 방식의 역사도 어느 정도든 깊이 있게 연구됐던 적이 없는데, 이에 반해 읽는 방식의 역사는 지난 20여 년 동안 상당한 관심을 끌었고, 그리하여 예를 들어 과학사를 쓰는 새로운 방식을 낳기도 했다.[5]

이 새 접근 방식 또한 많은 논쟁을 낳았는데, 대표적인 것이 '조독躁讀'이라 알려진 것, 다른 말로 하면 띄엄띄엄 읽거나 훑어보며 읽거나 필요한 것만 찾아 읽는 방식을 둘러싼 논쟁이었다. 한 역사학자는 18세기 후반에 독일에서 '독서 혁명'이 일어났다고 주장했는데, 정독精讀에서 조독으로 넘어갔다는 의미에서였다. 또 다른 역사학자는 더 점진적이고 더 일반적인 변화를 제시하는데, "집중해서 존경심을 갖고 읽는 방식에서 더 가볍게 더 예사롭게 읽는 방식"으로 넘어간 것으로, 책이 많이 늘어나고 그리하여 '탈신성화'된 결과라는 것이다. 새뮤얼 존슨이 이야기를 나누다가 상대에게 예의 압도하는 기세로 "선생, 책들을 '끝까지' 읽으십니까?" 하고 물은 것도 18세기 중반이었다.[6]

하지만 조독은 새로 나타난 현상은 아니었다. 고대 로마 시대에 철학자 세네카는 루킬리우스에게 보내는 두 번째 편지에서 이미 이 제자에게 책들을 띄엄띄엄 읽지 말라고 충고하고 있는데, 세네카는 이를 음식을 가지고 장난치는 것에 비교했다. 프랜시스 베이컨도 저작 『학문에 관하여』에서 읽는 일과 먹는 일 둘을 똑같이 비교하거니와, 이러면서 책을 사용하는 세 방식을 구분하는데, "어떤 책들은 맛만 볼 것이고, 어떤 책들은 삼켜야 할 것이고, 얼마 안 되는 또 다른 책들은 씹어서 소화해야 할 것이다." 베이컨의 충고를 보면 오늘날 우리 상당수가 그러듯 17세기에도 같은 사람이 다른 방식으로 읽는 일이 전적으로 가능했다는 것을 깨닫게 된다. 해리스의 기술 사전이 서문에서 주장하는 대로라면 이 사전은 "찬찬히 독파해도, 또 다른 사전들을 쓸 때 보통 그러듯 필요한 곳을 찾아 읽어도 유용"했다.

정독은 학교와 대학에서 권장했는데, 이런 곳들에서는 학생들이 특정 문헌들을, 그러니까 아리스토텔레스나 키케로, 성서, 로마법 대전 따위를 꿰고 있기를 요구했기 때문이다. 이 정도 수준에 오르려면 학생들은 고전적인 '기억술'을 썼을 텐데, 말하자면 무엇이든 기억하고 싶은 것을 교회나 극장 같은 '장소들'을 상상해서 거기 배치돼 있는 생생하고 극적인 형상들과 결합하려 해 봤을 것이다.[7]

마르셀 프루스트나 그 동시대 사회학자 모리스 알박스보다 몇 세기 앞서, 연상의 힘이나 기억 행위에서 장소가 갖는 중요성을 분명하게 인지하고 있었던 것이다. 로버트 코튼 경이 자기 도서관의 주요 구획들을 로마 황제들의 이름을 붙여 부르고 그 흉상들을 서가에 올려놓았던 것도 아마 이런 이유에서였을 것이다. 찰스 2세 재위 중에 장관을 지낸 조지프 윌리엄슨도 비슷한 방식으로 자기 서류들을 정리했다.[8]

대신 학생들은 문헌 본문을 적었을 수도 있다. 이 방식이 지금까지 계속된다는 것이 우리가 이 방식을 당연하게 여기거나, 이 방식은 변하지 않는다고 생각해도 된다는 뜻은 아니다. 필기의 역사는, 이런 역사를 누군가 실제로 쓰게 된다면, 지성사에 가치 있는 것을 보태 줄 것이다. 이 역사에 포함될 것으로 먼저 강의 필기장들이 있는데, 이 중 상당수는 16세기와 17세기에서부터 전해져 오거니와, 또 여행 기록들이 있으니, 저 유럽 순회 여행Grand Tour에 나선 귀족 자제들에게 교육 목적으로 적게 했던 것들일 때가 많다.[9]

필기를 본문 자체에 할 수도 있었는데, 독자가 구절들에 밑줄을 긋거나 여백에 제목을, 또는 손가락 그림으로 대신하기도 했던 '주의할 것nota bene'이라는 말을 써넣기도 했던 것이다. 이런 종류의 방주들을 인쇄업자가 넣어서 학생들의 일을 수월하게 해 주는 경우도 있었다. 아니면 필기를 전용 필기장notebook에 할 수도 있었다. 체계가 잘 잡힌 학자들은 서로 다른 주제들을 적는 필기장들을 따로 두었을 수 있는데, 샤를 드 몽테스키외가 이런 경우로서, 역사, 지리, 법, 정치, 신학 등등에 관한 필기장들이 있었다. 18세기가 되면, 그전까지는 아닐 수 있겠으나,(그렇다면 콘라트 게스너 같은 서지학자들은 어떻게 다르게 작업할 수 있었을까?) 종잇조각, 곧 피슈fiche에 필기를 하는데, 이 경우 필요할 때마다 다른 조합으로 종이들을 재배열할 수 있는 장점이 있었다. 종잇조각들은 찢어지거나 하기 쉬워서 일부 학자는 놀이용 카드 뒷면에 필기하는 편을 더 좋아했거니와, 이것이 최근에 개인용 컴퓨터가 등장할 때까지 학문 생활에서 그토록 중요했던 카드 색인 방식의 원형이 됐다.[10]

그전까지는 아니었다고 해도 16세기가 되면 학교들에서 필기하는 법을 가르치는데, 단어 'digest'가 요약한다는 의미를 갖게 되는 것처럼, 영어에서 단어 'note'가 이렇게 필기한다는 의미로 쓰인 사례가 16세기에나 기록되는 것은 이와도 관계가 있을 수 있다. 이 무렵 많이 시켰던 것이 당시에는 '비망록'으로 알려진 것을 쓰게 했던 것인데, 비망록은 체계적 형태로 조직된 필기장으로서, 보통 '주제topic' 또는 (loci communes, lieux communs로도 불렸던) '일반적 주제commonplace'들을 알파벳 순서로 정리해 놓던 것이었다. 우리도 보았듯이, → 153쪽 이렇게 주제별로 정리하는 것은 지식을 배열하는 흔한 방식이었다. 기억술에 동원되는 '장소place'들과도 비슷했다고 하겠으니, 일반적 주제들이 있어서 저술가들은 새로운 글들을 쉽게 쓰고, 독자들은 이 새 글들을 최소의 노력으로 이해할 수 있었거니와, 이때의 독자들은 학생일 수도 있었고, 변론문을 작성하는 변호사일 수도, 설교를 준비하는 설교자일 수도 있었다.

예를 들어, 이 마지막 집단은 한 설교 개요 모음집을 참조했을 텐데, 이 책은 15세기에 이미 인쇄물의 형태로 돌아다니고 있었고, '마음 놓고 자자Dormi secure'라는 별명도 붙어 있었으니, 다음 주일 설교 부담을 덜어 주었기 때문이고, 아니면 제5장에서 소개한 프란시스코 라바타의 『설교자들의 도구』(1614년)가 있었으며, →262쪽 또 뱅상 우드리의 여덟 권짜리 『설교자들의 도서관』(1712년)도 있었다. 우드리의 책은 제4판을 낼 때가 되면 스물세 권짜리로 늘어나 있었으며, 설교에 필요한 주제를 알파벳 순서로 모아 놓았는데, 주로 '역경'이나 '야심' 같은 도덕적 주제들이었고, 해당 주제들과 관련해 성서나 교부, 신학자, 설교자들에게서 참조할 부분들까지 밝히고 있었다. 이 책이 주제별 분류 전통에서 나왔다는 것은 저자가 대립하는 속성들을 가진 쌍들, 곧 겸손과 자만 등등을 나란히 같이 다루는 경향에서 드러난다.

비망록 안의 '장소들', 곧 주제들에는 유사성들이니 대립물들이니 하는 추상적 개념들도 들어 있어서, 독자들이 정보를 쉽게 조직하고 그리하여 필요할 때 쉽게 찾아볼 수 있게 해 줬다. 데시데리우스 에라스무스나 후안 루이스 비베스 같은 교육 분야 저술가들이 권고한 대로, 주제들에는 도덕적인 속성들도 포함됐는데, 이를테면 신중, 공정, 인내, 절제 같은 것들이었고, 어떨 때는 반대되는 부도덕한 속성들과 묶이기도 했다. 이런 표제들 아래에 학생들은 호메로스나 베르길리우스를 비롯한 다른 고전들에서 눈에 띄는 실례들을 적어 놓게 돼 있었고, 이제 특정한 행동 경향을 지지하거나 반대하는 논증들에 활용했다. 똑같은 실례들이 자주 계속 등장하다 보니, '일반적 주제'라는 개념은 적극적이던 것이 서서히 수동적인 것으로 옮겨 갔으니, 곧 정보를 조직하는 체계였던 것이 우리가 상투적 어구라 부르는 것이 된 것이다.[11]

이 비망록들에 체현됐고 또 학교와 대학들에서도 가르쳤던 도덕적-수사학적 접근 방법은 근대 초기 유럽의 읽는 방식들에 영향을 미쳤으니, 이런 이유로 학자들은 이 접근 방법을 이용해서 이런 읽는 방식들을 재구성할 수도 있을 것이다. 역사학을 예로 들어 보자. 이 무렵에는 꽤 많은 저작이 역사 서적 독서술을 다루고 있었다. 장 보댕의 『쉬운 역사 이해법』(1566년)은 '역사 저술들을 읽는 순서에 관하여'라는 장과 함께 이 분야의 가장 유명한 본보기다. 이 책의 제3장 '역사 자료들의 적절한 배열에 관하여'에서 보댕은 독자들에게 과거에 관해 읽다가 만나게 되는 사례들을 비망록에 적어 놓으라면서, 사례들을 '비열한, 명예로운, 유용한, 쓸모없는' 네 유형으로 나누라고 조언한다.

역사 연구는 일반적으로 도덕적 이유들로 정당화됐다. 리비우스나 타키투스, 프란체스코 구이차르디니의 독자들이 찾아야 했던 것은 도덕적 본보기들이었으니, 곧 따라 해야 할 좋은 본보기들과 피해야 할 나쁜 본보기들이었다. 고대 역사가들이든 근대 역사가들이든 도덕적 해석들을 자주 밝혀 놓았기 때문에 독자들의 작업은 수월했다. 인쇄된 방주들이 이런 해석들로 주의를 유도했으며, 어떨 때는 이 해석들을 별도의 격언 색인이나 금언집gnomologia으로 모아 놓기도 했다. 이렇게 본다면 16세기 대중은 역사를 오늘날의 상당수 독자와는 매우 다른 방식으로 읽었다고 할 수 있을 텐데, 말하자면 사실보다는 도덕에 관심이 있었고, 구체성을 희생해 가며 어떤 상황의 보편적 특징들에 주목했던 것이다.

역사는 수사학 규칙들도 아주 많이 염두에 두고 읽었다. 16세기 역사가들은 고대 그리스나 로마 시대 역사가들처럼 자기네 설명의 상당한 분량을 자문관이나 장군, 대사의 입에서 나오는 말의 형태로 제시했으며, 이런 말들은 특정한 행동 방향을 지지 또는 반대하거나 병사들에게 싸우도록 독려하거나 하는 것들이었다. 직업 저술가 프랑수아 드 벨포레는 저 베네치아 인쇄공poligrafi들의 프랑스판이라 할 만한 사람으로, 한 번은 『연설들』(1573년)이라고 하는 책을 펴냈는데, 고대와 근대의 대표적인 역사가들에게서 가져온 연설들을 모은 선집으로서, 각 연설의 앞에는 그 주장을 요약해 놓고, 뒤에는 그 효과를 알려 주는 내용을 배치했다. 또 상세한 색인을 두고 격언들과 일반적 주제들을 소개해서 이 책의 참고적 가치라고 할 것을 더 높였다.

참고 서적의 출현과 독서 방식의 변화

비망록들이 정독을 권장했다면, 그 상보적 대립물인 조독을 자극한 것은 참고서들의 등장이었다. 이 저작 분야 또는 분야군은 이미 제작자의 관점에서 다룬 바 있다.→259쪽 이제 참고서들을 수요자 쪽에서 접근해 보고, 참고서들이 누구에게 무엇을 제공했으며 또 참고서들이 어떻게 사용됐는지를 물을 차례다.

참고서라고 하면 '첫 장부터 끝 장까지' 읽는 것이 아니라 어떤 구체적인 정보를 찾아 이 책을 '뒤지고' 아니면 '참고하고' 하는 사람이 '필요한 곳을 찾아보도록' 제작된 책, 곧 지식에 이르는 지름길이라고 정의할 수 있을 것이다. 이 핵심을 조너선 스위프트는 이 제8장의 제사로 인용한 구절에서 '학문의 전당'에 들어가는 '뒷문'이라는 말로 솜씨 있게 짚어 냈다.

독자의 관점에서는 참고서 같은 것은 없다고 설득력 있게 주장할 수 있을 텐데, 어떤 책이든, 심지어 소설도 필요한 곳만 찾아볼 수 있고, 또 어떤 책이든, 심지어 백과사전도 쭉 읽어 갈 수 있기 때문이다. 책이 두꺼울수록, 이 책을 첫 장부터 끝 장까지 읽을 가능성은 적다고 해야 할 것이다. 따라서 경계가 고정돼 있는 어떤 집합을 떠올리기보다, 참고서들은 독자들의 행태들을 통해 정의해야 한다고 하겠다.

발다사레 카스틸리오네가 쓴 『궁정인』의 사례를 예로 들어 보자. 저자가 이 대화집을 1528년 처음 펴낼 때는 의도가 궁정의 교육과 생활에 관한 일정 범위의 질문들을 검토하겠다는 것이었지, 확실하고 단정적인 대답들을 제시하는 것은 아니었던 것으로 보인다. 어찌 됐든 최초의 2절판은 심지어 장들로도 나뉘어 있지 않았고, 무엇이든 빨리 찾기가 그때나 지금이나 어려운 책이다. 하지만 이 책은 아주 잘 팔려 나가, 출판되고 나서 한 세기만에 여러 언어로 대략 125판을 찍기에 이르렀다. 지금까지 전해지는 판본들을 보면 어떤 독자들은 이 책을 바른 행실에 관한 정보의 출처로, 심지어는 사람들한테 들려줄 이야기의 출처로 사용했던 것을 알 수 있다. 어떤 인쇄업자들은 이런 가능성을 이용했고, 그리하여 정보 검색을 쉽게 하려고 책을 장들로 나누고 방주며 색인, 상세한 목차까지 장치 일습을 같이 제공했는데, 그 결과 이 책을 일종의 참고서로 바꾸어 놓았다.[12]

책들의 물리적 판형이 근대 초기를 지나는 동안 바뀌어 가던 데서 점점 분명해지는 것은 이제 상당수 책을 숙독이나 정독이 아닌 다른 용도들에 맞춰 도안했다는 것이다. 색인과 목차를 넣는 경우가 점점 많아졌다. '내용 소개표table of contents'라는 목차의 말뜻을 문자 그대로 받아들여야 할 때도 많았으니, 장들의 제목을 나열해 놓던 것을 제5장 →155쪽에서 다룬 것과 같은 분류항을 써서 내용들을 배열하는 형식의 일람표로 대체 또는 보충하기도 했던 때문인데, 이런 표들을 보고 독자는 저작의 구조를 거의 한눈에 파악할 수 있었다. 예를 들어, 로버트 버튼의 『우울의 해부』는 이 기법을 써서 우울증의 정의며 종류, 원인, 증상을 제시한다. 증상들은 심리적 증상과 신체적 증상으로 나누었고, 원인들의 경우는 일반적 원인 또는 개별적 원인, 자연적 원인 또는 초자연적 원인 등등이었다.

다시 연대표들에 세로 단들을 나란히 배열해 쓰게 되면서 독자들이 서로 다른 연대 계산 방식들을(곧 유대교 방식, 기독교 방식, 무슬림 방식 등등을) '일치'시키는 데, 그리하여 '불일치'를 알아내는 데 도움을 줬다. 통계의 등장 →207쪽과 함께, 수치표들이 갈수록 중요해졌던 것도 지적할 만하거니와, 수치표가 들어가던 책의 주제는 천문학일 수도 있었고, 역사학, 정치경제학일 수도 있었다. 표들은 비교와 대조를 쉽게 해 줬다. 도해를 비롯한 다른 삽화들이 식물지에서 훈련 교본에 이르는 다양한 종류의 저작들에 자주 쓰이면서 독자들이 본문에 너무 많이 주의를 기울이지 않고도 책들을 사용할 수 있게 해 줬다. 새로운 독서 기술 또는 문해 방식도 점점 더 필요해졌는데, 지도며 수치표 등등을 이해하기 위해서였다.

책들이 급격히 늘어나면서 같은 현상을 두고 내놓은 서로 다른 설명들을 시간 낭비 없이 어떻게 비교할 것이냐 하는 문제가 생겨났다. 펼친 책 여러 권을 한 번에 받쳐 놓을 수 있게 설계된 책바퀴가 이 대조 작업을 얼마간 수월하게 만들었다. 이런 종류의 책바퀴 하나가 16세기 후반에 제작된 것이 지금도 볼펜뷔텔의 헤어초크-아우구스트 도서관에 보존돼 있다.

어떤 종류의 책들은 첫 장부터 끝 장까지 읽으려는 시도에 사실상 저항하는 방식으로 조직돼 있었다. 예를 들어, 사전이 그랬고, 지도책이나 지명 사전이 있었으며, (별이나 식물, 책들의) 목록들이 있었고, 격언이나 속담 선집들이 있었는데, 이를테면 에라스무스에게 명성을 가져다준 『아다지아』 같은 경우였고, 백과사전도 빼놓을 수 없는데, 특히 알파벳순으로 배열돼 있는 경우들이었다.

알파벳 순서

장 르 롱 달랑베르가 『백과전서』 서문에서 지적했듯이, →177쪽 백과사전들에서 정보를 배열하는 방식은 (최소한 유럽에서는) 본질적으로 두 가지가 있다. 첫 번째는 달랑베르가 '백과사전식 원칙'이라 불렀던 것으로, 다시 말하면 주제별 조직화로서, 전통적인 지식의 나무를 가리킨다. 두 번째는 달랑베르가 '사전식 원칙'이라 한 것으로, 곧 알파벳순 주제 배열이다.

알파벳순은 11세기 비잔티움 제국에서 제작한 '수이다스'라는 백과사전에 일찍이 도입됐다. 이런 종류의 색인들은 13세기에 시토 수도회를 비롯한 다른 곳들에서도 사용했다.[13] 파리 생빅토르 수도원의 저 유명한 도서관은 16세기 초에 알파벳순으로 도서 목록을 제작했고, 에라스무스는 많이 알려진 격언 모음집 『아다지아』(1500년)를 똑같은 방식으로 배열했다. 게스너의 『도서관』(1545년)은 책들을 알파벳순으로 올렸고, 『동물지』(1551년~)도 동물들을 알파벳순으로 열거했다. 저 가톨릭의 『금서 목록』도 똑같은 원칙을 따랐다.[14] 이 원칙은 심지어 일부 박물관에도 적용됐는데, 파르네세가家가 카프라롤라의 자기네 저택에 모아 놓은 소장품들을 예로 들자면 A부터 N까지 이름표가 붙은 보관함들 안에 배열돼 있었다.

알파벳순 배열은 17세기에 점점 관행이 되어 갔다.[15] 옥스퍼드 보들리 도서관 사서 토머스 제임스는 1605년에 출판되는 도서관 도서 목록이 알파벳순으로 배열되기를 원하는데, 반면 설립자인 토머스 보들리 경은 학문 분과들을 따르는 전통적인 조직화 방식을 주장했고, 그리하여 제임스는 알파벳순 색인을 만드는 것으로 만족해야 했다.[16](1620년판 도서 목록은 알파벳순으로 배열됐다.) 지명 사전들은 『전세계 ABC』(1651년) 같은 제목들을 달고 있었다. 경세가 장바티스트 콜베르의 도서관에는 지도나 조약문 같은 중요한 종류의 수사본들을 열거한 '알파벳순 표'들이 있었다.[17] 이런 식으로 조직된 참고서들 가운데 유명한 사례들로는 라우렌티우스 베이에를링크의 『인간사 극장』이 있었는데, 테오도어 츠빙거의 주제별 백과사전을 재배열한 것이었고, 루이 모레리의 『대역사학 사전』(1674년)이 있는데, 여러 판을 찍었으며, 피에르 벨이 여기에 맞서 내놓은 『비판적 역사학 사전』(1697년)이 있었다. 벨은 이 사전에 들어간 항목 설명들조차도 알파벳 순서를 따라 썼던 것으로 보인다.[18] 18세기 중엽에는 새뮤얼 리처드슨이 허구 작품에 붙인 것으로는 최초라고 알려진 색인을 독자들에게 선보였다. 이 세기가 끝날 즈음이면, 도서관들은 자기네 장서들의 목록을 카드에(처음에는 놀이용 카드 뒷면에) 작성하기 시작했으며, 이렇게 하면서 새 항목들을 알파벳 순서에 따라 끼워 넣을 수 있게 됐다.[19]

하지만 이 원칙이 오늘날에는 너무 두드러지게 보일 수 있어도, 알파벳순 조직화가 (알파벳순 색인을 같이 쓰던 주제별 조직화 방식에 반대되는 방식으로서) 기존의 체계들을 대체하는 것은 오로지 아주 느리게 진행됐다. 에라스무스가 1500년에 알파벳순으로 출판한 저 격언 모음집은 1596년에 주제별로 조직돼 재출판됐다. 알파벳 순서는 17세기가 끝날 때까지도 여전히 너무 낯설어서 바르텔레미 데르벨로가 쓴 무슬림 세계 참고서 『동방에 관한 도서관』(1697년)의 편집자는 알파벳 순서를 쓴 일을 서문에서 해명해야 한다고 판단했을 정도였으니, 이 방식은 "생각하는 것만큼 많은 혼란을 주지는 않는다."는 것이었다. 그래도 여전히 기번은 『로마 제국 쇠망사』(제51장)에서 데르벨로의 책에서 채택한 알파벳 순서를 "소화"할 수 없다고 불평했다. 『브리태니커 백과사전』(1777년) 서문은 체임버스 백과사전이나 『백과전서』를 싸잡아서 비판했는데, "과학을 알파벳순으로 배열된 잡다한 기술적 용어들로 쪼개 설명하려고 한 어리석은 짓"이라 표현한 것 때문이었다.[20]

이 두 체계 사이의 충돌은 지식의 역사를 진보의 이야기로만 제시했을 때 생겨나는 문제들을 분명하게 보여 준다. 주제별 체계에서 알파벳순 체계로 넘어가는 전환은 단순히 덜 효율적인 것에서 더 효율적인 것으로 나아가는 이동 같은 것은 결코 아니다. 이 전환은 세계관의 변화, →177쪽 곧 세계와 말의 일치를 더는 믿지 않게 된 상황을 반영했을 수 있다. 이 전환은 또 독서 방식에서 일어난 변화와도 부합한다.

제5장에서 다룬 전통적인 백과사전들이 구체적인 항목을 찾는 독자가 필요한 부분만 빨리 찾아보기에 적합하지 않았던 것은 너무나 분명하다. 알파벳순은 시간을 절약해 준다. 하지만 정보 검색상의

문제에 대한 이 해결책, 곧 '수이다스식 해결책'이라 부를 만한 것 역시 희생한 것이 있었다. 언젠가 캐나다의 의사소통 이론가 해럴드 이니스는 어떻게 "백과사전들이 지식을 조각내서 알파벳이 적힌 상자들 속에 가두어 버릴지" 한탄한 적이 있다.[21] 백과사전들은 근대적 현상인 지식의 파편화를 표현하기도, 또 촉진하기도 한다. 데르벨로가 언급했던 '혼란'은 단순히 독자들이 어떤 새로운 체계가 요구하는 바에 적응하지 못한 것 이상이었다.

결국 지식을 주제별로, 곧 유기적 또는 전체론적으로 배열하는 전통 방식에는 크고도 분명한 장점들이 있다. 이 방식은 '정독'을 하는 독자들이 달랑베르가 '지식의 연쇄'라고 한 것, 곧 다른 학문 분과들 또는 전문 분야들 사이의 연결 고리들을, 또 달리 말하면 학문 분과들이나 전문 분야들 밑에 놓여 있는 체계를 볼 수 있게 해 준다. 중세나 르네상스 때의 백과사전들은 필요한 곳을 찾아보기보다 읽어 나가도록 제작됐다.(다만 그레고어 라이슈가 편찬한 백과사전처럼 알파벳순 색인을 단 경우도 있었다.)

알파벳순 배열이 갖는 임의성은 관련 주제에 속한 다른 항목들로 가는 교차 참조를 이용해서 중화될 수 있었고 또 중화됐다. 고트프리트 빌헬름 라이프니츠가 지적했듯이, 이 체제는 같은 소재를 다른 관점들을 갖고 제시하는 장점을 갖고 있었다. 이런 참조들을 모두 따라다니는 데 들여야 하는 노력을 생각하면 저 볼펜뷔텔의 책바퀴 같은 기계장치의 도움이 있든 없든 '참고적 독서'가 쉬운, 아니면 반드시 쉬운 길은 아니라는 것을 깨달을 수 있다. 잉글랜드의 저술가 마일스 데이비스가 1716년 『아테나에 브리타니카에』에서 탄식하거니와, "백 명의 독자 중 딸려 있는 참조들이 시키는 대로 앞으로 갔다 뒤로 갔다 하는 수고를 하는 경우는 하나도 되지 않는다." 하지만 『백과전서』의 몇몇 교차 참조는 독자들이 따라가지 않더라도 그 전복적 목적을 분명히 달성했는데, 말하자면 성체 성사에 관한 한 항목을 이런 참조로 끝맺는 것으로 충분했던 것이다. "식인종들을 참조하시오."

늘어나는 정보들

특정 주제에 관한 지식을 구하는 사람들이 한 세기 한 세기가 지날 때마다 손에 넣을 수 있는 자원이 많아지던 방식을 더 생생히 보여 주는 그림을 원한다면, 역사 그 자체를 예로 들어 볼 수 있다. 예를 들어, 한 학자가 특정 사건이 일어난 날짜나, 몇 세기 전에 살았던 어떤 개인에 관한 정보를, 또는 어떤 문서의 본문을 찾고 싶어 한다고 상상해 보자.

1450년이라면 이런 학자는 손으로 쓴 자료들에만 전적으로 의존해야 했을 것이다. 여기서 100년 뒤라면 이 학자는 참고서 몇 권 정도를 찾아볼 수 있었을 것이다. 예를 들자면, 지리학에서는 제바스티안 뮌스터의 『코스모그라피아』(1540년)를 볼 수 있었다. 서지학 쪽에서 참고할 수 있는 저작들은 게스너가 있었고, →150쪽 아니면 독일의 요하네스 트리테미우스 대수도원장이 편찬해 1494년에 출판한 교회 쪽 저술가들의 서지 목록이 있었다. 개별 국가들의 역사라면 이 학자는 다른 나라에서 살던 이탈리아 출신 인문주의자들의 저작에서 도움을 받을 수 있었을 텐데, 파올로 에밀리는 프랑스(1516~1520년 출판)였고, 루초 마리네오는 에스파냐(1533년), 폴리도로 비르질리는 잉글랜드(1534년), 안토니오 본피니는 헝가리(1543년)였다. 1550년 이후로는 조르조 바사리가 쓴 이탈리아 예술가들의 전기들을 볼 수 있었고, 1553년 이후로는 프랑스의 학자-인쇄업자 샤를 에스티엔이 편찬한 역사학 사전이 있었으며, 다시 1566년 이후에는 보댕의 『쉬운 역사 이해법』이 있었는데, 이 책은 다른 무엇보다도 일종의 서지학 논문으로서 역사학 전 분야를 다루고 있었다.

1650년이면 상황은 극적으로 달라져 있었는데, 학자들 사이의 사적인 편지들이 정보원情報源 구실을 하다가, 이제 여기에 정기간행물들이나 전문적인 참고서들이 점점 더 추가되고 있었던 것이다.[22] 보댕의 저작에 더해 옥스퍼드 학감 데고리 웨어의 『역사서들을 읽는 방법』(1623년)이, 또 독일 목사 파울 볼두안이 더 상세하게 편찬한 역사학 서지 목록(1620년)이 나와 있었다. 아브라함 오르텔리우스(1570년)나 헤라르트 메르카토르(1585~1595년), 블라우가(1635년 이후 계속)가 제작한 지도책들이 역사 문헌들에 나오는 도시나 지역들을 찾는 일을 간단하게 만들어 주었다. 세계사 연대표들도 제법 많은 책에서 찾아볼 수 있게 되었는데, 대표적인 연구들로는 요세프 유스테 스칼리제르(1583년)와 프랑스 예수회 소속 학자 드니 페타비우스(1627년)가 있다.

개인들에 관한 정보가 필요했을 때는, 이제 이 무렵이면 예를 들어 이런 책들을 볼 수 있었는데, 먼저 스위스인 하인리히 판텔레온이 '인물 연구'라는 제목으로 독일 출신 유명인들의 평전(1565년)을 썼고, 프랑스인 가브리엘 뒤 프로가 '아담파派'에서 츠빙글리까지를 알파벳순으로 정리한 이단 인물 사전(1569년)을 냈고, 화가 카럴 판만더르가 네덜란드 예술가들의 전기(1603년)를 출판했으며, 멜키오르 아담이 독일 신학자, 법률가, 의사들의 평전을 1620년대에 내놓았다. 가계家系 관련 문제들은 헤닝거의 『계보 극장』(1598년)을 참조할 수 있었다. 특정 국가에 관한 객관적 정보를 얻으려고 볼 수 있는 책들로는 조반니 보테로가 편찬한 각국 소개서가 있었는데, 1590년대부터는 구해 볼 수 있었고, 아니면 1620년대 이후로는 제7장에서 소개한 엘세비르 총서도 있었다. →252쪽 문서를 모아 놓은 책들도 나왔는데, 독일 황제들의 칙령들에서부터 독일이나 보헤미아 왕국 연대기 편자들의 기록들까지 다양한 분야를 다룬 것들이 있었다. 외국어로 된 저작들은 사전의 도움을 받아 해독할 수 있었다. 1550년 이전에는 드물었지만, 100년 뒤면 이제 사전은 없어서는 안 되는 참고서였으며, 구할 수 있는 종류는 에스파냐어-영어 사전, 이탈리아어-영어 사전, 프랑스어-영어 사전, 프랑스어-에스파냐어 사전, 독일어-라틴어 사전, 독일어-폴란드어 사전, 라틴어-스웨덴어 사전이 있었고, 여기에 크로아티아어, 체코어, 헝가리어를 포함해서 4개어 사전, 7개어 사전, 심지어 11개어 사전도 많이 있었다.

1750년이 되고, 웬만큼 큰 도서관에 들어갈 수 있다면, 이 학자는 서가 한 칸을 다 채우고 서로 경쟁하는 연대기들을 찾아볼 수 있었을 텐데, 대표적인 것을 꼽자면 잉글랜드인 존 마셤의 것이 있었고, 일단의 프랑스 베네딕도회 수사들이 출판한 비판적 연구서 『연대 확증 기법』(1750년)이 있었다. 지도책들을 보면 이제 블라우가에서 여섯 권짜리(1655년)를 내놓았고, 샤틀랭이 특화된 『역사 지도책』(1705년)을, 브뤼쟁 드 라 마르티니에르가 열 권짜리 『비판적 지리학 대사전』(1726~1739년)을 출판한 상태였다. 경쟁서였던 모레리(1674년)와 벨(1697년)의 역사학 사전들은 여러 판본으로 구해 볼 수 있게 됐다. 익명 또는 필명을 쓰는 저술가들도 사전들의 도움을 받아 추적할 수 있었는데, 1674년에 나온 빈첸트 플라키우스의 사전이 그 시작이었다. 인명사전들 가운데는 학자들의 생애만을 다룬 것들도 있었는데, 요한 부르크하르트 멩케의 『학자 인명사전』(1715년)이나, 장피에르 니

세롱이 편찬한 상당한 분량의 『걸출한 인물들의 행적』(총 마흔세 권, 1727~1745년) 따위였다.

조약들이나 중세 연대기들, 가톨릭 공의회 교령들 같은 문서들의 본문이 이제 더 많이 2절판짜리 질로 묶여 나왔는데, 잉글랜드인 토머스 라이머(스무 권)나 둘 다 이탈리아 출신인 루도비코 안토니오 무라토리(스물여덟 권), 대주교 조반니 도메니코 만시(서른한 권) 같은 학자들이 편집한 것들이었다. 고古라틴어는 프랑스 학자 샤를 뒤 캉주가 편찬한 소사전(1678년)이 출판되고 나서 덜 문제가 됐다. 역사서들을 다룬 서지 목록들도 이제 더 추가돼서, 코르넬리우스 더뵈험의 네 권짜리 『역사학 서지 목록』(1685년~)과 부르카르트 고트헬프 스트루페의 『정선 역사학 서지 목록』(1705년)이 있었으며, 두 편찬자 모두 독일 사람이었고, 이제 프랑스인들이 편찬한 두 저작으로 루이엘리 뒤팽의 『역사서 도서관』(1707년)과 니콜라 랑글레의 『역사 연구 방법』(1713년)이 있었는데, 랑글레의 경우는 보댕의 전통을 따른 논문이었다. 역사에 관한 (또 다른 많은 주제에 관한) 새 책들을 소개하는 것을 《학계 소식》이나 라이프치히에서 나오던 《학술 기요》 같은 학술지들을 넘기다 보면 볼 수 있었다.

정보를 얻던 방식들

많은 참고서가 시장의 한 특정 부분을, 말하자면 성직자들이나 법률가, 의사, 여성 등등을 염두에 두었던 것은 분명하다. 예를 들어, 독일어 사용권에서는 특히, 여성 독자들을 처음부터 겨냥한 백과사전들이 등장했다.[23]

근대 초 독자들이 지식을 획득해서 사용하던 방식을 재구성하려면 개인들에 대한 사례연구 또한 필요하다. 장서가 많지 않았던 사람들이 어떤 참고서들을 사서 봤는지를 알면 상황 파악에 도움이 된다. 예를 들어, 16세기 케임브리지 대학의 학생들이나 교수들이 남긴 장서 목록들을 보면 사전들이,(대표적으로 안토니우스 칼레피누스의 것이) 또 백과사전들이(특히 라이슈의 것이) 많이 눈에 뜨인다.[24] 참고서들을 어떤 방식으로 사용했느냐 하는 더 중요하되 더 포착하기 어려운 문제가 남아 있다. 에스파냐 펠리페 2세가 1588년에 무적함대의 항해를 계획하면서 프랑스 촌락들을 확인하느라 오르텔리우스의 지도책을 사용하는 것을 봤다는 기록이 남아 있다.[25] 다시 『에스파냐의 정치적 부활』(1619년)에서 인구 감소 문제를 다루면서, 신학자 산초 데 몽카다는 보테로의 저작을 자주 언급한다. 보댕이나 존 디, 게이브리얼 하비, 요하네스 케플러 같은 몇몇 이름난 학자가 읽던 방식 또한 어느 정도 상세히 연구됐거니와, 보스턴의 명사 새뮤얼 수얼이 18세기 초에 정보를 얻던 서로 다른 경로들에 관해서도 꼼꼼하게 분석한 것이 있다.[26]

광적인 독서가의 사례이면서 특히 기록이 잘 돼 있는 것이 박학가 니콜라클로드 파브리 드 페이레스크다. 페이레스크는 지적 관심이 정말로 폭넓은 치안판사였다. 학술지가 등장하기 한 세대 전에 프로방스에서 살면서, 페이레스크는 국제적 교우망에 의존해서 지식의 공화국, 곧 페이레스크 자신이 부른 대로는 '우리처럼 호기심 있는 사람들gens curieux comme nous'의 소식을 전해 들었다. 페이레스크가 주고받은 방대한 양의 편지들은 상당 부분이 출판이 돼 있거니와, 온통 새로 나온 책들에 관한 언급들인데, 이를테면 교부들이 쓴 저작의 새 판본들에서부터 아랍 역사서, 갈릴레오 갈릴레이의 최신 논문, 엘세비르 총서에서 폴란드를 비롯한 몇몇 다른 나라 편들, 리처드 해클루트와 새뮤얼 퍼처스가 편집한 여행기 선집에 이르렀고, 특히 필사본이든 인쇄본이든 베네치아와 암스테르담, 로마 등지에서 나오는 편람 신문들과 관보들도 빠뜨리지 않았다.

페이레스크가 책에서만 배운 것은 아니었다. 페이레스크는 로마 주화들이나 이집트 미라 같은 물건들을 수집하는 데도 열심이었으니, 지식이란 여러 수단을 통해 얻을 수 있다는 것을 일깨워 주며, 동시에 독서만을 너무 강조하지 말 것도 일러 준다고 하겠다. 진귀한 수집품들은 지식의 전유라는 것을 특히 구체적으로 보여 준다고 하겠다. 따라서 앞에서 소개한 적이 있는 →167쪽 17세기의 한 이름난 개인 박물관을 한번 훑어보는 것도 유용할 듯한데, 이 박물관은 밀라노의 귀족 출신 성직자 만프레도 세탈라의 수집품들을 보관하고 있었다. 이 박물관의 소장품 목록이 17세기에 출판됐다. 이 목록이 물건들 자체의 대체물이 될 수 없는 것은 분명하지만, 그래도 여전히 이 목록은 심지어 당시에도 대부분의 사람이 소장품들에 관해 알게 되는 수단이었다.

당시 제작된 세탈라 박물관의 판화 한 점을 보면 실로 소장품이 다양하기가 끝이 없다는 인상을 받게 된다. 악어들과 물고기가 천장에 매달렸고, 단지들과 흉상들이 바닥에 정렬돼 있으며, 전시실 가운데는 서랍장들이 차지하고 있다. 소장품 목록을 보면 박물관이 세계에 있는 모든 것의 표본을 담고 있는 소우주라는 →169쪽 이런 인상이 더 강해진다. 이런 종류의 박물관을 일종의 학교라고도 표현할 수 있을 텐데, 관람자에게 목재며 금속, 도토陶土 따위 재료들의 용도를 가르치고, 동시에 세계 여러 지역의 산물들, 이를테면 포토시에서 온 은이나 중국산 도자기, 오스만 제국과 브라질에서 들여온 활과 화살촉,

이집트 미라, 표의문자로 쓴 중국이나 일본의 문서들에 관해서도 가르쳤던 것이다. 소장품 목록에서 책들을, 이를테면 후안 곤살레스 데 멘도사가 쓴 중국에 관한 책을, 아니면 기증자들을, 그러니까 (일본산 꽃병을 세탈라에게 준) 밀라노 대주교를 언급하는 대목들을 보면 소유자가 최소한 이 물건들을 (제5장, 169쪽에서 다룬 것처럼) 서로 다른 원료들의 견본으로만이 아니라 그 역사적 맥락과 지리적 맥락 안에 놓고서 봤다는 것을 알 수 있다.[27]

몽테뉴와 몽테스키외

앞서서 한 장에서 로마나 파리 같은 대도시들의 중요성을 강조했기 때문에, 이제 시골에 살던 개인들을 살펴보면 상황이 더 분명히 드러날 것이다. 16세기 후반이면, 잉글랜드 시골에 살던 신사들이 역사 정보들을 배우고 주고받았다는 증거가 있다.[28] 페이레스크의 사례는 바로 앞에서 다룬 바 있다. 우리가 다루는 기간에 일어난 변화를 느껴 보려면, 둘 다 여행을 많이 한 프랑스 신사이면서 장서가 많았고 관심 분야도 넓었고, 그러면서 똑같이 보르도 근처 시골에서 살았지만 한 세기 반의 시차가 있던 경우를 비교하고 대조해 보면 될 텐데, 미셸 드 몽테뉴와 몽테스키외다.

몽테뉴가 시골 자기 땅으로 내려가면서 각별히 신경을 썼던 부분은 그가 사색하고 집필을 했던 탑에 책을 충분히 갖춰 놓는 것이었다. 몽테뉴는 271권의 책을 활용했던 것으로 알려졌는데, 법률은 세 권, 의학은 여섯 권, 신학은 열여섯 권뿐이었지만, 역사는 고대와 근대까지 해서 거의 백 권에 이르렀다.[29] 완벽한 르네상스인답게 몽테뉴는 그리스 고전과 라틴 고전을 잘 알고 있었으며, 세네카와 플루타르코스의 교훈적 작품들을 특히 좋아했다. 몽테뉴는 자기가 살던 지역의 역사에 관심이 있어서 인문주의자 장 부셰의 『아키텐 연대기』를 상당히 많이 활용했다. 몽테뉴는 프랑스 역사에 관해서는 장 프루아사르가 쓴 연대기들과 외교관 필리프 드 코민의 회고록을 읽었고, 이탈리아의 경우에는 구이차르디니의 유명한 역사서를 읽었다. 몽테뉴는 동시대인인 보댕의 『쉬운 역사 이해법』과 함께, 역시 같은 저자의 정치체제 비교 연구서인 『국가론』 여섯 권도 이용했다. 유럽 너머 세계에 관한 몽테뉴의 관심에 자양분이 된 책들로는 에스파냐 선교사 곤살레스 데 멘도사가 쓴 중국 역사서가 있었고, 여기에 아메리카 대륙을 다룬 몇 권이 또 있었다. 곧 에스파냐 사람 프란시스코 로페스 데 고마라나 이탈리아 사람 지롤라모 벤초니가 에스파냐의 신세계 정복에 관해 쓴 책들이 있었고, 우주 구조론 학자 앙드레 테베나 선교사 장 드 레리가 쓴 브라질에 대한 책들이 있었다.

몽테뉴의 독서 방식을 보면, 그 방식은 (몽테뉴가 끌어낸 결론은 독창적인 것이 그렇게 많았는데도) 몽테뉴 시대의 전형을 따랐던바, 최소한 도덕적 교훈들을 찾으면서 책들을 봤다는 의미에서는 그렇다고 하겠다. 비록 "상투적 어구를 모아 놓은 것"이라 부르며 비망록에 대한 경멸을 드러내기는 했지만, 몽테뉴는 비망록을 써 나갔을 것이며, 그러면서 갖고 있는 책들에는 주석도 달았다. 예를 들자면, 몽테뉴가 갖고 있던 퀸투스 쿠르티우스의 알렉산드로스 대왕 전기에는 여백에 '무장 전차', '아마존 여인족', '다리우스가 한 말들' 같은 주제에 관해 적어 놓은 글들이 있다. 몽테뉴의 초기 저작들은 몽테뉴가 좋아하는 저자들에서 발췌해 도덕적 범주들 아래 정리한 인용문들을 더 전개해 놓은 것처럼 읽히거니와, "비망록을 만들던" 습관이 후기 저작들에서

도 내용과 제목 둘 다에 영향을 미쳤다고 하겠다.[30]

몽테스키외의 연구들이 더 체계적이었던 것은 그의 시대가 되면 훨씬 다양한 종류의 책을 구해 볼 수 있었던 때문이기도 했다. 라 브레데에 있는 몽테스키외의 시골집 도서관에는 약 3000권의 책이 있었다. 몽테스키외의 필기장들은 거의 대부분이 제목으로만 알려져 있거니와, 이 장의 앞부분에서도 언급했다. 남아 있는 한 권, 이른바 '자료집Spicilège'에서는 몽테스키외가 정보를 얻던 방식들을 얼마간 엿볼 수 있다. 이 필기장에는 사야 할 책들에 관해 스스로에게 적어 놓은 글들이 있는데, 거기 적힌 책들에는 해리스나 처칠가家에서 편집한 여행기 모음집들 같은 것이 있었다. 이 필기장은 예를 들면 중국에서 돌아온 프랑스 예수회 선교사와 가졌던 것 같은 대화를 통해 얻은 지식들도 언급한다.

이 필기장을 보면 몽테스키외는 당시에 많이 알려져 있던 역사책들을 읽었는데, 이를테면 피렌체 역사는 니콜로 마키아벨리, 나폴리는 피에트로 잔노네, 잉글랜드는 길버트 버넷이었고, 또《암스테르담 가제트》같은 신문들을 오려 놓기도 했는데, 특히 리우데자네이루에서 온 배들이 화물로 다이아몬드를 싣고 리스본에 도착했다고 하는 것 같은 상업 정보가 실렸던 경우들이었다. 한 사례에서는 적어 놓은 내용들이 상세한데, 엥겔베르트 켐퍼의 저 유명한 일본 소개서 →102쪽 에 관한 것으로서, 적힌 내용들은 몽테스키외가 정보를 선택하는 원칙들을 어느 정도 알려 주는데, 예를 들어 몽테스키외가 일본의 생존방식, 곧 쌀 경작에 관심을 가졌던 것은 상대적으로 조밀한 일본의 인구를 설명해 준다고 생각했기 때문이었다. 이 필기장을 몽테스키외의 편지들과 같이 놓고 보면 몽테스키외가 책장 한 칸 정도 되는 참고서적들을 자주 봤다는 것도 알게 되는데, 모레리나 벨의 역사학 사전

들이나 체임버스의 『백과사전』, 프랑스 법학자 피에르자크 브리용이 편찬한 법률 사전들 따위였다.[31]

몽테뉴와 몽테스키외의 개인적 특징들 또는 독창성을 무시하거나 없애 버리지 않더라도, 이렇게 주장할 수 있을 텐데, 이 두 이웃이 보여 주는 차이는 다른 무엇보다도 16세기 독법과 18세기 독법 사이의 차이라는 것이다. 몽테뉴의 방식은 정독이어서, (조금씩 부정확한 인용들에서 알 수 있듯이) 기억만으로 구절들을 인용할 수 있었고, 또 도덕적 교훈들에 초점이 가 있었다. 몽테스키외는 이와는 대비되게 책들을 끝까지 읽기보다 필요한 곳만 찾아볼 때가 많았으며, 읽으면서 통계를 포함해 사실들을 찾으려 했다.

외국에 관한 정보 구하기

의존한 정보원情報源들은 서로 달랐을지언정, 몽테뉴와 몽테스키외가 공통적으로 갖고 있었던 것은 다른 문화들에 대한 누를 수 없는 관심이었다. 17세기와 18세기 유럽의 대표적 사상가 상당수가 이런 호기심을 같이 갖고 있었다. 프랑스에서는 볼테르, 드니 디드로, 장자크 루소를 꼽을 수 있고, 영국에는 존 로크, 애덤 스미스가 있었으며, 독일로 와 보면 라이프니츠가 있었는데, 라이프니츠의 경우 1697년 선제후 부인 조피 샤를로테에게 편지를 써서는 자기 집 문에 '중국 정보 소개소'라는 팻말을 붙여서 사람들에게 중국에 관한 최근 소식들을 자기에게 물어볼 수 있다는 것을 알릴 생각이라고 했을 정도였다.

일반적으로 말해, 교육받은 유럽인들이 유럽 밖 세계에 관한 지식을 얻느라 읽던 책들은 상대적으로 종류가 많지 않았으나, 우리가 다루는 시대를 지나는 중에 그 덩어리는 서서히 변해 갔다. 1600년 무렵에는, 예를 들어, 사람들은 몽테뉴처럼 중국에 관해서는 곤살레스 데 멘도사, 멕시코는 로페스 데 고마라, 브라질은 레리를 읽었으며, 여기에 이탈리아 예수회 선교사 마테오 리치의 중국 선교기나 그의 동료로서 비슷하게 일본 선교를 했던 루이스 프로이스의 기록이 추가돼 있었다. 아프리카에 관해서는, 레오 아프리카누스(하산 알와잔)가 북아프리카를 기술한 것이 있는데, 레오 아프리카누스는 무슬림이었다가 해적들에게 붙잡혀 로마까지 가게 되면서 알려졌거니와, 두아르트 로페스가 콩고에 관해 남긴 기록이 있다.(로페스의 기록은 이탈리아어, 라틴어, 네덜란드어, 영어로 구해 볼 수 있었다.) 오스만 제국에 관해서는, 사람들이 오스만 제국을 많이 두려워했던 만큼, 책들이 서가 하나를 채울 정도가 됐는데, 대표적으로 플랑드르 출신 외교관 오히르히슬레인 판뷔스베커가 사절로 파견됐을 때의 일을 기록한 것이 있으며, 라틴어와 독일어, 체코어, 에스파냐어, 프랑스어, 영어로 나와 있었다.

18세기 초가 되면, 훨씬 많은 정보를 구할 수 있었고, 또 가장 자주 언급되는 책들도 바뀌어 있었다. 오스만 제국에 대한 관심은 줄어들었는데, 침략 위협이 이제 사라졌기 때문이다. 반면 중국이 새로 유행이 돼 있었고, 중국에 관해 알려고 프랑스 예수회 소속 장바티스트 뒤 알드의 네 권짜리 『중국 안내서』(1735년)를 읽는 것은 몽테스키외만이 아니었다. 일본에 대한 관심 역시 커지고 있었는데, 켐퍼의 상세한 기록이 자극했던 것으로, 이 책은 1727년에는 영어로, 1729년에는 프랑스어로도 나왔다. 켐퍼를 주의 깊게 읽은 사람은 몽테스키외만이 아니었고, 독일 철학사학자 요한 야코프 브루커도 있었

으며, 루소도, 또 디드로를 비롯한 『백과전서』의 다른 공동 집필자들도 있었다.[32]

아프리카를 보면, 저 포르투갈 여행자 로페스의 기록에 더해 이제 예수회 선교사 제로니무 로부가 아비시니아에 관해 기록한 것이 추가되는데, 이 기록은 1673년에 요약본의 형태로 출판됐다.(또 이 기록은 한 세기 뒤에 새뮤얼 존슨이 소설 『라셀라스』를 쓰도록 자극하기도 했다.) 1704년 이후로는, 이런 기록들에 네덜란드 상인 빌럼 보스만의 기니에 관한 기록이 황금해안, 노예해안, 상아해안으로 나뉘어 계속 추가될 것이었다. 아프리카 내륙 쪽에 관한 상세한 정보는 18세기 중반에나 가서야 돌아다니기 시작했다.[33]

남아메리카 역시 갈수록 관심의 대상이 됐다. 볼테르는 자기 도서관에 이 지역에 관한 책을 열세 권 갖고 있었는데, 샤를마리 드 라 콩다민이 페루에 공식 파견됐다가 이어서 아마존강을 따라 탐험을 한 것까지를 기록한 책도 들어 있었다. 라 콩다민의 저작은 박물학자 뷔퐁이, 또 철학자 폴 돌바크도, 에든버러 대학 총장이자 상업적 성공을 거둔 『아메리카의 역사』(1777년)의 저자였던 윌리엄 로버트슨도 높은 평가를 하며 언급했다.[34]

이렇게 한 분야씩만 다룬 저작들을 읽을 시간이나 생각이 없는 독자들은 언제나 모레리나 벨의 사전들, 아니면 『백과전서』를 찾아볼 수 있기는 했지만, 이런 참고서들은 아시아나 아프리카, 아메리카에 관한 한 다른 분야들보다 믿을 만한 상태는 아니었다.[35]

앞에서 필기 방식들에 관해 말했던 것들을 생각하면, 근대 초의 일반적 독자들이 유럽 너머 세계에 관해 갖고 있던 지식을 노예나 폭군, 야만인, 식인종들에 관해 비망록에 적어 놓은 내용들을 가지고 요약하는 것도 적절해 보인다. 예를 들자면, 오스만 제국 하면 떠올랐던 것은 새 술탄이 즉위하면서 자기 형제들을 죽여 버린다고 하는 생각이나 하렘, 곧 후궁들에 대한 생각이었다.[36] 인도는 벌거벗은 철학자 'gymnosophists'들과 인신 공희를 의미했다. 1663년 캉 대학의 한 강의에서는 캘리컷을 이런 식으로 묘사했으니 "주민들은 빵이 어디에 쓰는 물건인지 모르며, 정조 관념 같은 것도 없고, 어떨 때는 자기네 부인들을 서로 바꾸기도 한다."[37]

꽤 많은 독자가 이국적인 기록 방법들에 특히 주목했던 것으로 보인다. 아랍 문자나 에티오피아 문자, 중국 문자, 일본 문자로 쓴 글들이 세탈라 박물관과 보름 박물관에 전시돼 있었다. 멕시코 하면 그림문자, 곧 '상형문자'를 쓰는 것이 떠올랐고, 페루는 퀴푸quipu였으니, 매듭들을 이용하는 기록 방식이었다. 멕시코의 그림문자는 퍼처스가 편집한 여행기 모음집을 통해 1625년 처음으로 인쇄물에 등장했다. 저 네덜란드 학자 요하네스 더라트는 『신세계』(1633년)에서 멕시코 문화를 기술하면서 이 퍼처스의 모음집을 활용했다. 예수회 사제로 박학가였던 아타나시우스 키르허 또한 상형문자들에 관한 야심찬 비교 연구서 『이집트의 오이디푸스』(1652~1654년) 가운데 멕시코를 다룬 장에서 퍼처스의 모음집을 이용했다.

유럽 너머 세계에 관한 유럽 독자들의 지식을 조금 더 자세하게 검토하려면, 일본과 중국의 사례를 살펴볼 수 있다. 마르코 폴로의 여행기가 라틴어로 번역되어 얼마 전에 처음으로 출판되기는 했지만, 1500년에 일본이 존재한다는 사실이라도 알고 있는 유럽인은 아주 적었을 것이다. 폴로는 아주 큰 섬이 있는데, '지팡구'라고 부르며 사람들은 예의가 바르고 "금이 아주 풍부하다."고 언급했을 뿐, 여기서 더 내놓은 정보는 거의 없었다. 에스파냐 선교사 프란시스코 하비에르의 편지들은 일본인들의 명예심을 강조했는데, 이 관념은 일본 하면 떠오르는 말로 빠르게 자리 잡았다. 예를 들어, 동양학자 기욤 포스텔은 『경이로운 일들』(1553년)에서 '자판Giapan'을 선교사들이 도착하기 전부터도 사실상 기독교를 믿던 나라로 소개했다. 포스텔은 자신은 '시아비어'라고 부른 하비에르와 예수회의 다른 출처들에서도 얻은 정보를 이용해 '사카'를(다른 말로 하면 붓다를) 그리스도로, 일본왕을 '교황'으로 묘사했다.[38]

보테로 또한 예수회 쪽 출처들을 따라 강조하는데, 먼저 일본인들은 명예를 중시하고 엄숙하며, 보테로는 이를 에스파냐인들의 경우와 비교했거니와, 또 이 나라에서는 지진이 자주 일어나며, 또 일본 사람들은 "자기들은 차라고 부르는 귀한 가루"를 섞은 물을 마시기 좋아한다는 것이었는데, 우리가 아는 그 차였다. 시간이 흐르면서 이런 정형화된 이야기들은 서서히 늘어났다. 예를 들어, 1669년에 영국 왕립학회는《철학 기요》에 "수년간 일본에 거주한 바 있는 한 명민한 사람이 일본에 관해 보고 느낀 것 여러 가지"를 스무 개 항목으로 줄여 실었는데, 말하자면 이런 주장들이었으니 "일본인들은 글자를 아래로 적는다. 일본 정부는 전제적이다. …… 일본에서는 왼손이 더 명예롭다." 하지만 큰 빈틈들이 지식에 남아 있어서, 17세기가 다 끝나 갈 때도 프랑스의 대표적인 지도 제작자 기욤 드릴은 일본이 섬인지 아닌지를 토론하고 있었다.

중국의 경우에는 통설이 특히 많았다. 이런 통설들을 보면 중국 황제는 그저 명목상의 지배자일 뿐이라거나, (잠바티스타 비코의 친구였던 철학자 파올로 마티아 도리아가 『시민 생활』에 관해 다룬 1709년의 저작에서 말했듯이) 중국인들은 비호전적인 사람들로서, 야만인들이 자기네를 정복하게 내버려 두고 그다음에 이 야만인들을 길들이는 식으로 스스로를 지킨다거나, 중국인들은 유럽보다 먼저 문자를 사용했으며, 알파벳 대신 표의문자를 썼다거나, 중국인들이 화약을, 또 어쩌면 인쇄술까지도 발명했다거나 하는 따위였다. 몽테뉴는 인쇄술과 화약은 중국이 유럽보다 1000년 정도 앞섰다고 말한 바 있고, 학자-서적 판매상이었던 프로스페르 마르샹이 쓴 인쇄술 역사서(1740년)는 인쇄술이 동양에서 서양으로 전파됐을 가능성을 다뤘다.

저 옥스퍼드 학장 로버트 버턴은 많이 읽은 사람이지만, 동양학 쪽으로는 전문가는 결코 아니었는데도, 『우울증의 분석』(1620년)에서 중국을 여러 차례 언급했다. 버턴은 특히 관인들, 그 스스로는 리테라티literati라고 했던 사람들 →57쪽의 지위에서 깊은 인상을 받았다. 버턴이 또 언급하는 것들을 보면 중국에는 걸인들이 없다거나, 과거에 낙방하면 수치심 때문에 자살을 한다거나, 중국 의학과 유럽 의학은 이렇게 저렇게 다르다거나 하는 따위였다. 중국에서는 버턴에 따르면 (버턴 자신은 리치의 기록에 의존했거니와) "의사들이 우리 의사들과는 완전히 반대되는 처방들을 내리고 …… 약초들을 보면 뿌리, 잎사귀, 통째로 된 것을 다 같이 쓰며 모든 약제가 어떤 의미에서는 식물지 한 권에 들어 있고, 체계적 방법이며 학교, 기술, 학위 같은 것이 없지만, 다른 직종처럼 모든 의사가 자기 스승들에게서 개인적으로 가르침을 받는다."(2권, 4부, 1절, 5)

이미 통설들은 아니었을지언정, 버턴의 언급들은 빠르게 통설이 됐고, 다시 여기에 몇 가지가 추가됐다. 1666년에 중국에 관한 한 신간 서적을 소개하면서 《철학 기요》는 중국인들은 "인삼을 매우 귀하게 여기"고 차를 일종의 약으로 마시도록 처방한다고 언급했다. 17세기를 지나는 동안 중국 철학이 중국 의학만큼 유럽인들의 주목을 받았고, 그리하여 공자가 선한 이교도의 본보기로서 소크라테스와 나란히 놓이게 됐다.[39]

외래 지식의 획득에는 토착화 또는 정형화라는 과정이 자연스럽게 포함됐다. '현장'에 있던 유럽 관찰자들조차도 낯선 문화들을 정형들에 끼워 맞춰 인식했다. 몇몇 경우는, 그러니까 아메리카 식인종이나 동양의 폭군 같은 정형들은 낯선 문화와 관찰자 자신의 문화 간 문화적 거리를 과장했다. 다른 정형들은 정확히 반대되는 일을 했다. 예를 들어, 캘리컷에서 저 포르투갈 뱃사람 바스쿠 다 가마는 한 인도 사원에 들어가서는 이것을 교회라고 여겼고, 또 저 브라마와 비슈누, 시바의 삼신 일체 형상이 가마에게는 성 삼위일체를 표현한 것으로 보였다. 하비에르는 일본에서 '이달고'와 '대학'들을 봤으며, 동시에 일본 왕은 하비에르에게는 교황과 매우 같아 보였다. 예수회 선교사들은 자기네의 아리스토텔레스식 범주들을 중국으로 가져갔고, 그리하여 음과 양이라는 원리들을 '질료'와 '형상'으로 해석했다. 유럽에 있던 독자들도 이런 정형들을 비난할 처지는 못 되었다. 이네들의 비망록이라는 것들은 편견 모음집일 때가 많았기 때문이다.

그래도 여전히, 우리는 근대 초 독자들이 유럽 밖 세계에 관해, 아니면 다른 어떤 것에 관해서라도 자기네가 읽는 모든 것을 믿었다고 전제할 수는 없다. 지식의 신뢰성은 논쟁의(더 정확하게는 많은 논쟁의) 대상이었거니와, 다음 장에서 다루게 된다.

정보의 신뢰성

진리를 발견했노라고 결코 단언하지 않았을
옛 회의주의자들은 어떤 것의 탐구에서도
최선이라 할 길을 보여 준 것이며 ……
경솔히 논쟁하기를 삼가는 사람은 ……
자유롭게 탐구할 수 있도록 스스로를
이끈다고 할 것이며, 그리하여 모든 종류의
연구에서 진리의 성역으로 이끄는, 심지어
그 안으로 들어가는 저 유일한 길 위에 서
있는 것이다.

— 셀던

지식의 신뢰성은 당연히 주어지는 것으로 여길 수는 없다. 다른 문화들에서는, 또 다른 시대에는 신뢰성의 기준이 서로 다르고 또 바뀐다.[1] 근대 초 유럽에서 나타난 가장 중요한 지적 흐름들 가운데 하나는 안다고 하는 주장들을 둘러싼 여러 종류의 회의주의가 출현한 것이었다. 이런 흐름을 측정하기란 불가능하며, 설명하기란 주제넘은 짓이다. 이제부터 이어지는 기술은 한눈에 봐도, 또 실제로도 어쩔 수 없이 단순화이자 추측이어서, 이 자체 또한 어느 정도의 회의주의를 깔고 읽어야만 한다.

일종의 준비 단계로서, '고등한', 일반적인 또는 철학적인 회의주의를 '조악한', 구체적인 또는 실제적인 회의주의와 구별해 두면 유용할 것이다. 실제적 수준을 보면, 예를 들어 장 보댕은 이탈리아 역사가 파올로 조비오에 대해 비판적이었는데, "조비오는 페르시아 제국이나 아비시니아 제국, 튀르크 제국에 관해 많은 것을 전했지만, 정작 그것들이 사실인지조차 알지 못했는데, 풍설들을 받아들였기 때문이다." 이 말을 새뮤얼 존슨이 샤를 드 몽테스키외의 『법의 정신』을 두고 보인 반응과도 비교할 수 있는데, 1773년 스카이를 방문하던 중에 존슨은 제임스 보즈웰에게 늘 그렇듯 불쑥 내뱉었으니, "몽테스키외는 이상한 견해를 뒷받침하고 싶을 때마다 자신은 아무것도 모르는 일본이나 다른 먼 나라의 관행을 인용해 내놓습니다." 안다고 하는 주장들에 대한 '고등한' 철학적 회의주의와 더 일상적인 차원 또는 실제적인 차원의 불신 사이 상호작용이 이 장에서 다룰 주요 주제 중 하나가 될 것이다.

피론의 부활

더 일반적인 수준에서는 철학적 회의주의 또는 그리스 철학자 엘리스의 피론에게서 이름을 빌려 온 '피론주의'에 대해 상당히 관심들이 있었다. 피론의 저작들은 남아 있지 않고, 카르네아데스 같은 다른 피론주의자들의 경우도 마찬가지다. 하지만 이네들 주장의 요체는 후대의 한 그리스어 저작에서, 곧 섹스투스 엠피리쿠스의 '개요들Hypotyposes'에서 볼 수 있는데, 이들은 다양한 관점에서 출발했지만 결국은 현상들을 넘어서서 지식에 이르렀다는 모든 주장에 대해 판단을 유보해야 한다고 주장했다.[2] 섹스투스 엠피리쿠스의 이 저작은 르네상스 시대의 이탈리아에서 재발견됐다. 이 저작은 1562년 프랑스에서 출판됐고, 1569년에는 프랑스에서 라틴어로 번역됐다. 이 저작은 미셸 드 몽테뉴에게도 알려져서 몽테뉴의 저 유명한 좌우명 "나는 무엇을 아는가?"로 이어졌거니와, 여기 물음표에서는 몽테뉴가 회의주의에 대해서도 회의적이었다는 것을 읽을 수 있다. 한편 몽테뉴의 제자 피에르 샤롱은 더 독단주의적인 부정문 "나는 모른다."를 더 좋아했다. 17세기 초가 되면 이른바 자유사상가들libertins érudits이라고 하는 일단의 프랑스 학자들이 생겨나는데, 이런 생각들에 끌렸던 사

람들이다.[3]

16세기와 17세기의 유럽에서 회의주의적 교의들에 사람들이 끌렸던 것은 '종교개혁이라는 지적 위기'에 대한 반작용이었다는 주장이 있는데, 그러니까 종교적 믿음의 근거를 놓고, 곧 성서냐 아니면 교회 전통이냐를 놓고 벌어진 구교도들과 신교도들 사이 논쟁들에서 각 진영은 자기 입장을 변증하는 쪽에서보다 상대를 공박하는 쪽에서 더 성공적이었기 때문이라는 것이다.[4] 이 논거에는 나름의 타당성이 있다. 하지만 어떻게 시작이 됐든, 회의주의는 종교적 문제들을 훌쩍 넘어 확대된다.

예를 들어, 17세기 프랑스 저술가 프랑수아 라 모트 르 바예는 역사 연구들은 신뢰할 수가 없는데, 종교만큼이나 민족 때문에도 서로 다른 관점들에서는 똑같은 사건들이라도 다르게 보이기 때문이라고 주장했다. 라 모트 르 바예에 따르면 이 문제는 기본적으로 편파성의 문제로서, 예를 들어 보면, 에스파냐인들의 편파성, 아니면 구교도들의 편파성이 자기들 쪽에서 잘한 일들을 부풀리고 잘못한 일들은 최소화한다는 것이다. 피에르 벨도 생각이 같았거니와, 나아가 근대 역사가들의 저작을 읽노라면 사실들에 대해서가 아니라 차라리 이 역사가들의 편견에 관해 배우게 된다고까지 말했다. 실제로 편파성, 곧 이해관계 또는 '편향'이라는 문제는 17세기에 나온 역사 서술 관련 저작들에서 주요하게 다룬 주제들 가운데 하나였다.[5]

학자들을 괴롭히던 또 다른 문제는 과거의 문헌들에서 진본과 가본을 가려내는 문제였다. '다레스 프리기우스'나 '딕티스 크레텐시스'라는 이름들을 달고 돌아다니던 트로이 전쟁 이야기들은 진본이었을까, 위본이었을까? '헤르메스 트리스메기스투스'가 썼다고 알려진 저작들은 기독교 교의들을 예견하는 것처럼 보이는데, 정말로 고대 이

집트 시대에 썼을까, 아니면 그리스도 탄생 이후에 쓴 것일까? 교부들의 것이라고 하는 모든 저작은 정말로 아우구스티누스나 암브로시우스 등등이 직접 썼을까? 이렇게 말한다면, 그리스나 로마의 고전들을 플라톤이나 호메로스, 베르길리우스, 호라티우스 등등이 썼다고 하지만, 얼마나 또 믿을 수 있을까? 18세기 초의 프랑스 예수회 수사장 아르두앵은 고전들 거의 대부분의 저자들이 실제 저자가 아니라고 의심했던 것 때문에 이름이 나 있었다. 아르두앵의 견해는 과장된 주장이라며 대체로 인정들을 하지 않았지만, 다른 학자들은 특정 고전들의 저자를 놓고는 아르두앵의 회의주의를 공유했다.[6] 유명한 사례가 이른바 '팔라리스의 편지들'로서,(팔라리스는 고대 시칠리아의 참주였다.) 이 편지들은 1699년에 잉글랜드 학자 리처드 벤틀리가 후대의 위작이라는 것을 밝혀냈다. 이 대大회의론자 아르두앵이 자기 시대와 전혀 보조가 맞지 않았던 것은 아니다. 진위를 둘러싼 논쟁들 때문에 익명 또는 필명 저자들의 정체를 밝히는 참고서들이 여럿 제작됐던 것인데, 이를테면 독일 박학가 빈첸트 플라키우스가 편찬한 『익명의 저작들에 관하여』(1674년) 같은 책이었다.

증언들을 다른 사람이 한 것이라면, 증언들에서 전하는 이야기들은 또 어떨까? 학자들은 이제 (베르길리우스는 허구를 쓰고 있었기 때문에) 과연 아이네이아스가 이탈리아에 갔던 적이 있는지, 또 (역사가 리비우스는 자신이 야야기한 사건들보다 훨씬 나중에 글을 쓰고 있었기 때문에) 고대 로마의 초기 몇 세기에 관해서 무엇이라도 알 수 있을지 따위를 묻기 시작했다.

안다고 하는 주장들이 논란의 대상이 됐던 또 다른 주요 무대는 자연철학이었으며, 특히 17세기에 그러했다. 이 분야에서 회의주의가 일어나게 자극했던 것은 현상계 너머 세계의(예를 들면 원자 세계의) 발견과 그 뒤로 이어진 이 세계의 성격을 둘러싼 논쟁들이었다. 이런 맥락에서는, 자주 인용되는바 "신철학은 모든 것을 의심에 빠뜨린다."는 존 던의 말이 특히 적절하다고 하겠다. 예를 들어, 프랑스에서는 피에르 가상디나 마랭 메르센 같은 자연철학자들이 사물들의 본질과 관련해 온건한 회의주의 또는 '완화된' 회의주의를 내놓으면서, 기술記述에 기초하되 설명은 배제하는 '현상지scientia apparentiae' 정도만을 인정했다.[7] 나폴리에서는 의사 레오나르도 디 카푸아가 의료 지식의 확실성을 논박했다.

런던으로 오면, 로버트 보일이 대화집 『회의적 화학자』(1661년)에서 '카르네아데스'라는 이름의 인물을 통해 자기 견해를 밝혔다. 보일은 자기 저작들을 가리키면서 몽테뉴의 저 '시론試論'이라는 표현을 썼는데, 바로 저작들의 잠정적 성격을 강조하기 위해서였던바, 그가 "내가 그쪽으로 기우는 견해들에 대한 비확신(불신)"이라 부르던 것을 표현하는 데 "가능성이 없지는 않은" 같은 말을 썼던 것과 같다고 하겠다.[8] 또 다른 왕립학회 특별 회원 조지프 글랜빌은 온건한 회의주의를 옹호하느라 『독단이라는 자만』이라는 제목의 논문을 출판했다. 존 로크는 『인간의 이해력에 관한 시론』(1690년)에서 '지식과 견해'에 관해 다루면서 "우리의 정신적 능력은 물체들의 내부 구조와 진정한 본질들까지 파고들어 가기에는 적합하지 않다."(4권, 12장)고 주장했다. 로크가 인간 정신 능력의 한계를 두고 내놓은 지적은 가상디가 생각나게 하거니와, 저 '시론'이라는 표현을 써서 자기 결론들이 그저 임시적일 뿐이라고 암시하는 대목은 보일이나 글랜빌과 함께 로크를 몽테뉴 전통 안에 편입시킨다고 하겠다.

실용적 회의주의

철학자들 쪽의 이런 움직임과 나란히 실제적 회의주의 또는 실용적 회의주의도 서서히 모습을 드러냈으며, 이 후자 쪽이 장기적으로는 훨씬 더 많은 사람에게 영향을 줬을 것이다. 고대인들, 특히 아리스토텔레스의 권위가 비판을 받았고, 또 지적 '권위'라는 바로 그 개념도 대학들을 비롯한 다른 곳들에서 같은 처지에 놓이게 됐다. '비판적'이라는 말은 더 앞 시기에는 우리가 '본문' 또는 문헌 비평이라 부르는 것을 가리키는 데 채용하던 것이 이제 17세기 말에서 18세기 초에는 더 일반적이고 더 긍정적이며 더 유행 동조적인 용어가 됐다. 이 변화를 보여 주는 한 징후가 책 제목들에 '비판적'이라는 형용사가 많이 들어갔던 것인데, 대표적인 것들로 리샤르 시몽의 『비판적 구약사』(1678년)나 벨의 『비판적 역사학 사전』(1697년), 피에르 르 브룅의 『미신적 관습들에 관한 비판적 역사』(1702년), 또 에스파냐 수사 베니토 페이호의 『보편적 비판적 극장』(1726년~)이 있었다.

실용적 회의주의는 철학적 논쟁들뿐만 아니라, 인쇄물의 보급 때문에도, 말하자면 지금까지 이 책의 주요 주제들 가운데 하나였던 정보 폭발에서도 또 자극을 받았다. 인쇄기가 서로 대립하는 주장들을 이전 어느 때보다 더 널리 퍼뜨렸던 것으로, 예를 들어 보면, 몽테뉴는 에스파냐의 아메리카 정복에 관해서 친에스파냐적인 프란시스코 로페스 데 고마라와 반에스파냐적인 지롤라모 벤초니를 읽었고, 브라질에 관해서는 구교 쪽 앙드레 테베와 신교 쪽 장 드 레리를 읽었다. 다시 몽테뉴가 『수상록』(3권, 7장)에서 비꼬며 지적하는바, 스코틀랜드 사람들이 쓴 정치 이론에 관한 논문 두 편을 언젠가 거의 같은 무렵에 읽고 있었는데, 군주제를 보는 둘의 견해가 그보다 더 서로 반대일 수는 없었다는 것으로, 그에 따르면 "민주정을 지지하는 저자는 왕을 짐마차꾼보다 아래에 놓고, 군주정을 지지하는 저자는 왕을 권세와 권위에서 하나님보다도 훨씬 위에 놓는다."

다른 '전거들'끼리 서로 모순되는 문제를 이제야 새삼 지각하게 된 것은 결코 아니거니와, 12세기에 철학자 피에르 아벨라르는 '예와 아니오Sic et Non'라는 논문에서 이미 이런 모순들을 다룬 적이 있다. 하지만 책이 많아지면서 더 많은 사람이 같은 현상의 다른 묘사들 또는 같은 사건의 다른 기술들 간 저 많은 불일치를 더 분명히 인식하게 만들었을 것이다.[9]

여행 기록들도 사건들에 대한 기술들의 경우와 비슷한 방식으로 비판적 검토들을 하게 됐다. 더 많은 여행자가 먼 지역들을 다녀와 자기네가 본 것들을 출판하게 되면서, 이 기록들 사이의 불일치가 눈에 들어오게 됐다. 몇몇 여행자는 다른 여행자들의 부정확한 기술들을 비판했으며, 도미니코회 선교사 주앙 도스 산투스가 두아르트 로페스의 아프리카 묘사를 문제 삼았던 것이 이런 경우였고, 심지어는 앞선 기록자들이 자기네가 봤다고 주장하는 곳들을 한 번도 가 본 적이 없는 거짓말쟁이라고 비난하기도 했다. 몇몇 여행 기록은 꾸며 낸 이야기로 밝혀지기도 했으니, '존 맨더빌 경'의 여행 기록은 리처드 해클루트가 자신의 유명한 여행기 모음집 제2판에서는 이런 이유로 일부러 빼 버렸던 경우이고, 또 조르주 살마나자르가 쓴 『포르모사의 역사와 개황』(1704년)도 마찬가지였다.

살마나자르는 원래 프랑스 사람으로서, 잉글랜드로 건너와서는 포르모사에서 태어난 것으로 행사하고 다녔다. 살마나자르의 『포르모사의 역사와 개황』은 이 섬에 관한 앞 시대 기록들에서 가져온 정보들도 들어 있지만, 살마나자르 자신이 천연덕스럽게 지어낸 이야기들도 추가했는데, 포르모사가 일본 땅이라고 하는 대목이나 이 섬에서 쓰는 문자를 묘사하는 대목 같은 것들이었다. 사기 행각이 발각되기 전에는, 살마나자르는 왕립학회에서 초청을 받았는가 하면 한스슬론 경이 만찬을 같이하자고 청하기도 했고, 책이 프랑스어와 독일어로 번역되기도 했다. 솔즈베리 주교였던 길버트 버넷이 이 사기꾼더러 포르모사 사람이라는 것을 증명해 보라고 하자, 살마나자르는 버넷은 꼭 네덜란드 사람처럼 보이는데, 포르모사에서 버넷 자신이 잉글랜드 사람이라는 것을 어떻게 증명할 수 있겠느냐고 묻는 것으로 받아쳤다. 그래도 결국 살마나자르의 속임수는 새로 생긴 정기간행 학술지 가운데 하나였던 《주르날 드 트레부》에 한 예수회 수사가 1705년 기고한 글을 통해 밝혀지게 된다.[10]

이런 사칭자들을 찾아내는 것과는 별도로, 여행 기록 비평가들은 진짜 여행자라 하더라도 새로운 시각으로 관찰하는 대신 어느 정도나 앞선 저작들을 이용하고 베꼈는지를 지적하는 데 점점 더 관심을 갖게 됐다. 다른 말로 하면, 여기서도 서로 다른 증언들을 비교해 보려는 시도들이 있었던 것이다. 여행 기록 비평이 시급해졌던 것은 왕립학회를 비롯해 유럽의 다른 비슷한 기관들이 세계 여러 지역에서 일어나는 자연현상에 대한 여행자들의 관찰에 의존하고 있었기 때문이다. 이 기관들로서는 설문지들을 짜 주고, 어떨 때는 인쇄까지 해 줘서 자기네 협력자들의 관찰을 어느 정도 조종해 보려 할 수는 있었지만, 증언들을 평가하는 문제는 그래도 남아 있었다. 예를 들어, 추위가 미치는 영향을 연구하면서, 보일은 새뮤얼 콜린스의 기록이라도 이용해야 했는데, 의사였던 콜린스가 1660년대에 러시아에 머문 적이 있었기 때문이다.

구전 전승을 사료로 쓰던 관행은 17세기에 쇠퇴하는데, 역사가들이 구전 전승의 신뢰성을 의심하는 주장을 점점 많이 내놓는 데 따른 것이었다. 잉글랜드 고미술 연구가 존 오브리는 요정들에 관한 '옛 전설들'의 쇠퇴를 인쇄물의 등장과 연결했거니와, 오브리에 따르면 "인쇄물이 유행하게 되는 것은 …… 내전이 일어나기 얼마 전부터였다."[11]

소책자들도, 또 무엇보다 신문들도 똑같은 결과를 가져왔다. 16세기에는, 예를 들면, 대립하는 소책자들이 저 독일 종교개혁이나 네덜란드의 반에스파냐 봉기 중에 수천 종이 출판돼 광범위한 대중 앞에서 상대의 논리를 무너뜨렸다. 이 시기에 자주 쓰던 표현 하나를 빌리면, 각 진영은 상대의 거짓말과 진짜 속셈을 "까발렸"고, 그리하여 독자들이 모든 당사자의 주장을 미심쩍게 바라보도록 만들었던 것으로, 이 점은 카를 만하임이 1930년대에 이와 비슷한 상황에서 지적한 바 있다. →17쪽

같은 사건들을 일어난 지 얼마 안 돼서 보도하는 다른 기사들 사이의 불일치는 훨씬 더 많은 독자를 실제적 회의주의자로 만들었을 것이다. 1569년 한 잉글랜드 사람이 이렇게 말했으니, "우리는 매일 여러 가지, 어떨 때는 정반대되는, 그런데도 모두 진실이라고 내놓은 소식들을 듣는다."[12] 17세기에 저 낱장 신문들이 출현하면서 '사실'에 대한 보도들이 믿을 수 없다는 것이 전에 없이 많은 사람에게 더 분명하게 드러나는데, 그도 그럴 것이 똑같은 사건들, 예를 들어 전투들을 놓고 서로 대립하며 어긋나는 보도들이 주요 도시들에 같은 날에 도착하면서 쉽게 비교하고 대조할 수 있게 됐기 때문이다. 초기 신문들의 바로 그 정직성, 말하자면 나중에 나온 발행본에서 앞선 발행본이 급히 보도하다 저지른 실수들을 바로잡았던 것이 많은 독자로 하여금 비판적인 눈으로 신문들을 보도록 훈련시켰을 것이다. 17세기 후반의 역사가들은 서로의 연구들을 '소설'이나 '신문'에 비교하

며 하찮게 치부하는 일이 드물지 않았는데, 이 맥락에서는 이 두 용어는 사실상 동의어였다.[13]

역사가들은 '위기'니 '혁명'이니 하는 극적인 표현을 너무 많이 쓰는 것으로 악명이 높으며, 그리하여 이 표현들의 학문적 통용성을 떨어뜨린다. 그래도 여전히, 앞에서 제시한 이유들은 17세기 후반 유럽에서 일어난 '지식의 위기'를 말하는 것이 터무니없는 것은 아니게 해 준다고 하겠으니, 말하자면 이 표현은 앞에서 인용한 '종교개혁이라는 지적 위기'나, 지성사가知性史家 폴 아자르가 1680년에서 1715년까지의 기간을 가리키느라 만들어 낸 유명한 표현 '유럽 차원 의식의 위기'와 같은 선상에 있다고 하겠다.[14] '위기crisis'는 원래 의학 용어로서 어떤 질병에서 '고비가 되는critical' 순간, 곧 환자가 회복하느냐 죽느냐가 갈리는 단계를 가리켰다. 이 용어를 우리 용도에 맞게 바꾸되 할 수 있는 한 정확하게 사용하려 하면서, 우리는 이 용어를 한 지적 구조에서 다른 지적 구조로 넘어가는 이행기로 이어지는 상대적으로 짧은 혼란기 또는 교란기를 가리키는 데 쓸 수 있을 것이다.

17세기 후반에 의식의 위기가 있었든 아니든, 위기의식이 있었던 것은 분명하다. 철학자들을 비롯한 다른 사람들이 이 지식의 문제에 대한 해답을 찾고 있었고, 두 가능성, 곧 두 접근 방법을 찾아냈다.

수학적 접근 방법

그 하나가 기하학적 접근 방법으로서, 르네 데카르트에 뿌리를 두고 있었거니와, 데카르트는 이 수단을 통해 그 자신의 회의주의적 위기에 대한 해결책을 찾아냈으니, 『방법 서설』(1637년)에서 상술한 것처럼 최소한의 공리들로부터 자신의 지적 체계를 연역해 냈던 것이다. 이 해결책은 프랑스를 비롯한 다른 곳들에서 상당한 호응을 얻었다. 1709년에 출판된 자신의 프랑스 과학원사에 붙인 서문에서, 베르나르 드 퐁트넬은 이 접근법을 두고 기억할 만한 주장을 내놓았다. "이 기하학적 원리는" 퐁트넬에 따르면 "거기서 떼어 내 다른 영역의 지식들로à d'autres connaissances 가져갈 수 없을 만큼 기하학에 밀착돼 있지 않다. 도덕이든, 정치학이나 비평, 심지어 어쩌면 수사법에 관한 책이라도 다른 조건들이 같다면 기하학자의 손으로 썼을 때 더 빼어날 것이다."

퐁트넬의 주장이 오늘날에는 너무 나간 것처럼 보일 수 있지만, 이 기하학적 접근 방법이 수학의 영역을 훨씬 넘어서도 적용될 수 있다고 믿은 사람은 퐁트넬 혼자만은 아니었다. 예를 들어, 얀선파였던 피에르 니콜은 은총 신학에 관해 '기하학적 접근 방법을 따른 논문'을 썼다. 아브랑슈의 주교 피에르다니엘 위에는 『복음의 증명』(1679년)에서 역사 종교로서 기독교의 사실성을 확립해 보려고 하면서 이런 식의 '공리'들을 기초로 삼았다. "어떤 역사 자료가 무슨 일이 일어났는지를 이야기하는데, 거기서 서술하는 사건들과 같은 시대 또는 거의 같은 시대에 나온 많은 책에서 그 사건들을 전하는 방식과 같다면, 그 자료는 사실을 말하는 것이라고 하겠다."

기하학적 접근 방법에 대한 열광은 프랑스에만 한정된 것은 아니었다. 예를 들어, 바뤼흐 스피노자는 자신의 『윤리학』을 그 표지에서 "기하학적 방법으로 증명된ordine geometrico demonstrata"이라는 수식어를 붙여 표현했다. 로크도 『인간의 이해력에 관한 시론』(1690년)에서 비슷한 주장을 내놓았으니, 도덕을 수학과 함께 "증명 가능한 지식들 사이에" 포함했던 것이다. 『역사적 증거의 규칙들』(1699년)에서, 아이작 뉴턴의 추종자였던 존 크레이그는 역사학 연구 방법을 제시하는데, 이런 식의 공리나 정리定理들로 구현된 것이었으니, "사료들의 신뢰성은 사료와 거기 기록된 사건 사이의 거리에 따라 달라진다."

고트프리트 빌헬름 라이프니츠는 이 기하학적 접근 방법의 보편적 적용 가능성에 대해서는 회의적이었지만, 일종의 보편수학이 있어서 서로 생각이 다른 철학자들이 같이 앉아 사실을 계산해 낼 수 있게 되기를 분명히 바랐다. 이 목적을 달성할 수단은 '보편 언어' 또는 '사고의 자모alphabetum cognitionum'를 고안해 내는 것이었을 터였다. 이런 보편 언어가 가능하리라는 믿음은 17세기에는 드물지 않았다. 이런 시도들은 많이 알려진 것이 제법 있거니와, 잉글랜드의 주교이자 왕립학회 특별 회원이던 존 윌킨스가 했던 일도 그중 하나였다. 수학에서, 또 중국말을 적는 데 쓰던 문자에서 발상을 얻어, 윌킨스는 『진정한 문자와 철학적 언어를 위한 시론』(1668년)을 통해 단어들이 아닌 사물들을 직접 지시하는 기호들의 체제를 제시했다.[15]

경험주의의 출현

저 기하학적 접근 방법 말고도, 지적 위기에서 벗어나고자 했던 다른 시도들이 있었다. 그중 하나는 당시에는 주목을 받지 못했지만, 나중에 많이 알려지게 되는데, 잠바티스타 비코가 『신학문』(331절)에서 정식화한 것이었다. 그것은 '진리는 만들어진 것verum-factum'이라는 원리로서, 그러니까 "의심의 여지없는 진리: 인간 사회라는 세계는 분명히 사람들이 만들어 놓은 것이며, 따라서 이 세계의 원리들은 우리 인간 정신이 만들어 낸 것들 안에서 발견된다는 것이다."

위기에 대한 또 다른 대응으로는 실험이라는 접근 방법이 발달했던 것을 꼽을 수 있는데, 이 방법은 최소한 특정 영역들에서는 "자연에 관한 지식을 가져다줄 체계적 수단으로" 여겨졌다.[16] 프랜시스 베이컨이 "자연을 심문한다."고 하면서 제시한 준칙이나 보일이 (예를 들면, 공기펌프를 제작하면서) 보여 준 행동 방식은 이러한 측면에서 본보기였다. 체계적 실험은 17세기에 나온 발명품은 아니었다. 요컨대 한 13세기 철학자는 수정구들과 물이 담긴 플라스크들을 이용해서 무지개를 태양광의 반사와 굴절이라는 두 측면으로 설명하려 했다. 새로웠던 것은 '지식 창출 행위'로서 실험적 접근 방법이 확산되고, 또 이 접근 방법을 점점 많이 받아들이고 있었다는 것이다.[17]

불행히도 자연계 전체를 실험을 통해 연구하는 것은 불가능했거니와, 사회 세계는 말할 것도 없었다. 물리학이나 화학에서 통했던 접근 방법을 일반화할 수는 없었던 것이다. 예를 들어, 천문학이나 식물학은 다른 접근 방법들을 요구했다. 하지만 언제나 귀납법 또는 경험주의가 있었던바, 이 접근 방법은 (제1장, 33쪽에서 다뤘는데) 덜 엄격한 형태 또는 덜 체계적인 형태의 실험이라고 할 수 있었으며, 더 일반적인 적용성을 이점으로 갖고 있었다.

경험주의를 회의주의에 대한 반작용으로 묘사하는 것은, 말하자면 특정 시기에 등장한 발명품이나 발견이라고 하는 것이기 때문에 이상하게 들릴 수 있다. 경험주의 또는 귀납법이 보편적 접근 방법이라는 것은 자명해 보이거니와, 사실 몰리에르 희극 속의 주르댕이 산문으로 말하면서 그랬던 것처럼, 우리 대부분이 이 접근 방법을 쓰면서도 그것을 모를 따름이다. 사실의 역사를 다룬 최근의 한 저작에서 제시하기로는 언명들을 사실로 받아들이는 이유는 오로지 네 가지뿐이다. 곧 감정感情, 권위, 이성, 감관-지각이다. "네 범주 모두 항상 존재했다."고는 해도, 이 범주들 사이의 균형은 문화에 따라, 시대에 따라 달라진다.[18] 근대 초기에는 이 범주들 사이의 무게 눈금이 이성과 감관-지각의 조합 쪽으로 기울고 있었다.(여기서 감관-지각은 어떨 때는 직접적이었고, 또 어떨 때는 망원경이나 현미경 같은 도구들을 통해 중개된 것이었다.) 새로웠던 것이라면 접근 방법을 갈수록 민감하게 의식했던 것이었는데, 이 흐름은 과학적 장비들을 사용하게 되고, 또 개별적 사실들을 점점 더 체계적으로 수집하게 되며, 또 실제적 입문서들이 출현하고 한 것과 맞물려 있었다. 이 입문서들의 경우, 자기 접근 방법을 글로 설명해야 할 때만큼 자기 접근 방법을 의식하게 되는 경우도 없었기 때문이다.

철학이라는 고등한 영역으로 돌아가 보자. 식물 표본들이나 정치 체제들 같은 것에 관심을 갖기는 했어도, 아리스토텔레스는 개별적인 것들에 관한 지식은 하찮게 여겼고, 그리하여 『분석론 후서』에서 "지식은 보편적인 것을 인식하느냐에 달려 있다."고 주장한다. 개별적인 것들은 기술historia에나 적합한 대상들이었으니, 아리스토텔레스 자신의 『동물지』가 그런 사례였거니와, 구체적인 것들에 기초해 일반화가 이루어질 수는 있으되, 그것들 자체는 진정한 지식을 제공하지 않았다. 의사들은 히포크라테스에서 갈레노스에 이르기까지 개별적인 것들에 관한 지식을 더 진지하게 받아들였으며, '경험주의자'라는 말이 만들어지는 것도 고대 그리스에서 '이론가'들과 반대되는 의사 집단을 가리키기 위해서였다. 하지만 인식론이 문제가 되는 한 경험주의자들은 아리스토텔레스보다 덜 진지하게 취급됐다.

한편 16세기 이후로는 개별적인 것들 또는 세세한 것들에 대한 지식cognitio singularium을 의학에서 역사학까지 제법 많은 학문 영역에서 이전보다 더 비중 있게 취급하게 되며, 이와 함께 베이컨에서 로크에

이르는 철학자들도 옹호를 하게 된다. '경험주의' 자체에 그 이름이 붙는 것은 18세기였다.[19]

세세한 것들을 카를로 긴즈부르그가 유명한 저작에서 주장한 대로 이제 진지하게 여기게 되는데, 세세한 것들은 더 큰 어떤 것을 가리키는 '단서'였기 때문이다.[20] 의사들은 오래전부터 사소해 보이는 '증상'들에 기초해 질병을 진단하고 있었다. 16세기에는 몇몇 자연철학자가 '박물학'을(다른 말로 하면 관찰과 기술記述을) 전보다 더 진지하게 받아들이기 시작했다.[21] 예를 들어, 이탈리아 식물학자 피에트로 안드레아 마티올리는 '작은 것들'에 대한 직접적인 관찰이 중요하다고 강조했다. 17세기에는, 설령 이보다 먼저는 아니더라도, (의사였던 줄리오 만치니를 포함해서) 감정가들이 회화들의 진위를 가려내면서 별로 중요해 보이지 않는 세부 묘사들을 근거로 삼았다.[22] 관찰은 천문대나 망원경, 현미경을 비롯한 다른 장비들 덕택에 갈수록 신중해지고 정확해졌으며, 자연계에 대한 지식의 가공 또는 생산에서 전보다 더 중요한 역할을 하고 있었다. 또 이 측면에서라면 사회 세계를 놓고도 같은 말을 할 수 있었는데, 낯선 나라의 관습을 관찰하는 기법의 의미에서 '여행술'을 다룬 저작들이 출현했던 것에서 이를 확인할 수 있다.

의술이 (여기에는 33쪽에서 다룬 '대체 의료 종사자들'의 진료 행위도 포함되며) 지식 이론들을 재구축할 때 한 모형이었다면, 또 다른 모형은 법정에 이루어지는 재판이라는 실제적 활동이었다. 증언의 신뢰성을 평가하면서 법률가들이 하는 일과 역사가들이 하는 일 사이의 유사점이 갈수록 많아졌다. "증언들을 세어서는 안 되고 비교해 봐야 한다."는 말이 있었는데, 그래야 증언들이 갖는 독자성을 결정할 수 있을 것이었다. 이 비교에는 18세기 법률가 조프리 길버트 경이 '증인들의 평판 또는 자격'이라 부른 것에 대한 검토도 포함됐다. 증인들의 평판은 법정에서만큼이나 과학적 실험의 경우에도 증인들의 사회적 지위와 맞물려 있었는데, 신사의 말이 신분이 더 낮은 사람의 말보다 신뢰할 만하다고 생각했기 때문이다.[23]

자연철학자들이 법률가들에게 배웠을 만큼 반대로 법률가들도 자연철학자들에게 배워서 이제 특화된 '전문가' 증인들을 더 많이 활용하게 됐을 가능성도 충분히 있다. 기적들이라 주장하는 사례들을 검증하는 절차는 시성諡聖 과정에서 핵심적이었으며, 이 절차는 근대 초기에 점점 엄격해졌다. 시성 '심리'가 이루어지던 로마는 스라소니파가 활동하던 로마와 그리 멀지 않았던 것이다.[24] 증거에 신경을 갈수록 많이 쓰는 것은 17세기와 18세기의 마녀재판에서도 볼 수 있는 현상이었으니, 마녀의 존재를 받아들이는 데 원칙적으로 아무 문제가 없었던 재판관들도 특정 개인들에 대한 혐의들을 놓고는 적절한 검증 절차가 없었다고 여기는 경우가 자주 있었던 것이다.

우리가 '본문 비평'이라 부르는 것은 필경사들의 손을 계속 거치면서 그에 따라 변조가 일어나는 가운데도 원문을 재구성해 보려는 시도라 할 텐데, 이 또한 16세기와 17세기에 발전했다. 본문 비평가들의 언어에서는 법정의 영향이 드러난다. 데시데리우스 에라스무스 같은 인문주의자 편집자들은 한 특정 저자의 개별 필사본들을 자기네가 재구성하려고 하는 원문에 대한 한 사람 한 사람의 '증인'으로 보고 검토했고, 그러면서 각 증언이 얼마나 독립적인지를 평가했다.[25]

다시 '연구research'라는 단어나 다른 언어에서 여기에 해당하는 말들은(곧 recherche, indagine 따위는) 수사나 심문 같은 활동에서 빌려온 것으로 보인다. →80쪽 '증거'라는 말은 철학자들이나 역사가들의 펜 끝에서 수시로 흘러나오기 전에 법률가들의 입에서 먼저 들을 수 있을 것이었다. '사실fact'이라는 말은 (라틴어로는 factum이 되거니와) 법정에서 사용됐는데, 이를테면 '사후종범an accessory after the fact'이나 ('법률관계matters of law'와 구별되는 개념으로) '사실관계matters of fact' 같은 표현들에 포함돼 있었으니, 역사적 접근 방법 또는 과학적 접근 방법을 다룬 저작들에 등장하기 이전부터였다.[26] 이 시기의 역사가들이나 자연철학자들 스스로도 자기들 자신의 작업과 법정 활동 사이의 유사점을 지적했다. 예를 들어, 보일은 실험 참관 증인들을 살인 사건 재판 증인들에 비교했다.[27] 어떤 역사가들은 재판관의 공정성을 갖고 저술하고 있다고 주장하기도 했는데, 고트프리트 아르놀트의 『교회와 이단에 관한 공정한 역사』(1699~1700년)가 이런 경우였다.

역사적 지식을 얻기란 불가능하다는 피론주의자들의 주장에 맞서, 철학자들은 확실성보다는 개연성을 강조하게 되는데, 그러니까 로크의 표현을 빌리면 서로 다른 '일치의 정도들'을 구분하게 된다. 예를 들면, '율리우스 카이사르라고 하는 사람'이 한때 로마에 살았다는 것을 믿는 것은 합리적인데, 이 '사실관계'는 '의심할 필요 없는 증인들의 일치하는 증언'이 보증하기 때문이다.(『인간의 이해력에 관한 시론』, 4권, 16장) 역사가들과 법률가들도 이 본보기를 따랐다. 『증거법』(1759년)에 관한 저작에서, 길버트 경은 '일치의 정도들'이라는 로크의 개념을 차용해서는, 그가 '개연성의 등급'이라 부른 것에 따라 (곧 시험을 거친, 사실처럼 보이는 등등의 등급을 따라) 증거들을 다뤘다.[28]

각주의 출현

개별적인 것들을 새삼 중요히 여기게 되면서 일상적인 수준에서 학문 연구 방식도 변하게 됐다. 자연철학자들과 관료들 사이에서 수에 대한 신뢰가 커져 갔는데, 편견 없는 지식 또는 (더 나중에는 '객관성'이라 표현되는) 비인격적 지식이라는 어떤 이상과 맞물려 있었다고 하겠다.[29] 역사가들 사이에서는, 귀납적 접근 방식이 등장하는 것과 연동해 각주가 나타나게 된다.[30] 이 '각주footnote'라는 말을 너무 문자 그대로 받아들이지는 말아야 한다. 여기서 중요했던 것은 특정 저작을 읽는 독자에게 증거나 추가 정보를 찾으려면 어디를 봐야 하는지 일종의 안내를 제공하는 관행이 퍼져 갔던 것이며, 이 정보가 본문 자체에 있는지, 여백에 ('방주'로) 있는지, 하단에 ('각주'로) 있는지, 뒤에 있는지, 아니면 관련 문서들을 모은 별도의 부록에 들어 있는지는 상관이 없었다. 『비판적 역사학 사전』에서, 벨은 (참고 문헌을 제시하는) 방주와 (인용을 하거나 다른 학자들을 공격하는) 각주, 둘을 다 활용했다. 이렇게 주들을 다는 관행에서 주목적은 '원천'으로 돌아가는 것을 쉽게 해 주자는 것이었는데, 여기에는 정보도 물처럼 그 시원으로 가까이 갈수록 더 순수해진다는 원리가 깔려 있었다. 실험의 자세한 기술과 마찬가지로, 역사적 문헌들에 관한 주는 독자가 원할 경우 독자로 하여금 저자의 경험을 되풀이할 수 있게 해 주려는 목적이 있었던 것이다.

원천 회귀ad fontes는 르네상스 인문주의자들이나 신교도 종교개혁가들이 공히 내걸었던 표어였으며, 또 일부 16세기 역사가들은 자기네가 과거에 관해 쓰면서 근거로 삼았던 필사본들을 신경을 써서 밝히기도 했다. 하지만 일반적인 관행으로서는 각주 달기는 17세기에 시작된다. 예를 들어, 존 셀던은 『십일조의 역사』(1618년)의 여백을 출처 소개들로 채웠으며, 서문에서 뿌듯해하며 이렇게 말했으니, "여기 실린 증거들은 많이 인용되기 때문이 아니라 중요성 때문에 가져다 썼고, 여백에서 밝힌 출처에서만 따왔으며, 2차 자료는 결코 이용하지 않았다." 이보다는 덜 학문적인 저작들도, 이를테면 산초 데 몽카다의 『에스파냐의 정치적 부활』(1619년)은 당면 문제들을 다룬 짧은 논문이었는데도 여백에서 출전들을 수시로 밝혔으며, 그중에는 조반니 보테로의 세계 지리지 같은 참고 서적들과 함께 성서나 고전들도 들어 있었다.

셀던이나 셀던 같은 학자들의 선례를 17세기 후반 이후로는 점점 많이 따라 하게 된다. 역사가들의 신뢰성을 다룬 저작(『믿을 만한 역사』(1679년))에서 독일 학자 요하네스 아이젠하르트는 출전들을 밝히는 것이 중요하다고 강조했다. 대략 이 무렵 이후로는, 역사학 논문들은 '원문서'들에서 참조한 부분들을 제시하는 것이 관습이 됐으며, 이렇게 참조 문헌들을 제시하고 있다는 것을 또 따로 강조하는 경우도 많았다. 루이 맹부르는 가톨릭 동맹의 역사를 다룬 저작(1684년)을 발표하면서, 서문에 단 한 주를 통해 출전들에 관한 참조들을 달아 놓았다고 독자들에게 자랑스럽게 밝혔으며, 가브리엘 다니엘은 『프랑스사』(1713년)에서 "독자들에게 이야기하는 내용들이 어디서 비롯됐는지를 보여 줄" 것이라며 방주들의 가치를 강조했다.

바뀌고 있던 학문적 관행에서 일어난 변화들을 보여 줄 시금석으로, 데이비드 흄이 불만에 찬 한 독자에게(곧 호러스 월폴에게) 『영국사』의 "여백에 참고 문헌들"이 없는 것을 사과했던 일을 꼽을 수 있을 것이다. 1758년 월폴에게 쓴 편지에서, 흄은 니콜로 마키아벨리나 파올로 사르피 같은 "최고의 역사가들이 똑같이 보여 준 선례를 무심코 따랐"고, 그러느라 참고 문헌들을 알려 주는 관행이 "이제 도입된 이상 모든 저술가가 따라야만 한다는 것"을 생각하지 못했다고 털어놓았다. 흄은 아닌 게 아니라 이 측면에서는 약간 구식이었는데, 일부 역사가는 이미 17세기 초에 자기네 출전들을 밝히는 정보들을 제시하고 있었기 때문이다. 각주를 다는 절차는 지금도 (이 연구도 포함해) 매우 많은 역사 연구에서 따르고 있거니와, 지식이라는 문제를 둘러싼 근대 초기의 논쟁들에서 발전해 나온 것이었다.

경신성과 회의, 그리고 지식의 사회사

학문 분과들 안에서 또는 학문 분과들 사이에서 개연성과 확실성을 놓고 벌어진 논쟁들은 기록하기가 상대적으로 쉽다. 앞서 해 놓은 구별로 돌아가면, 실질적 차원에서 일어난 변화들은 이보다는 잘 보이지 않는다. 보통 사람들이 17세기 후반에 전보다는 쉽게 믿지 않게 됐느냐는 질문은 사실 대답하기 어렵다. 이것이 어려운 한 가지 이유는 무엇이 '경신輕信'에 해당하느냐가 문화에 따라 다르기 때문이다. 하지만 이 단어의 역사가 우리에게 무언가 해 줄 말이 있을 수 있는데, 영어의 예를 들어 보자. 비슷한 이야기를 이탈리아어나 프랑스어, 어쩌면 다른 언어들의 해당 단어들을 놓고도 할 수 있을 것이다.

영어에서 '경신credulity'은 원래는 '믿음belief'을 뜻했다. 몇몇 초기 기독교 저자의 눈에, 이것은 미덕이었다. 이 말은 17세기를 지나는 동안 경멸적으로 바뀌는데, 이제 너무 쉽게 (또는 무비판적으로) 믿는 성향을 가진 사람들을 가리키게 됐기 때문이다. 예를 들어, 글랜빌은 '근거 없는 경신'에 관해 쓴 적이 있다. 보수적 성직자 메릭 카소봉조차도 논문 『경신과 불신』(1668년)에서, 이 논문이 기본적으로는 무신론에 대한 공격이었는데도, '생각 없는', '성급한', '순진한' 또는 '근거 없는' 믿음이라는 의미의 경신과는 의식적으로 거리를 뒀다. 거꾸로 '불신'이라는 말은 원래는 경멸적이던 것이, 의미가 '무신론'에서 이제 무엇이든 '믿을 만'하지 않은 것을 믿지 않는 더 폭넓고 더 모호한 형태의 불신으로 옮겨 갔다. 경신과 불신은 상보적 대립물들이 되는데, 그러니까 카소봉은 이 둘을 '잘못된 극단들'이라 했고, 또 헨리 홀리웰의 『멜람프로네아: 또는 어둠의 백성과 왕국에 관한 논고』(1681년)의 경우는 한쪽에 '무신론적 불신'이 있고 다른 한쪽에는 어리석은 경신 또는 '무작정 달려드는 경신'이 있는 그 가운데 길을 좇았다.[31]

오류의 원인들이나 진리에 이르는 것을 방해하는 장애물들에 관한 분석이 갈수록 많이 나왔던 것은 인식론을 둘러싼 관심이 커져 간 결과이면서 동시에 징후로도 해석할 수 있다. 『신기관』(1권, 39~44절)에 나오는 유명한 대목에서, 베이컨은 "진리가 들어갈 입구를 찾지 못할 정도로 인간 정신을 둘러싸"는 네 종류의 '우상'을 구별했다. '종족의 우상'은 인간 본성에 그 기초를 두고 있으며, 인간을 모든 것의 척도로 만든다. '동굴의 우상'은 이와는 달리 개인의 오류들을 가리킨다. '극장의 우상'은 "여러 철학의 다양한 독단에서 나와" 정신 속으로 들어온 것으로서, 베이컨은 이런 우상들은 "하나하나가 무대 연극"이나 매한가지라고 치부했다. 베이컨의 분석 중에서 (편의주의적 시대착오를 감수하고 말하자면) 가장 '사회학적'인 부분은 '시장의 우상'이었으며, 이 우상은 "사람들이 서로 거래하고 교제하면서 형성된"다. 18세기에는 비코가 우상들을, 또는 그 자신이 표현한 대로는 '자만심boria'을 나름대로 분석했는데, 대표적인 것이 민족들의 자만심으로서, 곧 각 민족은 자기네가 문명을 발견했다고 생각한다는 것이고, 또 학자의 자만심이 있으니, 학자들은 자기들 자신의 지식이야말로 세계

만큼 오래됐다고 믿는다는 것이다.(『신학문』, 124~128절)

베이컨과 비코가 내놓은 분석들이 근대 초기에 나온 것 중에는 가장 독창적이고 통찰력이 있다고 할 수 있는 만큼, 지성사가들이 이 둘에게 주목하는 것이 분명히 맞다. 하지만 지식의 사회사에서는 이 무렵에 일상적 형태의 역사적 인식론들이 출현한 것을 강조하는 것이 훨씬 더 중요하다. '편파성'이니 '편견'이니 하는 말이 점점 흔하게 쓰는 표현이 됐다. 속임수를 밝혀내려고들 하면서 '가면'이며 '덮개', '장막' 같은 은유들도 자주 동원했다.(밀턴이 역사가 사르피를 일러 트리엔트 공의회의 '가면을 벗긴 위대한 인물'이라고 한 표현도 여기서 비롯됐다고 하겠다.) 앞에서 다룬 저 '종교개혁이라는 지적 위기'와 여기에 이어지는 종교전쟁들을 지나는 중에, 일부 회의주의적 개인과 집단들은 종교를 내세우는 것은 기만에 지나지 않는다고 단언했다.

예를 들어, 16세기 후반의 종교전쟁 중에 프랑스에서 이른바 정치적politique이었던 당파의 구성원들은 극단주의자들이 구교도나 신교도 가릴 것 없이 종교적 동기보다 정치적 동기를 가지고 있다고 주장했다. 그리하여 프랑스 치안판사였던 자크오귀스트 드 투는 "자기들의 야심을 가릴 에스파냐제 외투를 만들려고 종교를 이용하는 자들"에 관해 썼다. 이와 비슷하게, 왕당파 역사가였던 에드워드 하이드는 잉글랜드 내전에서 찰스 1세에게 대적했던 세력들을 거의 똑같은 표현을 써서 비난했다. "종교를 자기들의 반역 의도를 가려 줄 외피로 삼았다."

인간 역사를 멀리까지 되돌아보면서, 토머스 홉스나 제임스 해링턴 같은 반성직주의자들은 17세기 후반에 '사제들의 술책'이라 불리게 되는 것을 맹렬하게 비판했는데, 그것이 구교든 신교든, 아니면 이집트인이든 유대인이든 무슬림이든 가리지를 않았다. 익명의 저작이

18세기 초에 출판되어 모세와 예수, 무함마드를 '세 사기꾼'이라고 비난하며, 이 셋은 쉽게 믿는 사람들에게 자기네가 신과 특별한 관계에 있다고 믿게 할 수 있었을 따름이라고 주장했는데, 이 저작이 계몽주의 시대와 그 너머까지 계속 이어졌던 한 흐름의 가장 유명한 사례라고 하겠다.[32]

이 모든 종류의 기만을 놓고 나온 설명들은 대개 '이해관계'의 관점에서 제시됐다. '이해관계'라는 단어는 16세기 후반에 사용되기 시작해서 17세기와 18세기에 한층 더 자주 채용됐으며, 정치도 가리키고 경제도 가리켰으며, 공적 관심사나 사적 관심사, 아니면 국가의 이익과 개인의 이익을 또 가리지 않고 가리켰다.[33] 로앙 공작 앙리는 『기독교 세계 군주들과 국가들의 이해관계』(1624년)에 관한 책을 출판했다. 엔리코 다빌라는 『프랑스의 내전들』(1630년)이라는 유명한 역사서의 맨 첫 문단에서 이 내전들을 종교 같은 '다양한 핑계'로 가장한 '사적 이해관계들'의 충돌이라고 설명했다. 셀던이 잉글랜드 내전을 두고 비슷한 해석을 내놓는 대목이 그의 '식탁 담화'에 기록돼 있는데, 거기에 따르면, "모든 전쟁에서 종교로 가장하고 있는 것의 비밀은 모든 사람이 이해관계를 갖고 있는 무언가를 전쟁에서 찾아낼 수 있다는 것이다. 여기에는 하인도 영주만큼이나 이해관계를 갖고 있다. 전쟁이 땅 때문이라면, 한쪽은 1000에이커를 갖고 있고, 다른 쪽은 1에이커뿐이어서, 1에이커 쪽은 1000에이커를 가진 사람만큼 위험을 무릅쓰지 않을 것이다."

이해관계와 신념 사이의 관계에 대한 조금 더 포괄적인 설명을 잉글랜드의 주교 에드워드 스틸링플리트가 기독교 변증서인 『신성함의 기원』(1662년) 서문에서 내놓았다. 베이컨의 우상들과 비견할 만한 개념들을 동원해, "지식을 가졌다고 주장하는 사람들 중 왜 그토록 소수만이 실제로 진리에 이르는지"를 설명하려 하면서, 스틸링플리트는 스스로 부르기로는 '편파성', '선입견', '편향', 또 권위, 관습, 교육이라는 색'안경들', 생각과 '이해관계' 사이의 '일치'라고 한 것들에 관해 논의했다.

만하임은 16세기와 17세기의 내전들이, 또 18세기 잉글랜드의 파당 싸움들이 지식의 사회사에 관련이 있다는 것을 잘 인식하고 있었다. "기본적으로" 만하임은 주장하거니와, "사고의 방향을 항상 좌우했던 무의식적인 집단적 동기들을 사람들이 최초로 인식하게 되는 것은 정치적 투쟁들 속에서였다. …… 그러므로 사고의 사회적-상황적 뿌리들에 대한 발견은 처음에는 가면 벗기기의 형태를 띠었다." 다른 형태의 지식들처럼, 지식의 사회사 자체도 사회 속에 자리를 잡고 있는 것이다.[34]

만하임은 이 저작을 다루지 않았지만, 18세기에 나온 또 다른 저작은 우리를 내전들에서 성 전쟁性戰爭으로 데려간다. 『남성보다 열등하지 않은 여성』(1739년)은 "지체 높은 사람, 소피아"가 출판했으며, 여성은 열등하다는 가르침은 남성들의 '이해관계' 또는 '편파성'의 관점에서 설명해야 하는 오류라고 주장했다. 이와 비슷하게, 프랑스 철학자 프랑수아 풀랭 드 라 바르도 일찍이 『양성의 평등성』(1673년)에서 '이해관계'를 가지고 설명해야 할 남성들의 '편견들'을 공격한 바 있다. 20세기 지식사회학과 근대 초기 사고방식들 사이의 이런 연속성들은 기억해 둘 만한 가치가 있다.

주

1__서언: 지식사회학과 지식사

1 Wiener (1948), 11; Bell (1976); Böhme and Stehr (1986); Castells (1989); Poster (1990); Stehr (1994); Webster (1995).

2 Machlup (1962, 1980~1984); Rubin and Huber (1986).

3 Schiller (1986, 1996).

4 Berger and Luckmann (1966); Mendelsohn (1977); Ziman (1978); Luhmann (1990).

5 Bourdieu (1984). cf. Ginzburg (1996, 1997).

6 Geertz (1975). cf. Veblen (1918).

7 Fleck (1935), 22. cf. Baldamus (1977).

8 Mannheim (1936); Stark (1960).

9 Merton (1941).

10 Durkheim and Mauss (1901~1902).

11 Worsley (1956); Lukes (1973); Lamo de Espinosa, González García and Torres Albero (1994), 205~226.

12 Granet (1934). cf. Mills (1940).

13 Burke (1990), 17~19, 27~30.

14 Veblen (1906, 1918, 1919). cf. Lamo de Espinosa, González García and Torres Albero (1994), 380~386.

15 Veblen (1918), 1~2.

16 Mannheim (1927).

17 Mannheim (1925). cf. Scheler (1926).

18 Moore and Tumin (1949); Scott (1991).

19 Foucault (1980), 112; Shapin (1994).

20 Merton (1938, 1941, 1945, 1957, 1968); Luhmann (1990).

21 Berger and Luckmann (1966); Gurvitch (1966).

22 Lévi-Strauss (1962, 1964).

23 Foucault (1966, 1980).

24 Kuhn (1962).

25 Elias (1982). cf. Wilterdink (1977).

26 Habermas (1962).

27 Bourdieu (1972, 1984, 1989).

28 Geertz (1975, 1979, 1983).

29 Goody (1978); Gellner (1988).

30 Pred (1973); Thrift (1985); Machlup (1962, 1980~1984); Schiller (1986, 1996).

31 Law (1986); Woolgar (1988).

32 Barnes (1977); Woolgar (1988).

33 Mannheim (1936), 46n; Fleck (1935). cf. Baldamus (1977).

34 Mendelsohn (1977); Knorr-Cetina

(1981).

35 Pels (1996, 1997).

36 Berger and Luckmann (1966); Bourdieu (1972); Turner (1974).

37 Crane (1972); Latour (1986); Brown (1989); Potter (1993); Alexandrov (1995).

38 Foucault (1961); Shapin (1988); Ophir and Shapin (1991).

39 Elkanah (1981); Crick (1982).

40 Mannheim (1952); Fleck (1935).

41 King (1976); Jardine (1983, 1985); Schiebinger (1989); Phillips (1990); Shteir (1996).

42 Belenkv et al. (1986); Haraway (1988); Durán (1991); Alcoff and Potter (1993).

43 Pred (1973); Thrift (1985).

44 Said (1978).

45 Ornstein (1913), ix~x. cf. Lux (1991a, 1991b).

46 Ringer (1990, 1992).

47 Eisenstein (1979); Giesecke (1991); Eamon (1994).

48 Koselleck (1972); Kenny (1998).

49 Lugli (1983); Impey and Macgregor (1985); Pomian (1987); Findien (1989, 1994).

50 Rossi (1962), 15. cf. Roche (1981), part 3; Böhme (1984); Worsley (1997).

51 Berger and Luckmann (1966), 26.

52 Gurvitch (1966).

53 Figueiredo (1984); Bayly (1996); Grove (1996); Mundy (1996); Edney (1997), 68, 76, 81, 98, 125.

54 Roche (1981).

55 Potter (1993).

56 Ballester (1977, 1993); Huisman (1989).

57 Burke (1998c), 34, 175.

58 Zilsel (1941); Panofsky (1953); Hall (1962); Rossi (1962); Eisenstein (1979).

59 Albertini (1955); Gilbert (1965).

60 Proust (1962), 177~232; Wilson (1972), 136.

2 유럽의 지식인들

1 Mannheim (1936), 137~138.

2 Pipes (1960); Charle (1990).

3 Le Goff (1957).

4 Walzer (1965).

5 Solt (1956).

6 Geliner (1988), 70~71, 79.

7 Goldgar (1995); Bots and Waquet

(1997); Burke (1999a).

8 Znaniecki (1940).

9 King (1976); Jardine (1983, 1985).

10 Schiebinger (1989); Goodman (1994); Shteir (1996).

11 Bouwsma (1973).

12 Le Goff (1957). cf. Murray (1978), 227~233, 263~265; Brocchieri (1987); Verger (1997).

13 Kristeller (1955); Dionisotti (1967); Romano and Tenenti (1967); Burke (1986).

14 Benzoni (1978), 159ff.

15 Schottenloher (1935).

16 Elias (1939), 1, 73.

17 Burke (1988); Prosperi (1981).

18 Curtis (1962). cf. Chartier (1982); Roche (1982).

19 Nigro (1991).

20 Stehr (1992).

21 Viala (1985).

22 Viala (1985), 247.

23 Viala (1985), 270~280; Vandermeersch (1996), 223~224, 246~248.

24 Hall (1965); Rochot (1966); Solomon (1972); Webster (1975); Revel (1996).

25 Kelley (1971, 1980).

26 Goldie (1987).

27 Hill (1972); Webster (1975), 250~264.

28 Houghton (1942); Kenny (1998).

29 Hahn (1971, 1975); McClellan (1985), xxiv~xxv, 233~251.

30 Clarke (1966); Rosa (1994).

31 Burke (1992).

32 Ringer (1969).

33 Dülmen (1978), 257에서 재인용.

34 Morgan (1929); Gardair (1984); Laeven (1986).

35 Labrousse (1963~1964, 1983); Bost (1994).

36 Haase (1959), 404~417; Labrousse (1963~1964); Yardeni (1973, 1985); Martens (1974); Gibbs (1975); Bost (1994), 232~239.

37 Beljame (1881).

38 Darnton (1982); Masseau (1994).

39 Repp (1972; 1986); Fleischer (1986); Zilfi (1988).

40 Itzkowitz (1972).

41 Messick (1993); Robinson (1993).

42 Marsh (1961); Miyazaki (1963); Chaffee (1985).

43 Teng (1942~1943).

3 지식의 제도화: 옛 제도와 새 제도

1 Schumpeter (1942).

2 Lemaine et al. (1976), 8~9.

3 Pareto (1916), section 2233.

4 Bourdieu (1989); Elias (1982).

5 Le Goff (1957), 80ff; Ridder-Symoens (1992, 1996).

6 Ridder-Symoens (1992); Verger (1997).

7 Innis (1950).

8 Stock (1983).

9 McClellan (1985).

10 Webster (1975).

11 Field (1988); Hankins (1991).

12 Garin (1961). cf. Goldstein (1965).

13 Stevenson (1927); Pulido Rubio (1950), 65, 68, 255~290; Goodman (1988), 72~81.

14 Yates (1947); Sealy (1981); Hankins (1990).

15 Burke (1983).

16 Grossmann (1975).

17 Codina Mir (1968), 18~49.

18 Bentley (1983), 70~111.

19 Lunsingh Scheurleer and Posthumus Meyes (1975); Wansink (1975).

20 Fletcher (1981); Giard (1983~1985); Ruegg (1992), 456~459; Pedersen (1996).

21 Shapin (1996).

22 Hall (1962); Rossi (1962).

23 Ruestow (1973), esp. 1~13.

24 Ornstein (1913), 257. cf. Brown (1934); Middleton (1971).

25 Hill (1965); Webster (1975), 185~202.

26 Ruestow (1973); Tyackc (1978); Feingold (1984, 1989, 1991, 1997); Brockliss (1987); Lux (1991a, 1991b); Porter (1996).

27 Cohen (1989).

28 Impey and Macgregor (1985); Pomian (1987); Findlen (1994).

29 Evans (1973), 196~242; Moran (1991), 169ff; Smith (1994), 56~92.

30 Biagioli (1993); Stroup (1990), esp. 108.

31 Hill (1965), 37~61; Mazauric (1997); Ames-Lewis (1999).

32 Picard (1943); Lougee (1976); Viala (1985), 132~137.

33 Knowles (1958, 1959).

34 Hunter (1989), 1~14.

35 Parker (1914).

36 Hunter (1989), 1, 188, 261, 264~265; Stroup (1990), 51; Christianson (2000).

37 Hahn (1975); Gillispie (1980); McClellan (1985); Lux (1991).

38 Voss (1972), 220~229; Gasnault (1976); Hammermeyer (1976); Ziegler (1981).

39 Voss (1972), 230~233; Roche (1976, 1978); Voss (1980).

40 Klaits (1971); Keens-Soper (1972); Voss (1979).

41 Im Hoff (1982; 1994, 105~154); Dülmen (1986).

42 Goodman (1994), 53, 73~89; Im Hoff (1994), 113~117.

43 Habermas (1962); Stewart (1992); Johns (1998), 553~556.

44 Sgard (1991)로부터 계산.

45 Julia (1986), 194.

46 Pedersen and Makdisi (1979); Makdisi (1981).

47 Berkey (1992), 20, 30; Chamberlain (1994).

48 Curtis (1959); Stichweh (1991), 56.

49 Berkey (1992), 30; Chamberlain (1994), 141.

50 Repp (1972; 1986, 27~72); Fleischer (1986); Zilfi (1988).

51 Huff (1993), 71~83, 151~160, 170~186.

52 Eisenstein (1979).

53 Gillispie (1980), 75; Lux (1991a), 194.

54 Kuhn (1962); Shapin (1982); Elias (1982), 50.

4 지식의 자리: 중심과 주변부

1 Cipolla (1972); Schilling (1983).

2 Koeman (1970).

3 Duyvendak (1936).

4 Thrift (1985); Thrift, Driver and Livingstone (1995). cf. Livingstone (1995); Harris (1998, 1999); Jacob (1999).

5 Hess (1974); Soucek (1992), 269.

6 Heckscher (1958); Foucault (1961); Habermas (1962); Hannaway (1986); Shapin (1988), etc.

7 Aubert et al. (1976), 80; Hulshoff Pol (1975).

8 Webster (1975), 193~194.

9 Harris (1996); Miller (1996).

10 Webster (1975), 552.

11 Basalla (1987); Macleod (1987).

12 Schaffer (1996).

13 Fumaroli (1988); Bots and Waquet (1997).

14 Fiering (1976); Losman (1983),

195~198; Åkerman (1991).

15 Richter (1946), 44; Vucinich (1963); Sazonova (1996).

16 Anderson (1978).

17 Livingstone (1995); Withers (1998).

18 Lach (1965).

19 Boxer (1936), esp. 58~66; Keene (1952); Goodman (1967), 18~24, 32~42.

20 Lach and Kley (1993), 1855.

21 Bustamante García (1997); Brentjes (1999).

22 Boxer (1948).

23 Stevenson (1927); Pulido Rubio (1950), 65, 68, 255~290; Lamb (1969, 1976); Goodman (1988), 72~81.

24 Brown (1978), 21~43.

25 Sardeila (1948).

26 Doria (1986); Burke (2000a).

27 Ambrosini (1982); Caracciolo Aricò (1990).

28 Barbour (1950), 74~84.

29 Smith (1984), 987.

30 Burke (2001).

31 Chabod (1934); Albònico (1992). 존 헤들리(John Headley)는 이런 관점에 입각해 보테로에 관한 연구를 준비하고 있다.

32 Rochot (1966); Solomon (1972), 60~99; Mazauric (1997).

33 Hall (1965, 1975); Hunter (1989).

34 Webster (1975), 51~57, 125.

35 Burke (1985).

36 Evans (1973).

37 Isaievych (1993).

38 Brading (1991), 366, 382; Burke (1995a).

39 Kany (1932), 62~64.

40 Solomon (1972), 21~59.

41 Solomon (1972), 217~218.

42 George (1926~1929); Webster (1975), 67~77.

43 Grove (1991); Edney (1997), 297.

44 Latour (1983). cf. Jacob (1996); Miller (1996).

45 Jacob (1999), 36~37.

46 Schöffler (1936), 113.

47 Bowen (1981), 77~90.

48 Burke (1999b).

49 Martin (1996); Ettinghausen (1984), 5.

50 Raven (1993), 14.

51 Boxer (1963); Figueiredo (1984); Grove (1996).

52 Grove (1996): Bustamante García (1997).

53 Karamustafa (1992), 218.

54 Yee (1994b), 170, 174~175.

55 Unno (1994), fig. 11.22, 434.

5 지식의 분류: 커리큘럼, 도서관, 백과사전

1 Durkheim (1912), 28. cf. Worsley (1956).

2 Granet (1934); Lévi-Strauss (1962, 1964).

3 Foucault (1966), 54~55. cf. Elkanah (1981); Crick (1982); Zhang (1998), 19~24.

4 Kelley and Popkin (1991); Daston (1992); Zedelmaier (1992); Kusukawa (1996); Kelley (1997).

5 Foucault (1966); Olmi (1992); Koerner (1996).

6 Ackerman (1949).

7 Principe (1992); Eamon (1994).

8 Hill (1972), 269~276; Dooley (1999), 83.

9 Yates (1979); Stolleis (1980); Eamon (1994).

10 Blumenberg (1966); Ginzburg (1976); Kenny (1998).

11 Feldhay (1995), 207.

12 Kristeller (1951~1952), 175; Rossi (1962).

13 Schmidt-Biggemann (1983), xiii~xiv, 141~154; Waquet (1993b); Serjeantson (1999).

14 Burke (1995b).

15 Salmond (1982); Becher (1989).

16 Rossi (1960), 47, 51~61; Ladner (1979); Tega (1984); Serrai (1988~1992), vol. 2, 120~131.

17 Gilbert (1960), 214~220; Zedelmaier (1992), 125.

18 Wood (1993).

19 Zedelmaier (1992), 112ff.

20 Kelley (1997), ix.

21 Stichweh (1991). cf. Lenoir (1997).

22 Feingold (1984), 17.

23 Costello (1958); Brockliss (1996).

24 Grant (1996), 42~49.

25 Rosenthal (1970).

26 Bouza (1988); Chartier (1992); Zedelmaier (1992), 112.

27 Besterman (1935); Pollard and Ehrman (1965); Serrai (1988~1992); McKitterick (1992).

28 Serrai (1990; 1988~1992, vol. 2, 211~571); Zedelmaier (1992), 3~153.

29 Drège (1991); Guy (1987).

30 Chamberlain (1994), 161.

31 Wells (1966); Dierse (1977); Kafker (1981); Eybl et al. (1995).

32 Curtius (1948), 302~347; Gellrich (1985).

33 Dierse (1977), 11ff; Schmidt-Biggemann (1983), 34~35.

34 Teng and Biggerstaff (1936), 110.

35 Schmidt-Biggemann (1983), 8~15.

36 Gilbert (1960), 125~128; Schmidt-Biggemann (1983), 19~21; Moss (1996), 119~130.

37 Schmidt-Biggemann (1983), 59~66; Yeo (1991, 1996); Blair (1992); Goyet (1996), 441~443; Blair (1997), 46~48.

38 Lemaine et al. (1976); Giard (1991).

39 Flint (1904); Rossi (1960); Schulte-Albert (1971).

40 Ong (1958); Gilbert (1960), 129~144.

41 Rossi (1960), 179~184, 239; Schmidt-Biggemann (1983), 100~139.

42 Kusukawa (1996), esp. 51~52.

43 Lemaine et al. (1976), 1~23.

44 Reiss (1997), 135~154.

45 Hammerstein (1972), 216ff; Voss (1979).

46 Dainville (1940); Brockliss (1987), 156.

47 Baker (1935); Broc (1975, 1980); Cormack (1997), 14~15, 27~30; Jacob (1999).

48 Brockliss (1987), 393~394; Mandosio (1993).

49 Hannaway (1975); Meinel (1988).

50 Stolleis (1983); Seifert (1980, 1983); Smith (1994), 69.

51 Hammerstein (1972), 62ff.

52 Meier (1966), 214; Larrère (1992); Stichweh (1991), 4.

53 Meinel (1988); Lowood (1990).

54 Lieshout (1994), 134.

55 Zedelmaier (1992), 19n.

56 Stegmann (1988); Chartier (1992).

57 Blum (1963); Stenzel (1993); Revel (1996); Nelles (1997).

58 Petrucci (1995), 350~351.

59 Schulte-Albert (1971); Palumbo (1993a, 1993b).

60 Pomian (1987), 121.

61 Pomian (1987), 49~53.

62 Olmi (1992), 195ff, 201ff, 274n, 285.

63 Olmi (1992); Haskell (1993), 131~135; Cropper and Dempsey (1996), 110~113.

64 Findlen (1994), 3, 50. cf. Lugli

(1983); Impey and Macgregor (1985); Pomian (1987).

65 Yeo (1991).

66 Briggs (1991), 40, 65.

67 Thorndike (1951); Rossi (1962), 68~102.

68 Jacob (1992), 88, 112.

69 Webster (1975), 100~245.

70 Venturi (1959).

71 Dieckmann (1961); Gandt (1994); Malherbe (1994), esp. 29~31.

72 Darnton (1984).

6 지식의 통제: 교회와 국가

1 Deutsch (1953).

2 Carter (1964); Agrell and Huldt (1983); Bély (1990); Marshall (1994); Preto (1994).

3 Glass (1973); Herlihy and Klapisch (1978); Rassem and StagI (1980); Buck (1977, 1982).

4 Bayly (1996); Cohn (1996); Mundy (1996); Edney (1997); Drayton (1998).

5 Siebert (1965); Santschi (1978); Duke and Tamse (1987); Roche (1989); Myers and Harris (1992).

6 Cormack (1997).

7 Cohn (1996), 16, 53; Bayly (1996), 56~96, 315~337; Pinch (1999), esp. 394~395.

8 Giddens (1985), 178.

9 Clanchy (1979), 19.

10 Weber (1920), vol. 1, 339.

11 Nigro (1991).

12 Parker (1998), 48.

13 Kelly (1994).

14 Boulding (1966); Innes (1987).

15 Barkan (1958); Hucker (1968); Metzger (1973); Thiel-Horstmann (1980); Bayly (1996), 10~55.

16 Soucek (1992); Unno (1994); Yee (1994a).

17 Clanchy (1979), 215; Stock (1983), 37.

18 Partner (1980, 1990); Prodi (1982).

19 Burke (1979); Mazzone and Turchini (1985).

20 Strauss (1975); Johansson (1977).

21 Ollard and Walker (1929~1931); Jukes (1957).

22 Henningsen and Tedeschi (1986).

23 Mattingly (1955), 109~114; Queller (1973); Toscani (1980).

24 Mattingly (1955), 244~246, 259~261; Preto (1994), 90,

133~134.

25 Burke (1998a), 103.

26 Carter (1964), esp. 6, 123; Echevarria Bacigalupe (1984); Marshall (1994), 134~135, 247.

27 Bély (1990).

28 Mirot (1924).

29 Said (1978).

30 Goodman (1988), 50~87.

31 Hoock (1980); Meyer (1981), 222.

32 Burke (1999b).

33 Burke (2000b).

34 Burke (1979).

35 Bustamante García (1997).

36 Cline (1964); Goodman (1988), 65~72; Mundy (1996).

37 Davids (1995), 338.

38 Golder (1922), 6~8; Anderson (1978), 128~136; Shaw (1996).

39 Koerner (1996).

40 Reinhartz (1994).

41 Boxer (1957); Burke (2000b).

42 Boutier, Dewerpe and Nordman (1984); Wolff (1994), 130~134.

43 Cline (1964), 344; Bouza (1992), 90~100; Parker (1998), 59~65.

44 Meyer (1981), 105.

45 Venard (1985), 37.

46 Cipolla (1976), 25; Burke (1987), 126; Bély (1990), 610ff, 621, 624, 652.

47 Raeff (1983), 225~228; Le Donne (1984), 125~128.

48 Blum (1969); Elliott (1986), 316.

49 Preto (1994), 168ff; Elton (1972), 331.

50 Cobb (1970); Williams (1979), 104~111.

51 Buisseret (1992); Biggs (1999).

52 Goodman (1988), 65~66; Parker (1992).

53 Alvar Ezquerra (1993).

54 Hahn (1971), 2; Konvitz (1987); Buisseret (1992).

55 Pelletier (1990).

56 Bély (1990), 461.

57 Anderson (1978), 131~136.

58 Seymour (1980), 4, 15, 45; Edney (1997).

59 Lander (1969), 166.

60 Buck (1982); Johannisson (1990), 351.

61 Glass (1973); Pearson (1978).

62 Burckhardt (1860); Goldthwaite (1972).

63 Herlihy and Klapisch (1978).

64 Letwin (1963); Glass (1973); Holmes (1977).

65 Innes (1987); Brewer (1989).

66 Buck (1977, 1982); Rassem and Stagl (1994), 289~291.

67 Grove (1996), 155.

68 King (1949), 185~187; Meyer (1981).

69 Esmonin (1964), 113~130; Rothkrug (1965), 107n, 284~286; Rassem and Stagl (1994), 342~345.

70 Nordenmark (1939), 232~269; Confino (1962), 160~164; Reichmann (1968); Glass (1973); Rassem and Stagl (1980), 18; Klueting (1986).

71 Burke (1987); Glass (1973), 19.

72 Bautier (1968).

73 Clanchy (1979), 138ff; Guénée (1980), 91~100; Wernham (1956), 13.

74 Ranum (1963); Bautier (1968); D'Addario (1990); Parker (1997), 28~29.

75 Marini (1825); Gasparolo (1887).

76 Ballesteros Beretta (1941); Cline (1964); Parker (1998), 66.

77 Boislisle (1874), iii; Baschet (1875), 26~29, 37, 93~103; Church (1972); Pomian (1972); Kolmar (1979); Saunders (1991).

78 King (1949), 147~153.

79 Baschet (1875), 175~176.

80 Prosperi (1997).

81 Pardo Tomás (1991), 298; Infelise (1999b), 55.

82 Santschi (1978).

83 Davids (1995).

84 Siebert (1965); Sutherland (1986), 25.

85 Martin (1969); Phillips (1997); Birn (1983, 1989).

86 Lach (1965), 151~153; Teixeira de Mota (1976).

87 Buisseret (1992), 106.

88 Cortesão (1944), lxv~lxviii; Lach (1965), 151~154.

89 Preto (1994), 433.

90 Buisseret (1992), 111.

91 Kahn (1967), 106~181.

92 Dooley (1999), 82~86, 117, 127.

93 Dooley (1999), 32.

94 Bély (1990), 328~329, 460.

95 Thomas (1971), 156.

96 Fogel (1989).

97 Dahl (1951), 36.

98 Marshall (1994), 28~30.

99 Moureau (1995).

100 Koran (1874); Kahn (1967), 106~181; Oakley (1968); Marshall

(1994), 85~95.

101 Morel-Fatio (1913), 152.

102 Dooley (1999), 32.

103 Baschet (1870), 348~352; Tucci (1990), 99~107, at 100; Preto (1994), 66.

104 Heath (1983); Balsamo (1995).

105 Prosperi (1996), 162.

7 지식의 판매: 시장과 인쇄술

1 Stigler (1961); Machlup (1962); Arrow (1965); Boulding (1966).

2 Bell (1976); Machlup (1980~1984); Rubin and Huber (1986); Fuller (1992), etc.

3 Schiller (1996).

4 Lindey (1952); Hathaway (1989).

5 Post (1932); Post, Giocarini and Kay (1955).

6 Burckhardt (1860); Nisard (1860), esp. vol. 2, 12ff; Zilsel (1926); Mannheim (1929): Innis (1950); Viala (1985), 94~103; Chartier (1992).

7 Eamon (1994), 110, 384. cf. Tennant (1996).

8 Merton (1957); Iliffe (1992); Findien (1994), 324~325.

9 Confino (1962), 158~159.

10 Walker (1973); Porter (1989); Money (1993); Lawrence (1996), 163, 167~169.

11 Landes (1998), 276~291.

12 Eamon (1994), 75, 81.

13 Eamon (1994), 88~89.

14 Gerulaitis (1976), 35~36; Landau and Parshall (1994), 362.

15 Schottenloher (1933); Armstrong (1990); Feather (1994); Tennant (1996); Johns (1998), 326~379.

16 Rowen (1987); Bély (1990), 230ff.

17 Cobb (1970); Tucci (1990); Infelise (1997, 1999a); Dooley (1999), 9.

18 Webster (1975), 388~396.

19 Harris (1985). cf. Cipolla (1972).

20 Zacharias (1960); Robinson (1975); Lindqvist (1984), 95~178; Harris (1985, 1992, 1996a, 1996b); Davids (1995).

21 Geertz (1979).

22 Bee (1967); Heers (1976).

23 Doria (1986).

24 Yazaki (1968), 235.

25 Bassett (1960), 225.

26 Goody (1996), 116.

27 Steensgaard (1982), 238.

28 Koeman (1970); Schilder (1976), 62~63; Smith (1984), 994.

29 Smith (1984), 1001~1003.

30 Poelhekke (1960); Smith (1984), 996; Rowen (1987).

31 Israel (1990b).

32 Barbour (1950): Reinhartz (1987); Israel (1990a).

33 Barbour (1928~1929); Dawson (1932).

34 Morineau (1985), 42~55; Popkin (1990), 205; Sgard (1991).

35 Harmsen (1994), 164.

36 Balsamo (1973).

37 Darnton (1979).

38 Richardson (1994).

39 Dahl (1939); Sutherland (1986).

40 Walker (1973).

41 Raven (1993).

42 Richardson (1999), 42, 69.

43 Richardson (1999), 133.

44 Davis (1983).

45 Lucas (1989).

46 Gardair (1984), 10.

47 Koeman (1970).

48 Hoftijzer (1987).

49 Verner (1978).

50 Dahl (1939); Davies (1952); Gibbs (1971); Bots (1983); Berkvens-Stevelinck et al. (1992).

51 Shaw (1996), 164.

52 Davies (1952); Davies (1954), 61ff; Kley (1971), 31.

53 Darnton (1982).

54 McKenzie (1992); Raven (1992).

55 Barber (1981).

56 Cochrane (1964).

57 Cochrane (1964), 22~23, 40~45. cf. Sher (1997).

58 Rogers (1972).

59 Darnton (1979), 131~176; Feather (1994); Johns (1998).

60 Clapp(1931, 1933).

61 Wallis (1974), 273.

62 Lankhorst (1990); Waquet (1993a).

63 Wallis (1974); Darnton (1979), 254~263, 287~294; Pedley (1979); Peiletier (1990), 117~126.

64 Martin (1957), 285; Martin and Chartier (1983~1984), vol. 2, 30~33.

65 Seguin (1964); Infelise (1997); Dooley (1999), 9~44.

66 Harris (1987).

67 Dahl (1939).

68 Harris (1987).

69 Goss (1932).

70 Perrot (1981); Hoock and Jeannin

(1991~1993); Elkar (1995).

71 Lankhorst (1983).

72 Proust (1962); Lough (1968), 466~473; Quedenbaum (1977); Carels and Flory (1981).

73 Garofalo (1980); Bradshaw (1981a).

74 Bradshaw (1981b).

75 Darnton (1979), 33~37.

76 Darnton (1979), 26; Eisenstein (1992), 132.

77 Plumb (1973); McKendrick, Brewer and Plumb (1982); Brewer and Porter (1993); Bermingham and Brewer (1995).

78 Robinson (1993).

79 Shively (1991), 731.

80 Kornicki (1998), 172.

81 Rawski (1979); Rawski (1985), 17~28.

82 Bauer (1966); Monnet (1996).

83 Giesecke (1991), 124~129.

84 Anderson (1983).

85 Veblen (1918), 7.

8 지식의 획득: 지식 소비자들

1 Trenard (1965~1966); Shackleton (1970).

2 Keynes (1940), 18~19; Goldgar (1995), 13.

3 Clarke (1970), 83.

4 Findlen (1994), 129~146.

5 Sherman (1995); Blair (1997); Johns (1998).

6 Engeising (1969, 1974); Chartier (1987).

7 Rossi (1960); Yates (1966).

8 Marshall (1994), 42~43.

9 Kearney (1970), 60~63, 137, 151; Grafton and Jardine (1986), 15, 18~20, 85n, 164~166, 170~173; Stagl (1980).

10 Shackleton (1961), 229~238.

11 Schmidt-Biggemann (1983); Blair (1992, 1996); Moss (1996).

12 Burke (1995c).

13 Witty (1965); Daly (1967); Brincken (1972); Rouse and Rouse (1982, 1983).

14 Taylor (1945), 89~198; Hopkins (1992).

15 Serrai (1988~1992).

16 Clement (1991), 274.

17 Saunders (1991).

18 Lieshout (1993), 292.

19 Wellisch (1991), 319.

20 Yeo (1991, 1996).

21 Innis (1980).

22 Pomian (1973).

23 Woods (1987).

24 Leedham-Green (1987), nos. 71, 82, 92.

25 Parker (1992), 137; Parker (1998), 24.

26 Brown (1989), 16~41; Grafton and Jardine (1986); Grafton (1992); Sherman (1995); Blair (1997).

27 Findlen (1994), 42~44.

28 Levy (1982).

29 Villey (1908), vol. 1, 244~270.

30 Villey (1908), vol. 2, 10, 52; Goyet (1986~1987); Moss (1996), 212~213.

31 Dodds (1929), 81, 94~95, 99~100; Shackleton (1961), 229~238.

32 Nakagawa (1992), 247~267.

33 Santos Lopes (1992).

34 Duchet (1971), 69, 72, 93, 109~110.

35 Switzer (1967); Miller (1981).

36 Grosrichard (1979).

37 Brockliss (1987), 155.

38 Bernard-Maître (1953); Lach (1965), 657, 660n; Lach (1977), 267~268.

39 Pinot (1932); Lach and Kley (1993).

9 정보의 신뢰성

1 Ziman (1978).

2 Popkin (1960).

3 Pintard (1943); Gregory et al. (1981).

4 Popkin (1960), 1~16.

5 Borghero (1983); Völkel (1987); Burke (1998b).

6 Yates (1964), 398~431; Sgard (1987); Grafton (1990).

7 Gregory (1961), 41.

8 Van Leeuwen (1963); Shapin and Schaffer (1985), 67.

9 Eisenstein (1979), 74.

10 Rennie (1995), esp. 54, 75, 73; Stagl (1995), 171~207.

11 Shapin and Schaffer (1985), 39; Woolf (1988); Shapin (1994), 251~252; Fox (1999), 258.

12 Shaaber (1929), 241.

13 MacDonald and Murphy (1990), 306; Dooley (1999), 3, 81, 88, 119ff.

14 Hazard (1935).

15 Rossi (1960), 235~258; Slaughter (1982); Eco (1995), esp. 238~259, 269~288.

16 Shapin and Schaffer (1985), 3.

17 Crombie (1953), 233~237; Shapin (1996), 96~117.

18 Fernández-Armesto (1997), 4~5.

19 Seifert (1976), esp. 97ff, 116ff; Hassinger (1978).

20 Ginzburg (1978).

21 Daston (1991), 340.

22 Ginzburg (1978), 108~111.

23 Shapin and Schaffer (1985), 58~59; Daston (1991), 349; Shapin (1994), esp. 65~125.

24 Burke (1984).

25 Kenney (1974).

26 Seifert (1976), 163~178; Daston (1991), 345; Shapiro (1994).

27 Shapin and Schaffer (1985), 56.

28 Hacking (1975); Shapiro (1983), 30~31, 81~85.

29 Gillispie (1960); Daston (1991).

30 Lipking (1977); Grafton (1997).

31 Clark (1997), 183에서 재인용.

32 Goldie (1987), esp. 212n; Berti (1992); Benitez (1993).

33 Meinecke (1924~1925); Gunn (1969); Hirschman (1977).

34 Mannheim (1936), 35, 56.

참고문헌

이 책을 집필하면서 참고한 책들은 상당한 분량이 된다. 하지만 여기에서는 주석에서 언급한 2차 자료들만 소개하고 있다. 따로 밝히지 않은 경우, 영어로 쓴 책들은 런던에서, 프랑스어로 쓴 책들은 파리에서 출판되었음을 일러둔다.

Ackerman, J. (1949) 'Ars sine scientia nihil est', *Art Bulletin* 12, pp. 84~108.

Agrell, W. and B. Huldt (eds, 1983) *Clio Goes Spying*. Malmö.

Åkerman, S. (1991) 'The Forms of Queen Christina's Academies', in Kelley and Popkin, pp. 165~188.

Albertini, R. von (1955) *Das Florentinische Staatsbewusstsein im Übergang von der Republik zum Frinzipcit*. Berne.

Albònico, A. (1992) 'Le *Relationi Universali* di Giovanni Botero', in *Botero e la Ragion di Stato*, ed. A. E. Baldini, pp. 167~184. Florence.

Alcoff, L. and E. Potter (eds, 1993) *Feminist Epistemologies*.

Alexandrov, D. A. (1995) 'The Historical Anthropology of Science in Russia', *Russian Studies in History* 34, pp. 62~91.

Alvar Ezquerra, A. (ed., 1993) *Relaciones topográficas de Felipe II*, 3 vols. Madrid.

Ambrosini, F. (1982) *Paesi e mari ignoti: America e colonialismo europeo nella cultura veneziana (secoli xvi-xvii)*. Venice.

Ames-Lewis, F. (ed., 1999) *Sir Thomas Gresham and Gresham College*.

Anderson, B. (1983) *Imagined Communities*, second edn, 1991.

Anderson, M. S. (1978) *Peter the Great*, second edn, 1995.

Aquilon, P. and H.-J. Martin (eds, 1988), *Le Livre dans l'Europe de la Renaissance*.

Armstrong, E. (1990) *Before Copyright: The French Book-Privilege System, 1498-1526*. Cambridge.

Arrow, K. (1965) 'Knowledge, Productivity and Practice', rpr. in his *Production and Capital* (Cambridge, Mass., 1985), pp. 191~199.

Aubert, R. et al. (1976) *The University of Louvain*. Leuven.

Baker, J. N. L. (1935) 'Academic Geography in the Seventeenth and Eighteenth Centuries', rpr. in his *The History of Geography* (Oxford, 1963), pp. 14~32.

Baldamus, W. (1977) 'Ludwig Fleck and the Sociology of Science', in *Human Figurations*, pp. 135~156.

Ballester, L. García (1977) *Medicina, ciéncia y minorías marginadas: los Moriscos*. Granada.

Ballester, L. García (1993) 'The Inquisition and Minority Medical Practitioners in Counter-Reformation Spain', in *Medicine and the Reformation*, ed. P. P. Grell and A. Cunningham, pp. 156~191.

Ballesteros Beretta, A. (1941) 'J. B. Muñoz: la creación del Archivo de Indias', *Revista de Indias* 2, pp. 55~95.

Balsamo, J. (1995) 'Les Origines parisiennes du Tesoro Politico', *Bibliotheque d'Humanisme et Renaissance* 57, pp. 7~23.

Balsamo, L. (1973) 'Tecnologia e capitale nella storia del libro', in *Studi per Riccardo Ridolfi*, ed. B. M. Biagiarelli and D. E. Rhodes (Florence), pp. 77~94.

Baratin, M. and C. Jacob (eds, 1996) *Le Pouvoir des bibliotheques*.

Barber, G. (1981) 'Who were the Booksellers of the Enlightenment?', in G. Barber and B. Fabian (eds), *The Book and the Book Trade in Eighteenth-Century Europe* (Hamburg), pp. 211~224.

Barbour, V. (1928~1929) 'Marine Risks and Insurance in the Seventeenth Century', *Journal of Economic and Business History* 1, pp. 561~596.

Barbour, V. (1950) *Capitalism in Amsterdam in the Seventeenth Century*. Baltimore.

Barkan, O. L. (1958) 'Essai sur les données statistiques des registres de recensement dans l'empire ottoman', *Journal of the Economic and Social History of the Orient* 1, pp. 9~36.

Barker, P. and R. Ariew (eds, 1991) *Revolution and Continuity: Essays in the History and Philosophy of Early Modern Science*. Washington.

Barnes, B. (1977) *Interests and the Growth of Knowledge*.

Basalla, G. (1987) 'The Spread of Western Science', rpr. in Storey, pp. 1~22.

Baschet, A. (1870) *Les Archives de Venise*.

Baschet, A. (1875) *Histoire du dépôt des archives des affaires étrangères*.

Bassett, D. K. (1960) 'The Trade of the English East India Company in the Far East, 1623-1684', rpr. in *European*

Commercial Expansion in Early Modern Asia, ed. O. Prakash (Aldershot, 1997), pp. 208~236.

Bauer, W. (1966) 'The Encyclopaedia in China', *Cahiers d'Histoire Moderne* 9, pp. 665~691.

Bautier, R. H. (1968) 'La Phase cruciale de l'histoire des archives', *Archivum* 18, pp. 139~149.

Bayly, C. A. (1996) *Empire and Information: Intelligence Gathering and Social Communication in India, 1780-1870*. Cambridge.

Bee, C. (1967) *Les Marchands écrivains*.

Becher, T. (1989) *Academic Tribes and Territories*.

Belenky, M. F. et al. (1986) *Women's Ways of Knowing*.

Beljame, L. (1881) *Le Public et les hommes de lettres*.

Bell, D. (1976) *The Cultural Contradictions of Capitalism*.

Bély, L. (1990) *Espions et ambassadeurs au temps de Louis XIV*.

Benitez, M. (1993) 'La Diffusion du "traité des trois imposteurs" au 18e siècle', *Revue d'Histoire Moderne et Contemporaine* 40, pp. 137~151.

Bentley, J. H. (1983) *Humanists and Holy Writ: New Testament Scholarship in the Renaissance*. Princeton.

Benzoni, G. (1978) *Gli affanni della cultura: intellettuali e potere nell'Italia della Controriforma e barocca*. Milan.

Berger, P. and T. Luckmann (1966) *The Social Construction of Reality*. New York.

Berkey, J. (1992) *The Transmission of Knowledge in Medieval Cairo*. Princeton.

Berkvens-Stevelinck, C. et al. (eds, 1992) *Le Magasin de l'Univers: The Dutch Republic as the Centre of the European Book Trade*. Leiden.

Bermingham, A. and T. Brewer (eds, 1995) *The Consumption of Culture 1600-1800*.

Bernard-Maître, H. (1953) 'L'Orientaliste Guillaume Postel et la decouverte spirituelle du Japon en 1552', *Monumenta Nipponica* 9, pp. 83~108.

Berti, S. (1992) 'The First Edition of the *Traité des trois imposteurs*', in *Atheism from the Reformation to the Enlightenment*, ed. M. Hunter and D. Wootton (Oxford), pp. 182~220.

Besterman, T. (1935) *The Beginnings of Systematic Bibliography*. Oxford.

Biagoli, M. (1993) *Galileo Courtier*.

Princeton.
Biggs, M. (1999) 'Putting the State on the Map: Cartography, Territory and European State Formation', *Comparative Studies in Society and History* 41, pp. 374~405.
Birn, R. (1983) 'Book Production and Censorship in France, 1700-15', in Carpenter, pp. 145~171.
Birn, R. (1989) 'Malesherbes and the Call for a Free Press', in Darnton and Roche, pp. 50~66.
Blair, A. (1992) 'Humanist Methods in Natural Philosophy: The Commonplace Book', *Journal of the History of Ideas* 53, pp. 541~552.
Blair, A. (1996) 'Bibliothèques portables: les recueils de lieux communs', in Baratin and Jacob, pp. 84~106.
Blair, A. (1997) *The Theatre of Nature: Jean Bo din and Renaissance Science*. Princeton.
Blum, R. (1963) 'Bibliotheca Memmiana: Untersuchungen zu Gabriel Naudé's *Advis*', in *Festschrift Carl Wehmer* (Amsterdam), pp. 209~232.
Blum, W. (1969) *Curiosi und Regendarii: Untersuchen zur Geheimen Staatspolizei der Spatantike*. Munich.
Blumenberg, H. (1966) *The Legitimacy of the Modern Age*, English translation, Cambridge, Mass., 1983.
Böhme, G. (1984) 'Midwifery as Science', in Stehr and Meja.
Böhme, G. and N. Stehr (eds, 1986) *The Knowledge Society*. Dordrecht.
Boislisle, A. M. de (1874) *Correspondance des Contrôleurs Généraux des Finances*.
Borghero, C. (1983) *La certezza e la storia: cartesianesimo, pirronismo e conoscenza storica*. Milan.
Bost, H. (1994) *Un intellectuel avant la lettre: le journaliste Pierre Bayle*. Amsterdam-Maarssen.
Bots, H. (1983) 'Les Provinces-Unies, centre de l'information européenne au dix-septième siècle', *Quaderni del, '600 francese* 5, pp. 283~306.
Bots, H. and F. Waquet (1997) *La République des Lettres*.
Boulding, K. E. (1966) 'The Economics of Knowledge and the Knowledge of Economics', *American Economic Review* 56, pp. 1~13.
Bourdieu, P. (1972) *Outlines of a Theory of Practice*, English translation, Cambridge, 1977.
Bourdieu, P. (1984) *Homo Academicus*,

English translation, Cambridge, 1984.
Bourdieu, P. (1989) *La Noblesse d'tat.*
Boutier, J., A. Dewerpe and D. Nordman (1984) *Un tour de France royal.*
Bouwsma, W. J. (1973) 'Lawyers and Early Modern Culture', rpr. in his *A Usable Past: Essays in European Cultural History* (Berkeley and Los Angeles, 1990), pp. 129~153.
Bouza, F. (1988) 'La biblioteca del Escorial y el orden de los saberes en el siglo xvi', rpr. in his *Imagen y propaganda: capítulos de historia cultural del reinado de Felipe II* (Madrid), pp. 168~185.
Bouza, F. (1992) *Del escribano a la biblioteca. La civilización escrita europea en la Alta Edad Moderna.* Madrid.
Bowen, M. (1981) *Empiricism and Geographical Thought from Francis Bacon to Alexander von Humboldt.* Cambridge.
Boxer, C. R. (1936) *Jan Compagnie in Japan.*
Boxer, C. R. (1948) *Three Historians of Portuguese Asia.* Hong Kong.
Boxer, C. R. (1957) *The Dutch in Brazil, 1624-54.* Oxford.
Boxer, C. R. (1963) *Two Pioneers of Tropical Medicine.*
Brading, D. A. (1991) *The First America: The Spanish Monarchy, Creole Patriots and the Liberal State, 1492-1867.* Cambridge.
Bradshaw, L. E. (1981a) 'John Harris's *Lexicon Technicum*', in Kaflcer, pp. 107~121.
Bradshaw, L. E. (1981b) 'Ephraim Chambers' *Cyclopaedia*', in Kafker, pp. 123~140.
Brentjes, S. (1999) 'The Interests of the Republic of Letters in the Middle East', *Science in Context* 12, pp. 435~468.
Brewer, J. (1989) *The Sinews of Power.*
Brewer, J. and R. Porter (eds, 1993) *Consumption and the World of Goods.*
Briggs, R. (1991) 'The Académie Royale des Sciences and the Pursuit of Utility', *Past and Present* 131, pp. 38~88.
Brincken, A.-D. von den (1972) 'Tabula alphabetica', in *Festschrift Herman Heimpel*, vol. 2 (Gottingen), pp. 900~923.
Broc, N. (1975) *La Géographie des philosophes: géographes et voyageurs français au 18e siècle.*
Broc, N. (1980) *La Géographie de la Renaissance.*
Brocchieri, M. F. Beonio (1987)

'L'intellettuale', in *L'uomo medievale*, ed. J. Le Goff (Rome-Bari), pp. 203~233.

Brockliss, L. W. B. (1987) *French Higher Education in the Seventeenth and Eighteenth Centuries*. Oxford.

Brockliss, L. W. B. (1996) 'Curricula', in Ridder-Symoens, vol. 2, pp. 565~620.

Brown, H. (1934) *Scientific Organizations in Seventeenth-Century France*. Baltimore.

Brown, J. (1978) *Images and Ideas in Seventeenth-Century Spanish Painting*. Princeton.

Brown, R. D. (1989) *Knowledge is Power: The Diffusion of Information in Early America, 1700-1865*. New York.

Buck, P. (1977) 'eventeenth-Century Political Arithmetic: Civil Strife and Vital Statistics', *Isis* 68, pp. 67~84.

Buck, P. (1982) 'People who Counted: Political Arithmetic in the Eighteenth Century', *Isis* 73, pp. 28~45.

Buisseret, D. (ed., 1992) *Mcmarchs, Ministers and Maps: The Emergence of Cartography as a Tool of Government in Early Modern Europe*. Chicago.

Burckhardt, J. (1860) *The Civilisation of the Renaissance in Italy*, English translation, revised edn, Harmondsworth 1990.

Burke, P. (1979) 'The Bishop's Questions and the People's Religion', rpr. in Burke (1987), pp. 40~47.

Burke, P. (1983) 'The Reform of European Universities in the Sixteenth and Seventeenth Centuries', *CRE Information*, pp. 59~67.

Burke, P. (1984) 'How to be a Counter-Reformation Saint', rpr. in Burke (1987), pp. 48~62.

Burke, P. (1985) 'European Views of World History from Giovio to Voltaire', *History of European Ideas* 6, pp. 237~251.

Burke, P. (1986) 'The Humanist as Professional Teacher', in *The Professional Teacher*, ed. J. Wilkes (Leicester), pp. 19~27.

Burke, P. (1987) *Historical Anthropology of Early Modern Italy*. Cambridge.

Burke, P. (1988) 'William Dell, the Universities, and the Radical Tradition', in *Reviving the English Revolution*, ed. G. Eley and W. Hunt, pp. 181~189.

Burke, P. (1990) *The French Historical Revolution: The Annales School 1929-89*. Cambridge.

Burke, P. (1992) *The Fabrication of Louis*

XIV. New Haven.

Burke, P. (1995a) 'America and the Rewriting of World History', in *America in European Consciousness*, ed. K. O. Kupperman (Chapel Hill), pp. 33~51.

Burke, P. (1995b) 'The Jargon of the Schools', in *Languages and Jargons*, ed. P. Burke and Roy Porter (Cambridge), pp. 22~41.

Burke, P. (1995c) *The Fortunes of the Courtier: The European Reception of Castiglione's Cortegiano*. Cambridge.

Burke, P. (1998a) *Varieties of Cultural History*. Cambridge.

Burke, P. (1998b) 'Two Crises of Historical Consciousness', *Storia della Storiografia* no. 33, pp. 3~16.

Burke, P. (1998c) *The European Renaissance: Centres and Peripheries*. Oxford.

Burke, P. (1999a) 'Erasmus and the Republic of Letters', *European Review* 7, no. 1, pp. 5~17.

Burke, P. (1999b) 'The Philosopher as Traveller: Bernier's Orient', in *Voyages and Visions: Towards a Cultural History of Travel*, ed. J. Eisner and J.-P. Rubiés, pp. 124~137.

Burke, P. (2000a) 'Venice as a Centre of Information and Communication', forthcoming in *Venice Reconsidered: The History and Civilization of an Italian City-State 1297-1997*, ed. J. Martin and D. Romano (Baltimore).

Burke, P. (2000b) 'Assumptions and Observations: Eighteenth-Century French Travellers in South America', forthcoming in *Invitation au Voyage*, ed. J. Renwick (Edinburgh).

Burke, P. (2001) 'Rome as a Centre of Information and Communication', forthcoming in P. Jones and T. Worcester (eds), *Saints and Sinners* (Toronto).

Bustamante García, G. (1997) 'Francisco Hernández', in B. Ares Queija and S. Gruzinski (eds), *Entre dos mundos: fronteras culturales y agentes mediadores* (Seville), pp. 243~268.

Canone, E. (ed., 1993) *Bibliothecae Selectae da Cusano a Leopardi*. Florence.

Caracciolo Aricò, A. (ed., 1990) *L'impatto della scoperta dell'America nella cultura veneziana*. Rome.

Carels, P. E. and D. Flory (1981) 'J. H. Zedler's Universal Lexicon', in Kafker, pp. 165~195.

Carpenter, K. E. (ed., 1983) *Books and Society in History*. New York.

Carter, C. H. (1964) *The Secret Diplomacy of the Habsburgs*, 1598-1625. New York.

Castells, M. (1989) *The Informational City*. Oxford.

Cavaciocchi, S. (ed., 1992) *Produzione e commercio della carta e del libro, secc. xiii-xviii*. Florence.

Chabod, F. (1934) 'Giovanni Botero', rpr. in his *Scritti sul Rinascimento* (Turin, 1967), pp. 271～458.

Chaffee, J. W. (1985) *The Thorny Gates of Learning in Sung China: A Social History of Examinations*. Cambridge.

Chamberlain, M. (1994) *Knowledge and Social Practice in Medieval Damascus*. Cambridge.

Charle, C. (1990) *Naissance des 'intellectuels' 1880-1900.*

Chartier, R. (1982) 'Les Intellectuels frustrés au 17e siècle', *Annales: Economies, Sociétés, Civilisations* 37, pp. 389～400.

Chartier, R. (1987) *The Cultural Uses of Print in Early Modern France*. Princeton.

Chartier, R. (1992) *The Order of Books: Readers, Authors and Libraries in Europe between the Fourteenth and Eighteenth Centuries*. Cambridge.

Christianson, J. R. (2000) *On Tycho, s Island: Tycho Brahe and his Assistants, 1570-1601*. Cambridge.

Church, W. F. (1972) *Richelieu and Reason of State*. Princeton.

Cipolla, C. M. (1972) 'The Diffusion of Innovations in Early Modern Europe', *Comparative Studies in Society and History* 14, pp. 46～52.

Cipolla, C. M. (1976) *Public Health and the Medical Profession in the Renaissance*, Cambridge.

Clanchy, M. (1979) *From Memory to Written Record: England 1066-1307*. Revised edn, Oxford, 1993.

Clapp, S. (1931) 'The Beginnings of Subscription in the Seventeenth Century', *Modern Philology* 29, pp. 199～224.

Clapp, S. (1933) 'The Subscription Enterprises of John Ogilby and Richard Blome', *Modern Philology* 30, pp. 365～379.

Clark, S. (1997) *Thinking with Demons: The Idea of Witchcraft in Early Modern Europe*. Oxford.

Clarke, J. A. (1966) 'Librarians of the King: The Bignon, 1642-1784', *Library Quarterly* 36, pp. 293~298.

Clarke, J. A. (1970) *Gabriel Naudé, 1600-53*. Hamden, Conn.

Clement, R. W. (1991) 'The Career of Thomas James', *Libraries and Culture* 26, pp. 269~282.

Cline, H. F. (1964) 'The Relaciones Geográficas of the Spanish Indies, 1577~1586', *Hispanic American Historical Review* 44, pp. 341~374.

Cobb, R. (1970) *The Police and the People*. Oxford.

Cochrane, J. A. (1964) *Dr Johnson's Printer: The Life of William Strahan*.

Codina Mir, G. (1968) *Aux sources de la pédagogie des Jésuites*. Rome.

Cohen, H. F. (1989) 'Comment', in *New Trends in the History of Science*, ed. R. P. W. Visser et al., Amsterdam-Atlanta, pp. 49~51.

Cohn, B. S. (1996) *Colonialism and its Forms of Knowledge*. Princeton.

Confino, M. (1962) 'Les Enquêtes économiques de la Société Libre d'Économie de Saint Petersbourg', *Revue Historique* 227, pp. 155~180.

Cormack, L. B. (1997) *Charting an Empire; Geography at the English Universities, 1580-1620*. Chicago.

Cortesão, A. (ed., 1944) *Tomé Fires, Suma Oriental*. London.

Costello, William T. (1958) *The Scholastic Curriculum at Early Seventeenth-Century Cambridge*. Cambridge, Mass.

Crane, D. (1972) *Invisible Colleges: Diffusion of Knowledge in Scientific Communities*. Chicago.

Crick, M. (1982) 'Anthropology of Knowledge', *Annual Review of Anthropology* 11, pp. 287~313.

Crombie, A. C. (1953) *Robert Grosseteste and the Origins of Experimental Science, 1100-1700*, Oxford.

Cropper, E. and C. Dempsey (1996) *Nicolas Poussin: Friendship and the Love of Painting*. New Haven.

Curtis, M. H. (1959) *Oxford and Cambridge in Transition, 1558-1642*. Oxford.

Curtis, M. H. (1962) 'The Alienated Intellectuals of Early Stuart England', *Past and Present* 23, pp. 25~41.

Curtius, E. R. (1948) *European Literature and the Latin Middle Ages*, English translation, 1954; second edn, New York, 1963.

D'Addario, A. (1990) 'Lineamenti di storia dell'archivistica', *Archivio Storico Italiano* 148, pp. 3~36.

Dahl, F. (1939) 'Amsterdam - Earliest Newspaper Centre of Western Europe', *Het Boek* 25, pp. 160~197.

Dahl, F. (1951) 'Les Premiers Journaux en français', in *Débuts de la presse française*, ed. Dahl et al. (Göteborg-Paris), pp. 1~15.

Dainville, F. de (1940) *La Géographie des humanistes.*

Daly, L. W. (1967) *Contribution to a History of Alphabetization in Antiquity and the Middle Ages*. Brussels.

Darnton, R. (1979) *The Business of Enlightenment*. Cambridge, Mass.

Darnton, R. (1982) *The Literary Underground of the Old Regime*. New York.

Darnton, R. (1984) 'Philosophers Trim the Tree of Knowledge: The Epistemological Structure of the *Encyclopédie*', in his *The Great Cat Massacre* (New York), pp. 191~214.

Darnton, R. and D. Roche (eds, 1989) *Revolution in Print: The Press in France 1775-1800*. Berkeley.

Daston, L. (1991) 'Baconian Facts, Academic Civility and the Prehistory of Objectivity', *Annals of Scholarship* 8, pp. 337~363.

Daston, L. (1992) 'lassifications of Knowledge in the Age of Louis XIV', in EX L. Rubin (ed.), *Sun King* (Washington), pp. 206~220.

Davids, K. (1995) 'Openness or Secrecy? Industrial Espionage in the Dutch Republic', *Journal of European Economic History* 24, pp. 334~348.

Davies, D. W. (1952) 'The Geographical Extent of the Dutch Book Trade in the 17th Century', *Library Quarterly* 22, pp. 200~213.

Davies, D. W. (1954) *The World of the Elseviers, 1580-1712*. The Hague.

Davis, N. Z. (1983) 'Beyond the Market: Books as Gifts in Sixteenth-Century France', *Transactions of the Royal Historical Society* 33, pp. 69~88.

Dawson, W. R. (1932) 'The London Coffeehouses and the Beginnings of Lloyds', *Essays by Divers Hands* 11, pp. 69~112.

Derber, C., W. A. Schwartz and Y. Magrass (1990) *Power in the Highest Degree: Professionals and the Rise of a New Mandarin Order*. New York.

Deutsch, K. (1953) *Nationalism and Social Communication*. New York.

Dieckmann, H. (1961) 'The Concept of Knowledge in the Encyclopédie', *Essays in Comparative Literature*, pp. 73~107.

Dierse, U. (1977) *Enzyklopädie*. Bonn.

Dionisotti, C. (1967) 'Chierici e laici', in his *Geografia e storia della letteratura italiana*, Turin, pp. 47~73.

Dodds, M. (1929) *Les Récits de voyage sources de l'Esprit des Loix de Montesquieu*.

Dooley, B. (1999) *The Social History of Scepticism: Experience and Doubt in Early Modern Culture*. Baltimore.

Doria, G. (1986) 'Conoscenza del mercato e sistema informativo: il know-how dei mercanti-finanzieri genovesi nei secoli xvi e xvii', in *La repubblica internazionale del danaro*, ed. A. da Maddalena and H. Kellenbenz (Florence), pp. 57~115.

Drayton, R. (1998) 'Knowledge and Empire', in *The Oxford History of the British Empire*, vol. 2: The Eighteenth Century, ed. P. Marshall (Oxford), pp. 231~252.

Drège, J.-P. (1991) *Les Bibliothèques en Chine au temps des manuscrits*. Paris.

Dreitzel, H. (1983) 'Hermann Conring und die politische Wissenschaft seiner Zeit', in Stolleis, pp. 135~172.

Duchet, M. (1971) *Anthropologic et bistoire au siècle des lumières*.

Duke, A. C. and C. A. Tamse (eds, 1987) *Too Mighty to be Free: Censorship and the Press in Britain and the Netherlands*. Zutphen.

Dülmen, R. van (1978) 'Die Aufklärungsgesellschaften in Deutschland', *Francia* 5, pp. 251~275.

Dülmen, R. van (1986) *The Society of the Enlightenment*, English translation, Cambridge, 1992.

Durán, J. (1991) *Toward a Feminist Epistemology*. Savage, Md.

Durkheim, E. (1912) *The Elementary Forms of the Religious Life*. English translation, New York, 1961.

Durkheim, E. and M. Mauss (1901-2) *Primitive Classification*. English translation 1963.

Duyvendak, J. J. L. (1936) 'Early Chinese Studies in Holland', *T'oung Pao* 32, pp. 293~344.

Eamon, W. (1994) *Science and the Secrets of Nature: Books of Secrets in Early Modern Culture*. Princeton.

Echevarria Bacigalupe, M. A. (1984) *La diplomacia secreta en Flandres, 1598-1643*. Madrid.

Eco, U. (1995) *The Search for the Perfect Language*. Oxford.

Edney, M. (1997) *Mapping an Empire: The Geographic Construction of British India, 1765-1843*. Chicago.

Eisenstein, E. (1979) *The Printing Press as an Agent of Change*, 2 vols. Cambridge.

Eisenstein, E. (1992) *Grub Street Abroad*. Oxford.

Elias, N. (1939) *The Civilising Process*, English translation, 2 vols, Oxford, 1978~1982.

Elias, N. (1982) 'Scientific Establishments', in *Scientific Establishments and Hierarchies*, ed. N. Elias, H. Martins and R. Whitley (Dordrecht), pp. 3~69.

Elkanah, Y. (1981) 'A Programmatic Attempt at an Anthropology of Knowledge', in *Sciences and Cultures*, ed. E. Mendelsohn and Y. Elkanah, pp. 1~76.

Elkar, R. S. (1995) 'Altes Handwerk und ökonomische Enzyklopädie', in Eybl et al., pp. 215~231.

Elliott, J. H. (1986) *The Count-Duke of Olivares*. New Haven.

Elton, G. R. (1972) *Policy and Police*. Cambridge.

Engelsing, R. (1969) 'Die Perioden der Lesergeschichte in der Neuzeit', *Archiv für Gescbichte des Bucbwesetts* 10, pp. 944~1002.

Engelsing, R. (1974) *Der Bürger als Leser. Lesergeschichte in Deutschlandy 1500-1800*. Stuttgart.

Esmonin, E. (1964) *Etudes sur la France des 17e et 18e siècles*.

Ettinghausen, H. (1984) 'The News in Spain', *European History Quarterly* 14, pp. 1~20.

Evans, R. J. W. (1973) *Rudolf II and his World*. Oxford.

Eybl, F. et al. (eds, 1995) *Enzyklopädien der frühen Neuzeit*. Tübingen.

Feather, F. (1994) 'From Rights in Copies to Copyright', in *The Construction of Authorship*, ed. M. Woodmansee, Durham, NC, pp. 191~209.

Feingold, M. (1984) *The Mathematicians3 Apprenticeship*. Cambridge.

Feingold, M. (1989) 'The Universities and the Scientific Revolution: The Case of England', in *New Trends in the History of Science*, ed. R. P. W. Visser et al.,

Amsterdam-Atlanta, pp. 29~48.

Feingold, M. (1991) 'Tradition versus Novelty: Universities and Scientific Societies in the Early Modern Period', in P. Barker and R. Ariew (eds, 1991) *Revolution and Continuity: Essays in the History and Philosophy of Early Modern Science* (Washington), pp. 45~59.

Feingold, M. (1997) 'The Mathematical Sciences and New Philosophies', in *History of the University of Oxford*, vol. 4, ed. Nicholas Tyacke (Oxford), pp. 359~448.

Feldhay, R. (1995) *Galileo and the Church: Political Inquisition or Critical Dialogue?* Cambridge.

Fernández-Armesto, F. (ed., 1995) *The European Opportunity*. Aldershot.

Fernández-Armesto, F. (1997) *Truth: A History and a Guide for the Perplexed.*

Field, A. (1988) *The Origins of the Platonic Academy of Florence*. Princeton.

Fiering, N. (1976) 'The Transatlantic Republic of Letters', *William & Mary Quarterly* 33, pp. 642~660.

Figueiredo, J. M. de (1984) 'Ayurvedic Medicine in Goa', rpr. in Storey, pp. 247~257.

Findlen, P. (1989) 'The Museum', *Journal of the History of Collections* 1, pp. 59~78.

Findlen, P. (1994) *Possessing Nature: Museums, Collecting and Scientific Culture in Early Modern Italy*. Berkeley.

Fleck, L. (1935) *Genesis and Development of a Scientific Fact*, English translation, Chicago, 1979.

Fleischer, C. H. (1986) *Bureaucrat and Intellectual in the Ottoman Empire.* Princeton.

Fletcher, J. M. (1981) 'Change and Resistance to Change: A Consideration of the Development of English and German Universities during the Sixteenth Century', *History of Universities* 1, pp. 1~36.

Flint, R. (1904) *Philosophy as Scientia Scientiarum and a History of the Classification of the Sciences.*

Fogel, M. (1989) *Les Cérémonies de l'information.*

Foucault, M. (1961) *Naissance de la clinique.*

Foucault, M. (1966) *Les Mots et les choses.*

Foucault, M. (1980) *Power/Knowledge*, ed. C. Gordon. Brighton.

Fox, A. (1999) 'Remembering the Past in Early Modern England', *Transactions of the Royal Historical Society* 9, pp. 233~256.

Frängsmyr, Tore, J. L. Heilbron and R. E. Rider (eds, 1990) *The Quantifying Spirit in the Eighteenth Century*. Berkeley-Los Angeles.

Fuller, S. (1992) 'Knowledge as Product and Property', in Stehr and Erics on, pp. 157~190.

Fumaroli, M. (1988) 'The Republic of Letters', *Diogenes* 143, pp. 129~152.

Gandt, F. de (1994) 'D'Alembert et la chaîne des sciences', *Revue de Synthèse* 115, pp. 39~54.

Gardair, J.-M. (1984) *Le 'Giornale de' letterati' de Rome (1668-81)*. Florence.

Garin, E. (1961) 'Ritratto del Paolo del Pozzo Toscanelli', rpr. in *Ritratti di wnanisti* (Florence, 1967), pp. 41~68.

Garofalo, S. (1980) *L'enciclopedismo italiano: Gianfrancesco Pivati*. Ravenna.

Gasnault, P. (1976) 'Les travaux d'érudition des Mauristes au 18e siècle', in Hammer and Voss, pp. 102~121.

Gasparolo, P. (1887) 'Costituzione dell'Archivio Vaticano e suo primo indice sotto il pontificato di Paolo V', *Studi e documenti di storia e diritto* 8, pp. 3~64.

Geertz, C. (1975) 'Common Sense as a Cultural System', rpr. in his *Local Knowledge* (New York, 1983), pp. 73~93.

Geertz, C. (1979) 'Suq', in *Meaning and Order in Moroccan Society* (Cambridge), pp. 123~244.

Geertz, C. (1983) 'Local Knowledge: Fact and Law in Comparative Perspective', in his *Local Knowledge* (New York), pp. 167~234.

Gellner, E. (1974) *Legitimation of Belief. Cambridge.*

Gellner, E. (1988) *Plough, Sword and Book.*

Gellrich, J. M. (1985) *The Idea of the Book in the Middle Ages*. Ithaca.

George, M. D. (1926~1929) 'The Early History of Registry Offices', *Economic History* 1, pp. 570~590.

Gerulaitis, L. V. (1976) *Printing and Publishing in Fifteenth-Century Venice*. Chicago.

Giard, L. (1983~1985) 'Histoire de l'université et histoire du savoir: Padoue (xive-xvie siècles)', *Revue de Synthèse* 104-6, pp. 139~169, 259~298, 419~442.

Giard, L. (1991) 'Remapping Knowledge,

Reshaping Institutions', in *Science, Culture and Popular Belief in Renaissance Europe*, ed. S. Pumfrey, P. L. Rossi and M. Slawinski (Manchester), pp. 19~47.

Gibbs, G. C. (1971) 'The Role of the Dutch Republic as the Intellectual Entrepot of Europe in the Seventeenth and Eighteenth Centuries', *Bijdragen en Mededelingen betreffende de Geschiedenis van de Nederlanden* 86, pp. 323~349.

Gibbs, G. C. (1975) 'Some Intellectual and Political Influences of the Huguenot Emigrés in the United Provinces c. 1680-1730', *Bijdragen en Mededelingen betreffende de Geschiedenis van de Nederlanden* 90, pp. 255~287.

Giddens, A. (1985) *The Nation-State and Violence*. Cambridge.

Giesecke, M. (1991) *Der Buchdruck in der frühen Neuzeit: Eine historische Fallstudie über die Durchsetzung neuer Informationsund Kommunikationstechnologien*. Frankfurt.

Gilbert, F. (1965) *Machiavelli and Guicciardini*. Princeton.

Gilbert, N, W. (1960) *Renaissance Concepts of Method*. New York.

Gillispie, C. C. (1960) *The Edge of Objectivity: An Essay in the History of Scientific Ideas*. Princeton.

Gillispie, C. C. (1980) *Science and Polity in France at the End of the Old Regime*. Princeton.

Ginzburg, C. (1976) 'High and Low: The Theme of Forbidden Knowledge in the 16th and 17th Centuries', *Past and Present* 73, pp. 28~41.

Ginzburg, C. (1978) 'Clues: Roots of an Evidential Paradigm', rpr. in his *Myths, Emblems, Clues*, English translation (1990), pp. 96~125.

Ginzburg, C. (1996) 'Making Things Strange: The Prehistory of a Literary Device', *Representations* 56, pp. 8~28.

Ginzburg, C. (1997) *Occhiacci di legno: nove riflessioni sulla distanza*. Milan.

Glass, D. V. (1973) *Numbering the People: The Eighteenth-Century Population Controversy and the Development of Census and Vital Statistics in Britain*. Farnborough.

Golder, F. A. (ed., 1922) *Bering's Voyages*, 2 vols. New York.

Goldgar, A. (1995) *Impolite Learning*. New Haven.

Goldie, M. (1987) 'The Civil Religion of

James Harrington', in *The Languages of Political Theory in Early-Modern Europe*, ed. Anthony Pagden (Cambridge), pp. 197~222.

Goldstein, T. (1965) 'Geography in Fifteenth-Century Florence', rpr. in Fernández-Armesto (1995), pp. 1~22.

Goldthwaite, R. A. (1972) 'Schools and Teachers of Commercial Arithmetic in Renaissance Florence', *Journal of European Economic History* 1, pp. 418~433.

Goodman, D. C. (1988) *Power and Penury: Government, Technology and Science in Philip II's Spain*. Cambridge.

Goodman, D. (1994) *The Republic of Letters: A Cultural History of the French Enlightenment*. Ithaca.

Goodman, G. K. (1967) *Japan: the Dutch Experience*, revised edn, 1987.

Goody, J. (1978) *The Domestication of the Savage Mind*. Cambridge.

Goody, J. (1996) *The East in the West*. Cambridge.

Goss, C. W. F. (1932) *The London Directories, 1677-1855*.

Goyet, F. (1986~1987) 'A propos de "ces pastissages de lieux communs": le rôle de notes de lecture dans la genèse des Essais', *Bulletin de la Société des Amis de Montaigne*, parts 5-8, pp. 11~26, 9~30.

Goyet, F. (1996) *Le sublime du 'lieu commun': l'invention rhétorique dans l'antiquité et à la Renaissance*.

Grafton, A. (1990) *Forgers and Critics*. Princeton.

Grafton, A. (1992) 'Kepler as a Reader', *Journal of the History of Ideas* 53, pp. 561~572.

Grafton, A. (1997) *The Footnote: A Curious History*.

Grafton, A. and L. Jardine (1986) *From Humanism to the Humanities: Education and the Liberal Arts in Fifteenth- and Sixteenth- Century Europe*.

Granet, M. (1934) *La Pensée chinoise*.

Grant, E. (1996) *The Foundations of Modern Science in the Middle Ages*. Cambridge.

Greengrass, M. (1998) 'Archive Refractions: Hartlib's Papers and the Workings of an Intelligencer', in Hunter, pp. 35~48.

Gregory, T. (1961) *Scetticismo e empirismo: studio su Gassendi*. Bari.

Gregory, T. et al. (eds, 1981) *Ricerche su letteratura libertina e letteratura*

clandestina nel '600. Florence.
Grosrichard, A. (1979) *Structure du serail: la fiction du despotisme asiatique dans l'occident classique*.
Grossman, M. (1975) *Humanism in Wittenberg 1485-1517*. Nieuwkoop.
Grove, R. (1991) 'The Transfer of Botanical Knowledge between Asia and Europe, 1498-1800', *Journal of the Japan-Netherlands Institute* 3, pp. 160～176.
Grove, R. (1996) 'Indigenous Knowledge and the Significance of South West India for Portuguese and Dutch Constructions of Tropical Nature', *Modern Asian Studies* 30, pp. 121～144.
Guénée, B. (1980) *Histoire et culture historique dans l'occident médiéval*.
Gunn, J. A. W. (1969) *Politics and the Public Interest in the Seventeenth Century*.
Gurvitch, G. (1966) *The Social Frameworks of Knowledge*, English translation, Oxford, 1971.
Guy, R. K. (1987) *The Emperor's Four Treasuries: Scholars and the State in the Late Ch'ien-Lung Era*. Cambridge, Mass.
Haase, E. (1959) *Einführung in die Literatur des Refuge: Der Beitrag der französischen Frotestanten zur Entwicklung analytischer Denkformen am Ende des 17. Jht*. Berlin.
Habermas, J. (1962) *The Structural Transformation of the Public Sphere*, English translation, Cambridge, 1989.
Hacking, I. (1975) *The Emergence of Probability*. Cambridge.
Hahn, R. (1971) *The Anatomy of a Scientific Institution: The Paris Academy of Sciences, 1666-1803*. Berkeley.
Hahn, R. (1975) 'Scientific Careers in Eighteenth-Century France', in M. P. Crosland (ed.), *The Emergence of Science in Western Europe*, pp. 127～138.
Hall, A. R. (1962) The Scholar and the Craftsman in the Scientific Revolution', in *Critical Problems in the History of Science*, ed. M. Clagett (Madison), pp. 3～32.
Hall, M. B. (1965) 'Oldenburg and the Art of Scientific Communication', *British Journal of the History of Science* 2, pp. 277～290.
Hall, M. B. (1975) 'The Royal Society's Role in the Diffusion of Information in the Seventeenth Century', *Notes and Records of the Royal Society* 29, pp.

173~192.

Hammer, K. and J. Voss (eds, 1976) *Historische Forschung im 18. Jht.* Bonn.

Hammermeyer, L. (1976) 'Die Forschungszentren der deutschen Benediktinern unci ihre Vorhaben', in Hammer and Voss, pp. 122~191.

Hammerstein, N. (1972) *Jus und Historie: ein Beitrag zur Geschichte des historischen Den kens an deutschen Universitäten im späten 17. und im 18, Jht.* Göttingen.

Hankins, J. (1990) *Plato in the Italian Renaissance*, 2 vols. Leiden.

Hankins, J. (1991) 'The Myth of the Platonic Academy of Florence', *Renaissance Quarterly* 44, pp. 429~475.

Hannaway, O. (1975) *The Chemists and the Word: The Didactic Origins of Chemistry*. Baltimore.

Hannaway, O. (1986) 'Laboratory Design and the Aims of Science: Andreas Libavius and Tycho Brahe', *Isis* 77, pp. 585~610.

Hannaway, O. (1992) 'Georgius Agricola as Humanist', *Journal of the History of Ideas* 53, pp. 553~560.

Haraway, D. (1988) 'Situated Knowledge', *Feminist Studies* 14, pp. 575~599.

Harley, J. B. (1988) 'Silences and Secrecy: The Hidden Agenda of Cartography in Early Modern Europe', *Imago Mundi* 40, pp. 57~76.

Harley, J. B. and D. Woodward (eds, 1992) *The History of Cartography*, vol. 2, part 1. Chicago.

Harley, J. B. and D. Woodward (eds, 1994) *The History of Cartography*, vol. 2, part 2. Chicago.

Harmsen, A. J. E. (1994) 'Barlaeus's Description of the Dutch Colony in Brazil', in *Travel Fact and Travel Fiction*, ed. Z. von Martels (Leiden), pp. 158~169.

Harris, J. R. (1985) 'Industrial Espionage in the Eighteenth Century', *Industrial Archaeology Review* 7, pp. 127~138.

Harris, J. R. (1992) 'The First British Measures against Industrial Espionage', in *Industry and Finance in Early Modern History*, ed. Ian Blanchard et al.

Harris, J. R. (1996a) 'A French Industrial Spy: The Engineer Le Turc in England in the 1780s', *Icon* 1, pp. 16~35.

Harris, J. R. (1996b) 'Law, Industrial Espionage and the Transfer of Technology from 18thc Britain', in *Technological Change*, ed. R. Fox

(Amsterdam), pp. 123~136.

Harris, M. (1987) *London Newspapers in the Age of Walpole.*

Harris, S. J. (1996) 'Confession-Building, Long-Distance Networks, and the Organisation of Jesuit Science', *Early Modern Science* 1, pp. 287~318.

Harris, S. J. (1998) 'Long-Distance Corporations, Big Sciences and the Geography of Knowledge', *Configurations* 6, pp. 269~304.

Harris, S. J. (1999) 'Mapping Jesuit Science: The Role of Travel in the Geography of Knowledge', in O'Malley and Bailey, pp. 212~240.

Haskell, F. (1993) *History and its Images: Art and the Interpretation of the Past.* New Haven.

Hassinger, E. (1978) *Empiriscb-ratiomler Historismus.* Berne-Munich.

Hathaway, N. (1989) '*Compilatio*: from Plagiarism to Compiling', *Viator* 20, pp. 19~44.

Hazard, P. (1935) *The European Mind, 1680-1715*, English translation, 1953.

Heath, M. J. (1983) 'Montaigne, Lucinge and the *Tesoro Politico*', *Bibliothèque d'Humanisme et Remaissance* 45, pp. 131~135.

Heckscher, W. S. (1958) *Rembrandt's Anatomy of Dr Nicholas Tulp: An Iconological Study.* New York.

Heers, J. (1976) 'L'Enseignement à Gênes et la formation culturelle des hommes d'affaires en Méditerranée à la fin du Moyen Âge', *Etudes Islamiques* 44, pp. 229~244.

Helms, M. W. (1988) *Ulysses, Sail.* Princeton.

Henningsen, G. and J. Tedeschi (eds, 1986) *The Inquisition in Early Modern Europe: Studies on Sources and Methods.* Dekalb, Ill.

Herlihy, D. and C. Klapisch (1978) *Les Toscans et leurs families.*

Hess, A. (1974) 'Piri Reis and the Ottoman Response to the Voyages of Discovery', *Terrae Incognitae* 6, pp. 19~37.

Hill, C. (1965) *Intellectual Origins of the Scientific Revolution.* Oxford.

Hill, C. (1972) *The World Turned Upside Down: Radical Ideas During the English Revolution*, second edn, Harmondsworth, 1975.

Hirschman, A. (1977) *The Passions and the Interests: Political Arguments for Capitalism before its Triumph.*

Princeton.

Hoftijzer, P. G. (1987) *Engelse boekverkopers bij de Beurs*. Amsterdam-Maarssen.

Holmes, G. (1977) 'Gregory King and the Social Structure of Preindustrial England', *Transactions of the Royal Historical Society* 27, pp. 41~65.

Hoock, J. (1980) 'Statistik und Politische Ökonomie', in Rassem and Stagl, pp. 307~323.

Hoock, J. and P. Jeannin (eds, 1991~1993) *Ars mercatoria*, 2 vols. Paderborn.

Hopkins, J. (1992) 'The 1791 French Cataloging Code and the Origins of the Card Catalogue', *Libraries and Culture* 27, pp. 378~404.

Houghton, W. E., Jr (1942) 'The English Virtuoso in the Seventeenth Century', *Journal of the History of Ideas* 3, pp. 51~73 and 190~219.

Hucker, C. O. (ed., 1968) *Chinese Government in Ming Times*. New York.

Huff, T. E. (1993) *The Rise of Early Modern Science*. Cambridge.

Huisman, F. (1989) 'Itinerant Medical Practitioners in the Dutch Republic: The Case of Groningen', *Tractrix* 1, pp. 63~83.

Hulshoff Pol, E. (1975) 'The Library', in Lunsingh Scheurleer and Posthumus Meyjes, pp. 395~460.

Hunter, M. C. W. (1981) *Science and Society in Restoration England*. Cambridge.

Hunter, M. C. W. (1982) *The Royal Society and its Fellows*, second edn, Oxford, 1994.

Hunter, M. C. W. (1989) *Establishing the New Science: The Experience of the Early Royal Society*. Wood bridge.

Hunter, M. C. W. (ed., 1998) *Archives of the Scientific Revolution: The Formation and Exchange of Ideas in 17th-Century Europe*. Woodbridge.

Hutchinson, T. W. (1988) *Before Adam Smith: The Emergence of Political Economy, 1662-1776*. Oxford.

Iliffe, R. (1992) 'In the Warehouse: Privacy, Property and Priority in the early Royal Society', *History of Science* 30, pp. 29~68.

Im Hoff, U. (1982) *Das gesellige Jahrhundert: Gesellschaft und Gesellschaften im Zeitalter der Aufklärung*, Munich.

Im Hoff, U. (1994) *The Enlightenment*.

Oxford.

Impey, O. and A. Macgregor (eds, 1985) *The Origins of Museums*. Oxford.

Infelise, M. (1997) 'Professione reportista. Copisti e gazzettieri nella Venezia del '600', in *Venezia: Itinerari per la storia della città*, ed. S. Gasparri, G. Levi and P. Moro (Bologna), pp. 193~219.

Infelise, M. (1999a) 'Le Marché des informations à Venise au 17e siècle', in H. Duranton and P. Rétat (eds, 1999) *Gazettes et information politique sous l'ancien régime* (Saint-Etienne), pp. 117~128.

Infelise, M. (1999b) *I libri proibiti da Gutenberg all'Encyclopédie*. Rome-Bari.

Innes, J. (1987) *The Collection and Use of Information by Government, circa 1690-1800*. Unpublished.

Innis, H. A. (1950) *Empire and Communications*. Oxford.

Innis, H. A. (1980) *The Idea File of Harold Innis*. Toronto.

Isaievych, I. (1993) 'The Book Trade in Eastern Europe in the Seventeenth and Eighteenth Centuries', in Brewer and Porter, pp. 381~392.

Israel, J. (1990a) 'The Amsterdam Stock Exchange and the English Revolution of 1688', *Tijdschrift voor Geschiedenis* 103, pp. 412~440.

Israel, J. (1990b) 'Een merkwaardig literair werk en de Amsterdamse effectenmarkt in 1688', in *De 17de eeuw* 6, pp. 159~165.

Itzkowitz, N. (1972) *Ottoman Empire and Islamic Tradition*. Princeton.

Jacob, C. (1992) *L'Empire des cartes*.

Jacob, C. (1996) 'Navigations alexandrines', in Baratin and Jacob, pp. 47~83.

Jacob, C. (1999) 'Mapping in the Mind', in *Mappings*, ed. D. Cosgrove, pp. 24~49.

Jardine, L. (1983) 'Isotta Nogarola', *History of Education* 12, pp. 231~244.

Jardine, L. (1985) 'The Myth of the Learned Lady in the Renaissance', *Historical Journal* 28, pp. 799~820.

Jardine, N., J. A. Secord and E. Spary (eds, 1996) *Cultures of Natural History*. Cambridge.

Johannisson, K. (1990) 'The Debate over Quantification in Eighteenth-Century Political Economy', in Frängsmyr, Tore et al. pp. 343~362.

Johansson, E. (1977) 'The History of Literacy in Sweden', rpr. in *Literacy and Social Development in the West*, ed. H. J. Graff (Cambridge, 1981), pp. 151~182.

Johns, A. (1998) *The Nature of the Book: Print and Knowledge in the Making*. Chicago.

Jukes, H. A. L. (ed., 1957) *Thomas Seeker's Articles of Enquiry*. Oxford.

Julia, D. (1986) 'Les Institutions et les hommes (16e-18e siècles)', in Verger, pp. 141~197.

Kafker, F. A. (ed., 1981) *Notable Encyclopaedias*. Oxford.

Kahn, D. (1967) *The Code-Breakers: The Story of Secret Writing*. New York.

Kany, C. E. (1932) *Life and Manners in Madrid, 1750-1800*. Berkeley.

Kapp, V. (ed., 1993) *Les Lieux de mémoire et la fabrique de l'oeuvre*.

Karamustafa, A. T. (1992) 'Military, Administrative and Scholarly Maps and Plans', in Harley and Woodward vol. 2, part 1, pp. 209~227.

Kearney, H. (1970) *Scholars and Gentlemen: Universities and Society in Preindustrial Britain, 1500-1700*.

Keene, D. (1952), *The Japanese Discovery of Europe*.

Keens-Soper, H. M. A. (1972) 'The French Political Academy, 1712', *European Studies Review* 2, pp. 329~355.

Kelley, D. R. (1971) 'History as a Calling: The Case of La Popelinière', in A. Molho and J. A. Tedeschi, eds, *Renaissance Studies in Honor of Hans Baron* (Florence), pp. 773~789.

Kelley, D. R. (1980) 'Johann Sleidan and the Origins of History as a Profession', *Journal of Modern History* 52, pp. 577~598.

Kelley, D. R. (ed., 1997) *History and the Disciplines*. Rochester.

Kelley, D. R. and R. H. Popkin (eds, 1991) *The Shapes of Knowledge from the Renaissance to the Enlightenment*. Dordrecht.

Kelly, C. M. (1994) 'Later Roman Bureaucracy: Going through the Files', in *Literacy and Power in the Ancient World*, ed. A. K. Bowman and G. Woolf, Cambridge, pp. 161~176.

Kenney, E. J. (1974) *The Classical Text: Aspects of Editing in the Age of the Printed Book*. Berkeley.

Kenny, N. (1991) *The Palace of Secrets: Béroalde de Verville and Renaissance Conceptions of Knowledge*. Oxford.

Kenny, N. (1998) *Curiosity in Early*

Modern Europe: Word Histories. Wiesbaden.

Keynes, G. (1940) *The Library of Edward Gibbon.* Second edn, 1980.

King, J. E. (1949) *Science and Rationalism in the Government of Louis XIV.* Baltimore.

King, M. L. (1976) 'Thwarted Ambitions: Six Learned Women of the Italian Renaissance', *Soundings* 59, pp. 280~300.

Kitchin, G. (1913) *Sir Roger L'Estrange.*

Klaits, J. (1971) 'Men of Letters and Political Reformation in France at the End of the Reign of Louis XIV: The Founding of the Academie Politique', *Journal of Modern History* 43, pp. 577~597.

Kley, E. J. Van (1971) 'Europe's "Discovery" of China and the Writing of World History', *American Historical Review* 76, pp. 358~385.

Klueting, H. (1986) *Die Lehre von Macht der Staaten.* Berlin.

Knorr-Cetina, K. (1981) *The Manufacture of Knowledge.* Oxford.

Knowles, M. D. (1958) 'Great Historical Enterprises: The Bollandists', *Transactions of the Royal Historical Society* 8, pp. 147~166.

Knowles, M. D. (1959) 'Great Historical Enterprises: The Maurists', *Transactions of the Royal Historical Society* 9, pp. 169~188.

Koeman, C. (1970) *Joan Blaeu and his Grand Atlas.* Amsterdam.

Koerner, L. (1996) 'Carl Linnaeus in his Time and Place', in Jardine, Secord and Spary, pp. 145~162.

Kolmar, L. (1979) 'Colbert und die Entstehung der Collection Doat', *Francia* 7, pp. 463~489.

Konvitz, J. (1987) *Cartography in France, 1660-1848.* Chicago.

Koran, R. (1874) *Der Kanzleienstreit.* Halle.

Kornicki, P. (1998) *The Book in Japan: A Cultural History from the Beginnings to the Nineteenth Century.* Leiden.

Koselleck, R. (1972) '*Begriffsgeschichte* and Social History', rpr. in his *Futures Past,* English translation, Cambridge, Mass., 1985, pp. 73~91.

Kristeller, P. O. (1951~1952) 'The Modern System of the Arts', rpr. in his *Renaissance Thought,* II (New York, 1965), pp. 163~227.

Kristeller, P. O. (1955) 'The Humanist

Movement', in his *Renaissance Thought* (New York, 1961), pp. 3~23.

Kühlmann, W. (1982) *Gelehrtenrepublik und Fürstenstaat*. Tübingen.

Kuhn, T. S. (1962) *The Structure of Scientific Revolutions*. Chicago.

Kusukawa, S. (1996) 'Bacon's Classification of Knowledge', in *The Cambridge Companion to Bacon*, ed. M. Peltonen (Cambridge), pp. 47~74.

Labrousse, E. (1963~1964) *Pierre Bayle*, 2 vols. The Hague.

Labrousse, E. (1983) *Bayle*. Oxford.

Lach, D. (1965) *Asia in the Making of Europe*, part 1. Chicago.

Lach, D. (1977) *Asia in the Making of Europe*, part 2. Chicago.

Lach, D. and E. J. Van Kley (1993) *Asia in the Making of Europe*, part 3. Chicago.

Ladner, G. B. (1979) 'Medieval and Modern Understanding of Symbolism: A Comparison', *Speculum* 54, pp. 223~256.

Laeven, A. H. (1986) *Acta Eruditorum*. Amsterdam.

Lamb. U (1969) 'Science by Litigation: A Cosmographic Feud', rpr. in her *Cosmographers and Pilots of the Spanish Maritime Empire* (Aldershot, 1995), III, pp. 40~57.

Lamb, U. (1976) 'Cosmographers of Seville', rpr. ibid., VI, pp. 675~686.

Lamo de Espinosa, E., J. M. González García and C. Torres Albero (1994) *La sociología del conocimiento y de la ciencia*. Madrid.

Landau, D. and P. Parshall (1994) *The Renaissance Print 1470-1550*. New Haven.

Lander, J. R. (1969) *Conflict and Stability in Fifteenth-Century England*.

Landes, D. S. (1998) *The Wealth and Poverty of Nations*.

Lankhorst, O. S. (1983) *Reinier Leers*. Amsterdam-Maarssen.

Lankhorst, O. S. (1990) 'Die snode uitwerkzels', *De 17de eeuw* 6, pp. 129~136.

Larrère, C. (1992) *L'Invention de l'économie au xviiie siècle*.

Latour, B. (1983) *Science in Action*.

Latour, B. (1986) 'Ces réseaux que la raison ignore: laboratoires, bibliothèques, collections', in Baratin and Jacob, pp. 23~46.

Law, J. (ed., 1986) *Power, Action and Belief: A New Sociology of Knowledge?*

Lawrence, S. C. (1996) *Charitable*

Knowledge: Hospital Pupils and Practitioners in Eighteenth-Century London. Cambridge.

LeDonne, J. P. (1984) *Ruling Russia: Politics and Administration in the Age of Absolutism, 1762-1796*. Princeton.

Leedham-Green, E. (1987) *Books in Cambridge Inventories*, 2 vols. Cambridge.

Le Goff, J. (1957) *Intellectuals in the Middle Ages*, revised edn, 1985, English translation, Oxford, 1992.

Le Goff, J. (1977) *Time, Work and Culture in the Middle Ages*, English translation, Chicago, 1980.

Lemaine, G. et al. (eds, 1976) *Perspectives on the Emergence of Scientific Disciplines*. The Hague.

Lenoir, T. (1997) *Instituting Science*. Stanford.

Letwin, W. (1963) *The Origins of Scientific Economics: English Economic Thought, 1660-1776*.

Lévi-Strauss, C. (1962) *La Pensée Sauvage*.

Lévi-Strauss, C. (1964) *Le Cru et le cuit*.

Levy, F. (1982) 'How Information Spread among the Gentry, 1550-1640', *Journal of British Studies* 21, pp. 11~34.

Lieshout, H. H. M. van (1993) 'The Library of Pierre Bayle', in Canone, pp. 281~297.

Lieshout, H. H. M. van (1994) 'Dictionnaires et diffusion de savoir', in *Commercium Litterarium*, ed. H. Bots and F. Waquet (Amsterdam-Maarssen), pp. 131~150.

Lindey, A. (1952) *Plagiarism and Originality*. New York.

Lindqvist, S. (1984) *Technology on Trial: The Introduction of Steam Power Technology into Sweden, 1715-36*. Uppsala.

Lipking, L. (1977) 'The Marginal Gloss', *Critical Inquiry* 3, pp. 620~631.

Livingstone, D. N. (1995) 'The Spaces of Knowledge', *Society and Space* 13, pp. 5~34.

Long, P. O. (1991) 'Invention, Authorship, "Intellectual Property" and the Origin of Patents: Notes towards a Conceptual History', *Technology and Culture* 32, pp. 846~884.

Losman, A. (1983) 'The European Communications Network of Carl Gustaf Wrangel and Magnus Gabriel de la Gardie', in *Europe and Scandinavia*, ed. G. Rystad (Lund), pp. 199~206.

Lougee, C. C. (1976) *Le Paradis des*

femmes: Women, Salons and Social Stratification in Seventeenth-Century France. Princeton.

Lough, J. (1968) *Essays on the Encyclopédie*. Oxford.

Lowood, H. E. (1990) 'The Calculating Forester', in Frängsmyr et al., pp. 315~342.

Lucas, C. (1989) 'Vers une nouvelle image de l'ecrivain', in *L'Ecrivain face à son public*, ed. C. A. Fiorato and J.-C. Margolin, pp. 85~104.

Lugli, A. (1983) *Naturalia e Mirabilia. II collezionismo enciclopedico nelle Wunderkammer d'Europa*. Milan.

Luhmann, N. (1990) 'The Cognitive Programme of Constructivism and a Reality that Remains Unknown', in *Self-Organisation*, ed. W. Krohn, G. Küpper and H. Novotny (Dordrecht), pp. 64~85.

Lukes, S. (1973) *Emile Durkheim*.

Lunsingh Scheurleer, T. H. and G. H. M. Posthumus Meyes (1975) *Leiden University in the Seventeenth Century*. Leiden.

Lux, D. S. (1991a) 'The Reorganisation of Science, 1450-1700', in Moran, pp. 185~194.

Lux, D. S. (1991b) 'Societies, Circles, Academies and Organisations', in Barker and Ariew, pp. 23~44.

McCarthy, E. D. (1996) *Knowledge as Culture: The New Sociology of Knowledge*.

McClellan, J. E., Ill (1985) *Science Reorganized: Scientific Societies in the Eighteenth Century*. New York.

MacDonald, M. and T. R. Murphy (1990) *Sleepless Souls: Suicide in Early Modern England*. Oxford.

Machlup, F. (1962) *The Production and Distribution of Knowledge in the United States*. Princeton.

Machlup, F. (1980~1984) *Knowledge*, 3 vols. Princeton.

McKendrick, N., J. Brewer and J. H. Plumb (1982) *The Birth of a Consumer Society: The Commercialization of Eighteenth-Century England*.

McKenzie, D. F. (1992) 'The Economies of Print, 1550-1750: Scales of Production and Conditions of Constraint', in Cavaciocchi, pp. 389~426.

McKitterick, D. (1992) 'Bibliography, Bibliophily and the Organization of Knowledge', in *The Foundations of Scholarship*, ed. D. Vaisey and D. McKitterick (Los Angeles), pp. 29～64.

Macleod, R. (1987) 'On Visiting the "Moving Metropolis": Reflections on the Architecture of Imperial Science', rpr. in Storey, pp. 23～55.

Makdisi, G. (1981) *The Rise of Colleges: Institutions of Learning in Islam and the West*. Edinburgh.

Malherbe, M. (1994) 'Bacon, Diderot et l'ordre encyclopédique', *Revue de Synthèse* 115, pp. 13～38.

Mandosio, J.-M. (1993) 'L'Alchimie dans la classification des sciences et des arts à la Renaissance', in *Alchimie et philosophic à la Renaissance*, ed. J.-C. Margolin and S. Matton (Paris), pp. 11～42.

Mannheim, K. (1925) 'The Problem of a Sociology of Knowledge', English translation in his *Essays in the Sociology of Knowledge*, 1952, pp. 134～190.

Mannheim, K. (1927) Conservatism: A Contribution to the Sociology of Knowledge, English translation, 1986.

Mannheim, K. (1929) 'Competition as a Cultural Phenomenon', English translation in his *Essays in the Sociology of Knowledge*, 1952, pp. 191～229.

Mannheim, K. (1936) *Ideology and Utopia: an Introduction to the Sociology of Knowledge*.

Mannheim, K. (1952) 'The Problem of Generations', in his *Essays on the Sociology of Knowledge*, pp. 276～320.

Marini, G. (1825) 'Memorie istoriche degli archivi della S. Sede', rpr. in *Monumenta Vaticana*, ed. H. Laemmer (Freiburg), 1861, pp. 433～453.

Marsh, R. M. (1961) *The Mandarins: The Circulation of Elites in Cbinay 1600-1900*. Glencoe.

Marshall, A. (1994) *Intelligence and Espionage in the Reign of Charles II*. Cambridge.

Martens, W. (1974) 'Die Geburt des Journalisten in der Aufklärung', in *Wolfenbütteler Studien zur Aufklärung*, vol. 1, ed. G. Schulz (Bremen), pp. 84～98.

Martin, H.-J. (1957) 'Les Bénédictins, leurs libra ires et le pouvoir: notes sur le financement de la recherche au temps de Mabillon et de Montfaucon', *Revue Française de l'Histoire du Livre* 43, pp. 273～287.

Martin, H.-J. (1969) *Livre, pouvoirs et société à Paris au 17e siècle*.

Martin, H.-J. (1988) *Histoire et pouvoirs de l'écrit.*

Martin, H.-J. (1996) *The French Book: Religion, Absolutism, and Readership 1585-1715*. Baltimore.

Martin, H.-J. and R. Chartier (1983~1984) *Histoire de l'édition française*, 2 vols.

Masseau, D. (1994) *L'Invention de l'intellectuel dans l'Europe du 18e siècle.*

Mattingly, G. (1955) *Renaissance Diplomacy.*

Mazauric, S. (1997) *Savoirs et philosophic à Paris dans la première moitié du 17e siècle: les conférences du bureau d'adresse de Théophraste Kenaudot.*

Mazzone, U. and A. Turchini (eds, 1985) *Le visite pastorali*. Bologna.

Meier, H. (1966) *Die ältere deutsche Staats- und Verwaltungslehre*. Neuwied.

Meinecke, F. (1924~1925) *Machiavellism*, English translation, 1957.

Meinel, C. (1988) 'Chemistry's Place in 18th-Century Universities', *History of Universities* 7, pp. 89~116.

Mendelsohn, E. (1977) 'The Social Construction of Scientific Knowledge', in *The Social Production of Scientific Knowledge*, ed. Mendelsohn (Dordrecht-Boston), pp. 3~26.

Merton, R. K. (1938) *Science, Technology and Society in Seventeenth-Century England*, revised edn, New York, 1970.

Merton, R. K. (1941) 'Karl Mannheim and the Sociology of Knowledge', rpr. in his *Social Theory and Social Structure*, revised edn, Glencoe, 1957, pp. 489~508.

Merton, R. K. (1945) 'The Sociology of Knowledge', ibid. pp. 456~488.

Merton, R. K. (1957) 'Priorities in Scientific Discovery', rpr. in his *Sociology of Science* (Chicago, 1973), pp. 286~324.

Merton, R. K. (1968) 'The Matthew Effect in Science', rpr. ibid., pp. 439~459.

Messick, B. (1993) *The Calligraphic State: Textual Domination and History in a Muslim Society*. Berkeley.

Metzger, T. (1973) *The Internal Organisation of Ch'ing Bureaucracy.*

Meyer, J. (1981) *Colbert.*

Middleton, W. E. K. (1971) *The Experimenters: A Study of the Accademia del Cimento*. Baltimore.

Miller, A. (1981) 'Louis Moréri's *Grand Dictionnaire Historique*', in Kafker, pp.

13~52.

Miller, D. P. (1996) 'Joseph Banks, Empire and "Centres of Calculation" in Late Hanoverian London', in *Visions of Empire*, ed. D. P. Miller and P. Reill (Cambridge), pp. 21~37.

Mills, C. W. (1940) 'The Language and Ideas of Ancient China', mimeo, rpr. in his *Power, Politics and People* (New York), pp. 469~520.

Mirot, L. (1924) *Roger de Piles*.

Miyazaki, I. (1963) *China's Examination Hell*, English translation, New York-Tokyo, 1976.

Money, J. (1993) 'Teaching in the Marketplace', in Brewer and Porter, pp. 335~380.

Monnet, N. (1996) 'L'Encyclopédisme en Chine', in Schaer, pp. 344~367.

Moore, W. E. and M. M. Tumin (1949) 'Some Social Functions of Ignorance', *American Sociological Review* 14, pp. 787~795.

Moran, B. T. (1991) 'Courts, Universities and Academies in Germany: An Overview, 1550-1750', in *Patronage and Institutions* (Woodbridge), pp. 169~194.

Morel-Fatio, A. (1913) *Historiographie de Charles V.*

Morgan, B. T. (1929) *Histoire du Journal des Savants depuis 1665 jusqu'en 1701.*

Morineau, M. (1985) *Incroyables gazettes et fabuleux métaux: les retours des trésors américains d'aprés les gazettes hollandaises*. Cambridge-Paris.

Moss, A. (1996) *Printed Commonplace Books and the Structuring of Renaissance Thought*. Oxford.

Moureau, F. (ed., 1995) *De bonne main: la communication manuscrite au 18e siècle.* Paris-Oxford.

Mundy, B. (1996) *The Mapping of New Spain: Indigenous Cartography and the Maps of the Relaciones Geograficas.* Chicago.

Murray, A. (1978) *Reason and Society in the Middle Ages*. Oxford.

Myers, R. and M. Harris (eds, 1992) *Censorship and the Control of Print in England and France, 1600-1910.* Winchester.

Nakagawa, H. (1992) 'L'Encyclopédie et le Japon', in his *Des lumières et du comparatisme: un regard japonais sur le 18e siècle*, pp. 237~268.

Nelles, P. N. (1997) 'The Library as an Instrument of Discovery', in Kelley, pp.

41~57.

Nigro, S. S. (1991) 'The Secretary', in *Baroque Personae*, ed. R. Villari, English translation (Chicago, 1995), pp. 82~99.

Nisard, C. (1860) *Les Gladiateurs de la république des lettres*, 2 vols.

Nordenmark, N. V. E. (1939) *Pehr Wilhelm Wargentin*. Uppsala.

Oakley, S. P. (1968) 'The Interception of Posts in Celle, 1694-1700', in *William III and Louis XIV*, ed. R. Hatton and J. S. Bromley (Liverpool), pp. 95~116.

Ollard, S. L. and P. C. Walker (eds, 1929~1931) *Archbishop T. Herring's Visitation Returns*, 4 vols. York.

Olmi, G. (1992) *L'inventario del mondo*. Bologna.

O'Malley, J. and G. Bailey (eds, 1999) *The Jesuits*. Toronto.

Ong, W. (1958) *Ramus: Method and the Decay of Dialogue*, Cambridge, Mass.

Ophir, A. and Steven Shapin (1991) 'The Place of Knowledge', *Science in Context* 4, pp. 3~21.

Ornstein, M. (1913) *The Role of the Scientific Societies in the Seventeenth Century*. New York.

Palumbo, M. (1993a) 'La biblioteca lessicografica di Leibniz', in Canone, pp. 419~456.

Palumbo, M. (1993b) *Leibniz e la res bibliothecaria*. Rome.

Panofsky, E. (1953) 'Artist, Scientist, Genius', revised in *The Renaissance: Six Essays* (New York, 1962), pp. 123~182.

Pardo Tomás. J. (1991) *Ciencia y censura: la inquisición española y los libros científicos en los siglos xvi y xvii*. Madrid.

Pareto, V. (1916) *The Mind and Society*, English translation, 1935.

Parker, G. (1992) 'Maps and Ministers: The Spanish Habsburgs', in Buisseret, pp. 124~152.

Parker, G. (1998) *The Grand Strategy of Philip II*. New Haven.

Parker, I. (1914) *Dissenting Academies in England*. Cambridge.

Partner, P. (1980) 'Papal Financial Policy in the Renaissance and Counter-Reformation', *Past and Present* 88, pp. 17~62.

Partner, P. (1990) *The Pope's Men: The Papal Civil Service in the Renaissance*. Oxford.

Pearson, K. (1978) *The History of Statistics in the Seventeenth and Eighteenth Centuries*.

Pedersen, J. and G. Makdisi (1979) 'Madrasa', *Encyclopaedia of Islam*, vol. 5, pp. 1123~1134. Leiden.

Pedersen, O. (1996) 'Tradition and Innovation', in Ridder-Symoens, pp. 452~488.

Pedley, M. S. (1979) 'The Subscription Lists of the *Atlas Universel* (1757): A Study in Cartographic Dissemination', *Imago Mundi* 31, pp. 66~77.

Pelletier, M. (1990) *La Carte de Cassini: l'extraordinaire aventure de la carte en France.*

Pels, D. (1996) 'Strange Standpoints: or How to Define the Situation for Situated Knowledge', *Telos* 108, pp. 65~91.

Pels, D. (1997) 'Mixing Metaphors: Politics or Economics of Knowledge', *Theory and Society* 26, pp. 685~717.

Perrot, J.-C. (1981) 'Les Dictionnaires de commerce au 18e siècle', *Revue d' Histoire Moderne et Contemporaine* 28, pp. 36~67.

Petrucci, A. (1995) 'Reading to Read', in *A History of Reading in the West,* ed. G. Cavallo and R. Chartier, English translation, Cambridge, 1999, pp. 345~367.

Phillips, H. (1997) *Church and Culture in Seventeenth-Century France.* Cambridge.

Phillips, P. (1990) *The Scientific Lady: A Social History of Women's Scientific Interests, 1520-1918.*

Picard, R. (1943) *Les Salons littéraires.*

Pinch, W. R. (1999) 'Same Difference in India and Europe', *History and Theory* 38, pp. 389~407.

Pinot, V. (1932) *La Chine et la formation de l'esprit philosophique en France, 1640-1740.*

Pintard, R. (1943) *Le Libertinage érudit dans la première moitié du 17e siècle,* revised edn, Geneva-Paris, 1983.

Pipes, R. (1960) 'he Historical Evolution of the Russian Intelligentsia', in Pipes, ed., *The Russian Intelligentsia,* pp. 47~62.

Plumb, J. H. (1973) *The Emergence of Leisure in the Eighteenth Century.* Reading.

Poelhekke, J. J. (1960) 'Lieuwe van Aitzema', rpr. in *Geschiedschrijving in Nederland,* ed. P. A. M. Geurts and A. E. M. Janssen (The Hague, 1981), pp. 97~116.

Pollard, G. and A. Ehrman (1965) *The*

Distribution of Books by Catalogue. Cambridge.

Pomian, K. (1972) 'Les Historiens et les archives dans la France du 17e siècle', *Acta Poloniae Historica* 26, pp. 109~125.

Pomian, K. (1973) 'De la lettre au périodique: la circulation des informations dans les milieux des historiens au 17e siècle', *Organon* 9, pp. 25~43.

Pomian, K. (1987) *Collectors and Curiosities*, English translation, Cambridge, 1990.

Popkin, J. D. (1990) *Revolutionary News: The Press in France 1789-99*. Durham, NC

Popkin, R. H. (1960) *History of Scepticism from Erasmus to Spinoza*, revised edn, Berkeley-Los Angeles, 1979.

Porter, R. (1989) *Health for Sale*.

Porter, R. (1996) 'The Scientific Revolution and Universities', in Ridder-Symoens, pp. 531~564.

Post, G. (1932) 'Masters' Salaries and Students' Fees in the Medieval Universities', *Speculum* 7, pp. 181~198.

Post, G., K. Giocarini and R. Kay (1955) 'The Medieval Heritage of a Humanist Ideal', *Traditio* 11, pp. 195~234.

Poster, M. (1990) *The Mode of Information*. Cambridge.

Potter, E. (1993) 'Gender and Epistemic Negotiation', in Alcoff and Potter, pp. 161~186.

Pred, A. (1973) *Urban Growth and the Circulation of Information*. New York.

Preto, P. (1994) *I servizi segreti di Venezia*. Milan.

Principe, L. M. (1992) 'Robert Boyle's Alchemical Secrecy: Codes, Ciphers and Concealment', *Ambix* 39, pp. 63~74.

Prodi, P. (1982) *The Papal Prince*, English translation, Cambridge, 1987.

Prosperi, A. (1981) 'Intellettuali e chiesa all'inizio dell'età moderna', in *Storia d'talia, Annali*, vol. 4 (Turin), pp. 161~252.

Prosperi, A. (1996) *Tribunali di coscienza: inquisitori, confessori, missionari*. Turin.

Prosperi, A. (1997) 'Effetti involontari della censura', in *La censura libraria nell'Europa del secolo xvi*, ed. U. Rozzo (Udine), pp. 147~162.

Proust, J. (1962) *Diderot et l'Encyclopédie*.

Pulido Rubio, J. (1950) *El Piloto Mayor*

de la Casa de la Contratación de Sevilla. Seville.

Pumfrey, S., P. L. Rossi and M. Slawinski (eds, 1991) *Science, Culture and Popular Belief in Renaissance Europe*. Manchester.

Quedenbaum, G. (1977) *Der Verleger J. H. Zedler*. Hildesheim.

Queller, D. (1973) 'The Development of Ambassadorial *Relazioni*', in *Renaissance Venice*, ed. J. R. Hale, pp. 174~196.

Raeff, M. (1983) *The Well-Ordered Police State*. New Haven.

Ranum, R. (1963) *Richelieu and the Councillors of Louis XIII*. Oxford.

Rassem, M. and J. Stagl (eds, 1980) *Statistik und Staatsbeschreibung in der Neuzeit*. Paderborn.

Rassem, M. and J. Stagl (eds, 1994) *Geschichte der Staatsbeschreibung: Ausgewählte Quellentexte, 1456-1813*. Berlin.

Raven, J. (1992) 'Book Distribution Networks in Early Modern Europe: The Case of the Western Fringe, c.1400-1800', in Cavaciocchi, pp. 583~630.

Raven, J. (1993) 'Selling Books across Europe 1450-1800: An Overview', *Publishing History* 34, pp. 5~20.

Rawski, E. S. (1979) *Education and Popular Literacy in Ch'ing China*. Ann Arbor.

Rawski, E. S. (1985) 'Economic and Social Foundations', in *Popular Culture in Late Imperial China*, ed. D. Johnson, A. J. Nathan and E. S. Rawski (Berkeley) Los Angeles, pp. 3~33.

Reichardt, R. (1989) 'Prints: Images of the Bastille', in Darnton and Roche, pp. 223~251.

Reichmann, E. (1968) *Der Herrschaft der Zahl. Quantitatives Denken in der Deutschen Aufklärung*. Stuttgart.

Reinhartz, D. (1987) 'Shared Vision: Herman Moll and his Circle and the Great South Sea', *Terrae Incognitae* 19, pp. 1~10.

Reinhartz, D. (1994) 'In the Service of Catherine the Great: The Siberian Explorations and Map of Sir Samuel Bentham', *Terrae Incognitae* 26, pp. 49~60.

Reiss, T. J. (1997) *Knowledge, Discovery and Imagination in Early Modern Europe: The Rise of Aesthetic Rationalism*. Cambridge.

Rennie, N. (1995) *Far-Fetched Facts: The Literature of Travel and the Idea of the*

South Seas. Oxford.

Repp, R. (1972) 'Some Observations on the Development of the Ottoman Learned Hierarchy', in *Scholars, Saints and Sttfis*, ed. N. R. Keddie (Berkeley), pp. 17~32.

Repp, R. (1986) *The Müfti of Istanbul: A Study in the Development of the Ottoman Learned Hierarchy*.

Revel, J. (1991) 'Knowledge of the Territory', *Science in Context* 4, pp. 133~161.

Revel, J. (1996) 'Entre deux mondes: la bibliothèque de Gabriel Naudé', in Baratin and Jacob, pp. 243~250.

Rey, R. (1994) 'La classification des sciences', *Revue de Synthèse* 115, pp. 5~12.

Richardson, B. (1994) *Print Culture in Renaissance Italy: The Editor and the Vernacular Text, 1470-1600*. Cambridge.

Richardson, B. (1999) *Printing, Writers and Readers in Renaissance Italy*. Cambridge.

Richter, L. (1946) *Leibniz und Russland*. Berlin.

Ridder-Symoens, H. de (ed., 1992) *A History of the University in Europe: The Middle Ages*. Cambridge.

Ridder-Symoens, H. de (ed., 1996) *A History of the University in Europe: Universities in Early Modern Europe, 1500-1800*. Cambridge.

Ringer, F. K. (1969) *The Decline of the German Mandarins: The German Academic Community, 1890-1933*. Cambridge, Mass.

Ringer, F. K. (1990) 'The Intellectual Field, Intellectual History and the Sociology of Knowledge', *Theory and Society* 19, pp. 269~294.

Ringer, F. K. (1992) *Fields of Knowledge: French Academic Culture in Comparative Perspective, 1890-1920*. Cambridge.

Robinson, E. (1975) 'The Transference of British Technology to Russia, 1760-1820', in *Great Britain and her World, 1750-1914*, ed. B. M. Ratcliffe (Manchester), pp. 1~26.

Robinson, F. (1993) 'Technology and Religious Change: Islam and the Impact of Print', *Modern Asian Studies* 27, pp. 229~251, revised and enlarged as 'Islam and the Impact of Print in South Asia', in *The Transmission of Knowledge in South Asia*, ed. N. Crook (Delhi, 1996), pp. 62~97.

Roche, D. (1976) 'L'Histoire dans les activités des académies provinciales en France au 18e siècle', in Hammer and Voss, pp. 260~295.

Roche, D. (1978) *Le Siècle des lumières en province*. The Hague.

Roche, D. (1981) *The People of Paris*, English translation, Leamington, 1987.

Roche, D. (1982) 'L'Intellectuel au travail', rpr. in his *Les Républicains des lettres* (1988), pp. 225~241.

Roche, D. (1989) 'Censorship and the Publishing Industry', in Darnton and Roche, pp. 3~26.

Rochot, B. (1966) 'Le Père Mersenne et les relations intellectuelles dans l'Europe du 17e siècle', *Cahiers d'Histoire Mondiale* 10, pp. 55~73.

Rogers, P. (1972) *Grub Street*.

Romano, R. and A. Tenenti (1967) 'L'Intellectuel dans la société italienne des 15e et 16e siècles', in *Niveaux de culture*, ed. L. Bergeron, pp. 51~65.

Rosa, M. (1994) 'Un médiateur dans la République des Lettres: le bibliothécaire', in *Commercium Litemrium*, ed. H. Bots and F. Waquet (Amsterdam-Maarssen), pp. 81~100.

Rose, M. (1988) The Author as Proprietor', *Representations* 23, pp. 51~85.

Rose, M. (1993) *Authors and Owners*. Cambridge, Mass.

Rosenthal, F. (1970) *Knowledge Triumphant*. Leiden.

Rossi, P. (1960) *Clavis Universalis: Arti Mnemoniche e Logica Combinatoria da Lullo a Leibniz*. Milan-Naples.

Rossi, P. (1962) *Philosophy, Technology and the Arts in the Early Modern Era*, English translation, New York, 1970.

Rothkrug, L. (1965) *Opposition to Louis XIV: The Political and Social Origins of the French Enlightenment*. Princeton.

Rouse, R. H. and M. A. Rouse (1982) '*Statim invenire*: Schools, Preachers and New Attitudes to the Page', in *Renaissance and Renewal*, ed. R. L. Benson and G. Constable (Cambridge, Mass.), pp. 201~225.

Rouse, R. H. and M. A. Rouse (1983) 'La naissance des index', in Martin and Chartier vol. 1, pp. 77~86.

Rowen, H. H. (1987) 'Lieuwe van Aitzema', in *Politics and Culture in Early Modern Europe*, ed. P. Mack and M. Jacob (Cambridge), pp. 169~182.

Rubin, M. R. and M. T. Huber (1986) *The*

Knowledge Industry in the United States, 1960-1980. New Haven.
Rüegg, W. (1992) 'The Rise of Humanism', in Ridder-Symoens, pp. 442~468.
Ruestow, E. G. (1973) *Physics at 17th and 18the Leiden*. The Hague.
Said, E. (1978) *Orientalism*, second edn, 1995.
Salmond, A. (1982) 'Theoretical Landscapes: On Cross-Cultural Conceptions of Knowledge', in *Semantic Anthropology*, ed. D. Parkin, pp. 65~88.
Santos Lopes, M. dos (1992) *Afrika: eine neue Welt in deutschen Schriften des 16. und 17. Jht.* Stuttgart.
Santschi, C. (1978) *La Censure à Genève au 17e siècle*. Geneva.
Sardella, P. (1948) *Nouvelles et spéculations à Venise*.
Saunders, S. (1991) 'Public Administration and the Library of J.-B. Colbert', *Libraries and Culture* 26, pp. 282~300.
Sazonova, L. (1996) 'Die Entstehung der Akademien in Russland', in K. Garber and H. Wismann (eds), *Die europäischen Akademien* (Tubingen), pp. 966~992.
Schaer, R. (ed., 1996) *Tous les savoirs du monde: encyclopédies et bibliotheèques9 de Sumer au xxie siècle*.
Schaffer, S. (1996) 'Afterword', in *Visions of Empire*, ed. D. P. Miller and P. Reill (Cambridge), pp. 335~352.
Scheler, M. (1926) *Die Wissensformen und die Gesellschaft*. Leipzig.
Schiebinger, L. (1989) *The Mind has no Sex?* Cambridge, Mass.
Schilder, G. (1976) 'Organisation and Evolution of the Dutch East India Company's Hydrographic Office', *Imago Mundi* 28, pp. 61~78.
Schiller, H. I. (1986) *Information and the Crisis Economy*. New York.
Schiller, H.I. (1996) *Information Inequality: The Deepening Social Crisis in America*.
Schilling, H. (1983) 'Innovation through Migration', *Histoire Sociale* 16, pp. 7~34.
Schmidt-Biggemann, W. (1983) *Topica universalis: eine Modellgeschichte humanistischer und barocker Wissenschaft*. Hamburg.
Schmidt-Biggemann, W. (1996) 'New Structures of Knowledge', in Ridder-

Symoens, pp. 489～530.

Schöffler, H. (1936) *Wirkungen der Reformation*, rpr. Frankfurt, 1960.

Schottenloher, K. (1933) 'Die Druckprivilegien', *Gutenberg Jahrbuch*, pp. 89～111.

Schottenloher, K. (1935) *Der Buchdrucker als neuer Berufstand des 15. und 16. Jahrhunderts*. Berlin.

Schulte-Albert, H. G. (1971) 'G. W. Leibniz and Library Classification', *Journal of Library History* 6, pp. 133～152.

Schumpeter, J. (1942) *Capitalism, Socialism and Democracy*.

Scott, J. (1991) 'Ignorance and Revolution: Perceptions of Social Reality in Revolutionary Marseilles', in *Interpretation and Cultural History*, ed. J. Pittock and A. Wear, pp. 235～268.

Sealy, R. J. (1981) *The Palace Academy of Henry III*. Geneva.

Seguin, J.-P. (1964) *L'Information en France avant le périodique, 1529-1631*.

Seifert, A. (1976) *Cognitio historical die Geschicbte als Namengeberin der frühneuzeitliche Empirie*. Berlin.

Seifert, A. (1980) 'Staatenkunde', in Rassem and Stagl, pp. 217～248.

Seifert, A. (1983) 'Conring und die Begründung der Staatenkunde', in Stolieis, pp. 201～216.

Serjeantson, R. (1999) 'Introduction' to Meric Casaubon, *Generall Learning* (Cambridge), pp. 1～65 [first edn of seventeenth-century text].

Serrai, A. (1988～1992) *Storia della bibliografia*, 5 vols. Rome.

Serrai, A. (1990) *Conrad Gessner*, ed. M. Cochetti. Rome.

Seymour, W. A. (ed., 1980) *A History of the Ordnance Survey*. Folkestone.

Sgard, J. (ed., 1976) *Dictionnaire des journalistes (1600-1789)*. Grenoble.

Sgard, J. (1987) 'Et si les anciens étaient modernes . . . le système du P. Hardouin', in *D'un siècle à l'autre*, ed. L. Godard de Donville (Marseilles), pp. 209～220.

Sgard, J. (ed., 1991) *Dictionnaire des journaux*, 1600-1789, 2 vols.

Shaaber, M. (1929) *Some Forerunners of the Newspaper, 1476-1622*. Philadelphia.

Shackleton, R. (1961) *Montesquieu: An Intellectual and Critical Biography*. Oxford.

Shackleton, R. (1970) *The Encyclopaedia*

and the Clerks. Oxford.

Shapin, S. (1982) 'History of Science and its Sociological Reconstructions', revised in *Cognition and Fact*, ed. R. S. Cohen and T. Schnelle (Dordrecht), pp. 325~386.

Shapin, S. (1988) 'The House of Experiment in Seventeenth-Century England', *Isis* 79, pp. 373~404.

Shapin, S. (1994) *A Social History of Truth: Civility and Science in Seventeenth-Century England*. Chicago.

Shapin, S. (1996) *The Scientific Revolution*. Chicago.

Shapin, S. and S. Schaffer (1985) *Leviathan and the Air-Pump: Hobbes, Boyle and the Experimental Life*. Princeton.

Shapiro, B. J. (1983) *Probability and Certainty in Seventeenth-Century England*. Princeton.

Shapiro, B. J. (1991) *Beyond Reasonable Doubt*. Berkeley.

Shapiro, B. J. (1994) 'The Concept "Fact": Legal Origins and Cultural Diffusion', *Albion* 26, pp. 1~26.

Shaw, D. J. B. (1996) 'Geographical Practice and its Significance in Peter the Great's Russia', *Journal of Historical Geography* 22, pp. 160~176.

Sher, R. B. (1997) '*Charles V* and the Book Trade: An Episode in Enlightenment Print Culture', in S. J. Brown (ed.) *William Robertson and the Expansion of Empire* (Cambridge), pp. 164~195.

Sherman, W. (1995) *John Dee: The Politics of Reading and Writing in the English Renaissance*. Amherst.

Shively, D. H. (1991) 'Popular Culture', in *Early Modern Japan*, ed. J. W. Hall (Cambridge), pp. 706~769.

Shteir, A. B. (1996) *Cultivating Women, Cultivating Science*. Baltimore.

Siebert, F. S. (1965) *Freedom of the Press in England, 1476-1776*. Urbana.

Slaughter, M. M. (1982) *Universal Language and Scientific Taxonomy in the Seventeenth Century*. Cambridge.

Smith, P. H. (1994) *The Business of Alchemy: Science and Culture in the Holy Roman Empire*. Princeton.

Smith, W. D. (1984) 'Amsterdam as an Information Exchange in the Seventeenth Century', *Journal of Economic History* 44, pp. 985~1005.

Solomon, H. M. (1972) *Public elf are, Science and Propaganda*. Princeton.

Solt, L. F. (1956) 'Anti-intellectualism in

the Puritan Revolution', *Church History* 25, pp. 306~316.

Soucek, S. (1992) 'Islamic Charting in the Mediterranean', in Harley and Woodward vol. 2, part 1, pp. 263~292.

Stagl, J. (1980) 'Die Apodemik oder "Reisekunst" als Methodik der Sozialforschung vom Humanismus bis zur Aufklärung', in Rassem and Stagl, pp. 131~202.

Stagl, J. (1995) *The History of Curiosity*. Chur.

Stark, W. (1960) *Montesquieu, Pioneer of the Sociology of Knowledge*.

Steensgaard, N. (1982) 'The Dutch East India Company as an Institutional Innovation', in *Dutch Capitalism and World Capitalism*, ed. M. Aymard (Cambridge-Paris), pp. 235~257.

Stegmann, J. (1988) 'Comment constituer une bibliotheque en France au debut du 17e siècle', in Aquilon and Martin, pp. 467~501.

Stehr, N. (1992) 'Experts, Counsellors and Advisers', in Stehr and Ericson, pp. 107~155.

Stehr, N. (1994) *Knowledge Societies*.

Stehr, N. and R. V. Ericson (eds, 1992) *The Culture and Power of Knowledge*. Berlin-New York.

Stehr, N. and V. Meja (eds, 1984) *Society and Knowledge*. New Brunswick.

Stenzel, H. (1993) 'Gabriel Naudé et l'utopie d'une bibliothèque idéale', in Kapp, pp. 103~115.

Stevenson, E. L. (1927) 'The Geographical Activities of the *Casa de la Contratación*', *Annals of the Association of American Geographers* 17, pp. 39~52.

Stewart, L. (1992) *The Rise of Public Science: Rhetoric, Technology and Natural Philosophy in Newtonian Britain, 1660-1750*. Cambridge.

Stichweh, R. (1991) *Der frühmoderne Staat und die europäische Universität*. Frankfurt.

Stigler, G. J. (1961) 'The Economics of Information', *Journal of Political Economy* 69, pp. 213~225.

Stock, B. (1983) *The Implications of Literacy*. Princeton.

Stolleis, M. (1980) *Arcana Imperii und Ratio Status*. Göttingen.

Stolleis, M. (1983) 'Die Einheit der Wissenschaften - Hermann Conring', in *Hermann Coming* (1606-1681) (Berlin), pp. 11~34.

Storey, W. K. (ed., 1996) *Scientific Aspects*

of European Expansion. Aldershot.
Strauss, G. (1975) 'Success and Failure in the German Reformation', *Past and Present* 67, pp. 30~63.
Stroup, A. (1990) *A Company of Scientists: Botany, Patronage and Community at the Seventeenth-Century Parisian Royal Academy of Sciences*. Berkeley-Los Angeles.
Sutherland, J. R. (1986) *The Restoration Newspaper*. Cambridge.
Switzer, R. (1967) 'America in the Encyclopédie', *Studies on Voltaire* 58, pp. 1481~1499.
Taylor, A. R. (1945) *Renaissance Guides to Books*. Berkeley-Los Angeles.
Tega, W. (1984) *Arbor scientiarum*. Bologna.
Teixeira de Mota, A. (1976) 'Some Notes on the Organisation of Hydrographical Services in Portugal', *Imago Mundi* 28, pp. 51~60.
Teng, S.-Y. (1942~1943) 'Chinese Influence on the Western Examination System', *Harvard Journal of Asiatic Studies* 7, pp. 267~312.
Teng, S.-Y. and K. Biggerstaff (1936) *An Annotated Bibliography of Selected Chinese Reference Works*, revised edn, Cambridge, Mass., 1950.
Tennant, E. C. (1996) 'The Protection of Invention: Printing Privileges in Early Modern Germany', in *Knowledge, Science and Literature in Early Modern Germany*, ed. G. S. Williams and S. K. Schindler (Chapel Hill), pp. 7~48.
Thiel-Horstmann, M. (1980) 'Staatsbeschreibung und Statistische Erhebungen im Vorkolonialen und Kolonialen Indien', in Rassem and Stagl, pp. 205~213.
Thomas, K. V. (1971) *Religion and the Decline of Magic: Studies in Popular Beliefs in Sixteenth and Seventeenth Century England*.
Thorndike, L. (1951) 'Newness and Novelty in Seventeenth-Century Science', *Journal of the History of Ideas* 12, pp. 584~598.
Thrift, N. (1985) 'Flies and Germs: A Geography of Knowledge', in *Social Relations and Spatial Structures*, ed. D. Gregory and J. Urry, pp. 366~403.
Thrift, N., F. Driver and D. Livingstone (1995) 'The Geography of Truth', *Society and Space* 13, pp. 1~3.
Toscani, I. (1980) 'Etatistisches Denken und Erkenntnis-theoretische

Überlegungen in den Venezianischen Relazionen', in Rassem and Stagl, pp. 111~125.

Trenard, L. (1965~1966) 'Le Rayonnement de l'*Encyclopédie*', *Cahiers d'Histoire Moderne* 9, pp. 712~747.

Tucci, U. (1990) 'Ranke and the Venetian Document Market', in *Leopold von Ranke and the Shaping of the Historical Discipline*, ed. G. G. Iggers and J. M. Powell (Syracuse), pp. 99~108.

Turner, R. (ed., 1974) *Ethnomethodology*. Harmondsworth.

Tyacke, N. (1978) 'Science and Religion at Oxford before the Civil War', in *Puritans and Revolution*, ed. D. Pennington and K. V. Thomas (Oxford), pp. 73~93.

Unno, K. (1994) 'Cartography in Japan', in Harley and Woodward, vol. 2, pt 2, pp. 346~477.

Vandermeersch, P. A. (1996) 'Teachers', in Ridder-Simoens, pp. 210~255.

Van Leeuwen, H. G. (1963) *The Problem of Certainty in English Thought 1630-90*. The Hague.

Veblen, T. (1906) 'The Place of Science in Modern Civilisation', *American Journal of Sociology* 11, pp. 585~609.

Veblen, T. (1918) *The Higher Learning in America: A Memorandum on the Conduct of Universities by Businessmen*. New York.

Veblen, T. (1919) 'The Intellectual Pre-eminence of Jews in Modern Europe', *Political Science Quarterly* 34, pp. 33~42.

Venard, M. (1985) 'Le visite pastorali francesi dal xvi al xviii secolo', in Mazzone and Turchini, pp. 13~55.

Venturi, F. (1959) 'Contributi ad un dizionario storico', *Rivista Storica Italiana* 71, pp. 119~130.

Verger, J. (1997) *Les Gens de savoir en Europe à la fin du Moyen Age*.

Vericat, J. (1982) 'La "organizatoriedad" del saber en la España del siglo xvi', in *Homenaje a G. F. de Oviedo*, ed. F. de Solano and F. del Pino, 2 vols (Madrid), vol. 1, pp. 381~415.

Verner, C. (1978) 'John Seller and the Chart Trade in Seventeenth-Century England', in N. J. W. Thrower (ed.), *The Complete Plattmaker* (Berkeley), pp. 127~158.

Viala, A. (1985) *Naissance de l'écrivain*.

Villey, P. (1908) *Les Sources et l'évolution*

des Essais de Montaigne, 2 vols.

Völkel, M. (1987) *'Pyrrhonismus historicus' und 'fides historica': die Entwicklung der deutschen historischen Methodologie unter dem Gesichtspunkt der historischen Skepsis*. Frankfurt.

Voss, J. (1972) *Das Mittelalter im historischen Denken Frankreichs*. Munich.

Voss, J. (1979) *Universität, Gescbicbtswissenscbaft und Diplomatic im Zeitalter der Aufklärung: fohann Daniel Schöpflin (1694-1771)*. Munich.

Voss, J. (1980) 'Die Akademien als Organisationsträger der Wissenschaften im 18. Jht', *Historisches Zeitschrift* 231, pp. 43~74.

Vucinich, A. (1963) *Science in Russian Culture: A History to 1860*. Stanford.

Walker, R. B. (1973) 'Advertising in London Newspapers 1650-1750', *Business History* 15 (1973) pp. 112~130.

Wallis, P. J. (1974) 'Book Subscription Lists', *The Library* 29, pp. 255~286.

Wallis, R. (ed., 1979) *On the Margins of Science: The Social Construction of Rejected Knowledge*. Keele.

Walzer, M. (1965) *The Revolution of the Saints: A Study in the Origins of Radical Politics*. Cambridge, Mass.

Wansink, H. (1975) *Politieke Wetenschappen aan de Leidse Universiteit*. Leiden.

Waquet, F. (1993a) 'Book Subscription Lists in Early Eighteenth-Century Italy', *Publishing History* 33, pp. 77~88.

Waquet, F. (1993b) 'Le *Polyhistor* de Daniel Georg Morhof, lieu de mémoire de la République des Lettres', in Kapp, pp. 47~60.

Weber, M. (1920) *Economy and Society*, English trans., 3 vols, New York, 1968.

Webster, C. (1975) *The Great Instauration: Science, Medicine and Reform, 1626-1660*.

Webster, F. (1995) *Theories of the Information Society*.

Wellisch, H. H. (1991) *Indexing from A to Z*, revised edn, New York, 1995.

Wells, J. M. (1966) *The Circle of Knowledge*.

Wernham, R. B. (1956) 'The Public Records', in *English Historical Scholarship*, ed. L. Fox, pp. 11~30.

Wiener, N. (1948) *Cybernetics*.

Williams, A. (1979) *The Police of Paris,*

1718-89. Baton Rouge.
Wilson, A. M. (1972) *Diderot*. New York.
Wilterdink, N. (1977) 'Norbert Elias's Sociology of Knowledge', in *Human Figurations*, pp. 110~126.
Winch, D. (1990) 'Economic Knowledge and Government in Britain: Some Historical and Comparative Reflexions', in M. O. Furner and B. Supple (eds), *The State and Economic Knowledge* (Cambridge), pp. 40~70.
Winch, D. (1993) 'The Science of the Legislator: The Enlightenment Heritage', in M. Lacey and M. O. Furner (eds), *The State and Social Investigation in Britain and the United States* (Cambridge), pp. 63~91.
Withers, C. W. J. (1998) 'Towards a History of Geography in the Public Sphere', *History of Science* 36, pp. 45~78.
Witty, F. J. (1965) 'Early Indexing Techniques', *The Library Quarterly* 35, pp. 141~148.
Wood, P. (1993) *The Aberdeen Enlightenment: The Arts Curriculum in the Eighteenth Century*. Aberdeen.
Woodmansee, M. (1984) 'The Genius and the Copyright: Economic and Legal Conditions for the Emergence of the Author', *Eighteenth-Century Studies* 17, pp. 425~448.
Woods, J. M. (1987) 'Das "Gelahrte Frauenzimmer" und die deutsche Frauenlexika 1631~1743', in *Res Publica Litteraria*, ed. Sebastian Neumeister and Conrad Wiedemann, 2 vols (Wiesbaden), pp. 577~588.
Woolf, D. R. (1988) 'History, Folklore and Oral Tradition in Early Modern England', *Past and Present* 120, pp. 26~52.
Woolgar, S. (ed., 1988) *Knowledge and Reflexivity*.
Worsley, P. (1956) 'Emile Durkheim's Theory of Knowledge', *Sodological Review*, 47~61.
Worsley, P. (1997) *Knowledges: What Different Peoples Make of the World*.
Yardeni, M. (1973) 'Journalisme et histoire contemporaine à l'époque de Bayle', *History and Theory* 12, pp. 208~229.
Yardeni, M. (1985) 'Naissance du journalisme moderne', in her *Le Refuge protestant*, pp. 201~207.
Yates, F. (1947) *French Academies of the Sixteenth Century*.

Yates, F. (1964) *Giordano Bruno and the Hermetic Tradition.*

Yates, F. (1966) *The Renaissance Art of Memory.*

Yates, F. (1979) *The Occult Philosophy in the Elizabethan Age.*

Yazaki, T. (1968) *Social Change and the City in Japan.* Tokyo.

Yee, C. D. K. (1994a) 'Chinese Maps in Political Culture', in Harley and Woodward, vol. 2, pt 2, pp. 71~95.

Yee, C. D. K. (1994b) 'Traditional Chinese Cartography and the Myth of Westernisation', in Harley and Woodward, vol. 2, pt 2, pp. 170~202.

Yeo, R. (1991) 'Reading Encyclopaedias: Science and the Organisation of Knowledge in British Dictionaries of Arts and Sciences, 1730-1850', *Isis* 82, pp. 24~49.

Yeo, R. (1996) 'Ephraim Chambers' Cyclopaedia (1728) and the Tradition of Commonplaces', *Journal of the History of Ideas* 57, pp. 157~175.

Zacharias, T. (1960) *Joseph Emmanuel Fischer von Erlach.* Vienna.

Zedelmaier, H. (1992) *Bibliotheca Universalis und Bibliotheca Selecta: das Problem der Ordnung des gelehrten Wissens in der frühen Neuzeit.* Cologne.

Zhang, L. (1998) *Mighty Opposites: From Dichotomies to Differences in the Comparative Study of China.* Stanford.

Ziegler, W. (1981) 'Tentativi di Accademia in ambito monastico nella Germania del xviii secolo', in L. Boehm and E. Raimondi (eds), *Università, accademie in Italia e Germania dal '500 al '700* (Bologna), pp. 355~378.

Zilfi, M. C. (1988) *The Politics of Piety: The Ottoman Ulema in the Post-classical Age.* Minneapolis.

Zilsel, E. (1926) *Die Entstehung des Geniebegriffes.* Tübingen.

Zilsel, E. (1941a) 'Problems of Empiricism', in *The Development of Rationalism and Empiricism* (Chicago), pp. 53~94.

Zilsel, E. (1941b) 'Origins of William Gilbert's Scientific Method', *Journal of the History of Ideas* 2, pp. 1~32.

Ziman, J. (1978) *Reliable Knowledge.* Cambridge.

Znaniecki, F. (1940) *The Social Role of the Man of Knowledge.* New York.

찾아보기

ㄴ

ㄷ

ㄹ

ㅁ

ㅇ

ㅈ

ㅊ

ㅋ

ㅌ

ㅍ

옮긴이 박광식

10년은 훌쩍 넘기고 20년은 조금 못 되게 번역을 하고 있지만, 느린 데다 게으르기까지 한 치명적 조합을 타고나 여느 번역가라면 2~3년에 해낼 권수의 번역서만 냈다. 그러니까 2003년에 나온 『설탕, 커피 그리고 폭력』을 시작으로, 『이미지의 문화사』, 『지도, 권력의 얼굴』, 『에릭 포너의 역사란 무엇인가』, 『유럽 중심주의를 비판한다』를 거쳐, 2015년의 『유럽과 역사 없는 사람들』까지, 대표적인 역서가 아니라 전부 다 꼽아 봐도 채 몇 줄을 넘지 않는다. 몇 년 전부터는 번역의, 정확하게는 자기 번역의 한계 같은 것을 느끼며, 일을 접어야 하나 고민하고 있지만, 아직도 좋은 책을 들이밀면 마음은 설렌다.

지식의 사회사 1

구텐베르크에서 디드로까지

1판 1쇄 펴냄 2017년 9월 22일
1판 3쇄 펴냄 2021년 3월 11일

지은이 피터 버크
옮긴이 박광식
펴낸이 박근섭, 박상준
펴낸곳 (주)민음사

출판등록 1966. 5. 19. (제16-490호)
주소 서울특별시 강남구 도산대로1길 62 강남출판문화센터 5층 (06027)
대표전화 02-515-2000 팩시밀리 02-515-2007

www.minumsa.com

ISBN 978-89-374-3456-3 (04900)
978-89-374-3455-6 (세트)

* 잘못 만들어진 책은 구입처에서 교환해 드립니다.